# Tatbestandskatalog

## Straßenverkehrsordnungswidrigkeiten

## Kurzfassung auf Grundlage der bundeseinheitlichen Fassung

## - mit KBA-Tabellen -

Star[illegible]1



V.P.A. GmbH
Verlag für Polizei- und Behördenaufgaben

**hmV.P.A.-Nr. 890-8060/P/K**



**V.P.A. GmbH**
**Verlag für Polizei- und Behörden-Aufgaben**
Staudach 24 • 84323 Massing
Telefon (0 87 24) 96 59 48 • Fax (0 87 24) 96 59 49
info@hmv-vpa.de • www.hmv-vpa.de

ISBN-Nr. 978-3-946671-27-5

Seite

# 1 Inhaltsverzeichnis


2 Abkürzungsverzeichnis . . . . . 5

3 Allgemeine Festlegungen . . . . . 7
3.1 Bundeseinheitlicher Tatbestandskatalog . . . . . 7
3.2 Mitteilungen an das Fahreignungsregister (FAER) . . . . . 7
3.3 Hinweise für die Anwendung . . . . . 8
3.4 Gender Mainstreaming . . . . . 8

4 Hinweise zur Anwendung des Bundeseinheitlichen Tatbestandskataloges . . . . . 8
4.1 Anwendung und systematischer Aufbau . . . . . 8
4.1.1 Vorrang landesinterner Regelungen . . . . . 8
4.1.2 Aufbau der bundeseinheitlichen Tatbestandsnummer . . . . . 9
4.1.3 Anwendbarkeit und Umfang . . . . . 12

5 Inhalt des Bußgeldbescheides (§ 66 OWiG) und der Mitteilung an das KBA . . . . . 13

6 Tateinheit, Tatmehrheit . . . . . 14
6.1 Grobformel zur Unterscheidung von Tateinheit und Tatmehrheit bei gleichzeitig begangenen Verkehrsverstößen . . . . . 14
6.2 Grobformel zur Unterscheidung von Tateinheit und Tatmehrheit bei nacheinander begangenen Verkehrsverstößen . . . . . 15

7 Höhe der Geldbußen und der Verwarnungsgelder . . . . . 16
7.1 Zumessungscharakter der BKatV . . . . . 16
7.2 Verfahren beim Abweichen vom Regelsatz . . . . . 17
7.3 Tatbestandskatalog ergänzt BKatV . . . . . 17
7.4 Wesentliche Regelungen der BKatV . . . . . 17
7.4.1 Regelfallkonstruktion . . . . . 17
7.4.2 Generelle Regelung zur Erhöhung . . . . . 17
7.4.3 Erhöhung der Regelsätze . . . . . 18
7.4.4 Besondere Erhöhungssätze . . . . . 20
7.4.5 Vorsätzlich begangene Ordnungswidrigkeiten . . . . . 20
7.4.6 Tateinheit im Bußgeldbereich (vergl. Nr. 6) . . . . . 21
7.4.7 Nichtmotorisierte Verkehrsteilnehmer . . . . . 21
7.4.8 Fußgänger, Radfahrer . . . . . 21
7.4.9 Minderung von Verwarnungsgeldregelsätzen . . . . . 21
7.4.10 Tateinheit-Tatmehrheit im Verwarnungsgeldbereich . . . . . 21
7.4.11 Erhöhung der Verwarnungsgeld- und der Bußgeldregelsätze . . . . . 22

Seite


| | | |
|---|---|---|
| 8 | Fahrverbot | 22 |
| 8.1 | Grober Verletzung der Pflichten | 22 |
| 8.2 | Beharrlicher Verletzung der Pflichten | 22 |
| 8.3 | Ordnungswidrigkeiten nach § 24a StVG | 23 |
| 8.4 | Absehen vom Fahrverbot | 23 |
| 8.5 | Fahrverbot nach § 25 Abs. 2a StVG | 23 |
| 9 | Angabe der Punktezahl | 23 |
| 10 | Auskunft aus dem FAER | 23 |
| 11 | Mitteilungen an das FAER | 24 |
| 12 | Tatbestände | 25 |
| 12.1 | – Tatbestände zur StVO | 26 |
| 12.2 | – Tatbestände zur FeV | 160 |
| 12.3 | – Tatbestände zur StVZO | 166 |
| 12.4 | – Tatbestände nach § 24a – StVG | 218 |
| 12.5 | – Tatbestände nach § 24c – StVG | 222 |
| 12.6 | – Tatbestände zur Ferienreiseverordnung | 223 |
| 12.7 | – Gefahrgutverordnung Straße, Eisenbahnen und Binnenschifffahrt | 223 |
| 12.8 | – Tatbestände zur Elektrokleinstfahrzeuge-Verordnung | 225 |
| 12.9 | – Tatbestände der FZV | 230 |
| 13 | Tabellen<br>KBA-Tabellen mit Farbmarkierung<br>T1-T15 (§§ 3, 18, 20, 41, 42 StVO)<br>R1-R12 (§§ 12, 13 StVO)<br>S1-S36 (§§ 31, 34, 42 StVZO) | |
| 14 | Stichwortverzeichnis | SV1 - SV47 |

## 2 Abkürzungsverzeichnis

| | |
|---|---|
| A-<br>(0,1 oder 2) | Wertung der Ordnungswidrigkeit gem. Anlagen 12 FeV als schwerwiegende Zuwiderhandlung und Punktezahl gem. Anlage 13 FeV |
| ADR | Europäisches Übereinkommen über die internationale Beförderung gefährlicher Güter auf der Straße (Accord européen relatif au transport international des marchandises Dangereuses par Route) |
| B-<br>(0,1 oder 2) | Wertung der Ordnungswidrigkeit gem. Anlagen 12 FeV als weniger schwerwiegende Zuwiderhandlung und Punktezahl gem. Anlage 13 FeV |
| B | mit Behinderung |
| BKat | „Bundes-"Bußgeldkatalog (Anlage zur Bußgeldkatalog-Verordnung) |
| BKat mit Nr. | Tatbestand ist unter der angegebener Nr. im „Bundes-"Bußgeldkatalog enthalten |
| - - BKat | im „Bundes-"Bußgeldkatalog nicht enthalten |
| BKatV | Verordnung über die Erteilung einer Verwarnung, Regelsätze für Geldbußen und die Anordnung eines Fahrverbots wegen Ordnungswidrigkeiten im Straßenverkehr (Bußgeldkatalog-Verordnung) |
| Bstb. | Buchstabe |
| eKFV | Elektrokleinstfahrzeuge-Verordnung |
| FAER | Fahreigungsregister |
| Fahrg. | Fahrgast |
| FaP | Fahrerlaubnis auf Probe gemäß Anlage 12 FeV |
| FaP-Pkt | Kategorie zur Fahrerlaubnis auf Probe gemäß Anlage 12 FeV Punkte gemäß Anlage 13 FeV |
| (FaP-Pkt) | Kategorie zur Fahrerlaubnis auf Probe mit Punktzahl, sofern im Einzelfall eine Geldbuße ab 60,00 Euro festgesetzt wird, die Zuwiderhandlung nicht in der Anlage 13 zur FeV aufgeführt, aber dennoch ein Fahrverbot ausgesprochen wurde; ausgenommen Erhöhungen aufgrund der wirtschaftlichen Verhältnisse gemäß § 28a StVG |

| | |
|---|---|
| FeV | Fahrerlaubnis-Verordnung |
| FV | Fahrverbot |
| FV ... M | Fahrverbot ... Monat(e) |
| FZV | Fahrzeug-Zulassungsverordnung |
| G | mit Gefährdung |
| gef. | gefährlichen |
| GGBefG | Gefahrgutbeförderungsgesetz |
| GGVSEB | Gefahrgutverordnung Straße, Eisenbahn und Binnenschifffahrt |
| iVm | in Verbindung mit |
| KBA | Kraftfahrt-Bundesamt |
| Pkt | Punkte gemäß Anlage 13 FeV |
| RSEB | Richtlinien zur Durchführung der GGVSEB |
| S | mit Schädigung |
| StVG | Straßenverkehrsgesetz |
| StVO | Straßenverkehrs-Ordnung |
| StVZO | Straßenverkehrs-Zulassungs-Ordnung |
| Tab.: | Tabelle |
| TBNR | Tatbestandsnummer des Bundeseinheitlichen Tatbestandskataloges |
| VO | Verordnung |
| VwV VZR | Allgemeine Verwaltungsvorschrift zur Datenübermittlung mit dem Verkehrszentralregister (VwV VZR) |

# 3 Allgemeine Festlegungen

## 3.1 Bundeseinheitlicher Tatbestandskatalog

Der Bundeseinheitliche Tatbestandskatalog beinhaltet die im Einvernehmen mit den den mitteilungspflichtigen Stellen übergeordneten obersten Landesbehörden gemäß § 4 Abs. 3 VwV VZR festgelegten Tatbestände inkl. der Tatbestandsnummern.

## 3.2 Mitteilungen an das Fahreignungsregister (FAER)

Für die Übermittlung von strafrechtlichen Mitteilungen ist die **„Schlüsseltabelle für strafgerichtliche Mitteilungen“** (Anlage der SDÜ-VZR-MIT) zu verwenden.

Mitteilungen über Ordnungswidrigkeiten sind nur noch mit der Tatbestandsnummer dieses Kataloges an das FAER zu übermitteln

Nach dem 5. Gesetz zur Änderung des Straßenverkehrsgesetzes und anderer Gesetze vom 28.08.2013 (BGBl Teil I, S. 3313 ff.) in Verbindung mit der 9. Verordnung zur Änderung der Fahrerlaubnis-Verordnung und anderer straßenverkehrsrechtlicher Vorschriften vom 05.11.2013 (BGBl. I, S. 3920 ff. und der 10. Verordnung zur Änderung der Fahrerlaubnis-Verordnung und anderer straßenverkehrsrechtlicher Vorschriften vom 16.04.2014 (BGBl. I, S. 348) ist **seit dem 01.05.2014** Folgendes zu beachten:

Nach § 28 Abs. 3 StVG werden alle rechtskräftigen Entscheidungen wegen einer Ordnungswidrigkeit nach den §§ 24, 24a oder § 24c StVG im FAER eintragen, soweit sie in der Anlage 13 zu § 40 FeV aufgeführt sind **und** gegen den Betroffenen ein Fahrverbot angeordnet **oder** eine Geldbuße von mindestens 60 Euro festgesetzt wurde. Die Eintragung wird entsprechend der Anlage 13 mit einem Punkt oder zwei Punkten bewertet (Darstellung in der Spalte „FaP-Pkt.“ z. B. A - 1).

Beträgt der Regelsatz bei einer Ordnungswidrigkeit, die in der Anlage 13 aufgeführt ist weniger als 60 Euro, erfolgt die Eintragung im FAER nur, wenn diese unter Abweichung vom Regelsatz mit einer Geldbuße von mindestens 60 Euro geahndet wird (Darstellung in der Spalte „FaP-Pkt.“ z. B. (A - 1)).

Entscheidungen wegen Ordnungswidrigkeiten, die **nicht** in der Anlage 13 zu § 40 FeV aufgeführt sind oder solche, die zwar dort aufgeführt sind, deren Geldbuße aber **weniger** als 60 Euro beträgt, werden im FAER nur eingtragen, wenn ein Fahrverbot ausgesprochen wurde. Eine Bewertung mit Punkten und die Bewertung nach dem Kategoriensystem zur Fahrerlaubnis auf Probe unterbleiben in diesen Fällen (Darstellung in der Spalte „FaP-Pkt.“ = 0).

Entscheidungen wegen Ordnungswidrigkeiten, die **nicht** in der Anlage 13 zu § 40 FeV aufgeführt sind oder solche, die zwar dort aufgeführt sind, deren Geldbuße aber **weniger** als 60 Euro beträgt **ohne** dass ein Fahrverbot ausgesprochen wurde, sind dem FAER nicht mitzuteilen (Darstellung in der Spalte „FaP-Pkt.“ = 0).

Ordnungswidrigkeiten gemäß § 10 GefBefG werden im FAER gespeichert soweit sie in der Anlage 13 zu § 40 FeV aufgeführt sind. Die Höhe der Geldbuße bleibt hierbei außer Betracht (§ 28 Abs. 3 Bstb. c StVG).

### 3.3 Hinweise für die Anwendung

Im Auftrag der für die Straßenverkehrsordnungswidrigkeiten zuständigen obersten Landesbehörden sind im nachfolgenden Katalog bei den jeweiligen Tatbeständen Regelsätze für Verwarnungs- oder Bußgelder und Regel-Fahrverbote vermerkt. Ebenfalls im Auftrag der obersten Landesbehörden sind Hinweise für das Bußgeldverfahren und für die Anwendung des Kataloges vorangestellt.

### 3.4 Gender Mainstreaming

Gleichstellungspolitische Auswirkungen der Regelungen sind nicht gegeben. Die Verordnung bietet keine Grundlage für verdeckte Benachteiligungen, Beteiligungsdefizite oder die Verfestigung tradierter Rollen. Soweit personenbezogene Bezeichnungen im Maskulinum stehen, wird diese Form verallgemeinernd verwendet und bezieht sich auf beide Geschlechter.

## 4 Hinweise zur Anwendung des Bundeseinheitlichen Tatbestandskataloges

### 4.1 Anwendung und systematischer Aufbau

#### 4.1.1 Vorrang landesinterner Regelungen

Die Bundesländer entscheiden eigenständig über eine der nachfolgenden Formen zur Einführung des Bundeseinheitlichen Tatbestandskataloges:

- Einführung der Tatbestandsbeschreibung unter Beibehaltung des bisherigen landesinternen Schlüsselungssystems:
  In diesem Falle werden nur die Tatbestandsbeschreibungen vereinheitlicht, die bundeseinheitliche Tatbestandsnummer (TBNR) lediglich programmintern als zusätzliche Information bei Mitteilungen an das KBA aufgenommen. Für das Bußgeldverfahren hat die TBNR keine Bedeutung.
- Einführung als Tatbestandskatalog des jeweiligen Bundeslandes:
  Dann gelten für die Anwendung die nachfolgenden Regelungen.
- Einführung nur eines Teils des Bundeseinheitlichen Tatbestandskataloges als Tatbestandskatalog des jeweiligen Bundeslandes:
  Dann gelten ebenfalls für die Anwendung die nachfolgenden Regelungen, jedoch unter der Maßgabe, dass einzelne (lediglich in anderen Bundesländern verwendete) Tatbestände nicht zur Anwendung zu bringen sind.

Näheres regeln die Einführungserlasse der Bundesländer.

**Hinweis zur Kurzfassung:**
In der Kurzfassung wird die in Nummer 4.1.2 dargestellte Systematik dann nicht eingehalten, wenn dies aus Gründen der Übersichtlichkeit und der besseren Lesbarkeit für den Anwender vor Ort sinnvoll und notwendig erscheint. So wurden zusammengehörige Verwarnungs- und Bußgeldtatbestände unmittelbar hintereinander angeordnet, um ein Auffinden des richtigen Tatbestandes zu erleichtern.

### 4.1.2 Aufbau der bundeseinheitlichen Tatbestandsnummer

Die Tatbestandsnummer (TBNR) besteht aus 6 Ziffern.

Es bedeuten:

- die 1. Ziffer = Vorschrift, in der die OWi enthalten ist:
  - „1“ = StVO
  - „2“ = FeV
  - „3“ = StVZO
  - „4“ = StVG
  - „5“ = Ferienreiseverordnung oder GGVSEB
  - „6“ = Elektrokleinstfahrzeug-Verordnung
  - „7“ = Kenn-Nr. für die Tabellen

**Hinweis für die Kurzfassung:** Die Kenn-Nummer dient der Bußgeldbehörde zur Ermittlung der Tatbestandsnummer aus dem Tabellenwerk.

  - „8“ = FZV
  - „9“ = Auffangtatbestand zur freien Verfügung, sofern kein auf den Sachverhalt zutreffender Tatbestand vorgesehen ist

- die 2. und 3. Ziffer = Paragraf des Tat- bzw. Grundtatbestandes
- die 4. , 5. und 6. Ziffer = Kenn-Nr. des Einzeltatbestandes (z. B. 999 = da Anzahl von 99 benennbaren Verstößen bereits überschritten ist)
- von Schlüsselzahl 000 bis 099 = Tatbestände aus dem Verwarnungsgeldbereich, die nicht im Bußgeldkatalog enthalten sind
- von Schlüsselzahl 100 bis 499 = Tatbestände aus dem Verwarnungsgeldbereich, die im Bußgeldkatalog enthalten sind
- von Schlüsselzahl 500 bis 599 = Tatbestände aus dem Bußgeldbereich, die nicht im Bußgeldkatalog enthalten sind
- von Schlüsselzahl 600 bis 999 = Tatbestände aus dem Bußgeldbereich, die im Bußgeldkatalog enthalten sind

Die Nummerierung erfolgt grundsätzlich in **6er-Sprüngen**, um Lücken für spätere Änderungen zu haben.

**Nicht in 6er-Sprüngen werden zugeordnet:**

- Tatbestände mit Behinderung/Gefährdung/Sachbeschädigung
- tabellarisch dargestellte Tatbestände

– Verstöße nach den **§§ 41 und 42 StVO** werden in **3er-Sprüngen** vergeben.
– Verstöße nach **§§ 12 und 13 StVO**

**Anmerkung zum Aufbau der TBNR für einen Auffangtatbestand**

Der Tatbestandskatalog enthält die überwiegende Anzahl der im Massenverfahren auftretenden Tatbestände. Nur in seltenen Ausnahmen kann eine Lücke bestehen. Für diesen Fall ist die nachfolgende TBNR als Auffangtatbestand geschaffen.

**Von ihr darf nur Gebrauch gemacht werden, wenn nach vorheriger Prüfung in der Bußgeldbehörde keine TBNR zutrifft.**

– die 1. Ziffer = „9"
– die 2., 3. u. 4. Ziffer = 000 bis 999 Möglichkeiten
– die 5. Ziffer = Kategorie zu FaP gem. Anlage 12 FeV
0 = Keine (z. B. KfSachVG)
1 = A
2 = B
– die 6. Ziffer = Punkte gem. Anlage 13 FeV (0 bis 2)

**Beispiel: „900012 oder 999912"**

**Aufbau der §§ 12 und 13 StVO:**

Der Aufbau für Verstöße nach §§ 12 und 13 StVO ist wie folgt festgelegt:

– von Schlüsselzahl
000 bis 099 = Tatbestände aus dem Verwarnungsgeldbereich, die nicht im Bußgeldkatalog enthalten sind
– von Schlüsselzahl
100 bis 499 = Tatbestände aus dem Verwarnungsgeldbereich, die im Bußgeldkatalog enthalten sind

**Anmerkung zu Halten und Parken – § 12, § 41 Abs. 1 iVm Anlage 2, § 42 Abs. 2 iVm Anlage 3 StVO:**

Aus Gründen der Übersichtlichkeit sind im Bußgeldkatalog in Buchform grundsätzlich nur die Grundtatbestände angeführt. Die Kennzahlen der qualifizierten Tatbestände ergeben sich entsprechend der nachfolgend genannten Systematik:

BKat-Nr. 51a - 51a.3, 52a - 52a.4, 54a - 54a.3, 58 - 58.1.1

| | | |
|---|---|---|
| 112..0 | Grundtatbestand | **Halten** |
| 112..1 | " | mit Behinderung |
| 112..2 | " | mit Gefährdung |
| 112..3 | " | mit Unfall |
| 112..4 | Grundtatbestand | **Parken** |
| 112..5 | " | mit Behinderung |
| 112..6 | " | länger als 1 / 3 Stunde(n) |
| 112..7 | " | länger als 1 / 3 Std. mit Beh. |
| 112..8 | " | mit Gefährdung |
| 112..9 | " | mit Unfall |

Endet die Kennzahl des Grundtatbestandes auf 4, ist lediglich das Parken, nicht aber das Halten im Tatbestand erfasst.

Kennzahlen 112262 bis 112375, 141412 bis 141415, 142103 bis 142265:

| | | | |
|---|---|---|---|
| 112..2 | Grundtatbestand | **Parken** | 10,00 Euro |
| 112..3 | " | mit Behinderung | 15,00 Euro |
| 112..4 | " | länger als 3 Stunden | 20,00 Euro |
| 112..5 | " | länger als 3 Std. mit Beh. | 30,00 Euro |

**Anmerkung zu Einrichtungen zur Überwachung der Parkzeit § 13 Abs. 1 und 2 StVO:**

Entgegen der sonstigen Systematik des Bußgeldkataloges enden die Grundtatbestände immer auf die Endziffer 0. Aus Gründen der Übersichtlichkeit sind nachfolgend immer nur die Grundtatbestände genannt. Die qualifizierten Tatbestände ergeben sich nach folgendem Schema:

| | | | |
|---|---|---|---|
| 113..0 | Grundtatbestand | | 20,00 Euro |
| 113..1 | " | länger als 30 Minuten | 25,00 Euro |
| 113..2 | " | länger als 1 Stunde | 30,00 Euro |
| 113..3 | " | länger als 2 Stunden | 35,00 Euro |
| 113..4 | " | länger als 3 Stunden | 40,00 Euro |

**Reihenfolge der Tatbestände:**

Die Tatbestände sind in folgender Reihenfolge aufgeführt:

1. Schlüsselzahl der Vorschrift, in der die OWi enthalten ist
2. Paragraf des Tat- bzw. Grundtatbestandes
3. Absatz des Paragrafen des Tat- bzw. Grundtatbestandes
4. Tatbestände aus dem Verwarnungsgeldbereich, die nicht im Bußgeldkatalog enthalten sind
5. Tatbestände aus dem Bußgeldkatalog (Verwarnungsgeldbereich) nach aufsteigender Bußgeldkatalog-Nr.
6. Tatbestände aus dem Bußgeldbereich, die nicht im Bußgeldkatalog enthalten sind
7. Tatbestände aus dem Bußgeldkatalog (Bußgeldbereich) nach aufsteigender Bußgeldkatalog-Nr.

**Anmerkung:**

Wenn innerhalb eines Paragrafen des Tat- bzw. Grundtatbestandes ein nächster Absatz folgt, beginnt die o. g. Reihenfolge unter Beachtung der Lücken erneut ab Ziffer „4".

**Tabellen:**

Zur besseren Übersichtlichkeit und zur auszugsweisen Handhabung sind folgende Tatbestände zusätzlich in Tabellenform dargestellt:

- Geschwindigkeitsüberschreitungen
- Abstandsunterschreitungen
- Halt- u. Parkverstöße
- Überladungen

### 4.1.3 Anwendbarkeit und Umfang

Der Tatbestandskatalog enthält die Tatbestände des Bußgeldkataloges sowie weitere häufig vorkommende Tatbestände von Ordnungswidrigkeiten im Straßenverkehr (StVO, FeV, StVZO, StVG, Ferienreise-VO, GGVSEB, MobHV, FZV).

Fehlende Tatbestände können unter Angabe der nachstehenden TBNR ebenfalls bearbeitet werden. Dabei ist der jeweilige Tatbestand möglichst kurz, aber präzise in Anlehnung an vorhandene Tatbestände zu formulieren.

Auffangtatbestand: 9.....

Die Gliederung des Kataloges entspricht der Gliederung der StVO und der StVZO. Die Untergliederung erfolgt in aufsteigender Reihenfolge der betreffenden Paragrafen. Als zusätzliches Gliederungsmerkmal wurden die Nrn. des BKat verwendet.

Die wichtigsten Fahrzeugmängel sind bei den betreffenden Paragrafen der StVZO eingeordnet. Soweit Mängeltatbestände fehlen, sind ggf. die allgemeinen Tatvorwürfe (§ 23 StVO bzw. § 31 StVZO) zu verwenden.

In den Fällen, in denen ein verwarnungsfähiger Tatbestand abweichend vom Regelsatz als nicht geringfügige Ordnungswidrigkeit anzusehen ist, ist dieselbe TBNR wie für den geringfügigen Verstoß zu verwenden.

## 5 Inhalt des Bußgeldbescheides (§ 66 OWiG) und der Mitteilung an das KBA

Der Tatbestandstext des Bußgeldbescheides und der Tatbestandstext an das KBA müssen der bundeseinheitlichen Fassung entsprechen.

Bei der Formulierung der einzelnen Tatbestandstexte wurde die Rechtsprechung des BGH zugrunde gelegt. Der BGH hat in seiner Grundsatzentscheidung vom 08.10.1970 (NJW 1970, S. 2222) Folgendes ausgeführt:

„Mit dem Bußgeldverfahren wird eine schnelle und Verwaltungskosten einsparende Ahndung der Ordnungswidrigkeit bezweckt und deshalb verbietet sich eine ausführliche Schilderung von selbst. Ein in Rechtsfragen unerfahrener Bürger muss den Vorwurf verstehen können. Die Tatbestandsmerkmale sind als geschichtlicher Lebensvorgang konkret zu schildern, wobei der Umfang der Schilderung von der Gestaltung des Einzelfalles bestimmt wird. Eine unzureichende Schilderung beeinträchtigt nicht die Rechtswirksamkeit des Bußgeldbescheides. Konkretisierungsmängel sind nicht „unheilbar", sondern können im gerichtlichen Verfahren behoben werden."

Deshalb werden die Tatbestandstexte auch für Verkehrsunfälle als ausreichend angesehen. Individuelle Angaben können im Feld Bemerkungen ergänzt werden.

Sind im Tatbestandstext **variable** Werte anzugeben – *); **); ***) usw. – kann sich die Übermittlung lt. **SDÜ-VZR-MIT** über die Felder: „**Feldname: TXTB1 (bis TXTB4)**" erstrecken.

Die Variablen im Bundeseinheitlichen Tatbestandskatalog sind wie folgt festgelegt:

| | |
|---|---|
| Geschwindigkeit: | 3 Stellen ohne Komma in „km/h" |
| Abstand: | 6 Stellen mit Komma an der 4. Stelle in „m" |
| Höhe/Breite/Länge: | 5 Stellen mit Komma an der 3. Stelle in „m" |
| Prozent: | 6 Stellen mit Komma an der 4. Stelle |
| Gewichte: | 6 Stellen ohne Komma in „kg" |
| Promille: | 4 Stellen mit Komma an der 2. Stelle in „mg/l oder Promille" |

Sind im **Tatbestandstext** „*); **); ***) usw." angebracht, so müssen diese Angaben lt. **SDÜ-VZR-MIT** in „**Feldname: BE210**" konkretisiert werden.

Sind in den **Rechtsgrundlagen** „*); **); ***) usw." angebracht, so müssen diese Angaben lt. **SDÜ-VZR-MIT in „Feldname: REGRU"** konkretisiert werden.

Bei Tatbeständen, die eine Behinderung oder Gefährdung beinhalten, bedeutet das Zeichen +), dass in den Tatvorwürfen (**SDÜ-VZR-MIT**: „**Feldname: BE210**") zu konkretisieren ist, worin die Behinderung oder Gefährdung bestand.

In den Fällen, in denen ein verwarnungsfähiger Tatbestand abweichend vom Regelsatz als nicht geringfügige Ordnungswidrigkeit anzusehen ist, ist dieselbe TBNR wie für den geringfügigen Verstoß zu verwenden.

## 5 Inhalt des Bußgeldbescheides (§ 66 OWiG) und der Mitteilung an das KBA

Der Tatbestandstext des Bußgeldbescheides und der Tatbestandstext an das KBA müssen der bundeseinheitlichen Fassung entsprechen.

Bei der Formulierung der einzelnen Tatbestandstexte wurde die Rechtsprechung des BGH zugrunde gelegt. Der BGH hat in seiner Grundsatzentscheidung vom 08.10.1970 (NJW 1970, S. 2222) Folgendes ausgeführt:

„Mit dem Bußgeldverfahren wird eine schnelle und Verwaltungskosten einsparende Ahndung der Ordnungswidrigkeit bezweckt und deshalb verbietet sich eine ausführliche Schilderung von selbst. Ein in Rechtsfragen unerfahrener Bürger muss den Vorwurf verstehen können. Die Tatbestandsmerkmale sind als geschichtlicher Lebensvorgang konkret zu schildern, wobei der Umfang der Schilderung von der Gestaltung des Einzelfalles bestimmt wird. Eine unzureichende Schilderung beeinträchtigt nicht die Rechtswirksamkeit des Bußgeldbescheides. Konkretisierungsmängel sind nicht „unheilbar", sondern können im gerichtlichen Verfahren behoben werden."

Deshalb werden die Tatbestandstexte auch für Verkehrsunfälle als ausreichend angesehen. Individuelle Angaben können im Feld Bemerkungen ergänzt werden.

Sind im Tatbestandstext **variable** Werte anzugeben – *); **); ***) usw. – kann sich die Übermittlung lt. **SDÜ-VZR-MIT** über die Felder: **„Feldname: TXTB1 (bis TXTB4)"** erstrecken.

Die Variablen im Bundeseinheitlichen Tatbestandskatalog sind wie folgt festgelegt:

| | |
|---|---|
| Geschwindigkeit: | 3 Stellen ohne Komma in „km/h" |
| Abstand: | 6 Stellen mit Komma an der 4. Stelle in „m" |
| Höhe/Breite/Länge: | 5 Stellen mit Komma an der 3. Stelle in „m" |
| Prozent: | 6 Stellen mit Komma an der 4. Stelle |
| Gewichte: | 6 Stellen ohne Komma in „kg" |
| Promille: | 4 Stellen mit Komma an der 2. Stelle in „mg/l oder Promille" |

Sind im **Tatbestandstext** „*); **); ***) usw." angebracht, so müssen diese Angaben lt. **SDÜ-VZR-MIT** in **„Feldname: BE210"** konkretisiert werden.

Sind in den **Rechtsgrundlagen** „*); **); ***) usw." angebracht, so müssen diese Angaben lt. **SDÜ-VZR-MIT in „Feldname: REGRU"** konkretisiert werden.

Bei Tatbeständen, die eine Behinderung oder Gefährdung beinhalten, bedeutet das Zeichen +), dass in den Tatvorwürfen (**SDÜ-VZR-MIT**: **„Feldname: BE210"**) zu konkretisieren ist, worin die Behinderung oder Gefährdung bestand.

In den Fällen, in denen ein verwarnungsfähiger Tatbestand abweichend vom Regelsatz als nicht geringfügige Ordnungswidrigkeit anzusehen ist, ist dieselbe TBNR wie für den geringfügigen Verstoß zu verwenden.

## 5 Inhalt des Bußgeldbescheides (§ 66 OWiG) und der Mitteilung an das KBA

Der Tatbestandstext des Bußgeldbescheides und der Tatbestandstext an das KBA müssen der bundeseinheitlichen Fassung entsprechen.

Bei der Formulierung der einzelnen Tatbestandstexte wurde die Rechtsprechung des BGH zugrunde gelegt. Der BGH hat in seiner Grundsatzentscheidung vom 08.10.1970 (NJW 1970, S. 2222) Folgendes ausgeführt:

„Mit dem Bußgeldverfahren wird eine schnelle und Verwaltungskosten einsparende Ahndung der Ordnungswidrigkeit bezweckt und deshalb verbietet sich eine ausführliche Schilderung von selbst. Ein in Rechtsfragen unerfahrener Bürger muss den Vorwurf verstehen können. Die Tatbestandsmerkmale sind als geschichtlicher Lebensvorgang konkret zu schildern, wobei der Umfang der Schilderung von der Gestaltung des Einzelfalles bestimmt wird. Eine unzureichende Schilderung beeinträchtigt nicht die Rechtswirksamkeit des Bußgeldbescheides. Konkretisierungsmängel sind nicht „unheilbar", sondern können im gerichtlichen Verfahren behoben werden."

Deshalb werden die Tatbestandstexte auch für Verkehrsunfälle als ausreichend angesehen. Individuelle Angaben können im Feld Bemerkungen ergänzt werden.

Sind im Tatbestandstext **variable** Werte anzugeben – *); **); ***) usw. – kann sich die Übermittlung lt. **SDÜ-VZR-MIT** über die Felder: **„Feldname: TXTB1 (bis TXTB4)"** erstrecken.

Die Variablen im Bundeseinheitlichen Tatbestandskatalog sind wie folgt festgelegt:

| | |
|---|---|
| Geschwindigkeit: | 3 Stellen ohne Komma in „km/h" |
| Abstand: | 6 Stellen mit Komma an der 4. Stelle in „m" |
| Höhe/Breite/Länge: | 5 Stellen mit Komma an der 3. Stelle in „m" |
| Prozent: | 6 Stellen mit Komma an der 4. Stelle |
| Gewichte: | 6 Stellen ohne Komma in „kg" |
| Promille: | 4 Stellen mit Komma an der 2. Stelle in „mg/l oder Promille" |

Sind im **Tatbestandstext** „*); **); ***) usw." angebracht, so müssen diese Angaben lt. **SDÜ-VZR-MIT** in **„Feldname: BE210"** konkretisiert werden.

Sind in den **Rechtsgrundlagen** „*); **); ***) usw." angebracht, so müssen diese Angaben lt. **SDÜ-VZR-MIT in „Feldname: REGRU"** konkretisiert werden.

Bei Tatbeständen, die eine Behinderung oder Gefährdung beinhalten, bedeutet das Zeichen +), dass in den Tatvorwürfen (**SDÜ-VZR-MIT**: **„Feldname: BE210"**) zu konkretisieren ist, worin die Behinderung oder Gefährdung bestand.

In den Fällen, in denen ein verwarnungsfähiger Tatbestand abweichend vom Regelsatz als nicht geringfügige Ordnungswidrigkeit anzusehen ist, ist dieselbe TBNR wie für den geringfügigen Verstoß zu verwenden.

## 5 Inhalt des Bußgeldbescheides (§ 66 OWiG) und der Mitteilung an das KBA

Der Tatbestandstext des Bußgeldbescheides und der Tatbestandstext an das KBA müssen der bundeseinheitlichen Fassung entsprechen.

Bei der Formulierung der einzelnen Tatbestandstexte wurde die Rechtsprechung des BGH zugrunde gelegt. Der BGH hat in seiner Grundsatzentscheidung vom 08.10.1970 (NJW 1970, S. 2222) Folgendes ausgeführt:

„Mit dem Bußgeldverfahren wird eine schnelle und Verwaltungskosten einsparende Ahndung der Ordnungswidrigkeit bezweckt und deshalb verbietet sich eine ausführliche Schilderung von selbst. Ein in Rechtsfragen unerfahrener Bürger muss den Vorwurf verstehen können. Die Tatbestandsmerkmale sind als geschichtlicher Lebensvorgang konkret zu schildern, wobei der Umfang der Schilderung von der Gestaltung des Einzelfalles bestimmt wird. Eine unzureichende Schilderung beeinträchtigt nicht die Rechtswirksamkeit des Bußgeldbescheides. Konkretisierungsmängel sind nicht „unheilbar“, sondern können im gerichtlichen Verfahren behoben werden.“

Deshalb werden die Tatbestandstexte auch für Verkehrsunfälle als ausreichend angesehen. Individuelle Angaben können im Feld Bemerkungen ergänzt werden.

Sind im Tatbestandstext **variable** Werte anzugeben – *); **); ***) usw. – kann sich die Übermittlung lt. **SDÜ-VZR-MIT** über die Felder: **„Feldname: TXTB1 (bis TXTB4)“** erstrecken.

Die Variablen im Bundeseinheitlichen Tatbestandskatalog sind wie folgt festgelegt:

| | |
|---|---|
| Geschwindigkeit: | 3 Stellen ohne Komma in „km/h“ |
| Abstand: | 6 Stellen mit Komma an der 4. Stelle in „m“ |
| Höhe/Breite/Länge: | 5 Stellen mit Komma an der 3. Stelle in „m“ |
| Prozent: | 6 Stellen mit Komma an der 4. Stelle |
| Gewichte: | 6 Stellen ohne Komma in „kg“ |
| Promille: | 4 Stellen mit Komma an der 2. Stelle in „mg/l oder Promille“ |

Sind im **Tatbestandstext** „*); **); ***) usw.“ angebracht, so müssen diese Angaben lt. **SDÜ-VZR-MIT** in **„Feldname: BE210“** konkretisiert werden.

Sind in den **Rechtsgrundlagen** „*); **); ***) usw.“ angebracht, so müssen diese Angaben lt. **SDÜ-VZR-MIT in „Feldname: REGRU“** konkretisiert werden.

Bei Tatbeständen, die eine Behinderung oder Gefährdung beinhalten, bedeutet das Zeichen +), dass in den Tatvorwürfen (**SDÜ-VZR-MIT**: **„Feldname: BE210“**) zu konkretisieren ist, worin die Behinderung oder Gefährdung bestand.

## 7.2 Verfahren beim Abweichen vom Regelsatz

- In den Fällen, in denen von der Regelgeldbuße gem. § 17 OWiG abgewichen wird, ist § 17 OWiG anzugeben. Der entsprechende Hinweis ist in der Mitteilung an das KBA anzugeben **(SDÜ-VZR-MIT: „Feldname: REGRU").**
- In Fällen, in denen anstatt der Regelgeldbuße mit Rücksicht auf **die wirtschaftlichen Verhältnisse** des Betroffenen nur eine Geldbuße in Höhe eines Verwarnungsgeldes verhängt wird, ist **§ 28a StVG** anzugeben. Die entsprechenden Angaben sind in der Mitteilung an das KBA stets anzugeben **(SDÜ-VZR-MIT: „Feldname: REGRU")**. Ferner ist in den Fällen des § 28a StVG lt. **SDÜ-VZR-MIT: in „Feldname: BG28A"** der entsprechende Schlüssel aufzunehmen.

## 7.3 Tatbestandskatalog ergänzt BKatV

Die im Tatbestandskatalog enthaltenen Tatbestände:

- übernehmen die Regelungen der BKatV,
- gliedern die dort enthaltenen Tatbestandsbeschreibungen in häufige Begehungsvarianten auf,
- setzen die allgemeinen Erhöhungsregeln der BKatV um (vgl. Nr. 7.4.3),
- stellen weitere Tatbestände auf, die die BKatV nicht berücksichtigt. (Die Regelsätze sind im Auftrag der Bundesländer vermerkt worden.)

## 7.4 Wesentliche Regelungen der BKatV

Auf folgende wesentliche Regelungen der BKatV, die in den einzelnen Tatbeständen bereits berücksichtigt worden sind, wird besonders aufmerksam gemacht.

### 7.4.1 Regelfallkonstruktion
(§ 1 Abs. 2 BKatV, § 3 Abs. 1 BKatV)

Die im Bußgeldkatalog bestimmten Beträge sind Regelsätze, die von fahrlässiger Begehung und gewöhnlichen Tatumständen (Abschnitt I des Bußgeldkataloges) oder von vorsätzlicher Begehung und gewöhnlichen Tatumständen (Abschnitt II des Bußgeldkataloges) ausgehen. Etwaige Eintragungen des Betroffenen im Fahreignungsregister sind nicht berücksichtigt, soweit nicht in den Nummern 152.1, 241.1, 241.2, 242.1, 242.2 des Bußgeldkataloges etwas anderes bestimmt ist.

### 7.4.2 Generelle Regelung zur Erhöhung
(§ 3 Abs. 3 BKatV)

Die Regelsätze erhöhen sich bei Vorliegen einer Gefährdung oder Sachbeschädigung nach der Tabelle 4 des Anhangs des Bußgeldkataloges.

### 7.4.3 Erhöhung der Regelsätze

bei Hinzutreten einer Gefährdung oder Sachbeschädigung

Die im Bußgeldkatalog bestimmten Regelsätze, die einen Betrag von mehr als 55,00 Euro vorsehen, erhöhen sich beim Hinzutreten einer Gefährdung oder Sachbeschädigung, soweit diese Merkmale nicht bereits im Grundtatbestand enthalten sind, wie folgt:

| Bei einem Regelsatz für den Grundtatbestand | mit Gefährdung | mit Sachbeschädigung |
|---|---|---|
| von Euro | auf Euro | auf Euro |
| 60 | 75 | 90 |
| 70 | 85 | 105 |
| 75 | 90 | 110 |
| 80 | 100 | 120 |
| 90 | 110 | 135 |
| 95 | 115 | 140 |
| 100 | 120 | 145 |
| 110 | 135 | 165 |
| 120 | 145 | 175 |
| 130 | 160 | 195 |
| 135 | 165 | 200 |
| 140 | 170 | 205 |
| 150 | 180 | 220 |
| 160 | 195 | 235 |
| 165 | 200 | 240 |
| 180 | 220 | 265 |
| 190 | 230 | 280 |
| 200 | 240 | 290 |
| 210 | 255 | 310 |
| 235 | 285 | 345 |
| 240 | 290 | 350 |
| 250 | 300 | 360 |
| 270 | 325 | 390 |
| 280 | 340 | 410 |
| 285 | 345 | 415 |
| 290 | 350 | 420 |
| 320 | 385 | 465 |

Fortsetzung auf Seite 19

| Bei einem Regelsatz für den Grundtatbestand | mit Gefährdung | mit Sachbeschädigung |
|---|---|---|
| von Euro | auf Euro | auf Euro |
| 350 | 420 | 505 |
| 360 | 435 | 525 |
| 380 | 460 | 555 |
| 400 | 480 | 580 |
| 405 | 490 | 590 |
| 425 | 510 | 615 |
| 440 | 530 | 640 |
| 480 | 580 | 700 |
| 500 | 600 | 720 |
| 560 | 675 | 810 |
| 570 | 685 | 825 |
| 600 | 720 | 865 |
| 635 | 765 | 920 |
| 680 | 820 | 985 |
| 700 | 840 | 1000 |
| 760 | 915 | 1000 |

Enthält der Grundtatbestand bereits eine Gefährdung, führt Sachschaden zu folgender Erhöhung:

| Bei einem Regelsatz für den Grundtatbestand | mit Sachbeschädigung |
|---|---|
| von Euro | auf Euro |
| 60 | 75 |
| 70 | 85 |
| 75 | 90 |
| 80 | 100 |
| 100 | 120 |
| 150 | 180 |

### 7.4.4 Besondere Erhöhungssätze

(§ 3 Abs. 2 BKatV)

Wird ein Tatbestand der Nummer 119, der Nummer 198.1 in Verbindung mit Tabelle 3 des Anhangs oder der Nummer 212, 214.1, 214.2 oder 223 des Bußgeldkatalogs, für den ein Regelsatz von mehr als 55 Euro vorgesehen ist, vom Halter eines Kraftfahrzeugs verwirklicht, so ist derjenige Regelsatz anzuwenden, der in diesen Fällen für das Anordnen oder Zulassen der Inbetriebnahme eines Kraftfahrzeugs durch den Halter vorgesehen ist.

(§ 3 Abs. 4 BkatV)

Wird von dem Führer eines kennzeichnungspflichtigen Kraftfahrzeugs mit gefährlichen Gütern oder eines Kraftomnibusses mit Fahrgästen ein Tatbestand

1. der Nummern 8.1, 8.2, 15, 19, 19.1, 19.1.1, 19.1.2, 21, 21.1, 21.2, 212, 214.1, 214.2, 223 oder
2. der Nummern 12.5, 12.6 oder 12.7, jeweils in Verbindung mit der Tabelle 2 des Anhangs, oder
3. der Nummern 198.1 oder 198.2, jeweils in Verbindung mit der Tabelle 3 des Anhangs,

   des Bußgeldkataloges verwirklicht, so erhöht sich der dort genannte Regelsatz, sofern dieser einen Betrag von mehr als 55,00 Euro vorsieht, auch in den Fällen des Absatzes 3, jeweils um die Hälfte.

   Der nach Satz 1 erhöhte Regelsatz ist auch anzuwenden, wenn der Halter die Inbetriebnahme eines kennzeichnungspflichtigen Kraftfahrzeugs mit gefährlichen Gütern oder eines Kraftomnibusses mit Fahrgästen in den Fällen

1. der Nummern 189.1.1, 189.1.2, 189.2.1, 189.2.2, 189.3.1, 189.3.2, 213 oder
2. der Nummern 199.1, 199.2, jeweils in Verbindung mit der Tabelle 3 des Anhangs, oder 224

   des Bußgeldkatalogs anordnet oder zulässt.

### 7.4.5 Vorsätzlich begangene Ordnungswidrigkeiten

(§ 3 Abs. 4a BKatV)

Wird ein Tatbestand des Abschnitts I des Bußgeldkataloges vorsätzlich verwirklicht, für den ein Regelsatz von mehr als 55,00 Euro vorgesehen ist, so ist der dort genannte Regelsatz, auch in den Fällen, in denen eine Erhöhung nach den Absätzen 2, 3 oder 4 vorgenommen worden ist, zu verdoppeln. Der ermittelte Betrag wird auf den nächsten vollen Betrag abgerundet. Die entsprechenden Angaben sind auch in der Mitteilung an das KBA **(SDÜ-VZR-MIT: „Feldname: REGRU")** stets anzugeben.

### 7.4.6 Tateinheit im Bußgeldbereich (vergl. Nr. 6)

(§ 3 Abs. 5 BKatV)

Werden durch eine Handlung mehrere Tatbestände des Bußgeldkataloges verwirklicht, so ist nur ein Regelsatz, bei unterschiedlichen Regelsätzen der höchste, anzuwenden. Dieser kann angemessen erhöht werden.

### 7.4.7 Nichtmotorisierte Verkehrsteilnehmer

(§ 3 Abs. 6 BKatV)

Bei Ordnungswidrigkeiten nach § 24 des Straßenverkehrsgesetzes, die von nichtmotorisierten Verkehrsteilnehmern begangen werden, ist, sofern der Bußgeldregelsatz mehr als 55,00 Euro beträgt und der Bußgeldkatalog nicht besondere Tatbestände für diese Verkehrsteilnehmer enthält, der Regelsatz um die Hälfte zu ermäßigen. Beträgt der nach Satz 1 ermäßigte Regelsatz weniger als 60,00 Euro, so soll eine Geldbuße nur festgesetzt werden, wenn eine Verwarnung mit Verwarnungsgeld nicht erteilt werden kann.

### 7.4.8 Fußgänger, Radfahrer

(§ 2 Abs. 4 BKatV)

Bei Fußgängern soll das Verwarnungsgeld in der Regel 5,00 Euro, bei Radfahrern 15,00 Euro betragen, sofern der Bußgeldkatalog nichts anderes bestimmt.

### 7.4.9 Minderung von Verwarnungsgeldregelsätzen

(§ 2 Abs. 5 BKatV)

Ist im Bußgeldkatalog ein Regelsatz für das Verwarnungsgeld von mehr als 20,00 Euro vorgesehen, so kann er bei offenkundig außergewöhnlich schlechten wirtschaftlichen Verhältnissen des Betroffenen bis auf 20,00 Euro ermäßigt werden.

### 7.4.10 Tateinheit-Tatmehrheit im Verwarnungsgeldbereich

(§ 2 Abs. 6, 7, 8 BKatV)

Werden durch dieselbe Handlung mehrere geringfügige Ordnungswidrigkeiten begangen, für die jeweils eine Verwarnung mit Verwarnungsgeld in Betracht kommt, so wird nur ein Verwarnungsgeld, und zwar das höchste der in Betracht kommenden, erhoben. Hat der Betroffene durch mehrere Handlungen geringfügige Ordnungswidrigkeiten begangen oder gegen dieselbe Vorschrift mehrfach verstoßen, so sind die einzelnen Verstöße getrennt zu verwarnen. Es ist jedoch zu prüfen, ob die Handlung oder die Handlungen insgesamt noch geringfügig sind.

### 7.4.11 Erhöhung der Verwarnungsgeld- und der Bußgeldregelsätze

Die im Bußgeldkatalog bestimmten Regelsätze (Verwarnungsgeldregelsätze und Bußgeldregelsätze) sind bei Hinzutreten einer Gefährdung oder Sachbeschädigung angemessen zu erhöhen, soweit diese Merkmale nicht bereits im Tatbestand enthalten sind.

## 8 Fahrverbot

Alleinige Rechtsgrundlage für die Verhängung eines Fahrverbotes bei Verkehrsordnungswidrigkeiten bleibt auch unter Geltung der BKatV § 25 StVG (BGH NZV 1992, 117; BGH NZV 1992, 286). Er ist in den Rechtsgrundlagen bei denjenigen Tatbeständen, die mit einem Regelfahrverbot verbunden sind, besonders erwähnt. Außerdem wird, sofern der betreffende Tatbestand in der BKatV enthalten ist, diese zitiert.

Diese Vorschrift der BKatV und § 25 StVG sind auch in den Bußgeldbescheiden stets anzugeben.

Es sind dies bei:

### 8.1 Grober Verletzung der Pflichten

§ 4 Abs. 1 BKatV, sofern ein Tatbestand

1. der Nummern 9.1 bis 9.3, der Nummern 11.1 bis 11.3, jeweils in Verbindung mit der Tabelle 1 des Anhangs,
2. der Nummern 12.6.3, 12.6.4 oder 12.6.5, 12.7.3, 12.7.4 oder 12.7.5 der Tabelle 2 des Anhangs
3. der Nummern 19.1.1, 19.1.2, 21.1, 21.2, 39.1, 41, 50, 50.1, 50.2, 50.3, 50a, 50a1, 50a2, 50a3, 83.3, 89b.2, 132.1, 132.2, 132.3, 132.3.1, 132.3.2, 135, 135.1, 135.2, 152.1 oder
4. der Nummern 244, 246.2, 246.3 oder 250a

des Bußgeldkataloges verwirklicht wird.

### 8.2 Beharrlicher Verletzung der Pflichten

§ 4 Abs. 2 BKatV, sofern das Fahrverbot wegen beharrlicher Verletzung der Pflichten eines Kraftfahrzeugführers verhängt wird. Dabei ist außerdem Folgendes zu beachten:

Wird ein Fahrverbot wegen beharrlicher Verletzung der Pflichten eines Kraftfahrzeugführers zum ersten Mal angeordnet, so ist seine Dauer in der Regel auf einen Monat festzusetzen. Ein Fahrverbot kommt beispielsweise in der Regel in Betracht, wenn gegen den Führer eines Kraftfahrzeuges wegen einer Geschwindigkeitsüberschreitung von mindestens 26 km/h bereits eine Geldbuße rechtskräftig festgesetzt worden ist und er innerhalb eines Jahres seit Rechtskraft der Entscheidung eine weitere Geschwindigkeitsüberschreitung von mindestens 26 km/h begeht.

Die entsprechenden Angaben sind auch in der Mitteilung an das KBA **(SDÜ-VZR-MIT: "Feldname: REGRU")** stets anzugeben.

### 8.3 Ordnungswidrigkeiten nach § 24a StVG

§ 4 Abs. 3 BKatV, sofern das Fahrverbot wegen Verstoßes gegen die Promillegrenze oder das Drogenverbot (Nrn. 241, 241.1, 241.2, 242, 242.1, 242.2) mit der im BKat vorgesehenen Dauer verhängt wird.

Auf die Angabe des § 25 StVG darf in keinem Falle verzichtet werden. Das gilt auch in den Fällen des § 24a StVG und

sofern die BKatV für den entsprechenden Tatbestand kein Regelfahrverbot vorsieht, das Fahrverbot aber wegen der Umstände des Einzelfalles verhängt wird.

### 8.4 Absehen vom Fahrverbot

Wird in den Fahrverbots-Regelfällen der BKatV von der Anordnung eines Fahrverbots ausnahmsweise abgesehen, so soll der für den betreffenden Tatbestand bestimmte Regelsatz angemessen erhöht werden. Es ist § 4 Abs. 4 BKatV (**SDÜ-VZR-MIT**: **„Feldname: REGRU“**) anzugeben.

### 8.5 Fahrverbot nach § 25 Abs. 2a StVG

Wird in den Fahrverbots-Fällen das Fahrverbot erst mit Ablauf von vier Monaten seit Eintritt der Rechtskraft wirksam, so ist **(SDÜ-VZR-MIT**: **„Feldname: REGRU“**) § 25 Abs. 2a StVG anzugeben.

## 9 Angabe der Punktezahl

In der Ausfertigung des Bußgeldbescheides für den Betroffenen sollte die Punktezahl (Anl. 13 zur FeV) mit Hinweis auf die unverbindliche Bewertung angegeben werden.

## 10 Auskunft aus dem FAER

(§§ 30, 30a, 30b StVG; §§ 60, 61, 62 FeV)

Für die Entscheidung über die Höhe der Geldbuße und über die Verhängung eines FV im Einzelfall, ist eine Auskunft aus dem FAER einzuholen. Das Verfahren ist in den Standards für die Übermittlung von Anfragen an das VZR und Auskünften aus dem VZR (SDÜ-VZR-ANF) *) geregelt.

---

*) Die Standards für das Anfrage- und Auskunftsverfahren beim Fahreignungsregister (SDÜ-FAER-ANF) sind im Bundesanzeiger Banz AT v. 11.07.2018 B10 sowie im Verkehrsblatt (VkBl.) – Amtsblatt des Bundesministeriums für Verkehr und digitale Infrastruktur der Bundesrepublik Deutschland 2018 – Heft 10, S. 356 – veröffentlicht.

## 11 Mitteilungen an das FAER

(§§ 28, 28a StVG; § 59 FeV)

Inhalt sowie Art und Weise der Datenübermittlung an das FAER sind in den Standards für die Übermittlung von Mitteilungen an das VZR (SDÜ-VZR-MIT) **) geregelt.

---

**) Die Standards für die Übermittlung von Mitteilungen an das Fahreignungsregister (SDÜ-FAER-MIT) sind im Bundesanzeiger Banz AT v. 11.07.2018 B9 sowie im Verkehrsblatt (VkBl.) – Amtsblatt des Bundesministeriums für Verkehr und digitale Infrastruktur der Bundesrepublik Deutschland 2018 – Heft 10, S. 356 – veröffentlicht.

# Tatbestände

## Grundregeln – § 1 StVO

| TBNR | Tatbestandstext | FaP-Pkt | Euro | FV |
|---|---|---|---|---|
| 101000 | Sie kamen von der Fahrbahn ab und verursachten Sachschaden.<br>§ 1 Abs. 2, § 49 StVO; § 24 Abs. 1, 3 Nr. 5 StVG; -- BKat | 0 | 35,00 | |
| 101006 | Sie gerieten ins Schleudern und verursachten Sachschaden.<br>§ 1 Abs. 2, § 49 StVO; § 24 Abs. 1, 3 Nr. 5 StVG; -- BKat | 0 | 35,00 | |
| 101012 | Sie streiften beim Vorbeifahren ein Fahrzeug und verursachten Sachschaden.<br>§ 1 Abs. 2, § 49 StVO; § 24 Abs. 1, 3 Nr. 5 StVG; -- BKat | 0 | 35,00 | |
| 101018 | Sie ließen beim Befahren der Straße die im Verkehr erforderliche Rücksicht außer Acht und beschmutzten dabei Andere.<br>§ 1 Abs. 2, § 49 StVO; § 24 Abs. 1, 3 Nr. 5 StVG; -- BKat | 0 | 10,00 | |
| 101024 | Sie stellten das Fahrzeug so ab, dass ein anderes Fahrzeug nicht wegfahren konnte.<br>§ 1 Abs. 2, § 49 StVO; § 24 Abs. 1, 3 Nr. 5 StVG; -- BKat | 0 | 20,00 | |
| 101030 | Sie ließen an einer Fahrbahnverengung die im Verkehr erforderliche Sorgfalt außer Acht, so dass es zum Unfall kam.<br>§ 1 Abs. 2, § 49 StVO; § 24 Abs. 1, 3 Nr. 5 StVG; -- BKat | 0 | 35,00 | |
| 101036 | Sie behinderten +) Andere, indem Sie ihnen das Einordnen im sogenannten Reißverschluss-verfahren nicht ermöglichten.<br>§ 1 Abs. 2, § 49 StVO; § 24 Abs. 1, 3 Nr. 5 StVG; -- BKat | 0 | 20,00 | |
| 101042 | Sie fuhren in den Kreuzungsbereich/Einmündungsbereich*) ein, ohne dem dort verkehrsbedingt wartenden Fahrzeug die Möglichkeit zu geben, diesen zu verlassen.<br>§ 1 Abs. 2, § 49 StVO; § 24 Abs. 1, 3 Nr. 5 StVG; -- BKat | 0 | 30,00 | |
| 101043 | – Es kam zum Unfall. | 0 | 35,00 | |

| **TBNR** | **Bemerkungen** |
|---|---|
| 101042 bis 101043 | *) Zutreffendes angeben |

| TBNR | Tatbestandstext | FaP-Pkt | Euro | FV |
|---|---|---|---|---|
| 101048 | Sie behinderten +) durch das Parken auf einer Fußgängerfurt der Lichtzeichenanlage Andere.<br>§ 1 Abs. 2, § 49 StVO; § 24 Abs. 1, 3 Nr. 5 StVG; -- BKat | 0 | 20,00 | |
| 101060 | Sie behinderten +) durch das Parken Andere.<br>§ 1 Abs. 2, § 49 StVO; § 24 Abs. 1, 3 Nr. 5 StVG; -- BKat | 0 | 20,00 | |
| 101100 | Sie belästigten durch Außer-Acht-Lassen der im Straßenverkehr erforderlichen Sorgfalt Andere mehr als nach den Umständen unvermeidbar.<br>§ 1 Abs. 2, § 49 StVO; § 24 Abs. 1, 3 Nr. 5 StVG; 1.1 BKat | 0 | 10,00 | |
| 101106 | Sie behinderten +) durch Außer-Acht-Lassen der im Straßenverkehr erforderlichen Sorgfalt Andere mehr als nach den Umständen unvermeidbar.<br>§ 1 Abs. 2, § 49 StVO; § 24 Abs. 1, 3 Nr. 5 StVG; 1.2 BKat | 0 | 20,00 | |
| 101112 | Sie gefährdeten +) durch Außer-Acht-Lassen der im Straßenverkehr erforderlichen Sorgfalt Andere.<br>§ 1 Abs. 2, § 49 StVO; § 24 Abs. 1, 3 Nr. 5 StVG; 1.3 BKat | 0 | 30,00 | |
| 101118 | Sie schädigten durch Außer-Acht-Lassen der im Straßenverkehr erforderlichen Sorgfalt Andere.<br>§ 1 Abs. 2, § 49 StVO; § 24 Abs. 1, 3 Nr. 5 StVG; 1.4 BKat | 0 | 35,00 | |
| 101124 | Sie schädigten durch Außer-Acht-Lassen der im Straßenverkehr erforderlichen Sorgfalt andere Verkehrsteilnehmer durch Auffahren auf ein vorausfahrendes Fahrzeug.<br>§ 1 Abs. 2, § 49 StVO; § 24 Abs. 1, 3 Nr. 5 StVG; 1.4 BKat | 0 | 35,00 | |
| 101130 | Sie schädigten durch Außer-Acht-Lassen der im Straßenverkehr erforderlichen Sorgfalt andere Verkehrsteilnehmer durch Auffahren auf ein stehendes Fahrzeug.<br>§ 1 Abs. 2, § 49 StVO; § 24 Abs. 1, 3 Nr. 5 StVG; 1.4 BKat | 0 | 35,00 | |
| 101136 | Sie beschädigten beim Fahren in eine/aus einer Parklücke ein stehendes Fahrzeug.<br>§ 1 Abs. 2, § 49 StVO; § 24 Abs. 1, 3 Nr. 5 StVG; 1.5 BKat | 0 | 30,00 | |
| 101500 | Sie fuhren mit einem Kraftrad auf dem Hinterrad und gefährdeten +) dadurch Andere.<br>§ 1 Abs. 2, § 49 StVO; § 24 Abs. 1, 3 Nr. 5 StVG; - BKat | 0 | 50,00 | |

## Straßenbenutzung durch Fahrzeuge – § 2 Abs. 1 StVO

| TBNR | Tatbestandstext | FaP-Pkt | Euro | FV |
|---|---|---|---|---|
| 102000 | Sie benutzten vorschriftswidrig nicht die Fahrbahn.<br>§ 2 Abs. 1, § 49 StVO; § 24 Abs. 1, 3 Nr. 5 StVG; -- BKat | 0 | 10,00 | |
| 102001 | – und behinderten +) dadurch Andere. | 0 | 15,00 | |
| 102002 | – und gefährdeten +) dadurch Andere. | 0 | 20,00 | |
| 102003 | – Es kam zum Unfall. | 0 | 25,00 | |
| 102100 | Sie benutzten vorschriftswidrig den Gehweg.<br>§ 2 Abs. 1, § 49 StVO; § 24 Abs. 1, 3 Nr. 5 StVG; 2 BKat | 0 | 55,00 | |
| 102712 | – und behinderten +) dadurch Andere. | 0 | 70,00 | |
| 102713 | – und gefährdeten +) dadurch Andere. | 0 | 80,00 | |
| 102714 | – Es kam zum Unfall. | 0 | 100,00 | |
| 102106 | Sie benutzten vorschriftswidrig den Seitenstreifen.<br>§ 2 Abs. 1, § 49 StVO; § 24 Abs. 1, 3 Nr. 5 StVG; 2 BKat | 0 | 55,00 | |
| 102718 | – und behinderten +) dadurch Andere. | 0 | 70,00 | |
| 102719 | – und gefährdeten +) dadurch Andere. | 0 | 80,00 | |
| 102720 | – Es kam zum Unfall. | 0 | 100,00 | |
| 102112 | Sie benutzten verbotenerweise die Verkehrsinsel.<br>§ 2 Abs. 1, § 49 StVO; § 24 Abs. 1, 3 Nr. 5 StVG; 2 BKat | 0 | 55,00 | |
| 102724 | – und behinderten +) dadurch Andere. | 0 | 70,00 | |
| 102725 | – und gefährdeten +) dadurch Andere. | 0 | 80,00 | |
| 102726 | – Es kam zum Unfall. | 0 | 100,00 | |
| 102118 | Sie benutzten verbotenerweise den Grünstreifen.<br>§ 2 Abs. 1, § 49 StVO; § 24 Abs. 1, 3 Nr. 5 StVG; 2 BKat | 0 | 55,00 | |
| 102730 | – und behinderten +) dadurch Andere. | 0 | 70,00 | |
| 102731 | – und gefährdeten +) dadurch Andere. | 0 | 80,00 | |
| 102732 | – Es kam zum Unfall. | 0 | 100,00 | |

| TBNR | Tatbestandstext | FaP-Pkt | Euro | FV |
|---|---|---|---|---|
| 102126 | Sie benutzten vorschriftswidrig den linksseitig angelegten Radweg.<br>§ 2 Abs. 1, § 49 StVO; § 24 Abs. 1, 3 Nr. 5 StVG; 2 BKat | 0 | 55,00 | |
| 102736 | – und behinderten +) dadurch Andere. | 0 | 70,00 | |
| 102737 | – und gefährdeten +) dadurch Andere. | 0 | 80,00 | |
| 102738 | – Es kam zum Unfall. | 0 | 100,00 | |
| 102600 | Sie benutzten den Seitenstreifen zum Zweck des schnelleren Vorwärtskommens.<br>§ 2 Abs. 1, § 49 StVO; § 24 Abs. 1, 3 Nr. 5 StVG; 88 BKat | A – 1 | 75,00 | |
| 102601 | – und gefährdeten +) dadurch Andere. | A – 1 | 90,00 | |
| 102602 | – Es kam zum Unfall. | A – 1 | 110,00 | |
| 102124 | Sie benutzten bei zwei getrennten Fahrbahnen nicht die rechte Fahrbahn.<br>§ 2 Abs. 1, § 49 StVO; § 24 Abs. 1, 3 Nr. 5 StVG; 3.3 BKat | 0 | 25,00 | |
| 102125 | – und gefährdeten +) dadurch Andere | 0 | 35,00 | |
| 102603 | – Es kam zum Unfall. | 0 | 40,00 | |
| 102606 | Sie fuhren in der Ein-/Ausfahrt *) der Autobahn/Kraftfahrstraße**) entgegen der Fahrtrichtung.<br>§ 2 Abs. 1, § 49 StVO; § 24 Abs. 1, 3 Nr. 5 StVG; 83.1 BKat | A – 1 | 75,00 | |
| 102607 | – und gefährdeten +) dadurch Andere. | A – 1 | 90,00 | |
| 102608 | – Es kam zum Unfall | A – 1 | 110,00 | |
| 102612 | Sie fuhren auf der Nebenfahrbahn/dem Seitenstreifen*) der Autobahn/Kraftfahrstraße **) entgegen der Fahrtrichtung.<br>§ 2 Abs. 1, § 49 StVO; § 24 Abs. 1, 3 Nr. 5 StVG; 83.2 BKat | A – 1 | 130,00 | |
| 102613 | – und gefährdeten +) dadurch Andere. | A – 1 | 160,00 | |
| 102614 | – Es kam zum Unfall. | A – 1 | 195,00 | |

| **TBNR** | **Bemerkungen** |
|---|---|
| 102606 bis 102614 | *) Zutreffendes angeben<br>**) Zutreffendes angeben |

## Straßenbenutzung durch Fahrzeuge – § 2 Abs. 1, 2 StVO

| TBNR | Tatbestandstext | FaP-Pkt | Euro | FV |
|---|---|---|---|---|
| 102618 | Sie fuhren auf der durchgehenden Fahrbahn der Autobahn/Kraftfahrstraße*) entgegen der Fahrtrichtung.<br>§ 2 Abs. 1, § 49 StVO; § 24 Abs. 1, 3 Nr. 5 StVG, § 25 StVG; 83.3 BKat; § 4 Abs. 1 BKatV | A – 2 | 200,00 | 1 M |
| 102619 | – und gefährdeten +) dadurch Andere. | A – 2 | 240,00 | 1 M |
| 102620 | – Es kam zum Unfall. | A – 2 | 290,00 | 1 M |
| 102006 | Sie fuhren nicht möglichst weit rechts.<br>§ 2 Abs. 2, § 49 StVO; § 24 Abs. 1, 3 Nr. 5 StVG; -- BKat | 0 | 5,00 | |
| 102130 | Sie benutzten nicht die rechte Fahrbahnseite.<br>§ 2 Abs. 2, § 49 StVO; § 24 Abs. 1, 3 Nr. 5 StVG; 3.1 BKat | 0 | 15,00 | |
| 102131 | – und behinderten +) dadurch Andere. | 0 | 25,00 | |
| 102136 | Sie benutzten nicht den rechten Fahrstreifen und behinderten +) dadurch Andere.<br>§ 2 Abs. 2, § 1 Abs. 2, § 49 StVO; § 24 Abs. 1, 3 Nr. 5 StVG; 3.2 BKat; § 19 OWiG | 0 | 20,00 | |
| 102142 | Sie missachteten als Radfahrer das Rechtsfahrgebot, indem Sie den markierten Schutzstreifen nicht benutzten.<br>§ 2 Abs. 2, § 49 StVO; § 24 Abs. 1, 3 Nr. 5 StVG; 3.4 BKat | 0 | 15,00 | |
| 102143 | – und behinderten +) dadurch Andere. | 0 | 20,00 | |
| 102144 | – und gefährdeten +) dadurch Andere. | 0 | 25,00 | |
| 102145 | – Es kam zum Unfall. | 0 | 30,00 | |
| 102624 | Sie verstießen bei Gegenverkehr gegen das Rechtsfahrgebot und gefährdeten +) dadurch Andere.<br>§ 2 Abs. 2, § 1 Abs. 2, § 49 StVO; § 24 Abs. 1, 3 Nr. 5 StVG; 4.1 BKat; § 19 OWiG | A – 1 | 80,00 | |
| 102625 | – Es kam zum Unfall. | A – 1 | 100,00 | |

| **TBNR** | **Bemerkungen** |
|---|---|
| 102618 bis 102620 | *) Zutreffendes angeben |

| TBNR | Tatbestandstext | FaP-Pkt | Euro | FV |
|---|---|---|---|---|
| 102630 | Sie verstießen beim Überholtwerden gegen das Rechtsfahrgebot und gefährdeten +) dadurch Andere.<br>§ 2 Abs. 2, § 1 Abs. 2, § 49 StVO; § 24 Abs. 1, 3 Nr. 5 StVG; 4.1 BKat; § 19 OWiG | A – 1 | 80,00 | |
| 102631 | – Es kam zum Unfall. | A – 1 | 100,00 | |
| 102636 | Sie verstießen an einer Kuppe gegen das Rechtsfahrgebot und gefährdeten +) dadurch Andere.<br>§ 2 Abs. 2, § 1 Abs. 2, § 49 StVO; § 24 Abs. 1, 3 Nr. 5 StVG; 4.1 BKat; § 19 OWiG | A – 1 | 80,00 | |
| 102637 | – Es kam zum Unfall. | A – 1 | 100,00 | |
| 102642 | Sie verstießen bei Unübersichtlichkeit gegen das Rechtsfahrgebot und gefährdeten +) dadurch Andere.<br>§ 2 Abs. 2, § 1 Abs. 2, § 49 StVO; § 24 Abs. 1, 3 Nr. 5 StVG; 4.1 BKat; § 19 OWiG | A – 1 | 80,00 | |
| 102643 | – Es kam zum Unfall. | A – 1 | 100,00 | |
| 102648 | Sie verstießen in einer Kurve gegen das Rechtsfahrgebot und gefährdeten +) dadurch Andere.<br>§ 2 Abs. 2, § 1 Abs. 2, § 49 StVO; § 24 Abs. 1, 3 Nr. 5 StVG; 4.1 BKat; § 19 OWiG | A – 1 | 80,00 | |
| 102649 | – Es kam zum Unfall. | A – 1 | 100,00 | |
| 102654 | Sie verstießen durch Linksabbiegen in engem Bogen gegen das Rechtsfahrgebot und gefährdeten +) dadurch Andere.<br>§ 2 Abs. 2, § 1 Abs. 2, § 49 StVO; § 24 Abs. 1, 3 Nr. 5 StVG; 4.1 BKat; § 19 OWiG | A – 1 | 80,00 | |
| 102655 | – Es kam zum Unfall. | A – 1 | 100,00 | |

## Straßenbenutzung durch Fahrzeuge – § 2 Abs. 2, 3, 3a StVO

| TBNR | Tatbestandstext | FaP-Pkt | Euro | FV |
|---|---|---|---|---|
| 102660 | Sie verstießen durch Rechtsabbiegen in weitem Bogen gegen das Rechtsfahrgebot und gefährdeten +) dadurch Andere.<br>§ 2 Abs. 2, § 1 Abs. 2, § 49 StVO; § 24 Abs. 1, 3 Nr. 5 StVG; 4.1 BKat; § 19 OWiG | A – 1 | 80,00 | |
| 102661 | – Es kam zum Unfall. | A – 1 | 100,00 | |
| | Sie gerieten auf die linke Fahrbahnseite | | | |
| 102666 | – und gefährdeten +) dadurch Andere.<br>§ 2 Abs. 2, § 1 Abs. 2, § 49 StVO; § 24 Abs. 1, 3 Nr. 5 StVG; 4.1 BKat; § 19 OWiG | A – 1 | 80,00 | |
| 102667 | – und stießen mit dem entgegenkommenden Fahrzeug zusammen. Es kam zum Unfall. | A – 1 | 100,00 | |
| 102668 | – und stießen mit einem stehenden Fahrzeug zusammen. Es kam zum Unfall. | A – 1 | 100,00 | |
| 102672 | Sie verstießen auf der Autobahn/Kraftfahrstraße*) gegen das Rechtsfahrgebot und behinderten +) dadurch Andere.<br>§ 2 Abs. 2, § 1 Abs. 2, § 49 StVO; § 24 Abs. 1, 3 Nr. 5 StVG; 4.2 BKat; § 19 OWiG | A – 1 | 80,00 | |
| 102673 | – Es kam zum Unfall. | A – 1 | 100,00 | |
| 102148 | Sie ließen die in Längsrichtung fahrende Schienenbahn nicht durchfahren.<br>§ 2 Abs. 3, § 49 StVO; § 24 Abs. 1, 3 Nr. 5 StVG; 5 BKat | 0 | 5,00 | |
| 102706 | Sie fuhren bei Glatteis, Schneeglätte, Schneematsch, Eis- oder Reifglätte ohne die vorgeschriebenen Reifen für winterliche Wetterverhältnisse.<br>§ 2 Abs. 3a, § 49 StVO; § 24 Abs. 1, 3 Nr. 5 StVG; 5a BKat | B – 1 | 60,00 | |
| 102707 | – und behinderten +) dadurch Andere. | B – 1 | 80,00 | |
| 102708 | – und gefährdeten +) dadurch Andere. | B – 1 | 100,00 | |
| 102709 | – Es kam zum Unfall | B – 1 | 120,00 | |

| TBNR | Bemerkungen |
|---|---|
| 102672 bis 102673 | *) Zutreffendes angeben |

| TBNR | Tatbestandstext | FaP-Pkt | Euro | FV |
|---|---|---|---|---|
| 102690 | Sie verhielten sich als Führer eines kennzeichnungspflichtigen Kraftfahrzeugs mit gefährlichen Gütern bei einer Sichtweite unter 50 m/Schneeglätte oder Glatteis *) nicht so, dass eine Gefährdung Anderer ausgeschlossen war.<br>§ 2 Abs. 3a, § 49 StVO; § 24 Abs. 1, 3 Nr. 5 StVG; 6 BKat | B – 1 | 140,00 | |
| 102691 | – Es kam zum Unfall. | B – 1 | 205,00 | |
| 102696 | Sie suchten als Führer eines kennzeichnungspflichtigen Kraftfahrzeugs mit gefährlichen Gütern bei einer Sichtweite unter 50 m / Schneeglätte oder Glatteis *) obwohl nötig, nicht den nächsten geeigneten Platz zum Parken auf.<br>§ 2 Abs. 3a, § 49 StVO; § 24 Abs. 1, 3 Nr. 5 StVG; 6 BKat | B – 1 | 140,00 | |
| 102167 | Sie fuhren als Radfahrer/Mofafahrer*) nebeneinander und behinderten +) dadurch Andere.<br>§ 2 Abs. 4, § 24 StVG; 7.2.1 BKat; | 0 | 20,00 | |
| 102168 | – und gefährdeten +) dadurch Andere. | 0 | 25,00 | |
| 102169 | – Es kam zum Unfall. | 0 | 30,00 | |
| 102173 | Sie befuhren den Radweg in nicht zulässiger Richtung, obwohl ein Radweg oder Seitenstreifen in zulässiger Richtung vorhanden war.<br>§ 2 Abs. 4, § 49 StVO; § 24 Abs. 1, 3 Nr. 5 StVG; 7.3 BKat | 0 | 20,00 | |
| 102174 | – und behinderten +) dadurch Andere. | 0 | 25,00 | |
| 102175 | – und gefährdeten +) dadurch Andere. | 0 | 30,00 | |
| 102176 | – Es kam zum Unfall | 0 | 35,00 | |

| **TBNR** | **Bemerkungen** |
|---|---|
| 102690 bis 102696 | *) Zutreffendes angeben |
| 102167 bis 102169 | *) Zutreffendes angeben |

## Straßenbenutzung durch Fahrzeuge – § 2 Abs. 4 StVO

| TBNR | Tatbestandstext | FaP-Pkt | Euro | FV |
|---|---|---|---|---|
| 102180 | Sie benutzten als Radfahrer vorschriftswidrig den rechten Seitenstreifen, obwohl ein Radweg vorhanden war, und behinderten +) dadurch Andere.<br>§ 2 Abs. 4, § 49 StVO; § 24 Abs. 1, 3 Nr. 5 StVG; 7.2.1 BKat | 0 | 20,00 | |
| 102181 | – und gefährdeten +) dadurch Andere. | 0 | 25,00 | |
| 102182 | – Es kam zum Unfall. | 0 | 30,00 | |
| 102018 | Sie benutzten als Mofafahrer vorschriftswidrig den Radweg innerhalb einer geschlossenen Ortschaft.<br>§ 2 Abs. 4, § 49 StVO; § 24 Abs. 1, 3 Nr. 5 StVG; -- BKat | 0 | 20,00 | |
| 102019 | – und behinderten +) dadurch Andere. | 0 | 25,00 | |
| 102020 | – und gefährdeten +) dadurch Andere. | 0 | 30,00 | |
| 102021 | – Es kam zum Unfall | 0 | 35,00 | |

| TBNR | Tatbestandstext | FaP-Pkt | Euro | FV |
|---|---|---|---|---|
| 103600 *[103606–kennzpfl. 103612–KOM] | Sie fuhren in Anbetracht der besonderen örtlichen Straßen- oder Verkehrsverhältnisse mit nicht angepasster Geschwindigkeit.<br>§ 3 Abs. 1, § 49 StVO; § 24 Abs. 1, 3 Nr. 5 StVG; 8.1 BKat | A – 1 | 100,00 [150,00] | |
| 103601 *[103607–kennzpfl. 103613–KOM] | – und gefährdeten +) dadurch Andere.<br>§ 3 Abs. 1, § 1 Abs. 2, § 49 StVO;<br>§ 24 Abs. 1, 3 Nr. 5 StVG; 8.1 BKat; § 3 Abs. 3 BKatV, §19 OWiG | A – 1 | 120,00 [180,00] | |
| 103602 *[103608–kennzpfl. 103614–KOM] | – Es kam zum Unfall.<br>§ 3 Abs. 1, § 1 Abs. 2, § 49 StVO;<br>§ 24 Abs. 1, 3 Nr. 5 StVG; 8.1 BKat; § 3 Abs. 3 BKatV, §19 OWiG | A – 1 | 145,00 [217,50] | |
| 103618 *[103624–kennzpfl. 103630–KOM] | Sie fuhren bei schlechten Sicht- oder Wetterverhältnissen mit nicht angepasster Geschwindigkeit.<br>§ 3 Abs. 1, § 49 StVO; § 24 Abs. 1, 3 Nr. 5 StVG; 8.1 BKat | A – 1 | 100,00 [150,00] | |
| 103619 *[103625–kennzpfl. 103631–KOM] | – und gefährdeten +) dadurch Andere.<br>§ 3 Abs. 1, § 1 Abs. 2, § 49 StVO;<br>§ 24 Abs. 1, 3 Nr. 5 StVG; 8.1 BKat; § 3 Abs. 3 BKatV; §19 OWiG | A – 1 | 120,00 [180,00] | |
| 103620 *[103626–kennzpfl. 103632–KOM] | – Es kam zum Unfall.<br>§ 3 Abs. 1, § 1 Abs. 2, § 49 StVO;<br>§ 24 Abs. 1, 3 Nr. 5 StVG; 8.1 BKat; § 3 Abs. 3 BKatV; §19 OWiG | A – 1 | 145,00 [217,50] | |
| 103854 | Sie verursachten infolge nicht angepasster Geschwindigkeit einen Unfall.<br>§ 3 Abs. 1, § 1 Abs. 2, § 49 StVO; § 24 Abs. 1, 3 Nr. 5 StVG; 8.2 BKat; § 19 OWiG | 0 | 35,00 | |

* Stern **vor** der TBNR:
TBNR und Ahndungssatz in [ ] gilt für Fahrzeuge mit gefährlichen Gütern und KOM mit Fahrgästen (Zutreffendes angeben).

## Geschwindigkeit – § 3 Abs. 1, 2, 2a StVO

| TBNR | Tatbestandstext | FaP-Pkt | Euro | FV |
|---|---|---|---|---|
| 703100 Pseudokennzahl | Sie überschritten die zulässige Höchstgeschwindigkeit innerhalb geschlossener Ortschaft bei einer Sichtweite von weniger als 50 m durch Nebel, Schneefall oder Regen um ... km/h. Zulässige Geschwindigkeit: 50 km/h Festgestellte Geschwindigkeit (nach Toleranzabzug): *) ... km/h § 3 Abs. 1, § 49 StVO; § 24 Abs. 1, 3 Nr. 5, § 25 StVG; -- BKat; § 4 Abs. 1 BKatV | siehe Tabelle T1-T15 | | |
| 703101 Pseudokennzahl | Sie überschritten die zulässige Höchstgeschwindigkeit außerhalb geschlossener Ortschaft bei einer Sichtweite von weniger als 50 m durch Nebel, Schneefall oder Regen um ... km/h. Zulässige Geschwindigkeit: 50 km/h Festgestellte Geschwindigkeit (nach Toleranzabzug): *) ... km/h § 3 Abs. 1, § 49 StVO; § 24 Abs. 1, 3 Nr. 5, § 25 StVG; -- BKat; § 4 Abs. 1 BKatV | siehe Tabelle T1-T15 | | |
| 103000 | Sie fuhren ohne triftigen Grund so langsam, dass der Verkehrsfluss behindert wurde. § 3 Abs. 2, § 49 StVO; § 24 StVG; -- BKat | 0 | 20,00 | |
| 103708 | Sie gefährdeten +) als Fahrzeugführer ein Kind/einen Hilfsbedürftigen/einen älteren Menschen *), insbesondere durch nicht ausreichend verminderte Geschwindigkeit/ mangelnde Bremsbereitschaft oder unzureichenden Seitenabstand beim Vorbeifahren/unzureichenden Seitenabstand beim Überholen **). § 3 Abs. 2a, § 49 StVO; § 24 Abs. 1, 3 Nr. 5 StVG; 10 BKat | A – 1 | 80,00 | |

| **TBNR** | **Bemerkungen** |
|---|---|
| 703100, 703101 | *) Festgestellte Geschwindigkeit angeben |
| 103708 | *) geschützte Person(en) angeben<br>**) Ursache angeben |

| TBNR | Tatbestandstext | FaP-Pkt | Euro | FV |
|---|---|---|---|---|
| 103709 | Sie schädigten als Fahrzeugführer ein Kind/einen Hilfsbedürftigen/einen älteren Menschen *), insbesondere durch nicht ausreichend verminderte Geschwindigkeit/ mangelnde Bremsbereitschaft oder unzureichenden Seitenabstand beim Vorbeifahren/unzureichenden Seitenabstand beim Überholen **).<br>§ 3 Abs. 2a, § 1 Abs. 2, § 49 StVO; § 24 Abs. 1, 3 Nr. 5 StVG; 10 BKat; § 19 OWiG | A – 1 | 100,00 | |
| 703110<br>Pseudo-kennzahl | Sie überschritten die zulässige Höchstgeschwindigkeit innerhalb geschlossener Ortschaft um ... km/h.<br>Zulässige Geschwindigkeit: *)... km/h<br>Festgestellte Geschwindigkeit (nach Toleranzabzug): **) ... km/h<br>§ 3 Abs. 3, § 49 StVO; § 24 Abs. 1, 3 Nr. 5, § 25 StVG; -- BKat; § 4 Abs. 1 BKatV | siehe Tabelle T1-T15 | | |

**TBNR** **Bemerkungen**

103709
*) geschützte Person(en) angeben
**) Ursache angeben

703110
*) Zulässige Geschwindigkeit angeben
**) Festgestellte Geschwindigkeit angeben

## Geschwindigkeit – § 3 Abs. 3 StVO

| TBNR | Tatbestandstext | FaP-Pkt | Euro | FV |
|---|---|---|---|---|
| 703111<br>Pseudo-<br>kennzahl | Sie überschritten die zulässige Höchstgeschwindigkeit außerhalb geschlossener Ortschaft um ... km/h.<br>Zulässige Geschwindigkeit: *)... km/h<br>Festgestellte Geschwindigkeit (nach Toleranzabzug): **) ... km/h<br>§ 3 Abs. 3, § 49 StVO; § 24 Abs. 1, 3 Nr. 5 StVG; ... BKat | siehe Tabelle T1-T15 | | |
| 103726<br>*[103750] | Sie überschritten die zulässige Höchstgeschwindigkeit für mehr als 5 Minuten Dauer (bis 15 km/h) bis zu ... km/h.<br>Zulässige Geschwindigkeit: *) ... km/h<br>(Lkw usw.)<br>§ 3 Abs. 3, § 49 StVO; § 24 Abs. 1, 3 Nr. 5 StVG;<br>11.1.3 [11.2.3] BKat | A – 1 | 140,00<br>[240,00] | |

| TBNR | Bemerkungen |
|---|---|
| 703111 | *) Zulässige Geschwindigkeit angeben<br>**) Festgestellte Geschwindigkeit angeben |
| 103726 [103750] | *) Zulässige Geschwindigkeit angeben |

* Stern **vor** der TBNR:
TBNR und Ahndungssatz in [ ] gilt für Fahrzeuge mit gefährlichen Gütern und KOM mit Fahrgästen (Zutreffendes angeben).

| TBNR | Tatbestandstext | FaP-Pkt | Euro | FV |
|---|---|---|---|---|
| 103727<br>*[103751] | Sie überschritten die zulässige Höchstgeschwindigkeit in mehr als 2 Fällen nach Fahrtantritt (bis 15 km/h) bis zu ... km/h.<br>Zulässige Geschwindigkeit: *) ... km/h<br>(Lkw usw.)<br>§ 3 Abs. 3, § 49 StVO; § 24 Abs. 1, 3 Nr. 5 StVG;<br>11.1.3 [11.2.3] BKat | A – 1 | 140,00<br>[240,00] | |
| 703112<br>Pseudo-kennzahl | Sie überschritten die zulässige Höchstgeschwindigkeit mit Schneeketten innerhalb geschlossener Ortschaft um ... km/h.<br>Zulässige Geschwindigkeit: 50 km/h<br>Festgestellte Geschwindigkeit<br>(nach Toleranzabzug): *) ... km/h<br>§ 3 Abs. 4, § 49 StVO; § 24 Abs. 1, 3 Nr. 5 StVG; ... BKat | siehe Tabelle T1-T15 | | |
| 703113<br>Pseudo-kennzahl | Sie überschritten die zulässige Höchstgeschwindigkeit mit Schneeketten außerhalb geschlossener Ortschaft um ... km/h.<br>Zulässige Geschwindigkeit: 50 km/h<br>Festgestellte Geschwindigkeit<br>(nach Toleranzabzug): *) ... km/h<br>§ 3 Abs. 4, § 49 StVO; § 24 Abs. 1, 3 Nr. 5 StVG; ... BKat | siehe Tabelle T1-T15 | | |

| **TBNR** | **Bemerkungen** |
|---|---|
| 103727 [103751], | *) Zulässige Geschwindigkeit angeben |
| 703112, 703113 | *) Festgestellte Geschwindigkeit angeben |

* Stern **vor** der TBNR:
TBNR und Ahndungssatz in [ ] gilt für Fahrzeuge mit gefährlichen Gütern und KOM mit Fahrgästen (Zutreffendes angeben).

| TBNR | Tatbestandstext | FaP-Pkt | Euro | FV |
|---|---|---|---|---|
| | | | | |

## Tabellen des KBA zu §§ 3 Abs. 1-4, 18 Abs. 5, 20 Abs. 2-4, 41 Abs. 1 iVm Anlage 2, 42 Abs. 2 iVm Anlage 3 StVO

**Überschreiten**

- **der festgesetzten Höchstgeschwindigkeit bei Sichtweite unter 50 m durch Nebel, Schneefall oder Regen mit Kraftfahrzeugen (LKW usw.) der in § 3 Abs. 3 Nr. 2 Buchstaben a oder b StVO genannten Art**

Tabellen-Nr:
**703000 (innerhalb)**
**703001 (außerhalb)**

Pseudo-Kennzahlen:
**703100 (innerhalb)**
**703101 (außerhalb)**

| | | innerhalb | | | | außerhalb | | | |
|---|---|---|---|---|---|---|---|---|---|
| Überschreitung in km/h | BKat | TBNR | FaP/ Pkt | FV | Ahndungssatz Euro | TBNR | FaP/ Pkt | FV | Ahndungssatz Euro |
| bis 15 | 9 | 103635 | A-1 | | 80,00 | 103647 | A-1 | | 80,00 |
| mehr als 5 Min. bis 15 | 9.1 | 103633 | A-1 | | 160,00 | 103645 | A-1 | | 140,00 |
| in mehr als 2 Fällen bis 15 | 9.1 | 103634 | A-1 | | 160,00 | 103646 | A-1 | | 140,00 |
| von 16-20 | 9.1 | 103636 | A-1 | | 160,00 | 103648 | A-1 | | 140,00 |
| von 21-25 | 9.1 | 103637 | A-1 | | 175,00 | 103649 | A-1 | | 150,00 |
| von 26-30 | 9.1 | 103638 | A-2 | 1M | 235,00 | 103650 | A-1 | | 175,00 |
| von 31-40 | 9.1 | 103639 | A-2 | 1M | 340,00 | 103651 | A-2 | 1M | 255,00 |
| von 41-50 | 9.1 | 103640 | A-2 | 2M | 560,00 | 103652 | A-2 | 1M | 480,00 |
| von 51-60 | 9.1 | 103641 | A-2 | 3M | 700,00 | 103653 | A-2 | 2M | 600,00 |
| über 60 | 9.1 | 103642 | A-2 | 3M | 800,00 | 103654 | A-2 | 3M | 700,00 |

**Überschreiten**
- **der festgesetzten Höchstgeschwindigkeit bei Sichtweite unter 50 m durch Nebel, Schneefall oder Regen mit kennzeichnungspflichtigen Kraftfahrzeugen der in § 3 Abs. 3 Nr. 2 Buchstaben a oder b StVO genannten Art mit gefährlichen Gütern oder Kraftomnibussen mit Fahrgästen**

Tabellen-Nr:
**703002 (innerhalb)**
**703003 (außerhalb)**

Pseudo-Kennzahlen:
**703100 (innerhalb)**
**703101 (außerhalb)**

| | | innerhalb | | | | außerhalb | | | |
|---|---|---|---|---|---|---|---|---|---|
| Überschreitung in km/h | BKat | TBNR | FaP/ Pkt | FV | Ahndungssatz Euro | TBNR | FaP/ Pkt | FV | Ahndungssatz Euro |
| bis 10 | 9 | 103657 | A-1 | | 80,00 | | | | |
| bis 15 | 9 | | | | | 103672 | A-1 | | 80,00 |
| von 11-15 | 9.2 | 103658 | A-1 | | 120,00 | | | | |
| mehr als 5 Min. bis 15 | 9.2 | 103659 | A-1 | | 320,00 | 103670 | A-1 | | 240,00 |
| in mehr als 2 Fällen bis 15 | 9.2 | 103660 | A-1 | | 320,00 | 103671 | A-1 | | 240,00 |
| von 16-20 | 9.2 | 103661 | A-1 | | 320,00 | 103673 | A-1 | | 240,00 |
| von 21-25 | 9.2 | 103662 | A-2 | 1M | 360,00 | 103674 | A-1 | | 280,00 |
| von 26-30 | 9.2 | 103663 | A-2 | 1M | 480,00 | 103675 | A-2 | 1M | 400,00 |
| von 31-40 | 9.2 | 103664 | A-2 | 2M | 640,00 | 103676 | A-2 | 1M | 560,00 |
| von 41-50 | 9.2 | 103665 | A-2 | 3M | 800,00 | 103677 | A-2 | 2M | 700,00 |
| von 51-60 | 9.2 | 103666 | A-2 | 3M | 900,00 | 103678 | A-2 | 3M | 800,00 |
| über 60 | 9.2 | 103667 | A-2 | 3M | 950,00 | 103679 | A-2 | 3M | 900,00 |

**Überschreiten**
- **der festgesetzten Höchstgeschwindigkeit bei Sichtweite unter 50 m durch Nebel, Schneefall oder Regen mit anderen als den vorstehend aufgeführten Kraftfahrzeugen**

Tabellen-Nr:
**703004 (innerhalb)**
**703005 (außerhalb)**

Pseudo-Kennzahlen:
**703100 (innerhalb)**
**703101 (außerhalb)**

| | | innerhalb | | | | außerhalb | | | |
|---|---|---|---|---|---|---|---|---|---|
| Überschreitung in km/h | BKat | TBNR | FaP/ Pkt | FV | Ahndungssatz Euro | TBNR | FaP/ Pkt | FV | Ahndungssatz Euro |
| bis 20 | 9 | 103683 | A-1 | | 80,00 | 103694 | A-1 | | 80,00 |
| 21 bis 25 | 9.3 | 103684 | A-1 | | 115,00 | 103695 | A-1 | | 100,00 |
| von 26-30 | 9.3 | 103685 | A-1 | | 180,00 | 103696 | A-1 | | 150,00 |
| von 31-40 | 9.3 | 103686 | A-2 | 1M | 260,00 | 103697 | A-1 | | 200,00 |
| von 41-50 | 9.3 | 103687 | A-2 | 1M | 400,00 | 103698 | A-2 | 1M | 320,00 |
| von 51-60 | 9.3 | 103688 | A-2 | 2M | 560,00 | 103699 | A-2 | 1M | 480,00 |
| von 61-70 | 9.3 | 103689 | A-2 | 3M | 700,00 | 103700 | A-2 | 2M | 600,00 |
| über 70 | 9.3 | 103690 | A-2 | 3M | 800,00 | 103701 | A-2 | 3M | 700,00 |

**Überschreiten**
– **der zulässigen Höchstgeschwindigkeit mit Kraftfahrzeugen (LKW usw.) der in § 3 Abs. 3 Nr. 2a oder b StVO genannten Art**

Tabellen-Nr:
**703006 / / 741003 (innerhalb)**
**703007 / 718000 / 741004 (außerhalb)**

Pseudo-Kennzahlen:
**703110 / / 741110 (innerhalb)**
**703111 / 718100 / 741111(außerhalb)**

| | | innerhalb | | | | außerhalb | | | |
|---|---|---|---|---|---|---|---|---|---|
| Überschreitung in km/h | BKat | TBNR | FaP/ Pkt | FV | Ahndungssatz Euro | TBNR | FaP/ Pkt | FV | Ahndungssatz Euro |
| bis 10 | 11.1.1 | 103178 | 0 | | 40,00 | 103184 | 0 | | 30,00 |
| | 11.1.1 | | | | | 118160 | 0 | | 30,00 |
| | 11.1.1 | 141224 | 0 | | 40,00 | 141227 | 0 | | 30,00 |
| von 11-15 | 11.1.2 | 103715 | 0 | | 60,00 | 103185 | 0 | | 50,00 |
| | 11.1.2 | | | | | 118161 | 0 | | 50,00 |
| | 11.1.2 | 141664 | 0 | | 60,00 | 141228 | 0 | | 50,00 |
| von 16-20 | 11.1.4 | 103716 | A-1 | | 160,00 | 103728 | A-1 | | 140,00 |
| | 11.1.4 | | | | | 118632 | A-1 | | 140,00 |
| | 11.1.4 | 141665 | A-1 | | 160,00 | 141677 | A-1 | | 140,00 |
| von 21-25 | 11.1.5 | 103717 | A-1 | | 175,00 | 103729 | A-1 | | 150,00 |
| | 11.1.5 | | | | | 118633 | A-1 | | 150,00 |
| | 11.1.5 | 141666 | A-1 | | 175,00 | 141678 | A-1 | | 150,00 |
| von 26-30 | 11.1.6 | 103718 | A-2 | 1M | 235,00 | 103730 | A-1 | | 175,00 |
| | 11.1.6 | | | | | 118634 | A-1 | | 175,00 |
| | 11.1.6 | 141667 | A-2 | 1M | 235,00 | 141679 | A-1 | | 175,00 |
| von 31-40 | 11.1.7 | 103719 | A-2 | 1M | 340,00 | 103731 | A-2 | 1M | 255,00 |
| | 11.1.7 | | | | | 118635 | A-2 | 1M | 255,00 |
| | 11.1.7 | 141668 | A-2 | 1M | 340,00 | 141680 | A-2 | 1M | 255,00 |
| von 41-50 | 11.1.8 | 103720 | A-2 | 2M | 560,00 | 103732 | A-2 | 1M | 480,00 |
| | 11.1.8 | | | | | 118636 | A-2 | 1M | 480,00 |
| | 11.1.8 | 141669 | A-2 | 2M | 560,00 | 141681 | A-2 | 1M | 480,00 |
| von 51-60 | 11.1.9 | 103721 | A-2 | 3M | 700,00 | 103733 | A-2 | 2M | 600,00 |
| | 11.1.9 | | | | | 118637 | A-2 | 2M | 600,00 |
| | 11.1.9 | 141670 | A-2 | 3M | 700,00 | 141682 | A-2 | 2M | 600,00 |
| über 60 | 11.1.10 | 103722 | A-2 | 3M | 800,00 | 103734 | A-2 | 3M | 700,00 |
| | 11.1.10 | | | | | 118638 | A-2 | 3M | 700,00 |
| | 11.1.10 | 141671 | A-2 | 3M | 800,00 | 141683 | A-2 | 3M | 700,00 |

**Überschreiten**
- **der für Fahrzeuge mit Schneeketten geltenden Höchstgeschwindigkeit mit Kraftfahrzeugen (LKW usw.) der in § 3 Abs. 3 Nr. 2a oder b StVO genannten Art**

Tabellen-Nr:
**703012 (innerhalb)**
**703013 (außerhalb)**

Pseudo-Kennzahlen:
**703112 (innerhalb)**
**703113 (außerhalb)**

| | | innerhalb | | | | außerhalb | | | |
|---|---|---|---|---|---|---|---|---|---|
| Überschreitung in km/h | BKat | TBNR | FaP/ Pkt | FV | Ahndungssatz Euro | TBNR | FaP/ Pkt | FV | Ahndungssatz Euro |
| bis 10 | 11.1.1 | 103214 | 0 | | 40,00 | 103220 | 0 | | 30,00 |
| von 11-15 | 11.1.2 | 103785 | 0 | | 60,00 | 103221 | 0 | | 50,00 |
| von 16-20 | 11.1.4 | 103786 | A-1 | | 160,00 | 103798 | A-1 | | 140,00 |
| von 21-25 | 11.1.5 | 103787 | A-1 | | 175,00 | 103799 | A-1 | | 150,00 |
| von 26-30 | 11.1.6 | 103788 | A-2 | 1M | 235,00 | 103800 | A-1 | | 175,00 |
| von 31-40 | 11.1.7 | 103789 | A-2 | 1M | 340,00 | 103801 | A-2 | 1M | 255,00 |
| von 41-50 | 11.1.8 | 103790 | A-2 | 2M | 560,00 | 103802 | A-2 | 1M | 480,00 |
| von 51-60 | 11.1.9 | 103791 | A-2 | 3M | 700,00 | 103803 | A-2 | 2M | 600,00 |
| über 60 | 11.1.10 | 103792 | A-2 | 3M | 800,00 | 103804 | A-2 | 3M | 700,00 |

**Überschreiten**
- **der zulässigen Höchstgeschwindigkeit mit Kraftfahrzeugen (LKW usw.) der in § 3 Abs. 3 Nr. 2a oder b StVO genannten Art**
- **bei der Vorbeifahrt rechts (Schrittgeschwindigkeit)**
- **mit eingeschaltetem Warnblinklicht (Schrittgeschwindigkeit)**
- **in einem Fußgängerbereich (Zone)**
- **in einem verkehrsberuhigten Bereich)**
- **in einem Bereich für Radverkehr**

Tabellen-Nr:
**720000/720006/741000/741009/742000 (innerh.)**
**720001/720007 (außerhalb)**

Pseudo-Kennzahlen:
**720100/720110/741100/741120/742100 (innerh.)**
**720101/720111 (außerhalb)**

| | | innerhalb | | | | außerhalb | | | |
|---|---|---|---|---|---|---|---|---|---|
| Überschreitung in km/h | BKat | TBNR | FaP/ Pkt | FV | Ahndungssatz Euro | TBNR | FaP/ Pkt | FV | Ahndungssatz Euro |
| bis 10 | 11.1.1 | 120106 | 0 | | 40,00 | 120112 | 0 | | 30,00 |
| | 11.1.1 | 120154 | 0 | | 40,00 | 120160 | 0 | | 30,00 |
| | 11.1.1 | 141212 | 0 | | 40,00 | | | | |
| | 11.1.1 | 141200 | 0 | | 40,00 | | | | |
| | 11.1.1 | 142118 | 0 | | 40,00 | | | | |

Fortsetzung auf nächster Seite

*Fortsetzung:*
**Überschreiten**
- **der zulässigen Höchstgeschwindigkeit mit Kraftfahrzeugen (LKW usw.) der in § 3 Abs. 3 Nr. 2a oder b StVO genannten Art**
- **bei der Vorbeifahrt rechts (Schrittgeschwindigkeit)**
- **mit eingeschaltetem Warnblinklicht (Schrittgeschwindigkeit)**
- **in einem Fußgängerbereich (Zone)**
- **in einem verkehrsberuhigten Bereich)**
- **in einem Bereich für Radverkehr**

Tabellen-Nr:
**720000/720006/741000/741009/742000 (innerh.)**
**720001/720007 (außerhalb)**

Pseudo-Kennzahlen:
**720100/720110/741100/741120/742100 (innerh.)**
**720101/720111 (außerhalb)**

| | | innerhalb | | | | außerhalb | | | |
|---|---|---|---|---|---|---|---|---|---|
| Überschreitung in km/h | BKat | TBNR | FaP/ Pkt | FV | Ahndungssatz Euro | TBNR | FaP/ Pkt | FV | Ahndungssatz Euro |
| von 11-15 | 11.1.2 | 120617 | 0 | | 60,00 | 120113 | 0 | | 50,00 |
| | 11.1.2 | 120767 | 0 | | 60,00 | 120161 | 0 | | 50,00 |
| | 11.1.2 | 141635 | 0 | | 60,00 | | | | |
| | 11.1.2 | 141743 | 0 | | 60,00 | | | | |
| | 11.1.2 | 142605 | 0 | | 60,00 | | | | |
| von 16-20 | 11.1.4 | 120618 | A-1 | | 160,00 | 120630 | A-1 | | 140,00 |
| | 11.1.4 | 120768 | A-1 | | 160,00 | 120778 | A-1 | | 140,00 |
| | 11.1.4 | 141636 | A-1 | | 160,00 | | | | |
| | 11.1.4 | 141744 | A-1 | | 160,00 | | | | |
| | 11.1.4 | 142606 | A-1 | | 160,00 | | | | |
| von 21-25 | 11.1.5 | 120619 | A-1 | | 175,00 | 120631 | A-1 | | 150,00 |
| | 11.1.5 | 120769 | A-1 | | 175,00 | 120779 | A-1 | | 150,00 |
| | 11.1.5 | 141637 | A-1 | | 175,00 | | | | |
| | 11.1.5 | 141745 | A-1 | | 175,00 | | | | |
| | 11.1.5 | 142607 | A-1 | | 175,00 | | | | |
| von 26-30 | 11.1.6 | 120620 | A-2 | 1M | 235,00 | 120632 | A-1 | | 175,00 |
| | 11.1.6 | 120770 | A-2 | 1M | 235,00 | 120780 | A-1 | | 175,00 |
| | 11.1.6 | 141638 | A-2 | 1M | 235,00 | | | | |
| | 11.1.6 | 141746 | A-2 | 1M | 235,00 | | | | |
| | 11.1.6 | 142608 | A-2 | 1M | 235,00 | | | | |

Fortsetzung auf nächster Seite

*Fortsetzung:*

**Überschreiten**
- **der zulässigen Höchstgeschwindigkeit mit Kraftfahrzeugen (LKW usw.) der in § 3 Abs. 3 Nr. 2a oder b StVO genannten Art**
- **bei der Vorbeifahrt rechts (Schrittgeschwindigkeit)**
- **mit eingeschaltetem Warnblinklicht (Schrittgeschwindigkeit)**
- **in einem Fußgängerbereich (Zone)**
- **in einem verkehrsberuhigten Bereich)**
- **in einem Bereich für Radverkehr**

Tabellen-Nr:
**720000/720006/741000/741009/742000 (innerh.)**
**720001/720007 (außerhalb)**

Pseudo-Kennzahlen:
**720100/720110/741100/741120/742100 (innerh.)**
**720101/720111 (außerhalb)**

| | | innerhalb | | | | außerhalb | | | |
|---|---|---|---|---|---|---|---|---|---|
| Überschreitung in km/h | BKat | TBNR | FaP/ Pkt | FV | Ahndungssatz Euro | TBNR | FaP/ Pkt | FV | Ahndungssatz Euro |
| von 31-40 | 11.1.7 | 120621 | A-2 | 1M | 340,00 | 120633 | A-2 | 1M | 255,00 |
| | 11.1.7 | 120771 | A-2 | 1M | 340,00 | 120781 | A-2 | 1M | 255,00 |
| | 11.1.7 | 141639 | A-2 | 1M | 340,00 | | | | |
| | 11.1.7 | 141747 | A-2 | 1M | 340,00 | | | | |
| | 11.1.7 | 142609 | A-2 | 1M | 340,00 | | | | |
| von 41-50 | 11.1.8 | 120622 | A-2 | 2M | 560,00 | 120634 | A-2 | 1M | 480,00 |
| | 11.1.8 | 120772 | A-2 | 2M | 560,00 | 120782 | A-2 | 1M | 480,00 |
| | 11.1.8 | 141640 | A-2 | 2M | 560,00 | | | | |
| | 11.1.8 | 141748 | A-2 | 2M | 560,00 | | | | |
| | 11.1.8 | 142610 | A-2 | 2M | 560,00 | | | | |
| von 51-60 | 11.1.9 | 120623 | A-2 | 3M | 700,00 | 120635 | A-2 | 2M | 600,00 |
| | 11.1.9 | 120773 | A-2 | 3M | 700,00 | 120783 | A-2 | 2M | 600,00 |
| | 11.1.9 | 141641 | A-2 | 3M | 700,00 | | | | |
| | 11.1.9 | 141748 | A-2 | 3M | 700,00 | | | | |
| | 11.1.9 | 142611 | A-2 | 3M | 700,00 | | | | |
| über 60 | 11.1.10 | 120624 | A-2 | 3M | 800,00 | 120636 | A-2 | 3M | 700,00 |
| | 11.1.10 | 120774 | A-2 | 3M | 800,00 | 120784 | A-2 | 3M | 700,00 |
| | 11.1.10 | 141642 | A-2 | 3M | 800,00 | | | | |
| | 11.1.10 | 141750 | A-2 | 3M | 800,00 | | | | |
| | 11.1.10 | 142612 | A-2 | 3M | 800,00 | | | | |

**Überschreiten**
- **der zulässigen Höchstgeschwindigkeit mit kennzeichnungspflichtigen Kraftfahrzeugen der in § 3 Abs. 3 Nr. 2a oder b StVO genannten Art mit gefährlichen Gütern oder Kraftomnibussen mit Fahrgästen**

Tabellen-Nr:
**703008 / / 741005 (innerhalb)**
**703009 / 718001 / 741006 (außerhalb)**

Pseudo-Kennzahlen:
**703110 / / 741110 (innerhalb)**
**703111 / 718100 / 741111(außerhalb)**

| | | innerhalb | | | | außerhalb | | | |
|---|---|---|---|---|---|---|---|---|---|
| Überschreitung in km/h | BKat | TBNR | FaP/ Pkt | FV | Ahndungssatz Euro | TBNR | FaP/ Pkt | FV | Ahndungssatz Euro |
| bis 10 | 11.2.1 | 103736 | 0 | | 70,00 | 103748 | 0 | | 60,00 |
| | 11.2.1 | | | | | 118640 | 0 | | 60,00 |
| | 11.2.1 | 141687 | 0 | | 70,00 | 141700 | 0 | | 60,00 |
| von 11-15 | 11.2.2 | 103737 | A-1 | | 120,00 | 103749 | 0 | | 70,00 |
| | 11.2.2 | | | | | 118641 | 0 | | 70,00 |
| | 11.2.2 | 141688 | A-1 | | 120,00 | 141701 | 0 | | 70,00 |
| von 16-20 | 11.2.4 | 103740 | A-1 | | 320,00 | 103752 | A-1 | | 240,00 |
| | 11.2.4 | | | | | 118644 | A-1 | | 240,00 |
| | 11.2.4 | 141689 | A-1 | | 320,00 | 141702 | A-1 | | 240,00 |
| von 21-25 | 11.2.5 | 103741 | A-2 | 1M | 360,00 | 103753 | A-1 | | 280,00 |
| | 11.2.5 | | | | | 118645 | A-1 | | 280,00 |
| | 11.2.5 | 141690 | A-2 | 1M | 360,00 | 141703 | A-1 | | 280,00 |
| von 26-30 | 11.2.6 | 103742 | A-2 | 1M | 480,00 | 103754 | A-2 | 1M | 400,00 |
| | 11.2.6 | | | | | 118646 | A-2 | 1M | 400,00 |
| | 11.2.6 | 141691 | A-2 | 1M | 480,00 | 141704 | A-2 | 1M | 400,00 |
| von 31-40 | 11.2.7 | 103743 | A-2 | 2M | 640,00 | 103755 | A-2 | 1M | 560,00 |
| | 11.2.7 | | | | | 118647 | A-2 | 1M | 560,00 |
| | 11.2.7 | 141692 | A-2 | 2M | 640,00 | 141705 | A-2 | 1M | 560,00 |
| von 41-50 | 11.2.8 | 103744 | A-2 | 3M | 800,00 | 103756 | A-2 | 2M | 700,00 |
| | 11.2.8 | | | | | 118648 | A-2 | 2M | 700,00 |
| | 11.2.8 | 141693 | A-2 | 3M | 800,00 | 141706 | A-2 | 2M | 700,00 |
| von 51-60 | 11.2.9 | 103745 | A-2 | 3M | 900,00 | 103757 | A-2 | 3M | 800,00 |
| | 11.2.9 | | | | | 118649 | A-2 | 3M | 800,00 |
| | 11.2.9 | 141694 | A-2 | 3M | 900,00 | 141707 | A-2 | 3M | 800,00 |
| über 60 | 11.2.10 | 103746 | A-2 | 3M | 950,00 | 103758 | A-2 | 3M | 900,00 |
| | 11.2.10 | | | | | 118650 | A-2 | 3M | 900,00 |
| | 11.2.10 | 141695 | A-2 | 3M | 950,00 | 141708 | A-2 | 3M | 900,00 |

**Überschreiten**
- **der für Fahrzeuge mit Schneeketten geltenden Höchstgeschwindigkeit und mit kennzeichnungspflichtigen Kraftfahrzeugen der in § 3 Abs. 3 Nr. 2a oder b StVO genannten Art mit gefährlichen Gütern oder Kraftomnibussen mit Fahrgästen**

Tabellen-Nr:
**703014 (innerhalb)**
**703015 (außerhalb)**

Pseudo-Kennzahlen:
**703112 (innerhalb)**
**703113 (außerhalb)**

| | | innerhalb | | | | außerhalb | | | |
|---|---|---|---|---|---|---|---|---|---|
| Überschreitung in km/h | BKat | TBNR | FaP/ Pkt | FV | Ahndungssatz Euro | TBNR | FaP/ Pkt | FV | Ahndungssatz Euro |
| bis 10 | 11.2.1 | 103808 | 0 | | 70,00 | 103820 | 0 | | 60,00 |
| von 11-15 | 11.2.2 | 103809 | A-1 | | 120,00 | 103821 | 0 | | 70,00 |
| von 16-20 | 11.2.4 | 103810 | A-1 | | 320,00 | 103822 | A-1 | | 240,00 |
| von 21-25 | 11.2.5 | 103811 | A-2 | 1M | 360,00 | 103823 | A-1 | | 280,00 |
| von 26-30 | 11.2.6 | 103812 | A-2 | 1M | 480,00 | 103824 | A-2 | 1M | 400,00 |
| von 31-40 | 11.2.7 | 103813 | A-2 | 2M | 640,00 | 103825 | A-2 | 1M | 560,00 |
| von 41-50 | 11.2.8 | 103814 | A-2 | 3M | 800,00 | 103826 | A-2 | 2M | 700,00 |
| von 51-60 | 11.2.9 | 103815 | A-2 | 3M | 900,00 | 103827 | A-2 | 3M | 800,00 |
| über 60 | 11.2.10 | 103816 | A-2 | 3M | 950,00 | 103828 | A-2 | 3M | 900,00 |

**Überschreiten**
- **der zulässigen Höchstgeschwindigkeit mit kennzeichnungspflichtigen Kraftfahrzeugen der in § 3 Abs. 3 Nr. 2a oder b StVO genannten Art mit gefährlichen Gütern oder Kraftomnibussen mit Fahrgästen**
- **bei der Vorbeifahrt rechts (Schrittgeschwindigkeit)**
- **mit eingeschaltetem Warnblinklicht (Schrittgeschwindigkeit)**
- **in einem Fußgängerbereich (Zone)**
- **in einem verkehrsberuhigten Bereich)**
- **in einem Bereich für Radverkehr**

Tabellen-Nr:
**720002/720008/741001/741010/742001 (innerh.)**
**720003/720009 (außerhalb)**

Pseudo-Kennzahlen:
**720100/720110/741100/741120/742100 (innerh.)**
**720101/720111 (außerhalb)**

| | | innerhalb | | | | außerhalb | | | |
|---|---|---|---|---|---|---|---|---|---|
| Überschreitung in km/h | BKat | TBNR | FaP/ Pkt | FV | Ahndungssatz Euro | TBNR | FaP/ Pkt | FV | Ahndungssatz Euro |
| bis 10 | 11.2.1 | 120640 | 0 | | 70,00 | 120652 | 0 | | 60,00 |
| | 11.2.1 | 120788 | 0 | | 70,00 | 120800 | 0 | | 60,00 |
| | 11.2.1 | 141643 | 0 | | 70,00 | | | | |
| | 11.2.1 | 141751 | 0 | | 70,00 | | | | |
| | 11.2.1 | 142616 | 0 | | 70,00 | | | | |

Fortsetzung auf nächster Seite

*Fortsetzung:*

**Überschreiten**

- **der zulässigen Höchstgeschwindigkeit mit kennzeichnungspflichtigen Kraftfahrzeugen der in § 3 Abs. 3 Nr. 2a oder b StVO genannten Art mit gefährlichen Gütern oder Kraftomnibussen mit Fahrgästen**
- **bei der Vorbeifahrt rechts (Schrittgeschwindigkeit)**
- **mit eingeschaltetem Warnblinklicht (Schrittgeschwindigkeit)**
- **in einem Fußgängerbereich (Zone)**
- **in einem verkehrsberuhigten Bereich)**
- **in einem Bereich für Radverkehr**

Tabellen-Nr:
**720002/720008/741001/741010/742001 (innerh.)**
**720003/720009 (außerhalb)**

Pseudo-Kennzahlen:
**720100/720110/741100/741120/742100 (innerh.)**
**720101/720111 (außerhalb)**

| | | innerhalb | | | | außerhalb | | | |
|---|---|---|---|---|---|---|---|---|---|
| Überschreitung in km/h | BKat | TBNR | FaP/ Pkt | FV | Ahndungssatz Euro | TBNR | FaP/ Pkt | FV | Ahndungssatz Euro |
| von 11-15 | 11.2.2 | 120641 | A-1 | | 120,00 | 120653 | 0 | | 70,00 |
| | 11.2.2 | 120789 | A-1 | | 120,00 | 120801 | 0 | | 70,00 |
| | 11.2.2 | 141644 | A-1 | | 120,00 | | | | |
| | 11.2.2 | 141752 | A-1 | | 120,00 | | | | |
| | 11.2.2 | 142617 | A-1 | | 120,00 | | | | |
| von 16-20 | 11.2.4 | 120642 | A-1 | | 320,00 | 120654 | A-1 | | 240,00 |
| | 11.2.4 | 120790 | A-1 | | 320,00 | 120802 | A-1 | | 240,00 |
| | 11.2.4 | 141645 | A-1 | | 320,00 | | | | |
| | 11.2.4 | 141753 | A-1 | | 320,00 | | | | |
| | 11.2.4 | 142618 | A-1 | | 320,00 | | | | |
| von 21-25 | 11.2.5 | 120643 | A-2 | 1M | 360,00 | 120655 | A-1 | | 280,00 |
| | 11.2.5 | 120791 | A-2 | 1M | 360,00 | 120803 | A-1 | | 280,00 |
| | 11.2.5 | 141646 | A-2 | 1M | 360,00 | | | | |
| | 11.2.5 | 141754 | A-2 | 1M | 360,00 | | | | |
| | 11.2.5 | 142619 | A-2 | 1M | 360,00 | | | | |
| von 26-30 | 11.2.6 | 120644 | A-2 | 1M | 480,00 | 120656 | A-2 | 1M | 400,00 |
| | 11.2.6 | 120792 | A-2 | 1M | 480,00 | 120804 | A-2 | 1M | 400,00 |
| | 11.2.6 | 141647 | A-2 | 1M | 480,00 | | | | |
| | 11.2.6 | 141755 | A-2 | 1M | 460,00 | | | | |
| | 11.2.6 | 142620 | A-2 | 1M | 480,00 | | | | |

Fortsetzung auf nächster Seite

*Fortsetzung:*
**Überschreiten**

- **der zulässigen Höchstgeschwindigkeit mit kennzeichnungspflichtigen Kraftfahrzeugen der in § 3 Abs. 3 Nr. 2a oder b StVO genannten Art mit gefährlichen Gütern oder Kraftomnibussen mit Fahrgästen**
- **bei der Vorbeifahrt rechts (Schrittgeschwindigkeit)**
- **mit eingeschaltetem Warnblinklicht (Schrittgeschwindigkeit)**
- **in einem Fußgängerbereich (Zone)**
- **in einem verkehrsberuhigten Bereich**
- **in einem Bereich für Radverkehr**

Tabellen-Nr:
**720002/720008/741001/741010/742001 (innerh.)**
**720003/720009 (außerhalb)**

Pseudo-Kennzahlen:
**720100/720110/741100/741120/742100 (innerh.)**
**720101/720111 (außerhalb)**

| | | innerhalb | | | | außerhalb | | | |
|---|---|---|---|---|---|---|---|---|---|
| Überschreitung in km/h | BKat | TBNR | FaP/ Pkt | FV | Ahndungssatz Euro | TBNR | FaP/ Pkt | FV | Ahndungssatz Euro |
| von 31-40 | 11.2.7 | 120645 | A-2 | 2M | 640,00 | 120657 | A-2 | 1M | 560,00 |
| | 11.2.7 | 120793 | A-2 | 2M | 640,00 | 120805 | A-2 | 1M | 560,00 |
| | 11.2.7 | 141648 | A-2 | 2M | 640,00 | | | | |
| | 11.2.7 | 141756 | A-2 | 2M | 640,00 | | | | |
| | 11.2.7 | 142621 | A-2 | 2M | 640,00 | | | | |
| von 41-50 | 11.2.8 | 120646 | A-2 | 3M | 800,00 | 120658 | A-2 | 2M | 700,00 |
| | 11.2.8 | 120794 | A-2 | 3M | 800,00 | 120806 | A-2 | 2M | 700,00 |
| | 11.2.8 | 141649 | A-2 | 3M | 800,00 | | | | |
| | 11.2.8 | 141757 | A-2 | 3M | 800,00 | | | | |
| | 11.2.8 | 142622 | A-2 | 3M | 800,00 | | | | |
| von 51-60 | 11.2.9 | 120647 | A-2 | 3M | 900,00 | 120659 | A-2 | 3M | 800,00 |
| | 11.2.9 | 120795 | A-2 | 3M | 900,00 | 120807 | A-2 | 3M | 800,00 |
| | 11.2.9 | 141650 | A-2 | 3M | 900,00 | | | | |
| | 11.2.9 | 141758 | A-2 | 3M | 900,00 | | | | |
| | 11.2.9 | 142623 | A-2 | 3M | 900,00 | | | | |
| über 60 | 11.2.10 | 120648 | A-2 | 3M | 950,00 | 120660 | A-2 | 3M | 900,00 |
| | 11.2.10 | 120796 | A-2 | 3M | 950,00 | 120808 | A-2 | 3M | 900,00 |
| | 11.2.10 | 141651 | A-2 | 3M | 950,00 | | | | |
| | 11.2.10 | 141759 | A-2 | 3M | 950,00 | | | | |
| | 11.2.10 | 142624 | A-2 | 3M | 950,00 | | | | |

**Überschreiten**
- **der zulässigen Höchstgeschwindigkeit mit anderen als den vorstehend aufgeführten Kraftfahrzeugen (PKW, Kraftrad)**

Tabellen-Nr:
**703010 / 741007 (innerhalb)**
**703011 / 741008 (außerhalb)**

Pseudo-Kennzahlen:
**703110 / 741110 (innerhalb)**
**703111 / 741111 (außerhalb)**

| | | innerhalb | | | | außerhalb | | | |
|---|---|---|---|---|---|---|---|---|---|
| Überschreitung in km/h | BKat | TBNR | FaP/ Pkt | FV | Ahndungssatz Euro | TBNR | FaP/ Pkt | FV | Ahndungssatz Euro |
| bis 10 | 11.3.1 | 103202 | 0 | | 30,00 | 103208 | 0 | | 20,00 |
| | 11.3.1 | 141236 | 0 | | 30,00 | 141239 | 0 | | 20,00 |
| von 11-15 | 11.3.2 | 103203 | 0 | | 50,00 | 103209 | 0 | | 40,00 |
| | 11.3.2 | 141237 | 0 | | 50,00 | 141240 | 0 | | 40,00 |
| von 16-20 | 11.3.3 | 103761 | 0 | | 70,00 | 103773 | 0 | | 60,00 |
| | 11.3.3 | 141711 | 0 | | 70,00 | 141720 | 0 | | 60,00 |
| von 21-25 | 11.3.4 | 103762 | A-1 | | 115,00 | 103774 | A-1 | | 100,00 |
| | 11.3.4 | 141712 | A-1 | | 115,00 | 141721 | A-1 | | 100,00 |
| von 26-30 | 11.3.5 | 103763 | A-1 | | 180,00 | 103775 | A-1 | | 150,00 |
| | 11.3.5 | 141713 | A-1 | | 180,00 | 141722 | A-1 | | 150,00 |
| von 31-40 | 11.3.6 | 103764 | A-2 | 1M | 260,00 | 103776 | A-1 | | 200,00 |
| | 11.3.6 | 141714 | A-2 | 1M | 260,00 | 141723 | A-1 | | 200,00 |
| von 41-50 | 11.3.7 | 103765 | A-2 | 1M | 400,00 | 103777 | A-2 | 1M | 320,00 |
| | 11.3.7 | 141715 | A-2 | 1M | 400,00 | 141724 | A-2 | 1M | 320,00 |
| von 51-60 | 11.3.8 | 103766 | A-2 | 2M | 560,00 | 103778 | A-2 | 1M | 480,00 |
| | 11.3.8 | 141716 | A-2 | 2M | 560,00 | 141725 | A-2 | 1M | 480,00 |
| von 61-70 | 11.3.9 | 103767 | A-2 | 3M | 700,00 | 103779 | A-2 | 2M | 600,00 |
| | 11.3.9 | 141717 | A-2 | 3M | 700,00 | 141726 | A-2 | 2M | 600,00 |
| über 70 | 11.3.10 | 103768 | A-2 | 3M | 800,00 | 103780 | A-2 | 3M | 700,00 |
| | 11.3.10 | 141718 | A-2 | 3M | 800,00 | 141727 | A-2 | 3M | 700,00 |

**Überschreiten (allgemein)**
**– der für Fahrzeuge mit Schneeketten geltenden Höchstgeschwindigkeit und mit anderen als den vorstehend aufgeführten Kraftfahrzeugen**

Tabellen-Nr:
**703016 (innerhalb)**
**703017 (außerhalb)**

Pseudo-Kennzahlen:
**703112 (innerhalb)**
**703113 (außerhalb)**

| | | innerhalb | | | | außerhalb | | | |
|---|---|---|---|---|---|---|---|---|---|
| Überschreitung in km/h | BKat | TBNR | FaP/ Pkt | FV | Ahndungssatz Euro | TBNR | FaP/ Pkt | FV | Ahndungssatz Euro |
| bis 10 | 11.3.1 | 103238 | 0 | | 30,00 | 103244 | 0 | | 20,00 |
| von 11-15 | 11.3.2 | 103239 | 0 | | 50,00 | 103245 | 0 | | 40,00 |
| von 16-20 | 11.3.3 | 103833 | 0 | | 70,00 | 103845 | 0 | | 60,00 |
| von 21-25 | 11.3.4 | 103834 | A-1 | | 115,00 | 103846 | A-1 | | 100,00 |
| von 26-30 | 11.3.5 | 103835 | A-1 | | 180,00 | 103847 | A-1 | | 150,00 |
| von 31-40 | 11.3.6 | 103836 | A-2 | 1M | 260,00 | 103848 | A-1 | | 200,00 |
| von 41-50 | 11.3.7 | 103837 | A-2 | 1M | 400,00 | 103849 | A-2 | 1M | 320,00 |
| von 51-60 | 11.3.8 | 103838 | A-2 | 2M | 560,00 | 103850 | A-2 | 1M | 480,00 |
| von 61-70 | 11.3.9 | 103839 | A-2 | 3M | 700,00 | 103851 | A-2 | 2M | 600,00 |
| über 70 | 11.3.10 | 103840 | A-2 | 3M | 800,00 | 103852 | A-2 | 3M | 700,00 |

**Überschreiten**
- **der zulässigen Höchstgeschwindigkeit mit anderen als den vorstehend aufgeführten Kraftfahrzeugen**
- **bei der Vorbeifahrt rechts (Schrittgeschwindigkeit)**
- **mit eingeschaltetem Warnblinklicht (Schrittgeschwindigkeit)**
- **in einem Fußgängerbereich (Zone)**
- **in einem verkehrsberuhigten Bereich**
- **in einem Bereich für Radverkehr**

Tabellen-Nr:
**720004/720010/741002/741011/742002 (innerh.)**
**720005/720011 (außerhalb)**

Pseudo-Kennzahlen:
**720100/720110/741100/741120/742100 (innerh.)**
**720101/720111 (außerhalb)**

| | | innerhalb | | | | außerhalb | | | |
|---|---|---|---|---|---|---|---|---|---|
| Überschreitung in km/h | BKat | TBNR | FaP/ Pkt | FV | Ahndungssatz Euro | TBNR | FaP/ Pkt | FV | Ahndungssatz Euro |
| bis 10 | 11.3.1 | 120130 | 0 | | 30,00 | 120136 | 0 | | 20,00 |
| | 11.3.1 | 120178 | 0 | | 30,00 | 120184 | 0 | | 20,00 |
| | 11.3.1 | 141218 | 0 | | 30,00 | | | | |
| | 11.3.1 | 141221 | 0 | | 30,00 | | | | |
| | 11.3.1 | 142130 | 0 | | 30,00 | | | | |
| von 11-15 | 11.3.2 | 120131 | 0 | | 50,00 | 120137 | 0 | | 40,00 |
| | 11.3.2 | 120179 | 0 | | 50,00 | 120185 | 0 | | 40,00 |
| | 11.3.2 | 141219 | 0 | | 50,00 | | | | |
| | 11.3.2 | 141222 | 0 | | 50,00 | | | | |
| | 11.3.2 | 142131 | 0 | | 50,00 | | | | |
| von 16-20 | 11.3.3 | 120665 | 0 | | 70,00 | 120677 | 0 | | 60,00 |
| | 11.3.3 | 120813 | 0 | | 70,00 | 120825 | 0 | | 60,00 |
| | 11.3.3 | 141653 | 0 | | 70,00 | | | | |
| | 11.3.3 | 141760 | 0 | | 70,00 | | | | |
| | 11.3.3 | 142629 | 0 | | 70,00 | | | | |
| von 21-25 | 11.3.4 | 120666 | A-1 | | 115,00 | 120678 | A-1 | | 100,00 |
| | 11.3.4 | 120814 | A-1 | | 115,00 | 120826 | A-1 | | 100,00 |
| | 11.3.4 | 141654 | A-1 | | 115,00 | | | | |
| | 11.3.4 | 141761 | A-1 | | 115,00 | | | | |
| | 11.3.4 | 142630 | A-1 | | 115,00 | | | | |
| von 26-30 | 11.3.5 | 120667 | A-1 | | 180,00 | 120679 | A-1 | | 150,00 |
| | 11.3.5 | 120815 | A-1 | | 180,00 | 120827 | A-1 | | 150,00 |
| | 11.3.5 | 141655 | A-1 | | 180,00 | | | | |
| | 11.3.5 | 141762 | A-1 | | 180,00 | | | | |
| | 11.3.5 | 142631 | A-1 | | 180,00 | | | | |

Fortsetzung auf nächster Seite

*Fortsetzung:*
**Überschreiten**
- **der zulässigen Höchstgeschwindigkeit mit anderen als den vorstehend aufgeführten Kraftfahrzeugen**
- **bei der Vorbeifahrt rechts (Schrittgeschwindigkeit)**
- **mit eingeschaltetem Warnblinklicht (Schrittgeschwindigkeit)**
- **in einem Fußgängerbereich (Zone)**
- **in einem verkehrsberuhigten Bereich**
- **in einem Bereich für Radverkehr**

Tabellen-Nr:
**720004/720010/741002/741011/742002 (innerh.)**
**720005/720011 (außerhalb)**

Pseudo-Kennzahlen:
**720100/720110/741100/741120/742100 (innerh.)**
**720101/720111 (außerhalb)**

| | | innerhalb | | | | außerhalb | | | |
|---|---|---|---|---|---|---|---|---|---|
| Überschreitung in km/h | BKat | TBNR | FaP/ Pkt | FV | Ahndungssatz Euro | TBNR | FaP/ Pkt | FV | Ahndungssatz Euro |
| von 31-40 | 11.3.6 | 120668 | A-2 | 1M | 260,00 | 120680 | A-1 | | 200,00 |
| | 11.3.6 | 120816 | A-2 | 1M | 260,00 | 120828 | A-1 | | 200,00 |
| | 11.3.6 | 141656 | A-2 | 1M | 260,00 | | | | |
| | 11.3.6 | 141763 | A-2 | 1M | 260,00 | | | | |
| | 11.3.6 | 142632 | A-2 | 1M | 260,00 | | | | |
| von 41-50 | 11.3.7 | 120669 | A-2 | 1M | 400,00 | 120681 | A-2 | 1M | 320,00 |
| | 11.3.7 | 120817 | A-2 | 1M | 400,00 | 120829 | A-2 | 1M | 320,00 |
| | 11.3.7 | 141657 | A-2 | 1M | 400,00 | | | | |
| | 11.3.7 | 141764 | A-2 | 1M | 400,00 | | | | |
| | 11.3.7 | 142633 | A-2 | 1M | 400,00 | | | | |
| von 51-60 | 11.3.8 | 120670 | A-2 | 2M | 560,00 | 120682 | A-2 | 1M | 480,00 |
| | 11.3.8 | 120818 | A-2 | 2M | 560,00 | 120830 | A-2 | 1M | 480,00 |
| | 11.3.8 | 141658 | A-2 | 2M | 560,00 | | | | |
| | 11.3.8 | 141765 | A-2 | 2M | 560,00 | | | | |
| | 11.3.8 | 142634 | A-2 | 2M | 560,00 | | | | |
| von 61-70 | 11.3.9 | 120671 | A-2 | 3M | 700,00 | 120683 | A-2 | 2M | 600,00 |
| | 11.3.9 | 120819 | A-2 | 3M | 700,00 | 120831 | A-2 | 2M | 600,00 |
| | 11.3.9 | 141659 | A-2 | 3M | 700,00 | | | | |
| | 11.3.9 | 141766 | A-2 | 3M | 700,00 | | | | |
| | 11.3.9 | 142635 | A-2 | 3M | 700,00 | | | | |
| über 70 | 11.3.10 | 120672 | A-2 | 3M | 800,00 | 120684 | A-2 | 3M | 700,00 |
| | 11.3.10 | 120820 | A-2 | 3M | 800,00 | 120832 | A-2 | 3M | 700,00 |
| | 11.3.10 | 141660 | A-2 | 3M | 800,00 | | | | |
| | 11.3.10 | 141767 | A-2 | 3M | 800,00 | | | | |
| | 11.3.10 | 142636 | A-2 | 3M | 800,00 | | | | |

| TBNR | Tatbestandstext | FaP-Pkt | Euro | FV |
|---|---|---|---|---|
| 104100 | Sie hielten bei einer Geschwindigkeit von*) ... km/h (bis 80 km/h) den erforderlichen Abstand von ...,.. m zum vorausfahrenden Fahrzeug nicht ein.<br>Ihr Abstand betrug **) ...,.. m.<br>Toleranzen sind zu Ihren Gunsten berücksichtigt.<br>§ 4 Abs. 1, § 49 StVO; § 24 Abs. 1, 3 Nr. 5 StVG; 12.1 BKat | 0 | 25,00 | |
| 104101 | – ... nicht ein, so dass die Insassen dieses Fahrzeugs gefährdet +) wurden.<br>Ihr Abstand betrug ...,.. m. | 0 | 30,00 | |
| 104102 | – ... Ihr Abstand betrug**) ...,.. m.<br>Es kam zum Unfall. | 0 | 35,00 | |
| 104106 | Sie fuhren infolge zu geringen Abstands auf das abbremsende Fahrzeug auf.<br>Es kam zum Unfall.<br>§ 4 Abs. 1, § 1 Abs. 2, § 49 StVO; § 24 Abs. 1, 3 Nr. 5 StVG; 12.3 BKat; § 19 OWiG | 0 | 35,00 | |
| 104112 | Sie hielten bei einer Geschwindigkeit von *) .... km/h (über 80 km/h) den erforderlichen Abstand von ...,.. m zum vorausfahrenden Fahrzeug nicht ein.<br>Ihr Abstand betrug **) ...,.. m.<br>Toleranzen sind zu Ihren Gunsten berücksichtigt.<br>§ 4 Abs. 1, § 49 StVO; § 24 Abs. 1, 3 Nr. 5 StVG; 12.4 BKat | 0 | 35,00 | |

| **TBNR** | **Bemerkungen** |
|---|---|
| 104100 bis 104112 | *) Festgestellte Geschwindigkeit angeben<br>**) Abstand angeben |

## Abstand – § 4 Abs. 1 StVO

| TBNR | Tatbestandstext | FaP-Pkt | Euro | FV |
|---|---|---|---|---|
| 104600<br>*[104618] | Sie hielten bei einer Geschwindigkeit von *) .... km/h (81 – 100 km/h) den erforderlichen Abstand von ...,.. m zum vorausfahrenden Fahrzeug nicht ein.<br>Ihr Abstand betrug **) ...,.. m und damit weniger als 5/10 des halben Tachowertes. Toleranzen sind zu Ihren Gunsten berücksichtigt.<br>§ 4 Abs. 1, § 49 StVO; § 24 Abs. 1, 3 Nr. 5 StVG; 12.5.1 BKat; [§ 3 Abs. 4 BKatV] | A – 1 | 75,00<br>[112,50] | |
| 104601<br>*[104619] | Sie hielten bei einer Geschwindigkeit von *) .... km/h (81 – 100 km/h) den erforderlichen Abstand von ...,.. m zum vorausfahrenden Fahrzeug nicht ein.<br>Ihr Abstand betrug **) ...,.. m und damit weniger als 4/10 des halben Tachowertes. Toleranzen sind zu Ihren Gunsten berücksichtigt.<br>§ 4 Abs. 1, § 49 StVO; § 24 Abs. 1, 3 Nr. 5 StVG; 12.5.2 BKat; [§ 3 Abs. 4 BKatV] | A – 1 | 100,00<br>[150,00] | |
| 104602<br>*[104620] | Sie hielten bei einer Geschwindigkeit von *) .... km/h (81 – 100 km/h) den erforderlichen Abstand von ...,.. m zum vorausfahrenden Fahrzeug nicht ein.<br>Ihr Abstand betrug **) ...,.. m und damit weniger als 3/10 des halben Tachowertes. Toleranzen sind zu Ihren Gunsten berücksichtigt.<br>§ 4 Abs. 1, § 49 StVO; § 24 Abs. 1, 3 Nr. 5 StVG; 12.5.3 BKat; [§ 3 Abs. 4 BKatV] | A – 1 | 160,00<br>[240,00] | |

| **TBNR** | **Bemerkungen** |
|---|---|
| 104600 bis 104602 | *) Festgestellte Geschwindigkeit angeben |
| [104618 bis 104620] | **) Abstand angeben |

* Stern **vor** der TBNR:
TBNR und Ahndungssatz in [ ] gilt für Fahrzeuge mit gefährlichen Gütern und KOM mit Fahrgästen (Zutreffendes angeben).

| TBNR | Tatbestandstext | FaP-Pkt | Euro | FV |
|---|---|---|---|---|
| 104603<br>*[104621] | Sie hielten bei einer Geschwindigkeit von*) .... km/h (81 – 100 km/h) den erforderlichen Abstand von ...,.. m zum vorausfahrenden Fahrzeug nicht ein.<br>Ihr Abstand betrug **) ...,.. m und damit weniger als 2/10 des halben Tachowertes. Toleranzen sind zu Ihren Gunsten berücksichtigt.<br>§ 4 Abs. 1, § 49 StVO; § 24 Abs. 1, 3 Nr. 5 StVG; 12.5.4 BKat; [§ 3 Abs. 4 BKatV] | A – 1 | 240,00<br>[360,00] | |
| 104604<br>*[104622] | Sie hielten bei einer Geschwindigkeit von*) .... km/h (81 – 100 km/h) den erforderlichen Abstand von ...,.. m zum vorausfahrenden Fahrzeug nicht ein.<br>Ihr Abstand betrug **) ...,.. m und damit weniger als 1/10 des halben Tachowertes. Toleranzen sind zu Ihren Gunsten berücksichtigt.<br>§ 4 Abs. 1, § 49 StVO; § 24 Abs. 1, 3 Nr. 5 StVG; 12.5.5 BKat; [§ 3 Abs. 4 BKatV] | A – 1 | 320,00<br>[480,00] | |
| 104606<br>*[104624] | Sie hielten bei einer Geschwindigkeit von*) .... km/h (101 – 130 km/h) den erforderlichen Abstand von ...,.. m zum vorausfahrenden Fahrzeug nicht ein.<br>Ihr Abstand betrug **) ...,.. m und damit weniger als 5/10 des halben Tachowertes. Toleranzen sind zu Ihren Gunsten berücksichtigt.<br>§ 4 Abs. 1, § 49 StVO; § 24 Abs. 1, 3 Nr. 5 StVG; 12.6.1 BKat; [§ 3 Abs. 4 BKatV] | A – 1 | 75,00<br>[112,50] | |

| **TBNR** | **Bemerkungen** |
|---|---|
| 104603 bis 104606 | *) Festgestellte Geschwindigkeit angeben |
| [104621 bis 104624] | **) Abstand angeben |

* Stern **vor** der TBNR:
TBNR und Ahndungssatz in [] gilt für Fahrzeuge mit gefährlichen Gütern und KOM mit Fahrgästen (Zutreffendes angeben).

## Abstand – § 4 Abs. 1 StVO

| TBNR | Tatbestandstext | FaP-Pkt | Euro | FV |
|---|---|---|---|---|
| 104607<br>*[104625] | Sie hielten bei einer Geschwindigkeit von *)<br>.... km/h (101 – 130 km/h) den erforderlichen Abstand von ...,.. m zum vorausfahrenden Fahrzeug nicht ein.<br>Ihr Abstand betrug **) ...,.. m und damit weniger als 4/10 des halben Tachowertes. Toleranzen sind zu Ihren Gunsten berücksichtigt.<br>§ 4 Abs. 1, § 49 StVO; § 24 Abs. 1, 3 Nr. 5 StVG; 12.6.2 BKat; [§ 3 Abs. 4 BKatV] | A – 1 | 100,00<br>[150,00] | |
| 104608<br>*[104626] | Sie hielten bei einer Geschwindigkeit von *)<br>.... km/h (101 – 130 km/h) den erforderlichen Abstand von ...,.. m zum vorausfahrenden Fahrzeug nicht ein.<br>Ihr Abstand betrug **) ...,.. m und damit weniger als 3/10 des halben Tachowertes. Toleranzen sind zu Ihren Gunsten berücksichtigt.<br>§ 4 Abs. 1, § 49 StVO; § 24 Abs. 1, 3 Nr. 5 StVG, § 25 StVG; 12.6.3 BKat; § 4 Abs. 1 BKatV; [§ 3 Abs. 4 BKatV] | A – 2 | 160,00<br>[240,00] | 1 M |
| 104609<br>*[104627] | Sie hielten bei einer Geschwindigkeit von*)<br>.... km/h (101 – 130 km/h) den erforderlichen Abstand von ...,.. m zum vorausfahrenden Fahrzeug nicht ein.<br>Ihr Abstand betrug **) ...,.. m und damit weniger als 2/10 des halben Tachowertes. Toleranzen sind zu Ihren Gunsten berücksichtigt.<br>§ 4 Abs. 1, § 49 StVO; § 24 Abs. 1, 3 Nr. 5 StVG, § 25 StVG; 12.6.4 BKat; § 4 Abs. 1 BKatV; [§ 3 Abs. 4 BKatV] | A – 2 | 240,00<br>[360,00] | 2 M |

| **TBNR** | **Bemerkungen** |
|---|---|
| 104607 bis 104609 | *) Festgestellte Geschwindigkeit angeben |
| [104625 bis 104627] | **) Abstand angeben |

* Stern **vor** der TBNR:
TBNR und Ahndungssatz in [ ] gilt für Fahrzeuge mit gefährlichen Gütern und KOM mit Fahrgästen (Zutreffendes angeben).

| TBNR | Tatbestandstext | FaP-Pkt | Euro | FV |
|---|---|---|---|---|
| 104610 *[104628] | Sie hielten bei einer Geschwindigkeit von *) .... km/h (101 – 130 km/h) den erforderlichen Abstand von ...,.. m zum vorausfahrenden Fahrzeug nicht ein. Ihr Abstand betrug **) ...,.. m und damit weniger als 1/10 des halben Tachowertes. Toleranzen sind zu Ihren Gunsten berücksichtigt. § 4 Abs. 1, § 49 StVO; § 24 Abs. 1, 3 Nr. 5 StVG, § 25 StVG; 12.6.5 BKat; § 4 Abs. 1 BKatV; [§ 3 Abs. 4 BKatV] | A – 2 | 320,00 [480,00] | 3 M |
| 104612 *[104630] | Sie hielten bei einer Geschwindigkeit von *) .... km/h (über 130 km/h) den erforderlichen Abstand von ...,.. m zum vorausfahrenden Fahrzeug nicht ein. Ihr Abstand betrug **) ...,.. m und damit weniger als 5/10 des halben Tachowertes. Toleranzen sind zu Ihren Gunsten berücksichtigt. § 4 Abs. 1, § 49 StVO; § 24 Abs. 1, 3 Nr. 5 StVG; 12.7.1 BKat; [§ 3 Abs. 4 BKatV] | A – 1 | 100,00 [150,00] | |
| 104613 *[104631] | Sie hielten bei einer Geschwindigkeit von *) .... km/h (über 130 km/h) den erforderlichen Abstand von ...,.. m zum vorausfahrenden Fahrzeug nicht ein. Ihr Abstand betrug **) ...,.. m und damit weniger als 4/10 des halben Tachowertes. Toleranzen sind zu Ihren Gunsten berücksichtigt. § 4 Abs. 1, § 49 StVO; § 24 Abs. 1, 3 Nr. 5 StVG; 12.7.2 BKat; [§ 3 Abs. 4 BKatV] | A – 1 | 180,00 [270,00] | |

| **TBNR** | **Bemerkungen** |
|---|---|
| 104610 bis 104613 | *) Festgestellte Geschwindigkeit angeben |
| [104628 bis 104631] | **) Abstand angeben |

* Stern **vor** der TBNR:
TBNR und Ahndungssatz in [ ] gilt für Fahrzeuge mit gefährlichen Gütern und KOM mit Fahrgästen (Zutreffendes angeben).

## Abstand – § 4 Abs. 1 StVO

| TBNR | Tatbestandstext | FaP-Pkt | Euro | FV |
|---|---|---|---|---|
| 104614 *[104632] | Sie hielten bei einer Geschwindigkeit von *) .... km/h (über 130 km/h) den erforderlichen Abstand von ...,.. m zum vorausfahrenden Fahrzeug nicht ein. Ihr Abstand betrug **) ...,.. m und damit weniger als 3/10 des halben Tachowertes. Toleranzen sind zu Ihren Gunsten berücksichtigt. § 4 Abs. 1, § 49 StVO; § 24 Abs. 1, 3 Nr. 5 StVG, § 25 StVG; 12.7.3 BKat; § 4 Abs. 1 BKatV [§ 3 Abs. 4 BKatV] | A – 2 | 240,00 [360,00] | 1 M |
| 104615 *[104633] | Sie hielten bei einer Geschwindigkeit von *) .... km/h (über 130 km/h) den erforderlichen Abstand von ...,.. m zum vorausfahrenden Fahrzeug nicht ein. Ihr Abstand betrug **) ...,.. m und damit weniger als 2/10 des halben Tachowertes. Toleranzen sind zu Ihren Gunsten berücksichtigt. § 4 Abs. 1, § 49 StVO; § 24 Abs. 1, 3 Nr. 5 StVG, § 25 StVG; 12.7.4 BKat; § 4 Abs. 1 BKatV; [§ 3 Abs. 4 BKatV] | A – 2 | 320,00 [480,00] | 2 M |
| 104616 *[104634] | Sie hielten bei einer Geschwindigkeit von *) .... km/h (über 130 km/h) den erforderlichen Abstand von ...,.. m zum vorausfahrenden Fahrzeug nicht ein. Ihr Abstand betrug **) ...,.. m und damit weniger als 1/10 des halben Tachowertes. Toleranzen sind zu Ihren Gunsten berücksichtigt. § 4 Abs. 1, § 49 StVO; § 24 Abs. 1, 3 Nr. 5 StVG, § 25 StVG; 12.7.5 BKat; § 4 Abs. 1 BKatV; [§ 3 Abs. 4 BKatV] | A – 2 | 400,00 [600,00] | 3 M |

| **TBNR** | **Bemerkungen** |
|---|---|
| 104614 bis 104616 | *) Festgestellte Geschwindigkeit angeben |
| [104632 bis 104634] | **) Abstand angeben |

* Stern **vor** der TBNR:
TBNR und Ahndungssatz in [ ] gilt für Fahrzeuge mit gefährlichen Gütern und KOM mit Fahrgästen (Zutreffendes angeben).

| TBNR | Tatbestandstext | FaP-Pkt | Euro | FV |
|---|---|---|---|---|
| | Sie bremsten als Vorausfahrender stark ohne zwingenden Grund, | | | |
| 104118 | – so dass es zur Gefährdung +) des nachfolgenden Verkehrsteilnehmers kam.<br>§ 4 Abs. 1, § 1 Abs. 2, § 49 StVO;<br>§ 24 Abs. 1, 3 Nr. 5 StVG; 13.1 BKat; § 19 OWiG | 0 | 20,00 | |
| 104119 | – so dass es zum Unfall kam. | 0 | 30,00 | |
| 104124 | Sie hielten außerhalb geschlossener Ortschaften nicht den zum Einscheren erforderlichen Abstand von dem vorausfahrenden Fahrzeug.<br>§ 4 Abs. 2, § 49 StVO; § 24 Abs. 1, 3 Nr. 5 StVG; 14 BKat | 0 | 25,00 | |
| 104636 | Sie hielten als Führer des Lastkraftwagens (zulässige Gesamtmasse über 3,5 t)/ Kraftomnibusses *) bei einer Geschwindigkeit von mehr als 50 km/h auf einer Autobahn den Mindestabstand von 50 m zum vorausfahrenden Fahrzeug nicht ein.<br>§ 4 Abs. 3, § 49 StVO; § 24 Abs. 1, 3 Nr. 5 StVG; 15 BKat | B – 1 | 80,00 | |
| 104642 | Sie hielten als Führer des kennzeichnungspflichtigen Kraftfahrzeugs mit gefährlichen Gütern (zulässige Gesamtmasse über 3,5 t)/Kraftomnibusses mit Fahrgästen *) bei einer Geschwindigkeit von mehr als 50 km/h auf einer Autobahn den Mindestabstand von 50 m zum vorausfahrenden Fahrzeug nicht ein.<br>§ 4 Abs. 3, § 49 StVO; § 24 Abs. 1, 3 Nr. 5 StVG; 15 BKat;<br>§ 3 Abs. 4 BKatV | B – 1 | 120,00 | |

| **TBNR** | **Bemerkungen** |
|---|---|
| 104636,<br>104642 | *) Zutreffendes angeben |

## Überholen – § 5 Abs. 1, 2 StVO

| TBNR | Tatbestandstext | FaP-Pkt | Euro | FV |
|---|---|---|---|---|
| 105100 | Sie überholten innerhalb geschlossener Ortschaft verbotswidrig rechts.<br>§ 5 Abs. 1, § 49 StVO; § 24 Abs. 1, 3 Nr. 5 StVG; 16 BKat | 0 | 30,00 | |
| 105101 | – Es kam zum Unfall. | 0 | 35,00 | |
| 105600 | Sie überholten außerhalb geschlossener Ortschaft verbotswidrig rechts.<br>§ 5 Abs. 1, § 49 StVO; § 24 Abs. 1, 3 Nr. 5 StVG; 17 BKat | A – 1 | 100,00 | |
| 105601 | – und gefährdeten +) dadurch Andere.<br>§ 5 Abs. 1, § 1 Abs. 2, § 49 StVO;<br>§ 24 Abs. 1, 3 Nr. 5 StVG; 17 BKat; § 3 Abs. 3 BKatV, §19 OWiG | A – 1 | 120,00 | |
| 105602 | – Es kam zum Unfall. | A – 1 | 145,00 | |
| 105604 | Sie überholten, obwohl die von Ihnen gefahrene Geschwindigkeit nicht wesentlich höher als die des überholten Fahrzeugs war.<br>§ 5 Abs. 2, § 49 StVO; § 24 Abs. 1, 3 Nr. 5 StVG; 18 BKat | A – 1 | 80,00 | |
| 105605 | – Es kam zum Unfall. | A – 1 | 120,00 | |
| 105606 | Sie überholten, obwohl Sie nicht übersehen konnten, dass während des gesamten Überholvorgangs jede Behinderung des Gegenverkehrs ausgeschlossen war.<br>§ 5 Abs. 2, § 49 StVO; § 24 Abs. 1, 3 Nr. 5 StVG; 19 BKat | A – 1 | 100,00 | |
| 105607 | – und gefährdeten +) dadurch Andere. | A – 1 | 120,00 | |
| 105608 | – Es kam zum Unfall. | A – 1 | 145,00 | |
| 105630 | Sie überholten, obwohl Sie nicht übersehen konnten, dass während des gesamten Überholvorgangs jede Behinderung des Gegenverkehrs ausgeschlossen war. Sie fuhren verbotswidrig über die Fahrstreifenbegrenzung (Zeichen 295/296*)).<br>§ 5 Abs. 2, § 41 Abs. 1 iVm Anlage 2, § 49 StVO;<br>§ 24 Abs. 1, 3 Nr. 5 StVG; 19.1 BKat, § 19 OWiG | A – 1 | 150,00 | |

| **TBNR** | **Bemerkungen** |
|---|---|
| 105630 | *) Zutreffendes angeben |

| TBNR | Tatbestandstext | FaP-Pkt | Euro | FV |
|---|---|---|---|---|
| 105631 | – und gefährdeten +) dadurch Andere. | A – 2 | 250,00 | 1 M |
| 105632 | – Es kam zum Unfall. | A – 2 | 300,00 | 1 M |
| 105642 | Sie überholten, obwohl Sie nicht übersehen konnten, dass während des gesamten Überholvorgangs jede Behinderung des Gegenverkehrs ausgeschlossen war. Sie folgten nicht der durch Pfeile vorgeschriebenen Fahrtrichtung (Zeichen 297).<br>§ 5 Abs. 2, § 41 Abs. 1 iVm Anlage 2, § 49 StVO; § 24 Abs. 1, 3 Nr. 5 StVG; 19.1 BKat; § 19 OWiG | A – 1 | 150,00 | |
| 105643 | – und gefährdeten +) dadurch Andere. | A – 2 | 250,00 | 1 M |
| 105644 | – Es kam zum Unfall. | A – 2 | 300,00 | 1 M |
| 105609 | Sie überholten bei unklarer Verkehrslage.<br>§ 5 Abs. 3, § 49 StVO; § 24 Abs. 1, 3 Nr. 5 StVG; 19 BKat | A – 1 | 100,00 | |
| 105610 | – und gefährdeten +) dadurch Andere. | A – 1 | 120,00 | |
| 105611 | – Es kam zum Unfall. | A – 1 | 145,00 | |
| 105612 | Sie überholten an einem Bahnübergang, obwohl Sie nicht übersehen konnten, dass während des gesamten Überholvorgangs jede Behinderung des Gegenverkehrs ausgeschlossen war.<br>§ 5 Abs. 2, § 19 Abs. 1, § 49 StVO; § 24 Abs. 1, 3 Nr. 5 StVG; 19.1 BKat, § 19 OWiG | A – 1 | 150,00 | |
| 105613 | – und gefährdeten +) dadurch Andere. | A – 2 | 250,00 | 1 M |
| 105614 | – Es kam zum Unfall. | A – 2 | 300,00 | 1 M |
| 105615 | Sie überholten an einem Bahnübergang bei unklarer Verkehrslage.<br>§ 5 Abs. 3, § 19 Abs. 1, § 49 StVO; § 24 Abs. 1, 3 Nr. 5 StVG; 19.1 BKat | A – 1 | 150,00 | |
| 105616 | – und gefährdeten +) dadurch Andere. | A – 2 | 250,00 | 1 M |
| 105617 | – Es kam zum Unfall. | A – 2 | 300,00 | 1 M |

| **TBNR** | **Bemerkungen** |
|---|---|
| 105631, 105632 | *) Zutreffendes angeben |

## Überholen – § 5 Abs. 2, 3 StVO

| TBNR | Tatbestandstext | FaP-Pkt | Euro | FV |
|---|---|---|---|---|
| 105618 | Sie überholten, obwohl Sie nicht übersehen konnten, dass während des gesamten Überholvorgangs jede Behinderung des Gegenverkehrs ausgeschlossen war. Sie missachteten dabei Überholverbotszeichen 276/277 *).<br>§ 5 Abs. 2, § 41 Abs. 1 iVm Anlage 2, § 49 StVO;<br>§ 24 Abs. 1, 3 Nr. 5 StVG; 19.1 BKat, § 19 OWiG | A – 1 | 150,00 | |
| 105619 | – und gefährdeten +) dadurch Andere. | A – 2 | 250,00 | 1 M |
| 105620 | – Es kam zum Unfall. | A – 2 | 300,00 | 1 M |
| 105621 | Sie überholten mit einem mehrspurigen Kraftfahrzeug/Kraftrad mit Beiwagen *) ein ein- oder mehrspuriges Fahrzeug, obwohl Sie nicht übersehen konnten, dass während des gesamten Überholvorgangs jede Behinderung des Gegenverkehrs ausgeschlossen war. Sie missachteten dabei Überholverbotszeichen 277.1.<br>§ 5 Abs. 2, § 41 Abs. 1 iVm Anlage 2, § 49 StVO;<br>§ 24 Abs. 1, 3 Nr. 5 StVG; 19.1 BKat, § 19 OWiG | A – 1 | 150,00 | |
| 105622 | – und gefährdeten +) dadurch Andere. | A – 2 | 250,00 | 1 M |
| 105623 | – Es kam zum Unfall. | A – 2 | 300,00 | 1 M |
| 105624 | Sie überholten bei unklarer Verkehrslage und missachteten dabei Überholverbotszeichen 276/277.*).<br>§ 5 Abs. 3, § 41 Abs. 1 iVm Anlage 2, § 49 StVO;<br>§ 24 Abs. 1, 3 Nr. 5 StVG; 19.1 BKat, § 19 OWiG | A – 1 | 150,00 | |
| 105625 | – und gefährdeten +) dadurch Andere. | A – 2 | 250,00 | 1 M |
| 105626 | – Es kam zum Unfall. | A – 2 | 300,00 | 1 M |

| **TBNR** | **Bemerkungen** |
|---|---|
| 105618 bis 105626 | *) Zutreffendes angeben |

| TBNR | Tatbestandstext | FaP-Pkt | Euro | FV |
|---|---|---|---|---|
| 105627 | Sie überholten mit einem mehrspurigen Kraftfahrzeug/Kraftrad mit Beiwagen *) bei unklarer Verkehrslage ein ein- oder mehrspuriges Fahrzeug und missachteten dabei Überholverbotszeichen 277.1.<br>§ 5 Abs. 3, § 41 Abs. 1 iVm Anlage 2, § 49 StVO;<br>§ 24 Abs. 1, 3 Nr. 5 StVG; 19.1 BKat, § 19 OWiG | A – 1 | 150,00 | |
| 105628 | – und gefährdeten +) dadurch Andere. | A – 2 | 250,00 | 1 M |
| 105629 | – Es kam zum Unfall. | A – 2 | 300,00 | 1 M |
| 105636 | Sie überholten bei unklarer Verkehrslage und missachteten dabei die Fahrstreifenbegrenzung (Zeichen 295/296*)).<br>§ 5 Abs. 3, § 41 Abs. 1 iVm Anlage 2, § 49 StVO;<br>§ 24 Abs. 1, 3 Nr. 5 StVG; 19.1 BKat, § 19 OWiG | A – 1 | 150,00 | |
| 105637 | – und gefährdeten +) dadurch Andere. | A – 2 | 250,00 | 1 M |
| 105638 | – Es kam zum Unfall. | A – 2 | 300,00 | 1 M |
| 105648 | Sie überholten bei unklarer Verkehrslage und folgten nicht der durch Pfeile vorgeschriebenen Fahrtrichtung (Zeichen 297).<br>§ 5 Abs. 3, § 41 Abs. 1 iVm Anlage 2, § 49 StVO;<br>§ 24 Abs. 1, 3 Nr. 5 StVG; 19.1 BKat, § 19 OWiG | A – 1 | 150,00 | |
| 105649 | – und gefährdeten +) dadurch Andere. | A – 2 | 250,00 | 1 M |
| 105650 | – Es kam zum Unfall. | A – 2 | 300,00 | 1 M |
| 105660<br>*[105666] | Sie überholten mit einem Kraftfahrzeug mit einer zulässigen Gesamtmasse über 7,5 t, obwohl die Sichtweite durch Nebel, Schneefall oder Regen weniger als 50 m betrug.<br>§ 5 Abs. 3a, § 49 StVO; § 24 Abs. 1, 3 Nr. 5 StVG; 21 BKat | A – 1 | 120,00<br>[180,00] | |
| 105661<br>*[105667] | – und gefährdeten +) dadurch Andere. | A – 2 | 200,00<br>[300,00] | 1 M |
| 105662<br>*[105668] | – Es kam zum Unfall. | A – 2 | 240,00<br>[360,00] | 1 M |

| **TBNR** | **Bemerkungen** |
|---|---|
| 105627 bis 105638 | *) Zutreffendes angeben |

* Stern **vor** der TBNR:
TBNR und Ahndungssatz in [] gilt für Fahrzeuge mit gefährlichen Gütern und KOM mit Fahrgästen (Zutreffendes angeben).

## Überholen – § 5 Abs. 4 StVO

| TBNR | Tatbestandstext | FaP-Pkt | Euro | FV |
|---|---|---|---|---|
| 105112 | Sie hielten beim Überholen keinen ausreichenden Seitenabstand zu anderen Verkehrsteilnehmern ein.<br>§ 5 Abs. 4, § 49 StVO; § 24 Abs. 1, 3 Nr. 5 StVG; 23 BKat | 0 | 30,00 | |
| 105113 | Sie streiften beim Überholen das in gleicher Richtung fahrende Fahrzeug. Es kam zum Unfall.<br>§ 5 Abs. 4, § 1 Abs. 2, § 49 StVO; § 24 Abs. 1, 3 Nr. 5 StVG; 23.1 BKat, § 19 OWiG | 0 | 35,00 | |
| 105118 | Sie ordneten sich nach dem Überholen nicht wieder sobald wie möglich nach rechts ein.<br>§ 5 Abs. 4, § 49 StVO; § 24 Abs. 1, 3 Nr. 5 StVG; 24 BKat | 0 | 10,00 | |
| 105119 | – und behinderten +) dadurch Andere. | 0 | 20,00 | |
| 105124 | Sie behinderten +) beim Wiedereinordnen nach dem Überholen den Überholten.<br>§ 5 Abs. 4, § 1 Abs. 2, § 49 StVO; § 24 Abs. 1, 3 Nr. 5 StVG; 25 BKat; § 19 OWiG | 0 | 20,00 | |
| 105125 | Sie gefährdeten +) beim Wiedereinordnen nach dem Überholen Andere.<br>§ 5 Abs. 4, § 1 Abs. 2, § 49 StVO; § 24 Abs. 1, 3 Nr. 5 StVG; 25 BKat; § 19 OWiG | 0 | 30,00 | |
| 105126 | Sie schnitten beim Wiedereinordnen nach dem Überholen Andere. Es kam zum Unfall.<br>§ 5 Abs. 4, § 1 Abs. 2, § 49 StVO; § 24 Abs. 1, 3 Nr. 5 StVG; 25 BKat; § 19 OWiG | 0 | 35,00 | |
| | Sie scherten zum Überholen aus | | | |
| 105672 | – und gefährdeten +) dadurch den nachfolgenden Verkehr.<br>§ 5 Abs. 4, § 49 StVO; § 24 Abs. 1, 3 Nr. 5 StVG; 22 BKat | A – 1 | 80,00 | |
| 105673 | – ohne auf das überholende Fahrzeug zu achten, so dass es zum Unfall kam.<br>§ 5 Abs. 4, § 1 Abs. 2, § 49 StVO; § 24 Abs. 1, 3 Nr. 5 StVG, 22 BKat; § 3 Abs. 3 BKatV; § 19 OWiG | A - 1 | 100,00 | |

| TBNR | Tatbestandstext | FaP-Pkt | Euro | FV |
|---|---|---|---|---|
| 105130 | Sie scherten zum Überholen aus, ohne es rechtzeitig und deutlich anzukündigen.<br>§ 5 Abs. 4a, § 49 StVO; § 24 Abs. 1, 3 Nr. 5 StVG; 29 BKat | 0 | 10,00 | |
| 105131 | – und behinderten +) dadurch Andere. | 0 | 20,00 | |
| 105132 | – und gefährdeten +) dadurch Andere. | 0 | 30,00 | |
| 105136 | Sie ordneten sich nach dem Überholen wieder ein, ohne es rechtzeitig und deutlich anzukündigen.<br>§ 5 Abs. 4a, § 49 StVO; § 24 Abs. 1, 3 Nr. 5 StVG; 29 BKat | 0 | 10,00 | |
| 105137 | – und gefährdeten +) dadurch Andere. | 0 | 30,00 | |
| 105000 | Sie kündigten das Überholen mit Fernlicht an und blendeten dadurch den Gegenverkehr.<br>§ 5 Abs. 5, § 49 StVO; § 24 Abs. 1, 3 Nr. 5 StVG; -- BKat | 0 | 20,00 | |
| 105142 | Sie hinderten einen anderen Verkehrsteilnehmer am Überholen, indem Sie Ihre Geschwindigkeit erhöhten.<br>§ 5 Abs. 6, § 49 StVO; § 24 Abs. 1, 3 Nr. 5 StVG; 26 BKat | 0 | 30,00 | |
| 105148 | Sie ermäßigten nicht Ihre Geschwindigkeit/ warteten nicht *) als Fahrer eines langsameren Fahrzeugs, um so mehreren unmittelbar folgenden Fahrzeugen das Überholen zu ermöglichen.<br>§ 5 Abs. 6, § 49 StVO; § 24 Abs. 1, 3 Nr. 5 StVG; 27 BKat | 0 | 10,00 | |
| 105154 | Sie überholten vorschriftswidrig links, obwohl ein anderer Verkehrsteilnehmer seine Absicht, nach links abzubiegen, angekündigt und sich eingeordnet hatte.<br>§ 5 Abs. 7, § 49 StVO; § 24 Abs. 1, 3 Nr. 5 StVG; 28 BKat | 0 | 25,00 | |
| 105155 | – Es kam zum Unfall. | 0 | 30,00 | |
| 105006 | Sie überholten ein Schienenfahrzeug vorschriftswidrig links.<br>§ 5 Abs. 7, § 49 StVO; § 24 Abs. 1, 3 Nr. 5 StVG; -- BKat | 0 | 35,00 | |

**TBNR** **Bemerkungen**
105148 *) Zutreffendes angeben

## Vorbeifahren – § 6 StVO

| TBNR | Tatbestandstext | FaP-Pkt | Euro | FV |
|---|---|---|---|---|
| 106100 | Sie fuhren an einer Fahrbahnverengung/einem Hindernis auf der Fahrbahn/einem haltenden Fahrzeug auf der Fahrbahn*) links vorbei, ohne das entgegenkommende Fahrzeug durchfahren zu lassen.<br>§ 6, § 49 StVO; § 24 Abs. 1, 3 Nr. 5 StVG; 30 BKat | 0 | 20,00 | |
| 106101 | – und gefährdeten +) dadurch Andere. | 0 | 30,00 | |
| 106102 | – Es kam zum Unfall. | 0 | 35,00 | |
| 106106 | Sie scherten vor einer Fahrbahnverengung/einem Hindernis auf der Fahrbahn/einem haltenden Fahrzeug auf der Fahrbahn *) aus, ohne es rechtzeitig und deutlich anzukündigen.<br>§ 6, § 49 StVO; § 24 Abs. 1, 3 Nr. 5 StVG; 29 BKat | 0 | 10,00 | |
| 106112 | Sie kündigten nach dem Vorbeifahren an einer Fahrbahnverengung/einem Hindernis auf der Fahrbahn/einem haltenden Fahrzeug auf der Fahrbahn *) das Wiedereinordnen nicht rechtzeitig und deutlich an.<br>§ 6, § 49 StVO; § 24 Abs. 1, 3 Nr. 5 StVG; 29 BKat | 0 | 10,00 | |

| TBNR | Tatbestandstext | FaP-Pkt | Euro | FV |
|---|---|---|---|---|
| 107124 | Sie benutzten auf der Fahrbahn mit für beide Richtungen drei oder fünf durch Leitlinien (Zeichen 340) markierten Fahrstreifen den mittleren zum Überholen.<br>§ 7 Abs. 3a, § 49 StVO; § 24 Abs. 1, 3 Nr. 5 StVG; 31a BKat | 0 | 30,00 | |
| 107600 | – und gefährdeten +) dadurch Andere. | 0 | 40,00 | |
| 107601 | – Es kam zum Unfall. | 0 | 50,00 | |
| 107130 | Sie benutzten auf der Fahrbahn mit für beide Richtungen vier durch Leitlinien (Zeichen 340) markierten Fahrstreifen einen der beiden in Fahrtrichtung linken, ausschließlich dem Gegenverkehr vorbehaltenen, zum Überholen.<br>§ 7 Abs. 3b, § 49 StVO; § 24 Abs. 1, 3 Nr. 5 StVG; 31a BKat | 0 | 30,00 | |
| 107606 | – Sie gefährdeten +) dadurch Andere. | 0 | 40,00 | |
| 107607 | – Es kam zum Unfall. | 0 | 50,00 | |
| 107136 | Sie benutzten auf der Fahrbahn mit für beide Richtungen sechs durch Leitlinien (Zeichen 340) markierten Fahrstreifen einen der drei in Fahrtrichtung linken, ausschließlich dem Gegenverkehr vorbehaltenen, zum Überholen.<br>§ 7 Abs. 3b, § 49 StVO; § 24 Abs. 1, 3 Nr. 5 StVG; 31a BKat | 0 | 30,00 | |
| 107612 | – Sie gefährdeten +) dadurch Andere. | 0 | 40,00 | |
| 107613 | – Es kam zum Unfall. | 0 | 50,00 | |
| 107112 | Sie benutzten mit einem Lastkraftwagen mit einer zulässigen Gesamtmasse von mehr als 3,5 t außerhalb geschlossener Ortschaften den linken Fahrstreifen zu einem anderen Zweck als dem des Linksabbiegens.<br>§ 7 Abs. 3c, § 49 StVO; § 24 Abs. 1, 3 Nr. 5 StVG; 31b BKat | 0 | 15,00 | |
| 107113 | – und behinderten +) dadurch Andere. | 0 | 20,00 | |

**Fahrstreifenbenutzung – § 7 Abs. 3 c, 5 StVO**
**Abgehende Fahrstreifen, Ein- u. Ausfädelungsstreifen – § 7a StVO**

| TBNR | Tatbestandstext | FaP-Pkt | Euro | FV |
|---|---|---|---|---|
| 107118 | Sie benutzten mit einem Kraftfahrzeug mit Anhänger außerhalb geschlossener Ortschaften den linken Fahrstreifen zu einem anderen Zweck als dem des Linksabbiegens.<br>§ 7 Abs. 3c, § 49 StVO; § 24 Abs. 1, 3 Nr. 5 StVG; 31b BKat | 0 | 15,00 | |
| 107119 | – und behinderten +) dadurch Andere. | 0 | 20,00 | |
| | Sie wechselten den Fahrstreifen | | | |
| 107100 | – und gefährdeten +) dabei Andere.<br>§ 7 Abs. 5, § 49 StVO; § 24 Abs. 1, 3 Nr. 5 StVG; 31 BKat | 0 | 30,00 | |
| 107101 | – und verursachten dabei einen Unfall. | 0 | 35,00 | |
| 107106 | Sie wechselten den Fahrstreifen, ohne dies rechtzeitig und deutlich anzukündigen.<br>§ 7 Abs. 5, § 49 StVO; § 24 Abs. 1, 3 Nr. 5 StVG; 29 BKat | 0 | 10,00 | |
| 107012 | Sie fuhren auf dem Ausfädelungsstreifen schneller als der Verkehr auf den durchgehenden Fahrstreifen.<br>§ 7a Abs. 3, § 49 StVO; § 24 Abs. 1, 3 Nr. 5 StVG; - BKat | 0 | 25,00 | |
| 107013 | – und gefährdeten +) dadurch Andere. | 0 | 30,00 | |
| 107018 | Sie fuhren auf dem Ausfädelungsstreifen nicht mit mäßiger Geschwindigkeit und besonderer Vorsicht an dem stockenden oder stehenden Verkehr auf den durchgehenden Fahrstreifen vorbei.<br>§ 7a Abs. 3, § 49 StVO; § 24 Abs. 1, 3 Nr. 5 StVG; - BKat | 0 | 25,00 | |
| 107019 | – und gefährdeten +) dadurch Andere. | 0 | 30,00 | |

| TBNR | Tatbestandstext | FaP-Pkt | Euro | FV |
|---|---|---|---|---|
| 108100 | Sie fuhren nicht mit mäßiger Geschwindigkeit an die bevorrechtigte Straße heran. Hierdurch wurde der Vorfahrtberechtigte irritiert.<br>§ 8 Abs. 2, § 49 StVO; § 24 Abs. 1, 3 Nr. 5 StVG; 32 BKat | 0 | 10,00 | |
| 108106 | Sie missachteten die Vorfahrt des von rechts kommenden Fahrzeugs, so dass ein Vorfahrtsberechtigter wesentlich behindert +) wurde.<br>§ 8 Abs. 2, § 49 StVO; § 24 Abs. 1, 3 Nr. 5 StVG; 33 BKat | 0 | 25,00 | |
| 108112 | Sie missachteten die Vorfahrt des bevorrechtigten Fahrzeugs, so dass ein Anderer wesentlich behindert +) wurde. Vorfahrtsregelung durch Zeichen 205/206.*)<br>§ 8 Abs. 2, § 49 StVO; § 24 Abs. 1, 3 Nr. 5 StVG; 33 BKat | 0 | 25,00 | |
| 108118 | Sie fuhren aus einem Feld-/Waldweg auf die Straße, ohne die Vorfahrt des bevorrechtigten Fahrzeugs zu beachten. Dadurch wurde ein Vorfahrtberechtigter wesentlich behindert +).<br>§ 8 Abs. 2, § 49 StVO; § 24 Abs. 1, 3 Nr. 5 StVG; 33 BKat | 0 | 25,00 | |
| | Sie missachteten die Vorfahrt des von rechts kommenden Fahrzeugs, | | | |
| 108600 | – so dass ein Vorfahrtberechtigter gefährdet +) wurde.<br>§ 8 Abs. 2, § 49 StVO; § 24 Abs. 1, 3 Nr. 5 StVG; 34 BKat | A – 1 | 100,00 | |
| 108601 | – Es kam zum Unfall | A – 1 | 120,00 | |

**TBNR** **Bemerkungen**
108112 *) Zutreffendes angeben

## Vorfahrt – § 8 StVO

| TBNR | Tatbestandstext | FaP-Pkt | Euro | FV |
|---|---|---|---|---|
| | Sie missachteten die Vorfahrt des bevorrechtigten Fahrzeugs | | | |
| 108606 | – so dass ein Vorfahrtberechtigter gefährdet +) wurde. Vorfahrtregelung durch Zeichen 205/206 *). § 8 Abs. 2, § 49 StVO; § 24 Abs. 1, 3 Nr. 5 StVG; 34 BKat | A – 1 | 100,00 | |
| 108607 | – Es kam zum Unfall. | A – 1 | 120,00 | |
| | Sie fuhren aus einem Feld-/Waldweg auf die Straße, ohne die Vorfahrt des bevorrechtigten Fahrzeugs zu beachten. | | | |
| 108612 | – dadurch wurde ein Vorfahrtberechtigter gefährdet +). § 8 Abs. 2, § 49 StVO; § 24 Abs. 1, 3 Nr. 5 StVG; 34 BKat | A – 1 | 100,00 | |
| 108613 | – Es kam zum Unfall. | A – 1 | 120,00 | |

| TBNR | Bemerkungen |
|---|---|
| 108606; 108607 | *) Zutreffendes angeben |

| TBNR | Tatbestandstext | FaP-Pkt | Euro | FV |
|---|---|---|---|---|
| 109100 | Sie bogen ab, ohne die Fahrtrichtungsänderung rechtzeitig und deutlich anzukündigen.<br>§ 9 Abs. 1, § 49 StVO; § 24 Abs. 1, 3 Nr. 5 StVG; 29 BKat | 0 | 10,00 | |
| 109101 | – so dass ein nachfolgendes Fahrzeug gefährdet +) wurde. | 0 | 30,00 | |
| 109102 | – Es kam zum Unfall. | 0 | 35,00 | |
| 109106 | Sie bogen nach links/rechts*) ab, ohne sich vorher ordnungsgemäß eingeordnet zu haben.<br>§ 9 Abs. 1, § 49 StVO; § 24 Abs. 1, 3 Nr. 5 StVG; 35 BKat | 0 | 10,00 | |
| 109107 | – und gefährdeten +) dadurch Andere. | 0 | 30,00 | |
| 109108 | – Es kam zum Unfall. | 0 | 35,00 | |
| 109112 | Sie bogen nach links/rechts*) ab, ohne auf den nachfolgenden Verkehr zu achten.<br>§ 9 Abs. 1, § 49 StVO; § 24 Abs. 1, 3 Nr. 5 StVG; 35 BKat | 0 | 10,00 | |
| 109113 | – und gefährdeten +) dadurch Andere. | 0 | 30,00 | |
| 109114 | – Es kam zum Unfall. | 0 | 35,00 | |
| 109118 | Sie ordneten sich nach links auf den Schienen ein und behinderten +) dadurch ein Schienenfahrzeug.<br>§ 9 Abs. 1, § 49 StVO; § 24 Abs. 1, 3 Nr. 5 StVG; 36 BKat | 0 | 10,00 | |
| 109177 | Sie überquerten als Radfahrer nach einer Kreuzung oder Einmündung die Fahrbahn und beachteten dabei nicht den Fahrzeugverkehr.<br>§ 9 Abs. 2, § 49 StVO; § 24 Abs. 1, 3 Nr. 5 StVG; 38 BKat | 0 | 15,00 | |
| 109178 | – Sie behinderten +) dadurch Andere. | 0 | 20,00 | |
| 109179 | – Sie gefährdeten +) dadurch Andere. | 0 | 25,00 | |
| 109180 | – Es kam zum Unfall. | 0 | 30,00 | |

| **TBNR** | **Bemerkungen** |
|---|---|
| 109106 bis 109114 | *) Zutreffendes angeben |

## Abbiegen, Wenden und Rückwärtsfahren – § 9 Abs. 2, 3 StVO

| TBNR | Tatbestandstext | FaP-Pkt | Euro | FV |
|---|---|---|---|---|
| 109183 | Sie bogen als Radfahrer nach links ab, ohne der Radverkehrsführung im Kreuzungs- oder Einmündungsbereich zu folgen.<br>§ 9 Abs. 2, § 49 StVO; § 24 Abs. 1, 3 Nr. 5 StVG; 38 BKat | 0 | 15,00 | |
| 109184 | – Sie behinderten +) dadurch Andere. | 0 | 20,00 | |
| 109185 | – Sie gefährdeten +) dadurch Andere. | 0 | 25,00 | |
| 109186 | – Es kam zum Unfall. | 0 | 30,00 | |
| 109136 | Sie bogen ab, ohne ein entgegenkommendes/ in gleicher Richtung fahrendes*) Fahrzeug durchfahren zu lassen.<br>§ 9 Abs. 3, § 49 StVO; § 24 Abs. 1, 3 Nr. 5 StVG; 39 BKat | 0 | 40,00 | |
| 109600 | – und gefährdeten +) dadurch Andere. | A – 1 | 140,00 | 1 M |
| 109601 | – Es kam zum Unfall. | A – 1 | 170,00 | 1 M |
| 109142 | Sie bogen ab, ohne einen in entgegen-kommender/gleicher*) Richtung geradeaus weiterfahrenden Benutzer des Sonderfahr-streifens (Zeichen 245) durchfahren zu lassen.<br>§ 9 Abs. 3, § 49 StVO; § 24 Abs. 1, 3 Nr. 5 StVG; 39 BKat | 0 | 40,00 | |
| 109606 | – und gefährdeten +) dadurch Andere. | A – 1 | 140,00 | 1 M |
| 109607 | – Es kam zum Unfall. | A – 1 | 170,00 | 1 M |
| 109612 | Sie bogen ab, ohne einen in entgegen-kommender/gleicher*) Richtung geradeaus weiterfahrenden Radfahrer durchfahren zu lassen und gefährdeten +) dadurch Andere.<br>§ 9 Abs. 3, § 1 Abs. 2, § 49 StVO; § 24 Abs. 1, 3 Nr. 5 StVG, § 25 StVG; 39.1 BKat, § 4 Abs. 1BKatV;§ 19 OWiG | A – 1 | 140,00 | 1 M |
| 109613 | – Es kam zum Unfall. | A – 1 | 170,00 | 1 M |

| **TBNR** | **Bemerkungen** |
|---|---|
| 109136 bis 109613 | *) Zutreffendes angeben |

| TBNR | Tatbestandstext | FaP-Pkt | Euro | FV |
|---|---|---|---|---|
| 109618 | Sie bogen ab, ohne ein in entgegen-kommender/gleicher*) Richtung geradeaus weiterfahrendes Fahrrad mit Hilfsmotor durchfahren zu lassen und gefährdeten +) dadurch Andere. § 9 Abs. 3, § 1 Abs. 2, § 49 StVO; § 24 Abs. 1, 3 Nr. 5 StVG, § 25 StVG; 39.1 BKat, § 4 Abs. 1 BKatV; § 19 OWiG | A – 1 | 140,00 | 1 M |
| 109619 | – Es kam zum Unfall. | A – 1 | 170,00 | 1 M |
| 109624 | Sie bogen ab, ohne auf Fußgänger besondere Rücksicht zu nehmen und gefährdeten +) diese. § 9 Abs. 3, § 1 Abs. 2, § 49 StVO; § 24 Abs. 1, 3 Nr. 5 StVG, § 25 StVG; 41 BKat, § 4 Abs. 1 BKatV; § 19 OWiG | A – 1 | 140,00 | 1 M |
| 109625 | – Es kam zum Unfall. | A – 1 | 170,00 | 1M |
| 109148 | Sie bogen als Linksabbieger nicht vor dem entgegenkommenden Linksabbieger ab, obwohl dies möglich war. § 9 Abs. 4, § 49 StVO; § 24 Abs. 1, 3 Nr. 5 StVG; 42 BKat | 0 | 10,00 | |
| 109630 | – und gefährdeten +) dadurch Andere. | A – 1 | 70,00 | |
| 109631 | – Es kam zum Unfall. | A – 1 | 85,00 | |
| 109172 | Sie bogen als Linksabbieger ab, ohne den entgegenkommenden Rechtsabbieger durch-fahren zu lassen. § 9 Abs. 4, § 49 StVO; § 24 Abs. 1, 3 Nr. 5 StVG; 39 BKat | 0 | 40,00 | |
| 109654 | – und gefährdeten +) dadurch Andere. | A – 1 | 140,00 | 1 M |
| 109655 | – Es kam zum Unfall. | A – 1 | 170,00 | 1 M |

| **TBNR** | **Bemerkungen** |
|---|---|
| 109618 bis 109619 | *) Zutreffendes angeben |

## Abbiegen, Wenden und Rückwärtsfahren – § 9 Abs. 5, 6 StVO

| TBNR | Tatbestandstext | FaP-Pkt | Euro | FV |
|---|---|---|---|---|
| | Sie bogen in das Grundstück ab und ließen dabei die Ihnen obliegende besondere Vorsicht außer Acht | | | |
| 109636 | – und gefährdeten +) dadurch Andere.<br>§ 9 Abs. 5, § 49 StVO; § 24 Abs. 1, 3 Nr. 5 StVG; 44 BKat | A – 1 | 80,00 | |
| 109637 | – Es kam zum Unfall. | A – 1 | 100,00 | |
| | Sie wendeten auf der Straße und ließen dabei die Ihnen obliegende besondere Vorsicht außer Acht | | | |
| 109642 | – und gefährdeten +) dadurch Andere.<br>§ 9 Abs. 5, § 49 StVO; § 24 Abs. 1, 3 Nr. 5 StVG; 44 BKat | A – 1 | 80,00 | |
| 109643 | – Es kam zum Unfall. | A – 1 | 100,00 | |
| | Sie ließen beim Rückwärtsfahren die Ihnen obliegende besondere Vorsicht außer Acht | | | |
| 109648 | – und gefährdeten +) dadurch Andere.<br>§ 9 Abs. 5, § 49 StVO; § 24 Abs. 1, 3 Nr. 5 StVG; 44 BKat | A – 1 | 80,00 | |
| 109649 | – Es kam zum Unfall. | A – 1 | 100,00 | |
| 109660 | Sie fuhren innerorts mit einem Kraftfahrzeug mit einer Gesamtmasse über 3,5 t beim Rechtsabbiegen nicht mit Schrittgeschwindigkeit, obwohl mit Rad- oder Fußgängerverkehr zu rechnen war.<br>§ 9 Abs. 6, § 49 StVO; § 24 Abs. 1, 3 Nr. 5 StVG; 45 BKat | A – 1 | 70,00 | |
| 109661 | – und gefährdeten +) dadurch Andere. | A – 1 | 85,00 | |
| 109662 | – Es kam zum Unfall. | A – 1 | 105,00 | |

| TBNR | Tatbestandstext | FaP-Pkt | Euro | FV |
|---|---|---|---|---|
| | Sie fuhren aus einem Grundstück auf die Straße | | | |
| 110100 | – und gefährdeten +) dadurch Andere.<br>§ 10, § 49 StVO; § 24 Abs. 1, 3 Nr. 5 StVG; 47 BKat | 0 | 30,00 | |
| 110101 | – Es kam zum Unfall. | 0 | 35,00 | |
| | Sie fuhren aus einer Fußgängerzone (Zeichen 242.1, 242.2) auf die Straße | | | |
| 110106 | – und gefährdeten +) dadurch Andere.<br>§ 10, § 49 StVO; § 24 Abs. 1, 3 Nr. 5 StVG; 47 BKat | 0 | 30,00 | |
| 110107 | – Es kam zum Unfall. | 0 | 35,00 | |
| | Sie fuhren aus einem verkehrsberuhigten Bereich (Zeichen 325.1, 325.2) auf die Straße | | | |
| 110112 | – und gefährdeten +) dadurch Andere.<br>§ 10, § 49 StVO; § 24 Abs. 1, 3 Nr. 5 StVG; 47 BKat | 0 | 30,00 | |
| 110113 | – Es kam zum Unfall. | 0 | 35,00 | |
| | Sie fuhren von einem anderen Straßenteil auf die Fahrbahn | | | |
| 110118 | – und gefährdeten +) dadurch Andere.<br>§ 10, § 49 StVO; § 24 Abs. 1, 3 Nr. 5 StVG; 47 BKat | 0 | 30,00 | |
| 110119 | – Es kam zum Unfall. | 0 | 35,00 | |
| | Sie fuhren über einen abgesenkten Bordstein hinweg auf die Fahrbahn | | | |
| 110124 | – und gefährdeten +) dadurch Andere.<br>§ 10, § 49 StVO; § 24 Abs. 1, 3 Nr. 5 StVG; 47 BKat | 0 | 30,00 | |
| 110125 | – Es kam zum Unfall. | 0 | 35,00 | |
| | Sie fuhren vom Fahrbahnrand an | | | |
| 110130 | – und gefährdeten +) dadurch Andere.<br>§ 10, § 49 StVO; § 24 Abs. 1, 3 Nr. 5 StVG; 47 BKat | 0 | 30,00 | |
| 110131 | – Es kam zum Unfall. | 0 | 35,00 | |

## Einfahren und Anfahren – § 10 StVO

| TBNR | Tatbestandstext | FaP-Pkt | Euro | FV |
|---|---|---|---|---|
| 110142 | Sie fuhren aus einem Grundstück auf die Straße, ohne den Fahrtrichtungsanzeiger zu benutzen.<br>§ 10, § 49 StVO; § 24 Abs. 1, 3 Nr. 5 StVG; 29 BKat | 0 | 10,00 | |
| 110148 | Sie fuhren aus einer Fußgängerzone (Zeichen 242.1, 242.2) auf die Straße, ohne den Fahrtrichtungsanzeiger zu benutzen.<br>§ 10, § 49 StVO; § 24 Abs. 1, 3 Nr. 5 StVG; 29 BKat | 0 | 10,00 | |
| 110154 | Sie fuhren von einem verkehrsberuhigten Bereich (Zeichen 325.1, 325.2) auf die Straße, ohne den Fahrtrichtungsanzeiger zu benutzen.<br>§ 10, § 49 StVO; § 24 Abs. 1, 3 Nr. 5 StVG; 29 BKat | 0 | 10,00 | |
| 110160 | Sie fuhren von einem Straßenteil auf die Fahrbahn, ohne den Fahrtrichtungsanzeiger zu benutzen.<br>§ 10, § 49 StVO; § 24 Abs. 1, 3 Nr. 5 StVG; 29 BKat | 0 | 10,00 | |
| 110166 | Sie fuhren über einen abgesenkten Bordstein auf die Fahrbahn, ohne den Fahrtrichtungsanzeiger zu benutzen.<br>§ 10, § 49 StVO; § 24 Abs. 1, 3 Nr. 5 StVG; 29 BKat | 0 | 10,00 | |
| 110172 | Sie fuhren vom Fahrbahnrand der Straße an, ohne den Fahrtrichtungsanzeiger zu benutzen.<br>§ 10, § 49 StVO; § 24 Abs. 1, 3 Nr. 5 StVG; 29 BKat | 0 | 10,00 | |

| TBNR | Tatbestandstext | FaP-Pkt | Euro | FV |
|---|---|---|---|---|
| | Sie fuhren trotz stockenden Verkehrs in die Kreuzung/Einmündung*) ein | | | |
| 111100 | – und behinderten +) dadurch Andere.<br>§ 11 Abs. 1, § 1 Abs. 2, § 49 StVO;<br>§ 24 Abs. 1, 3 Nr. 5 StVG; 49 BKat; § 19 OWiG | 0 | 20,00 | |
| 111101 | – Es kam zum Unfall. | 0 | 35,00 | |
| 111600 | Sie bildeten auf einer Autobahn oder Außerortsstraße keine vorschriftsmäßige *) Gasse zur Durchfahrt von Polizei- oder Hilfsfahrzeugen, obwohl der Verkehr stockte.<br>§ 11 Abs. 2, § 49 StVO; § 24 Abs. 1, 3 Nr. 5 StVG, § 25 StVG; 50 BKat; § 4 Abs. 1 BKatV | A – 2 | 200,00 | 1 M |
| 111601 | – und behinderten +) diese. | A – 2 | 240,00 | 1 M |
| 111602 | – und gefährdeten +) diese. | A – 2 | 280,00 | 1 M |
| 111603 | – Es kam zum Unfall. | A – 2 | 320,00 | 1 M |
| 111606 | Sie benutzten mit Ihrem Fahrzeug auf einer Autobahn oder Außerortsstraße unberechtigt eine freie Gasse für die Durchfahrt von Polizei- oder Hilfsfahrzeugen.<br>§ 11 Abs. 2, § 49 StVO; § 24 Abs. 1, 3 Nr. 5 StVG, § 25 StVG; 50a BKat; § 4 Abs. 1 BKatV | A – 2 | 240,00 | 1 M |
| 111607 | – und behinderten +) diese. | A – 2 | 280,00 | 1 M |
| 111608 | – und gefährdeten +) diese. | A – 2 | 300,00 | 1 M |
| 111609 | – Es kam zum Unfall. | A – 2 | 320,00 | 1 M |

| **TBNR** | **Bemerkungen** |
|---|---|
| 111100; 111101 | *) Zutreffendes angeben |
| 111600 bis 111603 | *) näher erläutern |

## Halten und Parken – § 12 Abs. 1 StVO

| TBNR | Tatbestandstext | FaP-Pkt | Euro | FV |
|---|---|---|---|---|
| 112100 bis 112105 | Sie hielten/parkten an einer engen/unübersichtlichen*) Straßenstelle.<br>§ 12 Abs. 1, § 49 StVO; § 24 Abs. 1, 3 Nr. 5 StVG; 51 BKat | 0 | siehe Tabelle R1 | |
| 112600 | Sie parkten an einer engen/unübersichtlichen*) Straßenstelle. Bei der vorhandenen Restfahrbahnbreite war eine Durchfahrt für Rettungsfahrzeuge im Einsatz nicht mehr gewährleistet.<br>§ 12 Abs. 1, § 1 Abs. 2, § 49 StVO; § 24 Abs. 1, 3 Nr. 5 StVG; 51b.3 BKat; § 19 OWiG | B – 1 | 100,00 | |
| 112110 bis 112115 | Sie hielten/parkten im Bereich einer scharfen Kurve.<br>§ 12 Abs. 1, § 49 StVO; § 24 Abs. 1, 3 Nr. 5 StVG; 51 BKat | 0 | siehe Tabelle R1 | |
| 112606 | Sie parkten im Bereich einer scharfen Kurve. Die Verkehrsfläche im Kurvenbereich war dadurch so stark eingeengt, dass eine Durchfahrt für Rettungsfahrzeuge im Einsatz nicht mehr gewährleistet war.<br>§ 12 Abs. 1, § 1 Abs. 2, § 49 StVO; § 24 Abs. 1, 3 Nr. 5 StVG; 51b.3 BKat; § 19 OWiG | B – 1 | 100,00 | |
| 112120 | Sie hielten verbotswidrig auf einem Einfädelungsstreifen bzw. auf einem Ausfädelungsstreifen.<br>§ 12 Abs. 1, § 49 StVO; § 24 Abs. 1, 3 Nr. 5 StVG; 51 BKat | 0 | 20,00 | |
| 112121 | – und behinderten +) dadurch Andere. | 0 | 35,00 | |
| 112210 | Sie hielten vor oder in einer amtlich gekennzeichneten Feuerwehrzufahrt.<br>§ 12 Abs. 1, § 49 StVO; § 24 Abs. 1, 3 Nr. 5 StVG; 51 BKat | 0 | 20,00 | |
| 112211 | – und behinderten +) dadurch Andere. | 0 | 35,00 | |
| 112216 | Sie parkten vor oder in einer amtlich gekennzeichneten Feuerwehrzufahrt.<br>§ 12 Abs. 1, § 49 StVO; § 24 Abs. 1, 3 Nr. 5 StVG; 53 BKat | 0 | 55,00 | |
| 112612 | – und behinderten +) dadurch ein Rettungsfahrzeug im Einsatz | B – 1 | 100,00 | |

| TBNR | Bemerkungen |
|---|---|
| 112100 bis 112105 | *) Zutreffendes angeben |
| 112600 | *) Zutreffendes angeben |

| TBNR | Tatbestandstext | FaP-Pkt | Euro | FV |
|---|---|---|---|---|
| 112262 bis 112265 | Sie parkten weniger als 5 Meter vor der Kreuzung/Einmündung.*)<br>§ 12 Abs. 3, § 49 StVO; § 24 Abs. 1, 3 Nr. 5 StVG; 54 BKat | 0 | siehe Tabelle R2 | |
| 112266 bis 112269 | Sie parkten weniger als 8 Meter vor der Kreuzung/Einmündung.*), obwohl in Fahrtrichtung neben der Fahrbahn ein Radweg baulich angelegt ist.<br>§ 12 Abs. 3, § 49 StVO; § 24 Abs. 1, 3 Nr. 5 StVG; 54 BKat | 0 | siehe Tabelle R2 | |
| 112272 bis 112275 | Sie parkten weniger als 5 Meter hinter der Kreuzung/Einmündung.*)<br>§ 12 Abs. 3, § 49 StVO; § 24 Abs. 1, 3 Nr. 5 StVG; 54 BKat | 0 | siehe Tabelle R2 | |
| 112282 bis 112285 | Sie parkten verbotswidrig und verhinderten dadurch die Benutzung gekennzeichneter Parkflächen.<br>§ 12 Abs. 3, § 49 StVO; § 24 Abs. 1, 3 Nr. 5 StVG; 54 BKat | 0 | siehe Tabelle R2 | |
| 112292 bis 112295 | Sie parkten im Bereich einer Grundstücksein- bzw. -ausfahrt.<br>§ 12 Abs. 3, § 49 StVO; § 24 Abs. 1, 3 Nr. 5 StVG; 54 BKat | 0 | siehe Tabelle R3 | |
| 112302 bis 112305 | Sie parkten auf einer schmalen Fahrbahn gegenüber einer Grundstücksein- bzw. -ausfahrt.<br>§ 12 Abs. 3, § 49 StVO; § 24 Abs. 1, 3 Nr. 5 StVG; 54 BKat | 0 | siehe Tabelle R3 | |
| 112322 bis 112325 | Sie parkten auf einem Gehweg, auf dem das Parken erlaubt ist, verbotswidrig über einem Schachtdeckel oder sonstigen Verschluss.<br>§ 12 Abs. 3, § 49 StVO; § 24 Abs. 1, 3 Nr. 5 StVG; 54 BKat | 0 | siehe Tabelle R3 | |
| 112372 bis 112375 | Sie parkten vor einer Bordsteinabsenkung.<br>§ 12 Abs. 3, § 49 StVO; § 24 Abs. 1, 3 Nr. 5 StVG; 54 BKat | 0 | siehe Tabelle R3 | |

| **TBNR** | **Bemerkungen** |
|---|---|
| 112262 bis 112269 | *) Zutreffendes angeben |
| 112272 bis 112275 | *) Zutreffendes angeben |

## Halten und Parken – § 12 Abs. 3a, 3b StVO

| TBNR | Tatbestandstext | FaP-Pkt | Euro | FV |
|---|---|---|---|---|
| 112396 | Sie parkten Ihr Kraftfahrzeug mit einer zulässigen Gesamtmasse von mehr als 7,5 t regelmäßig in einem besonderen Gebiet *), obwohl dies für diese Zeit verboten war. § 12 Abs. 3a, § 49 StVO; § 24 Abs. 1, 3 Nr. 5 StVG; 56 BKat | 0 | 30,00 | |
| 112397 | Sie parkten Ihren Kraftfahrzeuganhänger mit einer zulässigen Gesamtmasse von mehr als 2 t regelmäßig in einem besonderen Gebiet *), obwohl dies für diese Zeit verboten war. § 12 Abs. 3a, § 49 StVO; § 24 Abs. 1, 3 Nr. 5 StVG; 56 BKat | 0 | 30,00 | |
| 112398 | Sie parkten den Kraftfahrzeuganhänger ohne Zugfahrzeug länger als zwei Wochen *). § 12 Abs. 3b, § 49 StVO; § 24 Abs. 1, 3 Nr. 5 StVG; 57 BKat | 0 | 20,00 | |

| **TBNR** | **Bemerkungen** |
|---|---|
| 112396 bis 112397 | *) Tatzeitraum sowie besonderes Gebiet angeben |
| 112398 | *) Tatzeitraum angeben |

| TBNR | Tatbestandstext | FaP-Pkt | Euro | FV |
|---|---|---|---|---|
| 112040 bis 112045 | Sie hielten verbotswidrig auf der linken Fahrbahnseite/dem linken Seitenstreifen*) § 12 Abs. 4, § 49 StVO; § 24 Abs. 1, 3 Nr. 5 StVG; -- BKat | 0 | siehe Tabelle R4 | |
| 112050 | Sie hielten verbotswidrig auf dem Gehweg. § 12 Abs. 4, § 49 StVO; § 24 Abs. 1, 3 Nr. 5 StVG; -- BKat | 0 | 50,00 | |
| 112051 | – und behinderten +) dadurch Andere. § 12 Abs. 4, § 1Abs. 2, § 49 StVO; § 24 Abs. 1, 3 Nr. 5 StVG; -- BKat; § 19 OWiG | 0 | 55,00 | |
| 112552 | – und gefährdeten +) dadurch Andere. § 12 Abs. 4, § 1 Abs. 2, § 49 StVO; § 24 Abs. 1, 3 Nr. 5 StVG; -- BKat; § 19 OWiG | 0 | 70,00 | |
| 112553 | – Es kam zum Unfall. § 12 Abs. 4, § 1 Abs. 2, § 49 StVO; § 24 Abs. 1, 3 Nr. 5 StVG; -- BKat; § 19 OWiG | 0 | 90,00 | |
| 112454 bis 112657 | Sie parkten verbotswidrig auf dem Gehweg. § 12 Abs. 4, § 49 StVO; § 24 Abs. 1, 3 Nr. 5 StVG; 52a BKat | 0 | siehe Tabelle R4 | |
| 112658 | – und gefährdeten +) dadurch Andere. § 12 Abs. 4, § 1 Abs. 2, § 49 StVO; § 24 Abs. 1, 3 Nr. 5 StVG; 52a.3 BKat; § 19 OWiG | B – 1 | 80,00 | |
| 112659 | – Es kam zum Unfall. § 12 Abs. 4, § 1 Abs. 2, § 49 StVO; § 24 Abs. 1, 3 Nr. 5 StVG; 52a.4 BKat; § 19 OWiG | B – 1 | 100,00 | |
| 112060 bis 112065 | Sie hielten nicht am rechten Fahrbahnrand. § 12 Abs. 4, § 49 StVO; § 24 Abs. 1, 3 Nr. 5 StVG; -- BKat | 0 | siehe Tabelle R4 | |
| 112076 | Sie parkten in der Einbahnstraße entgegen der Fahrtrichtung § 12 Abs. 4, § 49 StVO; § 24 Abs. 1, 3 Nr. 5 StVG; -- BKat | 0 | 15,00 | |

---

| **TBNR** | **Bemerkungen** |
|---|---|
| 112040 bis 112045 | *) Zutreffendes angeben |

## Halten und Parken – § 12 Abs. 4 StVO

| TBNR | Tatbestandstext | FaP-Pkt | Euro | FV |
|---|---|---|---|---|
| 112460 | Sie hielten unzulässig in der zweiten Reihe.<br>§ 12 Abs. 4, § 49 StVO; § 24 Abs. 1, 3 Nr. 5 StVG;<br>51a BKat | 0 | 55,00 | |
| 112661 | – und behinderten +) dadurch Andere. | B – 1 | 70,00 | |
| 112662 | – und gefährdeten +) dadurch Andere.<br>§ 12 Abs. 4, § 1 Abs. 2, § 49 StVO;<br>§ 24 Abs. 1, 3 Nr. 5 StVG; 51a.2 BKat ; § 19 OWiG | B – 1 | 80,00 | |
| 112663 | – Es kam zum Unfall.<br>§ 12 Abs. 4, § 1 Abs. 2, § 49 StVO;<br>§ 24 Abs. 1, 3 Nr. 5 StVG; 51a.3 BKat; § 19 OWiG | B – 1 | 100,00 | |
| 112464 | Sie parkten unzulässig in der zweiten Reihe.<br>§ 12 Abs. 4, § 49 StVO; § 24 Abs. 1, 3 Nr. 5 StVG; 58 BKat | 0 | 55,00 | |
| 112665 | – und behinderten +) dadurch Andere. | B – 1 | 80,00 | |
| 112666 | Sie parkten länger als 15 Minuten unzulässig in der zweiten Reihe.<br>§ 12 Abs. 4, § 49 StVO; § 24 Abs. 1, 3 Nr. 5 StVG; 58.2 BKat | B – 1 | 85,00 | |
| 112667 | – und behinderten +) dadurch Andere. | B – 1 | 90,00 | |
| 112668 | Sie parkten unzulässig in der zweiten Reihe und gefährdeten +) dadurch Andere.<br>§ 12 Abs. 4, § 1 Abs. 2, § 49 StVO;<br>§ 24 Abs. 1, 3 Nr. 5 StVG; 58.1.1 BKat ; § 19 OWiG | B – 1 | 90,00 | |
| 112669 | – Es kam zum Unfall.<br>§ 12 Abs. 4, § 1 Abs. 2, § 49 StVO;<br>§ 24 Abs. 1, 3 Nr. 5 StVG; 58.1.2 BKat; § 19 OWiG | B – 1 | 110,00 | |
| 112426 | Sie hielten im Fahrraum von Schienenfahrzeugen.<br>§ 12 Abs. 4, § 49 StVO; § 24 Abs. 1, 3 Nr. 5 StVG; 59 BKat | 0 | 20,00 | |
| 112427 | – und behinderten +) dadurch Andere. | 0 | 30,00 | |
| 112428 | Sie parkten im Fahrraum von Schienenfahrzeugen.<br>§ 12 Abs. 4, § 49 StVO; § 24 Abs. 1, 3 Nr. 5 StVG; 60 BKat | 0 | 55,00 | |
| 112618 | – und behinderten +) dadurch Andere. | 0 | 70,00 | |

| TBNR | Tatbestandstext | FaP-Pkt | Euro | FV |
|---|---|---|---|---|
| 112070 | Sie hielten auf einem unbeschilderten Radweg.<br>§ 12 Abs. 4, § 49 StVO; § 24 Abs. 1, 3 Nr. 5 StVG; -- BKat | 0 | 50,00 | |
| 112071 | – und behinderten +) dadurch Andere. | 0 | 55,00 | |
| 112572 | - und gefährdeten +) dadurch Andere. | 0 | 70,00 | |
| 112573 | – Es kam zum Unfall. | 0 | 90,00 | |
| 112474 bis 112677 | Sie parkten auf einem unbeschilderten Radweg.<br>§ 12 Abs. 4, § 49 StVO; § 24 Abs. 1, 3 Nr. 5 StVG; 52a BKat | 0 | siehe Tabelle R5 | |
| 112678 | - und gefährdeten +) dadurch Andere. | B - 1 | 80,00 | |
| 112679 | – Es kam zum Unfall. | B – 1 | 100,00 | |
| 112484 bis 112687 | Sie parkten bei zulässigem Gehwegparken (Zeichen 315) nicht auf dem rechten Gehweg.<br>§ 12 Abs. 4a, § 49 StVO; § 24 Abs. 1, 3 Nr. 5 StVG; 52a BKat | 0 | siehe Tabelle R5 | |
| 112688 | - und gefährdeten +) dadurch Andere. | B - 1 | 80,00 | |
| 112689 | – Es kam zum Unfall. | B – 1 | 100,00 | |
| 112494 | Sie parkten bei zulässigem Gehwegparken (Zeichen 315) in der Einbahnstraße nicht auf dem Gehweg.<br>§ 12 Abs. 4a, § 49 StVO; § 24 Abs. 1, 3 Nr. 5 StVG; 52a BKat | 0 | 55,00 | |
| 112695 | – und behinderten +) dadurch Andere.<br>§ 12 Abs. 4a, § 1 Abs. 2, § 49 StVO;<br>§ 24 Abs. 1, 3 Nr. 5 StVG; 52a.1 BKat; § 19 OWiG | B – 1 | 70,00 | |

## Halten und Parken – § 12 Abs. 4a, 5, 6 StVO

| TBNR | Tatbestandstext | FaP-Pkt | Euro | FV |
|---|---|---|---|---|
| 112696 | Sie parkten länger als 1 Stunde bei zulässigem Gehwegparken in der Einbahnstraße (Zeichen 315) nicht auf dem Gehweg.<br>§ 12 Abs. 4a, § 49 StVO;<br>§ 24 Abs. 1, 3 Nr. 5 StVG; 52a.2 BKat | B – 1 | 70,00 | |
| 112697 | – und behinderten +) dadurch Andere.<br>§ 12 Abs. 4a, § 1 Abs. 2, § 49 StVO;<br>§ 24 Abs. 1, 3 Nr. 5 StVG; 52a.2.1 BKat; § 19 OWiG | B – 1 | 80,00 | |
| 112698 | – und gefährdeten +) dadurch Andere.<br>§ 12 Abs. 4a, § 1 Abs. 2, § 49 StVO;<br>§ 24 Abs. 1, 3 Nr. 5 StVG; 52a.3 BKat; § 19 OWiG | B – 1 | 80,00 | |
| 112699 | – Es kam zum Unfall.<br>§ 12 Abs. 4a, § 1 Abs. 2, § 49 StVO;<br>§ 24 Abs. 1, 3 Nr. 5 StVG; 52a.4 BKat; § 19 OWiG | B – 1 | 100,00 | |
| 112446 | Sie missachteten den Vorrang eines anderen Fahrzeugführers beim Einfahren in eine freie Parklücke.<br>§ 12 Abs. 5, § 49 StVO; § 24 Abs. 1, 3 Nr. 5 StVG; 61 BKat | 0 | 10,00 | |
| 112456 | Sie hielten/parkten *) nicht Platz sparend.<br>§ 12 Abs. 6, § 49 StVO; § 24 Abs. 1, 3 Nr. 5 StVG; 62 BKat | 0 | 10,00 | |

| TBNR | Bemerkungen |
|---|---|
| 112456 | *) Zutreffendes angeben |

| TBNR | Tatbestandstext | FaP-Pkt | Euro | FV |
|---|---|---|---|---|

## Einrichtungen zur Überwachung der Parkzeit – § 13 Abs. 1, 2 StVO

| TBNR | Tatbestandstext | FaP-Pkt | Euro | FV |
|---|---|---|---|---|
| 113100 bis 113104 | Sie parkten an einer abgelaufenen Parkuhr. § 13 Abs. 1, 2, § 49 StVO; § 24 Abs. 1, 3 Nr. 5 StVG; 63.1 BKat | 0 | siehe Tabelle R7 | |
| 113120 bis 113124 | Sie überschritten an einer Parkuhr die zulässige/im Bereich eines Parkscheinautomaten die auf dem Parkschein angegebene*) Parkzeit. § 13 Abs. 1, 2, § 49 StVO; § 24 Abs. 1, 3 Nr. 5 StVG; 63.1 BKat | 0 | siehe Tabelle R7 | |
| 113140 bis 113144 | Sie parkten im Bereich eines Parkscheinautomaten ohne gültigen Parkschein. § 13 Abs. 1, 2, § 49 StVO; § 24 Abs. 1, 3 Nr. 5 StVG; 63.1 BKat | 0 | siehe Tabelle R7 | |
| 113150 bis 113154 | Sie parkten im Bereich eines Parkscheinautomaten, ohne den Parkschein von außen gut lesbar im oder am Fahrzeug angebracht zu haben. § 13 Abs. 1, 2, § 49 StVO; § 24 Abs. 1, 3 Nr. 5 StVG; 63.1BKat | 0 | siehe Tabelle R11 | |
| 113160 bis 113164 | Sie überschritten an einer nicht funktionsfähigen Parkuhr/im Bereich eines nicht funktionsfähigen Parkscheinautomaten*) bei Verwendung einer Parkscheibe (Bild 318) die zulässige Höchstparkdauer. § 13 Abs. 1, 2, § 49 StVO; § 24 Abs. 1, 3 Nr. 5 StVG; 63.1BKat | 0 | siehe Tabelle R8 | |
| 113180 bis 113184 | Sie parkten an einer nicht funktionsfähigen Parkuhr/im Bereich eines nicht funktionsfähigen Parkscheinautomaten*), ohne eine Parkscheibe (Bild 318) von außen gut lesbar im oder am Fahrzeug angebracht zu haben. § 13 Abs. 1, 2, § 49 StVO; § 24 Abs. 1, 3 Nr. 5 StVG; 63.1 BKat | 0 | siehe Tabelle R8 | |
| 113200 bis 113204 | Sie parkten an einer nicht funktionsfähigen Parkuhr /im Bereich eines nicht funktionsfähigen Parkscheinautomaten*), ohne die Parkscheibe (Bild 318) richtig eingestellt zu haben. § 13 Abs. 1, 2, § 49 StVO; § 24 Abs. 1, 3 Nr. 5 StVG; 63.1 BKat | 0 | siehe Tabelle R8 | |

| **TBNR** | **Bemerkungen** |
|---|---|
| 113120 bis 113124 | *) Zutreffendes angeben |
| 113160 bis 113204 | *) Zutreffendes angeben |

## Einrichtungen zur Überwachung der Parkzeit – § 13 Abs. 1, 2 StVO

| TBNR | Tatbestandstext | FaP-Pkt | Euro | FV |
|---|---|---|---|---|
| 113220 bis 113224 | Sie überschritten im Bereich eines eingeschränkten Haltverbots für eine Zone (Zeichen 290.1, 290.2) die zulässige Höchstparkdauer.<br>§ 13 Abs. 1, 2, § 49 StVO; § 24 Abs. 1, 3 Nr. 5 StVG; 63.1 BKat | 0 | siehe Tabelle R9 | |
| 113240 bis 113244 | Sie parkten im Bereich eines eingeschränkten Haltverbots für eine Zone (Zeichen 290.1, 290.2), ohne die durch Zusatzzeichen vorgeschriebene Parkscheibe (Bild 318) von außen gut lesbar im oder am Fahrzeug angebracht zu haben.<br>§ 13 Abs. 1, 2, § 49 StVO; § 24 Abs. 1, 3 Nr. 5 StVG; 63.1 BKat | 0 | siehe Tabelle R9 | |
| 113260 bis 113264 | Sie parkten im Bereich eines eingeschränkten Haltverbots für eine Zone (Zeichen 290.1, 290.2), ohne die Parkscheibe (Bild 318) richtig eingestellt zu haben.<br>§ 13 Abs. 1, 2, § 49 StVO; § 24 Abs. 1, 3 Nr. 5 StVG; 63.1 BKat | 0 | siehe Tabelle R9 | |
| 113280 bis 113284 | Sie überschritten bei Zeichen 314/315 *), mit Zusatzzeichen, die zulässige Höchstparkdauer.<br>§ 13 Abs. 1, 2, § 49 StVO; § 24 Abs. 1, 3 Nr. 5 StVG; 63.1 BKat | 0 | siehe Tabelle R10 | |
| 113300 bis 113304 | Sie parkten bei Zeichen 314/315 *), ohne die durch Zusatzzeichen vorgeschriebene Parkscheibe (Bild 318) von außen gut lesbar im oder am Fahrzeug angebracht zu haben.<br>§ 13 Abs. 1, 2, § 49 StVO; § 24 Abs. 1, 3 Nr. 5 StVG; 63.1 BKat | 0 | siehe Tabelle R10 | |

| **TBNR** | **Bemerkungen** |
|---|---|
| 113280 bis 113304 | *) Zutreffendes angeben |

## Einrichtungen zur Überwachung der Parkzeit – § 13 Abs. 1, 2 StVO

| TBNR | Tatbestandstext | FaP-Pkt | Euro | FV |
|---|---|---|---|---|
| 113320 bis 113324 | Sie parkten bei Zeichen 314/315 *), ohne die durch Zusatzzeichen vorgeschriebene Parkscheibe (Bild 318) richtig eingestellt zu haben.<br>§ 13 Abs. 1, 2, § 49 StVO; § 24 Abs. 1, 3 Nr. 5 StVG; 63.1 BKat | 0 | siehe Tabelle R10 | |
| 113330 bis 113334 | Sie überschritten im Bereich einer Parkraumbewirtschaftungszone (Zeichen 314.1, 314.2) die zulässige Höchstparkdauer.<br>§ 13 Abs. 1, 2, § 49 StVO; § 24 Abs. 1, 3 Nr. 5 StVG; 63.1 BKat | 0 | siehe Tabelle R11 | |
| 113340 bis 113344 | Sie parkten im Bereich einer Parkraumbewirtschaftungszone (Zeichen 314.1, 314.2), ohne die durch Zusatzzeichen vorgeschriebene Parkscheibe (Bild 318) von außen gut lesbar im oder am Fahrzeug angebracht zu haben.<br>§ 13 Abs. 1, 2, § 49 StVO; § 24 Abs. 1, 3 Nr. 5 StVG; 63.1 BKat | 0 | siehe Tabelle R11 | |
| 113350 bis 113354 | Sie parkten im Bereich einer Parkraumbewirtschaftungszone (Zeichen 314.1, 314.2), ohne die Parkscheibe (Bild 318) richtig eingestellt zu haben.<br>§ 13 Abs. 1, 2, § 49 StVO; § 24 Abs. 1, 3 Nr. 5 StVG; 63.1 BKat | 0 | siehe Tabelle R12 | |

| TBNR | Bemerkungen |
|---|---|
| 113320 bis 113324 | *) Zutreffendes angeben |

# Tabellen des KBA zu § 12 Abs. 1, 3, 4, 4a StVZO

## Halten und Parken – § 12 Abs. 1 StVO

Tabellen-Nr: **712001** **Sie hielten/parkten an einer engen/unübersichtlichen *) Straßenstelle.**

| Tatbestand | BKat | TBNR | FaP/Pkt | Ahndungssatz Euro |
|---|---|---|---|---|
| Halten | 51 | 112100 | 0 | 20,00 |
| – mit Behinderung | 51.1 | 112101 | 0 | 35,00 |
| Parken | 51b | 112102 | 0 | 35,00 |
| – mit Behinderung | 51b.1 | 112103 | 0 | 55,00 |
| – länger als 1 Stunde | 51b.2 | 112104 | 0 | 55,00 |
| – länger als 1 Stunde mit Behinderung | 51b.2.1 | 112105 | 0 | 55,00 |

Tabellen-Nr: **712002** **Sie hielten/parkten im Bereich einer scharfen Kurve.**

| Tatbestand | BKat | TBNR | FaP/Pkt | Ahndungssatz Euro |
|---|---|---|---|---|
| Halten | 51 | 112110 | 0 | 20,00 |
| – mit Behinderung | 51.1 | 112111 | 0 | 35,00 |
| Parken | 51b | 112112 | 0 | 35,00 |
| – mit Behinderung | 51b.1 | 112113 | 0 | 55,00 |
| – länger als 1 Stunde | 51b.2 | 112114 | 0 | 55,00 |
| – länger als 1 Stunde mit Behinderung | 51b.2.1 | 112115 | 0 | 55,00 |

Tabellen-Nr: **712012** **Sie hielten/parkten vor oder in einer amtlich gekennzeichneten Feuerwehrzufahrt.**

| Tatbestand | BKat | TBNR | FaP/Pkt | Ahndungssatz Euro |
|---|---|---|---|---|
| Halten | 51 | 112210 | 0 | 20,00 |
| – mit Behinderung | 51.1 | 112211 | 0 | 35,00 |
| Parken | 53 | 112216 | 0 | 55,00 |
| – mit Behinderung | 53.1 | 112612 | B-1 | 100,00 |

**Halten und Parken**
**– § 12 Abs. 3 StVO**

Tabellen-Nr: **712019** — **Sie parkten weniger als 5 Meter vor der Kreuzung/ Einmündung *).**

| Tatbestand | BKat | TBNR | FaP/Pkt | Ahndungssatz Euro |
|---|---|---|---|---|
| Parken | 54 | 112262 | 0 | 10,00 |
| – mit Behinderung | 54.1 | 112263 | 0 | 15,00 |
| – länger als 3 Stunden | 54.2 | 112264 | 0 | 20,00 |
| – länger als 3 Stunden mit Behinderung | 54.2.1 | 112265 | 0 | 30,00 |

Tabellen-Nr: **712019** — **Sie parkten weniger als 8 Meter vor der Kreuzung/ Einmündung *), obwohl in Fahrtrichtung rechts neben der Fahrbahn ein Radweg baulich angelegt ist.**

| Tatbestand | BKat | TBNR | FaP/Pkt | Ahndungssatz Euro |
|---|---|---|---|---|
| Parken | 54 | 112266 | 0 | 10,00 |
| – mit Behinderung | 54.1 | 112267 | 0 | 15,00 |
| – länger als 3 Stunden | 54.2 | 112268 | 0 | 20,00 |
| – länger als 3 Stunden mit Behinderung | 54.2.1 | 112269 | 0 | 30,00 |

Tabellen-Nr: **712020** — **Sie parkten weniger als 5 Meter hinter der Kreuzung/ Einmündung *).**

| Tatbestand | BKat | TBNR | FaP/Pkt | Ahndungssatz Euro |
|---|---|---|---|---|
| Parken | 54 | 112272 | 0 | 10,00 |
| – mit Behinderung | 54.1 | 112273 | 0 | 15,00 |
| – länger als 3 Stunden | 54.2 | 112274 | 0 | 20,00 |
| – länger als 3 Stunden mit Behinderung | 54.2.1 | 112275 | 0 | 30,00 |

Tabellen-Nr: **712021** — **Sie parkten verbotswidrig und verhinderten dadurch die Benutzung gekennzeichneter Parkflächen.**

| Tatbestand | BKat | TBNR | FaP/Pkt | Ahndungssatz Euro |
|---|---|---|---|---|
| Parken | 54 | 112282 | 0 | 10,00 |
| – mit Behinderung | 54.1 | 112283 | 0 | 15,00 |
| – länger als 3 Stunden | 54.2 | 112284 | 0 | 20,00 |
| – länger als 3 Stunden mit Behinderung | 54.2.1 | 112285 | 0 | 30,00 |

**Halten und Parken**
**– § 12 Abs. 3 StVO**

Tabellen-Nr: **712022** — **Sie parkten im Bereich einer Grundstückseinfahrt bzw. ausfahrt.**

| Tatbestand | BKat | TBNR | FaP/Pkt | Ahndungssatz Euro |
|---|---|---|---|---|
| Parken | 54 | 112292 | 0 | 10,00 |
| – mit Behinderung | 54.1 | 112293 | 0 | 15,00 |
| – länger als 3 Stunden | 54.2 | 112294 | 0 | 20,00 |
| – länger als 3 Stunden mit Behinderung | 54.2.1 | 112294 | 0 | 30,00 |

Tabellen-Nr: **712023** — **Sie parkten auf einer schmalen Fahrbahn gegenüber einer Grundstückseinfahrt/Grundstücksausfahrt *).**

| Tatbestand | BKat | TBNR | FaP/Pkt | Ahndungssatz Euro |
|---|---|---|---|---|
| Parken | 54 | 112302 | 0 | 10,00 |
| – mit Behinderung | 54.1 | 112303 | 0 | 15,00 |
| – länger als 3 Stunden | 54.2 | 112304 | 0 | 20,00 |
| – länger als 3 Stunden mit Behinderung | 54.2.1 | 112305 | 0 | 30,00 |

Tabellen-Nr: **712025** — **Sie parkten auf einem Gehweg, auf dem das Parken erlaubt ist, verbotswidrig über einem Schachtdeckel oder sonstigen Verschluss.**

| Tatbestand | BKat | TBNR | FaP/Pkt | Ahndungssatz Euro |
|---|---|---|---|---|
| Parken | 54 | 112322 | 0 | 10,00 |
| – mit Behinderung | 54.1 | 112323 | 0 | 15,00 |
| – länger als 3 Stunden | 54.2 | 112324 | 0 | 20,00 |
| – länger als 3 Stunden mit Behinderung | 54.2.1 | 112325 | 0 | 30,00 |

Tabellen-Nr: **712029** — **Sie parkten vor einer Bordsteinabsenkung.**

| Tatbestand | BKat | TBNR | FaP/Pkt | Ahndungssatz Euro |
|---|---|---|---|---|
| Parken | 54 | 112372 | 0 | 10,00 |
| – mit Behinderung | 54.1 | 112373 | 0 | 15,00 |
| – länger als 3 Stunden | 54.2 | 112374 | 0 | 20,00 |
| – länger als 3 Stunden mit Behinderung | 54.2.1 | 112375 | 0 | 30,00 |

**Halten und Parken**
**– § 12 Abs. 4, 4a StVO**

Tabellen-Nr:
**712030**

**Sie hielten/parkten verbotswidrig auf der linken Fahrbahnseite/dem linken Seitenstreifen *).**

| Tatbestand | BKat | TBNR | FaP/Pkt | Ahndungssatz Euro |
|---|---|---|---|---|
| Halten | -- | 112040 | 0 | 10,00 |
| – mit Behinderung | -- | 112041 | 0 | 15,00 |
| Parken | -- | 112042 | 0 | 15,00 |
| – mit Behinderung | -- | 112043 | 0 | 25,00 |
| – länger als 1 Stunde | -- | 112044 | 0 | 25,00 |
| – länger als 1 Stunde mit Behinderung | -- | 112045 | 0 | 35,00 |

Tabellen-Nr:
**712031**

**Sie hielten/parkten verbotswidrig auf einem Gehweg.**

| Tatbestand | BKat | TBNR | FaP/Pkt | Ahndungssatz Euro |
|---|---|---|---|---|
| Halten | -- | 112050 | 0 | 50,00 |
| – mit Behinderung | -- | 112051 | 0 | 55,00 |
| – mit Gefährdung | -- | 112552 | 0 | 70,00 |
| – mit Unfall | -- | 112553 | 0 | 90,00 |
| Parken | 52a | 112454 | 0 | 55,00 |
| – mit Behinderung | 52a.1 | 112655 | B – 1 | 70,00 |
| – länger als 1 Stunde | 52a.2 | 112656 | B – 1 | 70,00 |
| – länger als 1 Stunde mit Behinderung | 52a.2.1 | 112657 | B – 1 | 80,00 |
| – mit Gefährdung | 52a.3 | 112658 | B – 1 | 80,00 |
| – mit Unfall | 52a.4 | 112659 | B – 1 | 100,00 |

Tabellen-Nr:
**712032**

**Sie hielten/parkten nicht am rechten Fahrbahnrand.**

| Tatbestand | BKat | TBNR | FaP/Pkt | Ahndungssatz Euro |
|---|---|---|---|---|
| Halten | -- | 112060 | 0 | 10,00 |
| – mit Behinderung | -- | 112061 | 0 | 15,00 |
| Parken | -- | 112062 | 0 | 15,00 |
| – mit Behinderung | -- | 112063 | 0 | 25,00 |
| – länger als 1 Stunde | -- | 112064 | 0 | 25,00 |
| – länger als 1 Stunde mit Behinderung | -- | 112065 | 0 | 35,00 |

## Halten und Parken
## – § 12 Abs. 4, 4a StVO

Tabellen-Nr:
**712033**

**Sie hielten/parkten unzulässig in der zweiten Reihe.**

| Tatbestand | BKat | TBNR | FaP/Pkt | Ahndungssatz Euro |
|---|---|---|---|---|
| Halten | 51a | 112460 | 0 | 55,00 |
| – mit Behinderung | 51a.1 | 112661 | B – 1 | 70,00 |
| – mit Gefährdung | 51a.2 | 112662 | B – 1 | 80,00 |
| – mit Unfall | 51a.3 | 112663 | B – 1 | 100,00 |
| Parken | 58 | 112464 | 0 | 55,00 |
| – mit Behinderung | 58.1 | 112665 | B – 1 | 80,00 |
| – länger als 15 Minuten | 58.2 | 112666 | B – 1 | 85,00 |
| – länger als 15 Minuten mit Behinderung | 58.2.1 | 112667 | B – 1 | 90,00 |
| – mit Gefährdung | 58.1.1 | 112668 | B – 1 | 90,00 |
| – mit Unfall | 58.1.2 | 112669 | B – 1 | 110,00 |

Tabellen-Nr:
**712034**

**Sie hielten/parkten im Fahrraum von Schienenfahrzeugen.**

| Tatbestand | BKat | TBNR | FaP/Pkt | Ahndungssatz Euro |
|---|---|---|---|---|
| Halten | 59 | 112426 | 0 | 20,00 |
| – mit Behinderung | 59.1 | 112427 | 0 | 30,00 |
| Parken | 60 | 112428 | 0 | 55,00 |
| – mit Behinderung | 60.1 | 112618 | 0 | 70,00 |

Tabellen-Nr:
**712035**

**Sie parkten bei zulässigem Gehwegparken (Zeichen 315) nicht auf dem rechten Gehweg.**

| Tatbestand | BKat | TBNR | FaP/Pkt | Ahndungssatz Euro |
|---|---|---|---|---|
| Parken | 52a | 112484 | 0 | 55,00 |
| – mit Behinderung | 52a.1 | 112685 | B – 1 | 70,00 |
| – länger als 1 Stunde | 52a.2 | 112686 | B – 1 | 70,00 |
| – länger als 1 Stunde mit Behinderung | 52a.2.1 | 112687 | B – 1 | 80,00 |
| – mit Gefährdung | 52a.3 | 112688 | B – 1 | 80,00 |
| – mit Unfall | 52a.4 | 112689 | B – 1 | 100,00 |

## Halten und Parken
## – § 12 Abs. 4, 4a StVO

Tabellen-Nr: **712036** — **Sie parkten bei zulässigem Gehwegparken (Zeichen 315) in einer Einbahnstraße nicht auf dem Gehweg.**

| Tatbestand | BKat | TBNR | FaP/Pkt | Ahndungssatz Euro |
|---|---|---|---|---|
| Parken | 52a | 112494 | 0 | 55,00 |
| – mit Behinderung | 52a.1 | 112695 | B – 1 | 70,00 |
| – länger als 1 Stunde | 52a.2 | 112696 | B – 1 | 70,00 |
| – länger als 1 Stunde mit Behinderung | 52a.2.1 | 112697 | B – 1 | 80,00 |
| – mit Gefährdung | 52a.3 | 112698 | B – 1 | 80,00 |
| – mit Unfall | 52a.4 | 112699 | B – 1 | 100,00 |

Tabellen-Nr: **712037** — **Sie hielten/parkten auf einem unbeschilderten Radweg.**

| Tatbestand | BKat | TBNR | FaP/Pkt | Ahndungssatz Euro |
|---|---|---|---|---|
| Halten | -- | 112070 | 0 | 50,00 |
| – mit Behinderung | -- | 112071 | 0 | 55,00 |
| – mit Gefährdung | -- | 112572 | 0 | 70,00 |
| – mit Unfall | -- | 112573 | 0 | 90,00 |
| Parken | 52a | 112474 | 0 | 55,00 |
| – mit Behinderung | 52a.1 | 112675 | B – 1 | 70,00 |
| – länger als 1 Stunde | 52a.2 | 112676 | B – 1 | 70,00 |
| – länger als 1 Stunde mit Behinderung | 52a.2.1 | 112677 | B – 1 | 80,00 |
| – mit Gefährdung | 52a.3 | 112678 | B – 1 | 80,00 |
| – mit Unfall | 52a.4 | 112679 | B – 1 | 100,00 |

# Tabellen des KBA zu § 13 Abs. 1, 2 StVO

## Einrichtung zur Überwachung der Parkzeit – § 13 Abs. 1, 2 StVO

Tabellen-Nr: **713000** — **Sie parkten an einer abgelaufenen Parkuhr.**

| Zeitüberschreitung | BKat | TBNR | FaP/Pkt | Ahndungssatz Euro |
|---|---|---|---|---|
| – bis 30 Minuten | 63.1 | 113100 | 0 | 20,00 |
| – länger als 30 Minuten | 63.2 | 113101 | 0 | 25,00 |
| – länger als 1 Stunde | 63.3 | 113102 | 0 | 30,00 |
| – länger als 2 Stunden | 63.4 | 113103 | 0 | 35,00 |
| – länger als 3 Stunden | 63.5 | 113104 | 0 | 40,00 |

Tabellen-Nr: **713001** — **Sie überschritten an einer Parkuhr die zulässige/ im Bereich eines Parkscheinautomaten die auf dem Parkschein angegebene *) Parkzeit.**

| Zeitüberschreitung | BKat | TBNR | FaP/Pkt | Ahndungssatz Euro |
|---|---|---|---|---|
| – bis 30 Minuten | 63.1 | 113120 | 0 | 20,00 |
| – länger als 30 Minuten | 63.2 | 113121 | 0 | 25,00 |
| – länger als 1 Stunde | 63.3 | 113122 | 0 | 30,00 |
| – länger als 2 Stunden | 63.4 | 113123 | 0 | 35,00 |
| – länger als 3 Stunden | 63.5 | 113124 | 0 | 40,00 |

Tabellen-Nr: **713002** — **Sie parkten im Bereich eines Parkscheinautomaten ohne gültigen Parkschein.**

| Zeitüberschreitung | BKat | TBNR | FaP/Pkt | Ahndungssatz Euro |
|---|---|---|---|---|
| – bis 30 Minuten | 63.1 | 113140 | 0 | 20,00 |
| – länger als 30 Minuten | 63.2 | 113141 | 0 | 25,00 |
| – länger als 1 Stunde | 63.3 | 113142 | 0 | 30,00 |
| – länger als 2 Stunden | 63.4 | 113143 | 0 | 35,00 |
| – länger als 3 Stunden | 63.5 | 113144 | 0 | 40,00 |

**Einrichtung zur Überwachung der Parkzeit – § 13 Abs. 1, 2 StVO**

Tabellen-Nr:
**713003**

**Sie überschritten an einer nicht funktionsfähigen Parkuhr/im Bereich eines nicht funktionsfähigen Parkscheinautomaten *) bei Verwendung einer Parkscheibe (Bild 318) die zulässige Höchstparkdauer.**

| Zeitüberschreitung | BKat | TBNR | FaP/Pkt | Ahndungssatz Euro |
|---|---|---|---|---|
| – bis 30 Minuten | 63.1 | 113160 | 0 | 20,00 |
| – länger als 30 Minuten | 63.2 | 113161 | 0 | 25,00 |
| – länger als 1 Stunde | 63.3 | 113162 | 0 | 30,00 |
| – länger als 2 Stunden | 63.4 | 113163 | 0 | 35,00 |
| – länger als 3 Stunden | 63.5 | 113164 | 0 | 40,00 |

Tabellen-Nr:
**713004**

**Sie parkten an einer nicht funktionsfähigen Parkuhr/im Bereich eines nicht funktionsfähigen Parkscheinautomaten *), ohne eine Parkscheibe (Bild 318) von außen gut lesbar im oder am Fahrzeug angebracht zu haben.**

| Zeitüberschreitung | BKat | TBNR | FaP/Pkt | Ahndungssatz Euro |
|---|---|---|---|---|
| – bis 30 Minuten | 63.1 | 113180 | 0 | 20,00 |
| – länger als 30 Minuten | 63.2 | 113181 | 0 | 25,00 |
| – länger als 1 Stunde | 63.3 | 113182 | 0 | 30,00 |
| – länger als 2 Stunden | 63.4 | 113183 | 0 | 35,00 |
| – länger als 3 Stunden | 63.5 | 113184 | 0 | 40,00 |

Tabellen-Nr:
**713005**

**Sie parkten an einer nicht funktionsfähigen Parkuhr/im Bereich eines nicht funktionsfähigen Parkscheinautomaten *), ohne die Parkscheibe (Bild 318) richtig eingestellt zu haben.**

| Zeitüberschreitung | BKat | TBNR | FaP/Pkt | Ahndungssatz Euro |
|---|---|---|---|---|
| – bis 30 Minuten | 63.1 | 113200 | 0 | 20,00 |
| – länger als 30 Minuten | 63.2 | 113201 | 0 | 25,00 |
| – länger als 1 Stunde | 63.3 | 113202 | 0 | 30,00 |
| – länger als 2 Stunden | 63.4 | 113203 | 0 | 35,00 |
| – länger als 3 Stunden | 63.5 | 113204 | 0 | 40,00 |

## Einrichtung zur Überwachung der Parkzeit – § 13 Abs. 1, 2 StVO

Tabellen-Nr:
**713006**

**Sie überschritten im Bereich eines eingeschränkten Haltverbots für eine Zone (Zeichen 290.1, 290.2) die zulässige Höchstparkdauer.**

| Zeitüberschreitung | BKat | TBNR | FaP/Pkt | Ahndungssatz Euro |
|---|---|---|---|---|
| – bis 30 Minuten | 63.1 | 113220 | 0 | 20,00 |
| – länger als 30 Minuten | 63.2 | 113221 | 0 | 25,00 |
| – länger als 1 Stunde | 63.3 | 113222 | 0 | 30,00 |
| – länger als 2 Stunden | 63.4 | 113223 | 0 | 35,00 |
| – länger als 3 Stunden | 63.5 | 113224 | 0 | 40,00 |

Tabellen-Nr:
**713007**

**Sie parkten im Bereich eines eingeschränkten Haltverbots für eine Zone (Zeichen 290.1, 290.2), ohne die durch Zusatzzeichen vorgeschriebene Parkscheibe (Bild 318) von außen gut lesbar im oder am Fahrzeug angebracht zu haben.**

| Zeitüberschreitung | BKat | TBNR | FaP/Pkt | Ahndungssatz Euro |
|---|---|---|---|---|
| – bis 30 Minuten | 63.1 | 113240 | 0 | 20,00 |
| – länger als 30 Minuten | 63.2 | 113241 | 0 | 25,00 |
| – länger als 1 Stunde | 63.3 | 113242 | 0 | 30,00 |
| – länger als 2 Stunden | 63.4 | 113243 | 0 | 35,00 |
| – länger als 3 Stunden | 63.5 | 113244 | 0 | 40,00 |

Tabellen-Nr:
**713008**

**Sie parkten im Bereich eines eingeschränkten Haltverbots für eine Zone (Zeichen 290.1, 290.2), ohne die Parkscheibe (Bild 318) richtig eingestellt zu haben.**

| Zeitüberschreitung | BKat | TBNR | FaP/Pkt | Ahndungssatz Euro |
|---|---|---|---|---|
| – bis 30 Minuten | 63.1 | 113260 | 0 | 20,00 |
| – länger als 30 Minuten | 63.2 | 113261 | 0 | 25,00 |
| – länger als 1 Stunde | 63.3 | 113262 | 0 | 30,00 |
| – länger als 2 Stunden | 63.4 | 113263 | 0 | 35,00 |
| – länger als 3 Stunden | 63.5 | 113264 | 0 | 40,00 |

**Einrichtung zur Überwachung der Parkzeit – § 13 Abs. 1, 2 StVO**

Tabellen-Nr:
**713009**

**Sie überschritten bei Zeichen 314/315 *), mit Zusatzzeichen, die zulässige Höchstparkdauer.**

| Zeitüberschreitung | BKat | TBNR | FaP/Pkt | Ahndungssatz Euro |
|---|---|---|---|---|
| – bis 30 Minuten | 63.1 | 113280 | 0 | 20,00 |
| – länger als 30 Minuten | 63.2 | 113281 | 0 | 25,00 |
| – länger als 1 Stunde | 63.3 | 113282 | 0 | 30,00 |
| – länger als 2 Stunden | 63.4 | 113283 | 0 | 35,00 |
| – länger als 3 Stunden | 63.5 | 113284 | 0 | 40,00 |

Tabellen-Nr:
**713010**

**Sie parkten bei Zeichen 314/315 *), ohne die durch Zusatzzeichen vorgeschriebene Parkscheibe (Bild 318) von außen gut lesbar im oder am Fahrzeug angebracht zu haben.**

| Zeitüberschreitung | BKat | TBNR | FaP/Pkt | Ahndungssatz Euro |
|---|---|---|---|---|
| – bis 30 Minuten | 63.1 | 113300 | 0 | 20,00 |
| – länger als 30 Minuten | 63.2 | 113301 | 0 | 25,00 |
| – länger als 1 Stunde | 63.3 | 113302 | 0 | 30,00 |
| – länger als 2 Stunden | 63.4 | 113303 | 0 | 35,00 |
| – länger als 3 Stunden | 63.5 | 113304 | 0 | 40,00 |

Tabellen-Nr:
**713011**

**Sie parkten bei Zeichen 314/315 *), ohne die durch Zusatzzeichen vorgeschriebene Parkscheibe (Bild 318) richtig eingestellt zu haben.**

| Zeitüberschreitung | BKat | TBNR | FaP/Pkt | Ahndungssatz Euro |
|---|---|---|---|---|
| – bis 30 Minuten | 63.1 | 113320 | 0 | 20,00 |
| – länger als 30 Minuten | 63.2 | 113321 | 0 | 25,00 |
| – länger als 1 Stunde | 63.3 | 113322 | 0 | 30,00 |
| – länger als 2 Stunden | 63.4 | 113323 | 0 | 35,00 |
| – länger als 3 Stunden | 63.5 | 113324 | 0 | 40,00 |

**Einrichtung zur Überwachung der Parkzeit – § 13 Abs. 1, 2 StVO**

Tabellen-Nr: **713012**

**Sie parkten im Bereich eines Parkscheinautomaten, ohne den Parkschein von außen gut lesbar im oder Fahrzeug angebracht zu haben.**

| Zeitüberschreitung | BKat | TBNR | FaP/Pkt | Ahndungssatz Euro |
|---|---|---|---|---|
| – bis 30 Minuten | 63.1 | 113150 | 0 | 20,00 |
| – länger als 30 Minuten | 63.2 | 113151 | 0 | 25,00 |
| – länger als 1 Stunde | 63.3 | 113152 | 0 | 30,00 |
| – länger als 2 Stunden | 63.4 | 113153 | 0 | 35,00 |
| – länger als 3 Stunden | 63.5 | 113154 | 0 | 40,00 |

Tabellen-Nr: **713014**

**Sie überschritten im Bereich einer Parkraumbewirtschaftungszone (Zeichen 314.1, 314.2) die zulässige Höchstparkdauer.**

| Zeitüberschreitung | BKat | TBNR | FaP/Pkt | Ahndungssatz Euro |
|---|---|---|---|---|
| – bis 30 Minuten | 63.1 | 113330 | 0 | 20,00 |
| – länger als 30 Minuten | 63.2 | 113331 | 0 | 25,00 |
| – länger als 1 Stunde | 63.3 | 113332 | 0 | 30,00 |
| – länger als 2 Stunden | 63.4 | 113333 | 0 | 35,00 |
| – länger als 3 Stunden | 63.5 | 113334 | 0 | 40,00 |

Tabellen-Nr: **713015**

**Sie parkten im Bereich einer Parkraumbewirtschaftungszone (Zeichen 314.1, 314.2), ohne die durch Zusatzzeichen vorgeschriebene Parkscheibe (Bild 318) von außen gut lesbar im oder am Fahrzeug angebracht zu haben.**

| Zeitüberschreitung | BKat | TBNR | FaP/Pkt | Ahndungssatz Euro |
|---|---|---|---|---|
| – bis 30 Minuten | 63.1 | 113340 | 0 | 20,00 |
| – länger als 30 Minuten | 63.2 | 113341 | 0 | 25,00 |
| – länger als 1 Stunde | 63.3 | 113342 | 0 | 30,00 |
| – länger als 2 Stunden | 63.4 | 113343 | 0 | 35,00 |
| – länger als 3 Stunden | 63.5 | 113344 | 0 | 40,00 |

**Einrichtung zur Überwachung der Parkzeit – § 13 Abs. 1, 2 StVO**

Tabellen-Nr:
**713016**

**Sie parkten im Bereich einer Parkraumbewirtschaftungszone (Zeichen 314.1, 314.2) ohne die Parkscheibe (Bild 318) richtig eingestellt zu haben.**

| Zeitüberschreitung | BKat | TBNR | FaP/Pkt | Ahndungssatz Euro |
|---|---|---|---|---|
| – bis 30 Minuten | 63.1 | 113350 | 0 | 20,00 |
| – länger als 30 Minuten | 63.2 | 113351 | 0 | 25,00 |
| – länger als 1 Stunde | 63.3 | 113352 | 0 | 30,00 |
| – länger als 2 Stunden | 63.4 | 113353 | 0 | 35,00 |
| – länger als 3 Stunden | 63.5 | 113354 | | 40,00 |

| TBNR | Tatbestandstext | FaP-Pkt | Euro | FV |
|---|---|---|---|---|
| 114100 | Sie gefährdeten +) beim Ein- bzw. Aussteigen andere Verkehrsteilnehmer.<br>§ 14 Abs. 1, § 49 StVO; § 24 Abs. 1, 3 Nr. 5 StVG; 64 BKat | 0 | 40,00 | |
| 114106 | Sie schädigten beim Ein- bzw. Aussteigen andere Verkehrsteilnehmer.<br>§ 14 Abs. 1, § 1 Abs. 2, § 49 StVO; § 24 Abs. 1, 3 Nr. 5 StVG; 64.1 BKat, § 19 OWiG | 0 | 50,00 | |
| 114000 | Sie verließen Ihr Kraftfahrzeug, ohne es gegen unbefugte Benutzung zu sichern *).<br>§ 14 Abs. 2, § 49 StVO; § 24 Abs. 1, 3 Nr. 5 StVG; -- BKat | 0 | 15,00 | |
| 114112 | Sie verließen Ihr Fahrzeug, ohne die nötigen Maßnahmen getroffen zu haben, um Unfälle oder Verkehrsstörungen zu vermeiden. Dadurch kam es zu einer Verkehrsstörung *).<br>§ 14 Abs. 2, § 1 Abs. 2, § 49 StVO;<br>§ 24 Abs. 1, 3 Nr. 5 StVG; 65 BKat, § 19 OWiG | 0 | 15,00 | |
| 114118 | Sie verließen Ihr Fahrzeug, ohne die nötigen Maßnahmen getroffen zu haben, um Unfälle oder Verkehrsstörungen zu vermeiden. Es kam zum Unfall.<br>§ 14 Abs. 2, § 1 Abs. 2, § 49 StVO;<br>§ 24 Abs. 1, 3 Nr. 5 StVG; 65.1 BKat; § 19 OWiG | 0 | 25,00 | |

| **TBNR** | **Bemerkungen** |
|---|---|
| 114000 | *) Unterlassene Sicherheitsvorkehrung angeben |
| 114112 | *) Art der Verkehrsstörung angeben |

## Liegenbleiben von Fahrzeugen – § 15 StVO

| TBNR | Tatbestandstext | FaP-Pkt | Euro | FV |
|---|---|---|---|---|
| 115000 | Sie sicherten Ihr liegen gebliebenes mehrspuriges Fahrzeug nicht vorschriftsmäßig ab.<br>§ 15, § 49 StVO; § 24 Abs. 1, 3 Nr. 5 StVG; -- BKat | 0 | 30,00 | |
| 115006 | Sie beleuchteten Ihr liegen gebliebenes mehrspuriges Fahrzeug nicht vorschriftsmäßig.<br>§ 15, § 17 Abs. 4, § 49 StVO; § 24 Abs. 1, 3 Nr. 5 StVG; -- BKat, § 19 OWiG | 0 | 30,00 | |
| 115012 | Sie machten Ihr liegen gebliebenes mehrspuriges Fahrzeug nicht vorschriftsmäßig kenntlich.<br>§ 15, § 49 StVO; § 24 Abs. 1, 3 Nr. 5 StVG; -- BKat | 0 | 30,00 | |
| | Sie sicherten Ihr liegen gebliebenes mehrspuriges Fahrzeug nicht mit den vorgeschriebenen Sicherungsmitteln ab | | | |
| 115600 | – und gefährdeten +) dadurch Andere.<br>§ 15, § 1 Abs. 2, § 49 StVO; § 24 Abs. 1, 3 Nr. 5 StVG; 66 BKat; § 19 OWiG | B – 1 | 60,00 | |
| 115601 | – Es kam zum Unfall | B – 1 | 75,00 | |
| | Sie beleuchteten Ihr liegen gebliebenes mehrspuriges Fahrzeug nicht mit der vorgeschriebenen Lichtquelle | | | |
| 115606 | – und gefährdeten +) dadurch Andere.<br>§ 15, § 17 Abs. 4, § 1 Abs. 2, § 49 StVO; § 24 Abs. 1, 3 Nr. 5 StVG; 66 BKat; § 19 OWiG | B – 1 | 60,00 | |
| 115607 | – Es kam zum Unfall | B – 1 | 75,00 | |

| TBNR | Tatbestandstext | FaP-Pkt | Euro | FV |
|---|---|---|---|---|
| 115100 | Sie verließen beim Abschleppen eines auf der Autobahn liegen gebliebenen Fahrzeugs die Autobahn (Zeichen 330.1) nicht bei der nächsten Ausfahrt.<br>§ 15a Abs. 1, § 49 StVO; § 24 Abs. 1, 3 Nr. 5 StVG; 67 BKat | 0 | 20,00 | |
| 115106 | Sie fuhren beim Abschleppen eines außerhalb der Autobahn liegen gebliebenen Fahrzeugs auf die Autobahn (Zeichen 330.1) ein.<br>§ 15a Abs. 1, 2, § 49 StVO; § 24 Abs. 1, 3 Nr. 5 StVG; 67 BKat | 0 | 20,00 | |
| 115112 | Sie schalteten beim Abschleppen das Warnblinklicht nicht ein.<br>§ 15a Abs. 3, § 49 StVO; § 24 Abs. 1, 3 Nr. 5 StVG; 68 BKat | 0 | 5,00 | |
| 115118 | Sie schleppten mit Ihren Fahrzeug ein Kraftrad ab.<br>§ 15a Abs. 4, § 49 StVO; § 24 Abs. 1, 3 Nr. 5 StVG; 69 BKat | 0 | 10,00 | |

## Warnzeichen – § 16 StVO

| TBNR | Tatbestandstext | FaP-Pkt | Euro | FV |
|---|---|---|---|---|
| 116000 | Sie gaben missbräuchlich Schallzeichen.<br>§ 16 Abs. 1, § 49 StVO; § 24 Abs. 1, 3 Nr. 5 StVG; -- BKat | 0 | 5,00 | |
| 116100 | – und belästigten dadurch Andere. | 0 | 10,00 | |
| 116006 | Sie gaben missbräuchlich Leuchtzeichen.<br>§ 16 Abs. 1, § 49 StVO; § 24 Abs. 1, 3 Nr. 5 StVG; -- BKat | 0 | 5,00 | |
| 116106 | – und belästigten dadurch Andere. | 0 | 10,00 | |
| | Sie schalteten als Führer ... nicht das Warnblinklicht ein, obwohl Sie sich einer Haltestelle näherten, für die die Straßenverkehrsbehörde ein solches Verhalten angeordnet hat.<br>§ 16 Abs. 2, § 49 StVO; § 24 Abs. 1, 3 Nr. 5 StVG; 71 BKat | | | |
| 116112 | ... eines Omnibusses des Linienverkehrs | 0 | 10,00 | |
| 116118 | ... eines gekennzeichneten Schulbusses | 0 | 10,00 | |
| | Sie schalteten als Führer ... nicht das Warnblinklicht ein, obwohl an einer Haltestelle für die die Straßenverkehrsbehörde ein solches Verhalten angeordnet hat, Fahrgäste ein- bzw. ausstiegen.<br>§ 16 Abs. 2, § 49 StVO; § 24 Abs. 1, 3 Nr. 5 StVG; 71 BKat | | | |
| 116124 | ... eines Omnibusses des Linienverkehrs | 0 | 10,00 | |
| 116130 | ... eines gekennzeichneten Schulbusses | 0 | 10,00 | |
| 116136 | Sie schalteten missbräuchlich das Warnblinklicht ein.<br>§ 16 Abs. 2, § 49 StVO; § 24 Abs. 1, 3 Nr. 5 StVG; 72 BKat | 0 | 5,00 | |
| 116142 | Sie gaben Schallzeichen ab, die aus einer Folge verschieden hoher Töne bestanden.<br>§ 16 Abs. 3, § 49 StVO; § 24 Abs. 1, 3 Nr. 5 StVG; 70 BKat | 0 | 10,00 | |

| TBNR | Tatbestandstext | FaP-Pkt | Euro | FV |
|---|---|---|---|---|
| 117100 | Sie unterließen es, die vorgeschriebenen Beleuchtungseinrichtungen zu benutzten, obwohl es die Sichtverhältnisse erforderten.<br>§ 17 Abs. 1, § 49 StVO; § 24 Abs. 1, 3 Nr. 5 StVG; 73 BKat | 0 | 20,00 | |
| 117101 | – und gefährdeten +) dadurch Andere | 0 | 25,00 | |
| 117102 | – Es kam zum Unfall. | 0 | 35,00 | |
| 117106 | Sie benutzten das Fahrzeug, obwohl die Beleuchtungseinrichtungen verdeckt/verschmutzt*) waren.<br>§ 17 Abs. 1, § 49 StVO; § 24 Abs. 1, 3 Nr. 5 StVG; 73 BKat | 0 | 20,00 | |
| 117107 | – Sie gefährdeten +) dadurch Andere. | 0 | 25,00 | |
| 117108 | – Es kam zum Unfall. | 0 | 35,00 | |
| 117112 | Sie blendeten nicht rechtzeitig ab, obwohl Fahrzeuge entgegenkamen.<br>§ 17 Abs. 2, § 49 StVO; § 24 Abs. 1, 3 Nr. 5 StVG; 73 BKat | 0 | 20,00 | |
| 117113 | – und gefährdeten +) dadurch Andere | 0 | 25,00 | |
| 117114 | – Es kam zum Unfall. | 0 | 35,00 | |
| 117118 | Sie blendeten nicht rechtzeitig ab, obwohl ein anderes Fahrzeug mit geringem Abstand vor Ihnen fuhr.<br>§ 17 Abs. 2, § 49 StVO; § 24 Abs. 1, 3 Nr. 5 StVG; 73 BKat | 0 | 20,00 | |
| 117119 | – und gefährdeten +) dadurch Andere | 0 | 25,00 | |
| 117120 | – Es kam zum Unfall. | 0 | 35,00 | |
| 117124 | Sie fuhren nur mit Begrenzungsleuchten (Standlicht), obwohl Sie die vorgeschriebenen Beleuchtungseinrichtungen (Abblendlicht) benutzen mussten.<br>§ 17 Abs. 2, § 49 StVO; § 24 Abs. 1, 3 Nr. 5 StVG; 74 BKat | 0 | 10,00 | |
| 117125 | – und gefährdeten +) dadurch Andere | 0 | 15,00 | |
| 117126 | – Es kam zum Unfall. | 0 | 35,00 | |

| **TBNR** | **Bemerkungen** |
|---|---|
| 117106 bis 117108 | *) Zutreffendes angeben |

## Beleuchtung – § 17 Abs. 2, 2a, 3 StVO

| TBNR | Tatbestandstext | FaP-Pkt | Euro | FV |
|---|---|---|---|---|
| 117130 | Sie fuhren mit Fernlicht, obwohl die Straße mit durchgehender ausreichender Beleuchtung versehen war.<br>§ 17 Abs. 2, § 49 StVO; § 24 Abs. 1, 3 Nr. 5 StVG; 74 BKat | 0 | 10,00 | |
| 117131 | – und gefährdeten +) dadurch Andere | 0 | 15,00 | |
| 117132 | – Es kam zum Unfall. | 0 | 35,00 | |
| 117136 | Sie führten das Kraftrad am Tage ohne eingeschaltetes Abblendlicht oder eingeschaltete Tagfahrleuchten.<br>§ 17 Abs. 2a, § 49 StVO; § 24 Abs. 1, 3 Nr. 5 StVG; 74 BKat | 0 | 10,00 | |
| 117137 | – und gefährdeten +) dadurch Andere | 0 | 15,00 | |
| 117138 | – Es kam zum Unfall. | 0 | 35,00 | |
| 117142 | Sie benutzten missbräuchlich die Nebelscheinwerfer.<br>§ 17 Abs. 3, § 49 StVO, § 24 Abs. 1, 3 Nr. 5 StVG; 73 BKat | 0 | 20,00 | |
| 117143 | – und gefährdeten +) dadurch Andere | 0 | 25,00 | |
| 117144 | – Es kam zum Unfall. | 0 | 35,00 | |
| 117148 | Sie fuhren mit eingeschalteter Nebelschlussleuchte, obwohl keine Sichtbehinderung durch Nebel mit einer Sichtweite von weniger als 50 m gegeben war.<br>§ 17 Abs. 3, § 49 StVO; § 24 Abs. 1, 3 Nr. 5 StVG; 73 BKat | 0 | 20,00 | |
| 117149 | – und gefährdeten +) dadurch Andere | 0 | 25,00 | |
| 117150 | – Es kam zum Unfall. | 0 | 35,00 | |
| 117154 | Sie fuhren am Tage innerhalb einer geschlossenen Ortschaft ohne Abblendlicht, obwohl die Sicht durch Nebel, Schneefall oder Regen erheblich behindert war.<br>§ 17 Abs. 3, § 49 StVO; § 24 Abs. 1, 3 Nr. 5 StVG; 75 BKat | 0 | 25,00 | |
| 117155 | – Es kam zum Unfall | 0 | 35,00 | |

| TBNR | Tatbestandstext | FaP-Pkt | Euro | FV |
|---|---|---|---|---|
| 117600 | Sie fuhren am Tage außerhalb einer geschlossenen Ortschaft ohne Abblendlicht, obwohl die Sicht durch Nebel, Schneefall oder Regen erheblich behindert war.<br>§ 17 Abs. 3, § 49 StVO; § 24 Abs. 1, 3 Nr. 5 StVG; 76 BKat | B – 1 | 60,00 | |
| 117601 | – und gefährdeten +) dadurch Andere | B – 1 | 75,00 | |
| 117602 | – Es kam zum Unfall. | B – 1 | 90,00 | |
| 117160 | Sie stellten außerhalb einer geschlossenen Ortschaft das Fahrzeug unbeleuchtet auf der Fahrbahn ab.<br>§ 17 Abs. 4, § 49 StVO; § 24 Abs. 1, 3 Nr. 5 StVG; 77 BKat | 0 | 20,00 | |
| 117161 | – Es kam zum Unfall. | 0 | 35,00 | |
| 117166 | Sie hielten mit Ihrem Fahrzeug (mehr als 3,5 t zulässige Gesamtmasse/Anhänger *) auf der Fahrbahn, ohne es/ihn**) durch eigene Lichtquellen zu beleuchten.<br>§ 17 Abs. 4, § 49 StVO; § 24 Abs. 1, 3 Nr. 5 StVG; 77 BKat | 0 | 20,00 | |
| 117167 | – Es kam zum Unfall. | 0 | 35,00 | |
| 117172 | Sie hielten mit Ihrem Fahrzeug an der Stelle, die von der Straßenbeleuchtung nicht ausreichend beleuchtet wurde, ohne das Fahrzeug auf zugelassene Weise kenntlich zu machen.<br>§ 17 Abs. 4, § 49 StVO; § 24 Abs. 1, 3 Nr. 5 StVG; 77 BKat | 0 | 20,00 | |
| 117173 | – Es kam zum Unfall. | 0 | 35,00 | |
| 117178 | Sie ließen Ihr Fahrzeug unbeleuchtet auf der Fahrbahn stehen.<br>§ 17 Abs. 4, § 49 StVO; § 24 Abs. 1, 3 Nr. 5 StVG; 77 BKat | 0 | 20,00 | |
| 117179 | – Es kam zum Unfall. | 0 | 35,00 | |
| 117184 | Sie benutzten missbräuchlich den Suchscheinwerfer.<br>§ 17 Abs. 6, § 49 StVO; § 24 Abs. 1, 3 Nr. 5 StVG; 73 BKat | 0 | 20,00 | |
| 117185 | – und gefährdeten +) dadurch Andere. | 0 | 25,00 | |
| 117186 | – Es kam zum Unfall. | 0 | 35,00 | |

| **TBNR** | **Bemerkungen** |
|---|---|
| 117166 bis 117167 | *) Zutreffendes angeben  **) Zutreffendes angeben |

## Autobahnen und Kraftfahrstraßen – § 18 Abs. 1 StVO

| TBNR | Tatbestandstext | FaP-Pkt | Euro | FV |
|---|---|---|---|---|
| 118100 | Sie benutzten die Autobahn/Kraftfahrstraße *) mit einem nichtmotorisierten Fahrzeug. § 18 Abs. 1, § 49 StVO; § 24 Abs. 1, 3 Nr. 5 StVG; 78 BKat; § 2 Abs. 4 BKatV | 0 | 10,00 | |
| 118106 | Sie benutzten die Autobahn, obwohl die durch die Bauart bestimmte Höchstgeschwindigkeit des von Ihnen geführten Fahrzeugs/mitgeführten Anhängers *) 60 km/h oder weniger betrug. § 18 Abs. 1, § 49 StVO; § 24 Abs. 1, 3 Nr. 5 StVG; 78 BKat | 0 | 20,00 | |
| | Sie benutzten die Autobahn, obwohl Ihr Fahrzeug mit Ladung die zulässige Höhe von 4 Meter überschritt, | | | |
| 118112 | – jedoch nicht höher als 4,20 m war. Gemessene Höhe*) ..,.. m. § 18 Abs. 1, § 49 StVO; § 24 Abs. 1, 3 Nr. 5 StVG; 78 BKat | 0 | 20,00 | |
| 118600 | – und höher als 4,20 Meter war. Gemessene Höhe:*) ..,.. m. § 18 Abs. 1, § 49 StVO; § 24 Abs. 1, 3 Nr. 5 StVG; 79 BKat | B – 1 | 70,00 | |
| 118118 | Sie benutzten die Autobahn, obwohl Ihr Fahrzeug mit Ladung die zulässige Breite von*) ..,.. m überschritt. Gemessene Breite:**) ..;.. m. § 18 Abs. 1, § 49 StVO; § 24 Abs. 1, 3 Nr. 5 StVG; 78 BKat | 0 | 20,00 | |
| 118124 | Sie benutzten die Kraftfahrstraße, obwohl die durch die Bauart bestimmte Höchstgeschwindigkeit des von Ihnen geführten Fahrzeugs/mitgeführten Anhängers *) 60 km/h oder weniger betrug. § 18 Abs. 1, § 49 StVO; § 24 Abs. 1, 3 Nr. 5 StVG; 78 BKat | 0 | 20,00 | |

| TBNR | Bemerkungen |
|---|---|
| 118100; 118106; 118124 | *) Zutreffendes angeben |
| 118112; 118600 | *) gemessene Höhe angeben |
| 118118 | *) zulässige Breite angeben **) gemessene Breite angeben |

| TBNR | Tatbestandstext | FaP-Pkt | Euro | FV |
|---|---|---|---|---|
| | Sie benutzten die Kraftfahrstraße, obwohl Ihr Fahrzeug mit der Ladung die zulässige Höhe von 4 Meter überschritt, | | | |
| 118130 | – jedoch nicht höher als 4,20 m war.<br>Gemessene Höhe *) ..,.. m.<br>§ 18 Abs. 1, § 49 StVO; § 24 Abs. 1, 3 Nr. 5 StVG; 78 BKat | 0 | 20,00 | |
| 118606 | – und höher als 4,20 Meter war.<br>Gemessene Höhe *) ..,.. m.<br>§ 18 Abs. 1, § 49 StVO; § 24 Abs. 1, 3 Nr. 5 StVG; 79 BKat | B – 1 | 70,00 | |
| 118136 | Sie benutzten die Kraftfahrstraße, obwohl Ihr Fahrzeug mit Ladung die zulässige Breite von *) ..,.. m überschritt.<br>Gemessene Breite: **) ..;.. m.<br>§ 18 Abs. 1, § 49 StVO; § 24 Abs. 1, 3 Nr. 5 StVG; 78 BKat | 0 | 20,00 | |
| 118500 | Sie benutzten die Autobahn, obwohl das von Ihnen geführte Fahrzeug mit Ladung höher als 4 Meter (gemessene Höhe: *)..,.. m) war, und verursachten durch Auslösung der automatischen Höhenkontrolle an der Einfahrt eines Tunnels eine Vollsperrung Ihrer Fahrtrichtung/ des von Ihnen benutzten Fahrstreifens **).<br>§ 18 Abs. 1, § 49 StVO; § 24 Abs. 1, 3 Nr. 5 StVG; – BKat | 0 | 240,00 | |
| 118506 | Sie führten das Fahrzeug auf der Autobahn, obwohl die zulässige Höhe über alles von 4 Meter (gemessene Höhe: *)..,.. m) überschritten war, und verursachten durch Auslösung der automatischen Höhenkontrolle an der Einfahrt eines Tunnels eine Vollsperrung Ihrer Fahrtrichtung/ des von Ihnen benutzten Fahrstreifens **).<br>§ 18 Abs. 1, § 49 StVO; § § 24 Abs. 1, 3 Nr. 5 StVG; – BKat | 0 | 240,00 | |

| **TBNR** | **Bemerkungen** |
|---|---|
| 118130; 118606 | *) gemessene Höhe angeben |
| 118136 | *) zulässige Breite angeben<br>**) gemessene Breite angeben |
| 118500; 118506 | *) gemessene Höhe angeben<br>**)Zutreffendes angeben |

| TBNR | Tatbestandstext | FaP-Pkt | Euro | FV |
|---|---|---|---|---|
| 118512 | Sie führten das Fahrzeug, dessen Ladung/ Plane *) nicht so befestigt war, dass es zu jeder Zeit nicht höher als 4 Meter war, und verursachten durch Auslösung der automatischen Höhenkontrolle an der Einfahrt eines Tunnels eine Vollsperrung Ihrer Fahrtrichtung/ des von Ihnen benutzten Fahrstreifens **).<br>§ 18 Abs. 1, § 22 Abs. 1, 2, § 49 StVO; § 24 Abs. 1, 3 Nr. 5 StVG; – BKat; § 19 OWiG | 0 | 160,00 | |
| 118142 | Sie fuhren außerhalb einer gekennzeichneten Anschlussstelle auf die Autobahn ein.<br>§ 18 Abs. 2, § 49 StVO; § 24 Abs. 1, 3 Nr. 5 StVG; 80 BKat | 0 | 25,00 | |
| 118612 | – und gefährdeten +) dadurch Andere. | A – 1 | 75,00 | |
| 118613 | – Es kam zum Unfall. | A – 1 | 90,00 | |
| 118148 | Sie fuhren außerhalb einer Kreuzung/Einmündung *) auf die Kraftfahrstraße ein.<br>§ 18 Abs. 2, § 49 StVO; § 24 Abs. 1, 3 Nr. 5 StVG; 80 BKat | 0 | 25,00 | |
| 118618 | – und gefährdeten +) dadurch Andere. | A – 1 | 75,00 | |
| 118619 | – Es kam zum Unfall. | A – 1 | 90,00 | |
| 118624 | Sie fuhren auf die Fahrbahn ein, ohne die Vorfahrt des auf der durchgehenden Fahrbahn fahrenden Kraftfahrzeuges zu beachten.<br>§ 18 Abs. 3, § 49 StVO; § 24 Abs. 1, 3 Nr. 5 StVG; 82 BKat | A – 1 | 75,00 | |
| 118625 | – und gefährdeten +) dadurch Andere. | A – 1 | 90,00 | |
| 118626 | – Es kam zum Unfall. | A – 1 | 110,00 | |
| 718100<br>Pseudo-kennzahl | Sie überschritten die zulässige Höchstgeschwindigkeit außerhalb geschlossener Ortschaft um ... km/h.<br>Zulässige Geschwindigkeit:*)... km/h<br>Festgestellte Geschwindigkeit (nach Toleranzabzug): **) ... km/h<br>§ 18 Abs. 5, § 49 StVO; § 24 Abs. 1, 3 Nr. 5, § 25 StVG; – BKat, § 4 Abs. 1 BKatV | siehe Tabelle T1-T15 | | |

| TBNR | Bemerkungen |
|---|---|
| 118512 | *) Zutreffendes angeben **) Zutreffendes angeben |
| 118148, 118618, 118619 | *) Zutreffendes angeben |
| 718100 | *) Zulässige Geschwindigkeit angeben, |
| 718100 | **) Festgestellte Geschwindigkeit angeben |

| TBNR | Tatbestandstext | FaP-Pkt | Euro | FV |
|---|---|---|---|---|
| 118630 [118642] | Sie überschritten die zulässige Höchstgeschwindigkeit außerhalb geschlossener Ortschaften für mehr als 5 Minuten Dauer (bis 15 km/h) bis zu ... km/h. Zulässige eschwindigkeit: *) ... km/h (LKW usw.) § 18 Abs. 5, § 49 StVO; § 24 Abs. 1, 3 Nr. 5 StVG; 11.1.3 BKat [11.2.3 BKat] | A – 1 | 140,00 [240,00] | |
| 118631 [118643] | Sie überschritten die zulässige Höchstgeschwindigkeit außerhalb geschlossener Ortschaften in mehr als 2 Fällen nach Fahrantritt (bis 15 km/h) bis zu ... km/h. Zulässige Geschwindigkeit: *) ... km/h (LKW usw.) § 18 Abs. 5, § 49 StVO; § 24 Abs. 1, 3 Nr. 5 StVG; 11.1.3 BKat [11.2.3 BKat] | A – 1 | 140,00 [240,00] | |
| 118666 | Sie wendeten in der Einfahrt /Ausfahrt *) der Autobahn/Kraftfahrstraße. **). § 18 Abs. 7, § 49 StVO; § 24 Abs. 1, 3 Nr. 5 StVG; 83.1 BKat | A – 1 | 75,00 | |
| 118667 | – und gefährdeten +) dadurch Andere. | A – 1 | 90,00 | |
| 118668 | – Es kam zum Unfall. | A – 1 | 110,00 | |
| 118672 | Sie fuhren in der Einfahrt/Ausfahrt *) der Autobahn/Kraftfahrstraße **) rückwärts. § 18 Abs. 7, § 49 StVO; § 24 Abs. 1, 3 Nr. 5 StVG; 83.1 BKat | A – 1 | 75,00 | |
| 118673 | – und gefährdeten +) dadurch Andere. | A – 1 | 90,00 | |
| 118674 | – Es kam zum Unfall. | A – 1 | 110,00 | |
| 118678 | Sie wendeten auf der Nebenfahrbahn/dem Seitenstreifen *) der Autobahn/Kraftfahrstraße **). § 18 Abs. 7, § 49 StVO; § 24 Abs. 1, 3 Nr. 5 StVG; 83.2 BKat | A – 1 | 130,00 | |
| 118679 | – und gefährdeten +) dadurch Andere. | A – 1 | 160,00 | |
| 118680 | – Es kam zum Unfall. | A – 1 | 195,00 | |

| TBNR | Bemerkungen |
|---|---|
| 118630 bis 118643 | *) Zulässige Geschwindigkeit angeben |
| 118666 bis 118668 | *) Zutreffendes angeben<br>**) Zutreffendes angeben |
| 118672 bis 118680 | *) Zutreffendes angeben<br>**) Zutreffendes angeben |

## Autobahnen und Kraftfahrstraßen – § 18 Abs. 7, 8, StVO

| TBNR | Tatbestandstext | FaP-Pkt | Euro | FV |
|---|---|---|---|---|
| 118684 | Sie fuhren auf der Nebenfahrbahn/dem Seitenstreifen *) der Autobahn/Kraftfahrstraße **) rückwärts.<br>§ 18 Abs. 7, § 49 StVO; § 24 Abs. 1, 3 Nr. 5 StVG; 83.2 BKat | A – 1 | 130,00 | |
| 118685 | – und gefährdeten +) dadurch Andere. | A – 1 | 160,00 | |
| 118686 | – Es kam zum Unfall. | A – 1 | 195,00 | |
| 118690 | Sie wendeten auf der durchgehenden Fahrbahn der Autobahn/Kraftfahrstraße *).<br>§ 18 Abs. 7, § 49 StVO; § 24 Abs. 1, 3 Nr. 5 StVG, § 25 StVG; 83.3 BKat; § 4 Abs. 1 BKatV | A – 2 | 200,00 | 1 M |
| 118691 | – und gefährdeten +) dadurch Andere. | A – 2 | 240,00 | 1 M |
| 118692 | – Es kam zum Unfall. | A – 2 | 290,00 | 1 M |
| 118696 | Sie fuhren auf der durchgehenden Fahrbahn der Autobahn/Kraftfahrstraße *) rückwärts.<br>§ 18 Abs. 7, § 49 StVO; § 24 Abs. 1, 3 Nr. 5 StVG, § 25 StVG; 83.3 BKat; § 4 Abs. 1 BKatV | A – 2 | 200,00 | 1 M |
| 118697 | – und gefährdeten +) dadurch Andere. | A – 2 | 240,00 | 1 M |
| 118698 | – Es kam zum Unfall. | A – 2 | 290,00 | 1 M |
| 118178 | Sie hielten auf der Autobahn/Kraftfahrstraße *).<br>§ 18 Abs. 8, § 49 StVO; § 24 Abs. 1, 3 Nr. 5 StVG; 84 BKat | 0 | 30,00 | |
| 118012 | – und behinderten +) dadurch Andere. | 0 | 35,00 | |
| 118704 | Sie parkten auf einer Autobahn/Kraftfahrstraße *).<br>§ 18 Abs. 8, § 49 StVO; § 24 Abs. 1, 3 Nr. 5 StVG; 85 BKat | B – 1 | 70,00 | |
| 118705 | – und gefährdeten +) dadurch Andere. | B – 1 | 85,00 | |
| 118706 | – Es kam zum Unfall. | B – 1 | 105,00 | |

| **TBNR** | **Bemerkungen** |
|---|---|
| 118684 bis 118686 | *) Zutreffendes angeben<br>**) Zutreffendes angeben |
| 118690 bis 118706 | *) Zutreffendes angeben |

| TBNR | Tatbestandstext | FaP-Pkt | Euro | FV |
|---|---|---|---|---|
| 118184 | Sie betraten/überschritten *) als Fußgänger die Autobahn.<br>§ 18 Abs. 9, § 49 StVO; § 24 Abs. 1, 3 Nr. 5 StVG; 86 BKat | 0 | 10,00 | |
| 118190 | Sie betraten/überschritten *) als Fußgänger die Kraftfahrstraße an einer nicht dafür vorgesehenen Stelle.<br>§ 18 Abs. 9, § 49 StVO; § 24 Abs. 1, 3 Nr. 5 StVG; 86 BKat | 0 | 10,00 | |
| 118196 | Sie verließen die Autobahn an der Stelle, die nicht durch eine Ausfahrttafel (Zeichen 332) und durch ein Pfeilschild (Zeichen 333) oder eines dieser Zeichen gekennzeichnet war.<br>§ 18 Abs. 10, § 49 StVO; § 24 Abs. 1, 3 Nr. 5 StVG; 87 BKat | 0 | 25,00 | |
| 118202 | Sie verließen die Kraftfahrstraße, obwohl die Ausfahrt nur an Kreuzungen oder Einmündungen erlaubt ist.<br>§ 18 Abs. 10, § 49 StVO; § 24 Abs. 1, 3 Nr. 5 StVG; 87 BKat | 0 | 25,00 | |
| 118712 | Sie benutzten mit einem Lastkraftwagen mit einer Gesamtmasse über 7,5 t, einschließlich Anhänger/einer Zugmaschine *) den äußerst linken Fahrstreifen bei Schneeglätte oder Glatteis/den äußerst linken Fahrstreifen, obwohl die Sichtweite bei erheblichem Schneefall oder Regen auf 50 m oder weniger eingeschränkt war **).<br>§ 18 Abs. 11, § 49 StVO; § 24 Abs. 1, 3 Nr. 5 StVG; 87a BKat | B – 1 | 80,00 | |

| TBNR | Bemerkungen |
|---|---|
| 118184 bis 118190 | *) Zutreffendes angeben |
| 118712 | *) Zutreffendes angeben<br>**) Zutreffendes angeben |

## Bahnübergänge – § 19 StVO

| TBNR | Tatbestandstext | FaP-Pkt | Euro | FV |
|---|---|---|---|---|
| 119600 | Sie fuhren mit nicht angepasster Geschwindigkeit an einen Bahnübergang heran.<br>§ 19 Abs. 1, § 49 StVO; § 24 Abs. 1, 3 Nr. 5 StVG; 8.1 BKat | A – 1 | 100,00 | |
| 119606 | Sie missachteten mit einem Fahrzeug den Vorrang eines Schienenfahrzeuges.<br>§ 19 Abs. 1, § 49 StVO; § 24 Abs. 1, 3 Nr. 5 StVG; 89 BKat | A – 1 | 80,00 | |
| 119607 | – und gefährdeten +) dadurch Andere. | A – 1 | 100,00 | |
| 119608 | – Es kam zum Unfall. | A – 1 | 120,00 | |
| 119612 | Sie überholten unzulässig ein Kraftfahrzeug an einem Bahnübergang.<br>§ 19 Abs. 1, § 49 StVO; § 24 Abs. 1, 3 Nr. 5 StVG; 89a BKat | A – 1 | 70,00 | |
| 119613 | – und gefährdeten +) dadurch Andere. | A – 1 | 85,00 | |
| 119614 | – Es kam zum Unfall. | A – 1 | 105,00 | |
| 119618 | Sie überquerten mit einem Fahrzeug den Bahnübergang unter Verstoß gegen die Wartepflicht, obwohl sich ein Schienenfahrzeug näherte.<br>§ 19 Abs. 2, § 49 StVO; § 24 Abs. 1, 3 Nr. 5 StVG; 89b.1BKat | A – 1 | 80,00 | |
| 119619 | - und gefährdeten +) dadurch Andere. | A – 1 | 100,00 | |
| 119620 | - Es kam zum Unfall. | A – 1 | 120,00 | |

| TBNR | Tatbestandstext | FaP-Pkt | Euro | FV |
|---|---|---|---|---|
| 119624 | Sie überquerten mit einem Fahrzeug den Bahnübergang unter Verstoß gegen die Wartepflicht, obwohl rotes Blinklicht gegeben wurde oder gelbe Lichtzeichen gegeben wurden oder rote Lichtzeichen gegeben wurden.<br>§ 19 Abs. 2, § 49 StVO; § 24 Abs. 1, 3 Nr. 5 StVG, § 25 StVG; 89b.2 BKat; § 4 Abs. 1 BKatV | A – 2 | 240,00 | 1M |
| 119625 | – und gefährdeten +) dadurch Andere. | A – 2 | 290,00 | 1M |
| 119626 | – Es kam zum Unfall. | A – 2 | 350,00 | 1M |
| 119627 | Sie überquerten mit einem Fahrzeug den Bahnübergang unter Verstoß gegen die Wartepflicht, obwohl die Schranken sich senkten oder ein Bahnbediensteter „Halt“ gebot oder ein hörbares Signal, wie das Pfeifsignal des herannahenden Zuges, ertönte.<br>§ 19 Abs. 2, § 49 StVO; § 24 Abs. 1, 3 Nr. 5 StVG, § 25 StVG; 89b.2 BKat; § 4 Abs. 1 BKatV | A – 2 | 240,00 | 1M |
| 119628 | – und gefährdeten +) dadurch Andere. | A – 2 | 290,00 | 1M |
| 119629 | – Es kam zum Unfall. | A – 2 | 350,00 | 1M |
| 119630 | Sie überquerten mit einem Kraftfahrzeug den Bahnübergang trotz geschlossener Schranke/Halbschranke *).<br>§ 19 Abs. 2, § 49 StVO; § 24 Abs. 1, 3 Nr. 5 StVG, § 25 StVG; 244 BKat; § 4 Abs. 1 BKatV | A – 2 | 700,00 | 3M |
| 119636 | Sie überquerten als nichtmotorisierter Verkehrsteilnehmer *) den Bahnübergang trotz geschlossener Schranke/Halbschranke **).<br>§ 19 Abs. 2, § 49 StVO; § 24 Abs. 1, 3 Nr. 5 StVG; 245 BKat | A – 1 | 350,00 | |
| 119100 | Sie verletzten vor einem Bahnübergang eine Wartepflicht.<br>§ 19 Abs. 2, 3, 4, 5, § 49 StVO, § 24 Abs. 1, 3 Nr. 5 StVG; 90 BKat | 0 | 10,00 | |

| **TBNR** | **Bemerkungen** |
|---|---|
| 119630 | *) Zutreffendes angeben |
| 119636 | *) Verkehrsteilnehmer angeben<br>**) Zutreffendes angeben |

## Öffentliche Verkehrsmittel und Busse – § 20 Abs. 2 StVO

| TBNR | Tatbestandstext | FaP-Pkt | Euro | FV |
|---|---|---|---|---|
| 120100 | Sie fuhren bei an einer Haltestelle haltendem Omnibus des Linienverkehrs/haltender Straßenbahn/haltendem gekennzeichneten Schulbus*) mit ein- oder aussteigenden Fahrgästen rechts nicht mit Schrittgeschwindigkeitkeit vorbei.<br>§ 20 Abs. 2, § 49 StVO; § 24 Abs. 1, 3 Nr. 5 StVG; 91 BKat | 0 | 15,00 | |
| 120600 | – und behinderten +) dadurch Fahrgäste. | A – 1 | 60,00 | |
| 120601 | – und gefährdeten +) dadurch Fahrgäste.<br>§ 20 Abs. 2, § 1 Abs. 2, § 49 StVO;<br>§ 24 Abs. 1, 3 Nr. 5 StVG; 92.2 BKat; § 19 OWiG | A – 1 | 70,00 | |
| | Sie fuhren bei an einer Haltestelle haltendem Omnibus des Linienverkehrs/haltender Straßenbahn/haltendem gekennzeichneten Schulbus*) mit ein- oder aussteigenden Fahrgästen rechts nicht mit ausreichendem Abstand vorbei | | | |
| 120606 | – und behinderten +) dadurch Fahrgäste.<br>§ 20 Abs. 2, § 49 StVO; § 24 Abs. 1, 3 Nr. 5 StVG;<br>92.1 BKat | A – 1 | 60,00 | |
| 120607 | – und gefährdeten +) dadurch Fahrgäste.<br>§ 20 Abs. 2, § 1 Abs. 2, § 49 StVO;<br>§ 24 Abs. 1, 3 Nr. 5 StVG; 92.2 BKat; § 19 OWiG | A – 1 | 70,00 | |
| | Sie fuhren bei an einer Haltestelle haltendem Omnibus des Linienverkehrs/haltender Straßenbahn/haltendem gekennzeichneten Schulbus *) mit ein- oder aussteigenden Fahrgästen rechts vorbei, obwohl Sie hätten warten müssen | | | |
| 120612 | – und behinderten +) dadurch Fahrgäste.<br>§ 20 Abs. 2, § 49 StVO; § 24 Abs. 1, 3 Nr. 5 StVG;<br>92.1 BKat | A – 1 | 60,00 | |
| 120613 | – und gefährdeten +) dadurch Fahrgäste.<br>§ 20 Abs. 2, § 1 Abs. 2, § 49 StVO;<br>§ 24 Abs. 1, 3 Nr. 5 StVG; 92.2 BKat; § 19 OWiG | A – 1 | 70,00 | |

| **TBNR** | **Bemerkungen** |
|---|---|
| 120100 bis 120613 | *) zutreffende Fahrzeugart angeben |

| TBNR | Tatbestandstext | FaP-Pkt | Euro | FV |
|---|---|---|---|---|
| 720100 Pseudokennzahl | Sie überschritten die zul. Schrittgeschwindigkeit innerhalb geschlossener Ortschaften um ... km/h bei der Vorbeifahrt rechts bei an einer Haltestelle haltendem/haltender *) Linienbus/ Straßenbahn/gekennzeichneten Schulbus **). Zulässige Geschwindigkeit: ***)... km/h Festgestellte Geschwindigkeit (nach Toleranzabzug): ****) ... km/h<br>§ 20 Abs. 2, § 49 StVO; § 24 Abs. 1, 3 Nr. 5, § 25 StVG; ... BKat; § 4 Abs. 1 BKatV | siehe Tabelle T1-T15 | | |
| 720101 Pseudokennzahl | Sie überschritten die zul. Schrittgeschwindigkeit außerhalb geschlossener Ortschaften um ... km/h bei der Vorbeifahrt rechts bei an einer Haltestelle haltendem/haltender *) Linienbus/ Straßenbahn/gekennzeichneten Schulbus **). Zulässige Geschwindigkeit: ***)... km/h Festgestellte Geschwindigkeit (nach Toleranzabzug): ****) ... km/h<br>§ 20 Abs. 2, § 49 StVO; § 24 Abs. 1, 3 Nr. 5, § 25 StVG; ... BKat; § 4 Abs. 1 BKatV | siehe Tabelle T1-T15 | | |
| 120690 | Sie überholten einen Omnibus des Linienverkehrs/gekennzeichneten Schulbus *) mit eingeschaltetem Warnblinklicht bei Annäherung an eine Haltestelle.<br>§ 20 Abs. 3, § 49 StVO; § 24 Abs. 1, 3 Nr. 5 StVG; 93 BKat | A – 1 | 60,00 | |
| 120142 | Sie fuhren bei an einer Haltestelle haltendem Omnibus des Linienverkehrs/gekennzeichnetem Schulbus *) mit eingeschaltetem Warnblinklicht nicht mit Schrittgeschwindigkeit vorbei.<br>§ 20 Abs. 4, § 49 StVO; § 24 Abs. 1, 3 Nr. 5 StVG; 94 BKat | 0 | 15,00 | |
| 120696 | – und behinderten +) dadurch Fahrgäste. | A – 1 | 60,00 | |
| 120702 | – und gefährdeten +) dadurch Fahrgäste.<br>§ 20 Abs. 4, § 1 Abs. 2, § 49 StVO; § 24 Abs. 1, 3 Nr. 5 StVG; 95.2 BKat; § 19 OWiG | A – 1 | 70,00 | |

| TBNR | Bemerkungen |
|---|---|
| 720100; 720101 | *) Zutreffendes angeben **) zutreffende Fahrzeugart angeben<br>***) Zulässige Geschwindigkeit angeben<br>****) Festgestellte Geschwindigkeit angeben |
| 120690 bis 120702 | *) zutreffende Fahrzeugart angeben |

## Öffentliche Verkehrsmittel und Schulbusse – § 20 Abs. 4 StVO

| TBNR | Tatbestandstext | FaP-Pkt | Euro | FV |
|---|---|---|---|---|
| 120148 | Sie fuhren im Gegenverkehr auf derselben Fahrbahn bei an einer Haltestelle haltendem Omnibus des Linienverkehrs/gekennzeichneten Schulbus *) mit eingeschaltetem Warnblinklicht schneller als mit Schrittgeschwindigkeit vorbei.<br>§ 20 Abs. 4, § 49 StVO; § 24 Abs. 1, 3 Nr. 5 StVG; 94 BKat | 0 | 15,00 | |
| 120708 | – und behinderten +) dadurch Fahrgäste. | A – 1 | 60,00 | |
| 120714 | – und gefährdeten +) dadurch Fahrgäste.<br>§ 20 Abs. 4, § 1 Abs. 2, § 49 StVO;<br>§ 24 Abs. 1, 3 Nr. 5 StVG; 95.2 BKat; § 19 OWiG | A – 1 | 70,00 | |
| | Sie fuhren bei an einer Haltestelle haltendem Omnibus des Linienverkehrs/gekennzeichneten Schulbus *) mit eingeschaltetem Warnblinklicht nicht mit ausreichendem Abstand vorbei | | | |
| 120720 | – und behinderten +) dadurch Fahrgäste.<br>§ 20 Abs. 4, § 49 StVO; § 24 Abs. 1, 3 Nr. 5 StVG;<br>95.1 BKat | A – 1 | 60,00 | |
| 120726 | – und gefährdeten +) dadurch Fahrgäste.<br>§ 20 Abs. 4, § 1 Abs. 2, § 49 StVO;<br>§ 24 Abs. 1, 3 Nr. 5 StVG; 95.2 BKat; § 19 OWiG | A – 1 | 70,00 | |
| | Sie fuhren im Gegenverkehr auf derselben Fahrbahn bei an einer Haltestelle haltendem Omnibus des Linienverkehrs/gekennzeichneten Schulbus *), der Warnblinklicht eingeschaltet hatte, nicht mit ausreichendem Abstand vorbei | | | |
| 120732 | – und behinderten +) dadurch Fahrgäste.<br>§ 20 Abs. 4, § 49 StVO; § 24 Abs. 1, 3 Nr. 5 StVG;<br>95.1 BKat | A – 1 | 60,00 | |
| 120738 | – und gefährdeten +) dadurch Fahrgäste.<br>§ 20 Abs. 4, § 1 Abs. 2, § 49 StVO;<br>§ 24 Abs. 1, 3 Nr. 5 StVG; 95.2 BKat; § 19 OWiG | A – 1 | 70,00 | |

| **TBNR** | **Bemerkungen** |
|---|---|
| 120148 bis 120738 | *) zutreffende Fahrzeugart angeben |

| TBNR | Tatbestandstext | FaP-Pkt | Euro | FV |
|---|---|---|---|---|
| | Sie fuhren bei an einer Haltestelle haltendem Omnibus des Linienverkehrs/gekennzeichneten Schulbus *) mit eingeschaltetem Warnblinklicht, obwohl Sie hätten warten müssen, vorbei | | | |
| 120744 | – und behinderten +) dadurch Fahrgäste.<br>§ 20 Abs. 4, § 49 StVO; § 24 Abs. 1, 3 Nr. 5 StVG; 95.1 BKat | A – 1 | 60,00 | |
| 120750 | – und gefährdeten +) dadurch Fahrgäste.<br>§ 20 Abs. 4, § 1 Abs. 2, § 49 StVO; § 24 Abs. 1, 3 Nr. 5 StVG; 95.2 BKat; § 19 OWiG | A – 1 | 70,00 | |
| | Sie fuhren im Gegenverkehr auf derselben Fahrbahn bei an einer Haltestelle haltendem Omnibus des Linienverkehrs/gekennzeichnetem Schulbus *) mit eingeschaltetem Warnblinklicht vorbei, obwohl Sie hätten warten müssen | | | |
| 120756 | – und behinderten +) dadurch Fahrgäste.<br>§ 20 Abs. 4, § 49 StVO; § 24 Abs. 1, 3 Nr. 5 StVG; 95.1 BKat | A – 1 | 60,00 | |
| 120762 | – und gefährdeten +) dadurch Fahrgäste.<br>§ 20 Abs. 4, § 1 Abs. 2, § 49 StVO; § 24 Abs. 1, 3 Nr. 5 StVG; 95.2 BKat; § 19 OWiG | A – 1 | 70,00 | |
| 720110 Pseudo-kennzahl | Sie überschritten die zulässige Schrittgeschwindigkeit innerhalb geschlossener Ortschaften um ... km/h bei an einer Haltestelle haltendem Linienbus/gekennzeichneten Schulbus*) mit eingeschaltetem Warnblinklicht.<br>Zulässige Geschwindigkeit: **)... km/h<br>Festgestellte Geschwindigkeit (nach Toleranzabzug): ***) ... km/h<br>§ 20 Abs. 4, § 49 StVO; § 24 Abs. 1, 3 Nr. 5, § 25 StVG; ... BKat; § 4 Abs. 1 BKatV | siehe Tabelle T1-T15 | | |

| **TBNR** | **Bemerkungen** | |
|---|---|---|
| 120744 bis 120762 | *) | Zutreffende Fahrzeugart angeben |
| 720110 | *) | Zutreffende Fahrzeugart angeben |
| | **) | Zulässige Geschwindigkeit angeben |
| | ***) | Festgestellte Geschwindigkeit angeben |

## Öffentliche Verkehrsmittel und Schulbusse – § 20 Abs. 4, 5 StVO

| TBNR | Tatbestandstext | FaP-Pkt | Euro | FV |
|---|---|---|---|---|
| 720111 Pseudo-kennzahl | Sie überschritten die zulässige Schrittgeschwindigkeit außerhalb geschlossener Ortschaften um ... km/h bei an einer Haltestelle haltendem Linienbus/gekennzeichneten Schulbus *) mit eingeschaltetem Warnblinklicht.<br>Zulässige Geschwindigkeit: **)... km/h<br>Festgestellte Geschwindigkeit (nach Toleranzabzug): ***) ... km/h<br>§ 20 Abs. 4, § 49 StVO; § 24 Abs. 1, 3 Nr. 5, § 25 StVG; ... BKat; § 4 Abs. 1 BKatV | siehe Tabelle T1-T15 | | |
| 120190 | Sie ermöglichten einem Omnibus des Linienverkehrs nicht das Abfahren von einer gekennzeichneten Haltestelle.<br>§ 20 Abs. 5, § 49 StVO; § 24 Abs. 1, 3 Nr. 5 StVG; 96 BKat | 0 | 5,00 | |
| 120191 | – und gefährdeten +) dadurch Andere. | 0 | 20,00 | |
| 120192 | – Es kam zum Unfall. | 0 | 30,00 | |
| 120196 | Sie ermöglichten einem Schulbus nicht das Abfahren von einer gekennzeichneten Haltestelle.<br>§ 20 Abs. 5, § 49 StVO; § 24 Abs. 1, 3 Nr. 5 StVG; 96 BKat | 0 | 5,00 | |
| 120197 | – und gefährdeten +) dadurch Andere. | 0 | 20,00 | |
| 120198 | – Es kam zum Unfall. | 0 | 30,00 | |

| **TBNR** | **Bemerkungen** |
|---|---|
| 720111 | *) Zutreffende Fahrzeugart angeben |
| | **) Zulässige Geschwindigkeit angeben |
| | ***) Festgestellte Geschwindigkeit angeben |

| TBNR | Tatbestandstext | FaP-Pkt | Euro | FV |
|---|---|---|---|---|
| 121100 | Sie beförderten auf dem Kraftrad ohne besonderen Sitz eine Person.<br>§ 21 Abs. 1, § 49 StVO; § 24 Abs. 1, 3 Nr. 5 StVG; 97 BKat | 0 | 5,00 | |
| 121101 | Sie beförderten in einem Kraftfahrzeug mehr Personen, als mit Sicherheitsgurten ausgerüstete Sitzplätze vorhanden waren.<br>§ 21 Abs. 1, § 49 StVO; § 24 Abs. 1, 3 Nr. 5 StVG; 97 BKat | 0 | 5,00 | |
| 121102 | Sie beförderten in einem Kraftfahrzeug für das Sicherheitsgurte nicht für alle Sitzplätze vorgeschrieben sind, mehr Personen als Sitzplätze vorhanden waren.<br>§ 21 Abs. 1, § 49 StVO; § 24 Abs. 1, 3 Nr. 5 StVG; 97 BKat | 0 | 5,00 | |
| 121106 | Sie beförderten auf der Zugmaschine ohne geeignete Sitzgelegenheit Personen.<br>§ 21 Abs. 1, § 49 StVO; § 24 Abs. 1, 3 Nr. 5 StVG; 97 BKat | 0 | 5,00 | |
| 121112 | Sie beförderten in einem Wohnwagen hinter dem Kraftfahrzeug Personen.<br>§ 21 Abs. 1, § 49 StVO; § 24 Abs. 1, 3 Nr. 5 StVG; 97 BKat | 0 | 5,00 | |
| 121118 | Sie nahmen in einem Kraftfahrzeug ein Kind mit, ohne für die vorschriftsmäßige Sicherung zu sorgen.<br>§ 21 Abs. 1a, § 21a Abs. 1, § 49 StVO;<br>§ 24 Abs. 1, 3 Nr. 5 StVG; 98.1 BKat | 0 | 30,00 | |
| 121124 | Sie nahmen in einem Kraftfahrzeug mehrere Kinder mit, ohne für die vorschriftmäßige Sicherung zu sorgen<br>§ 21 Abs. 1a, § 21a Abs. 1, § 49 StVO;<br>§ 24 Abs. 1, 3 Nr. 5 StVG; 98.2 BKat | 0 | 35,00 | |
| 121600 | Sie beförderten als Kraftfahrzeugführer ein Kind ohne jede Sicherung/sorgten als Verantwortlicher nicht für eine Sicherung des Kindes *).<br>§ 21 Abs. 1a, § 21a Abs. 1, § 49 StVO;<br>§ 24 Abs. 1, 3 Nr. 5 StVG; 99.1 BKat | B – 1 | 60,00 | |

| **TBNR** | **Bemerkungen** |
|---|---|
| 121600 | *) Zutreffendes angeben |

## Personenbeförderung – § 21 Abs. 1a, 2, 3 StVO

| TBNR | Tatbestandstext | FaP-Pkt | Euro | FV |
|---|---|---|---|---|
| 121606 | Sie beförderten als Kraftfahrzeugführer mehrere Kinder ohne jede Sicherung/sorgten als Verantwortlicher nicht für eine Sicherung der Kinder*). § 21 Abs. 1a , § 21a Abs. 1, § 49 StVO; § 24 Abs. 1, 3 Nr. 5 StVG; 99.2 BKat | B – 1 | 70,00 | |
| 121130 | Sie beförderten auf der Ladefläche oder in Laderäumen des Fahrzeuges Personen. § 21 Abs. 2, § 49 StVO; § 24 Abs. 1, 3 Nr. 5 StVG; 97 BKat | 0 | 5,00 | |
| 121136 | Sie beförderten auf der Ladefläche oder in Laderäumen des Anhängers, der nicht in der Land- und Forstwirtschaft eingesetzt war, Personen. § 21 Abs. 2, § 49 StVO; § 24 Abs. 1, 3 Nr. 5 StVG; 97 BKat | 0 | 5,00 | |
| 121142 | Sie beförderten auf der Ladefläche oder in Laderäumen des Anhängers, der in der Land- und Forstwirtschaft eingesetzt war, ohne geeignete Sitzgelegenheit Personen. § 21 Abs. 2, § 49 StVO; § 24 Abs. 1, 3 Nr. 5 StVG; 97 BKat | 0 | 5,00 | |
| 121148 | Sie standen während der Fahrt auf der Ladefläche des Fahrzeuges, ohne dass es zur Begleitung der Ladung/Arbeit auf der Ladefläche *) notwendig gewesen wäre. § 21 Abs. 2, § 49 StVO; § 24 Abs. 1, 3 Nr. 5 StVG; 97 BKat | 0 | 5,00 | |
| 121154 | Sie ließen zu, dass Personen während der Fahrt auf der Ladefläche des Fahrzeuges gestanden haben, ohne dass es zur Begleitung der Ladung/Arbeit auf der Ladefläche *) notwendig gewesen wäre. § 21 Abs. 2, § 49 StVO; § 24 Abs. 1, 3 Nr. 5 StVG; 97 BKat | 0 | 5,00 | |
| 121000 | Sie beförderten auf einem Fahrrad eine Person, obwohl dieses nicht zur Personenbeförderung gebaut oder eingerichtet ist. § 21 Abs. 3, § 49 StVO; § 24 Abs. 1, 3 Nr. 5 StVG; -- BKat | 0 | 5,00 | |
| 121160 | Sie beförderten auf einem einsitzigen Fahrrad eine Person, die das siebente Lebensjahr bereits vollendet hatte. § 21 Abs. 3, § 49 StVO; § 24 Abs. 1, 3 Nr. 5 StVG; 97 BKat | 0 | 5,00 | |

| **TBNR** | **Bemerkungen** |
|---|---|
| 121606; 121148 | *) Zutreffendes angeben |
| 121154 | *) Zutreffendes angeben |

| TBNR | Tatbestandstext | FaP-Pkt | Euro | FV |
|---|---|---|---|---|
| 121166 | Sie beförderten auf dem Fahrrad ein Kind, obwohl die vorgeschriebenen Sicherheitsvorrichtungen nicht vorhanden waren.<br>§ 21 Abs. 3, § 49 StVO; § 24 Abs. 1, 3 Nr. 5 StVG; 97 BKat | 0 | 5,00 | |
| 121182 | Sie beförderten hinter einem Fahrrad in einem Anhänger, der zur Beförderung von Kindern eingerichtet ist, mehr als zwei Kinder.<br>§ 21 Abs. 3, § 49 StVO; § 24 Abs. 1, 3 Nr. 5 StVG; 97 BKat | 0 | 5,00 | |
| 121186 | Sie beförderten hinter einem Fahrrad in einem Anhänger, der zur Beförderung von Kindern eingerichtet ist, eine Person, die das siebente Lebensjahr bereits vollendet hatte.<br>§ 21 Abs. 3, § 49 StVO; § 24 Abs. 1, 3 Nr. 5 StVG; 97 BKat | 0 | 5,00 | |
| 121172 | Sie hatten während der Fahrt den vorgeschriebenen Sicherheitsgurt nicht angelegt.<br>§ 21a Abs. 1, § 49 StVO; § 24 Abs. 1, 3 Nr. 5 StVG; 100 BKat | 0 | 30,00 | |
| 121175 | Sie hatten während der Fahrt das vorgeschriebene Rollstuhl-Rückhaltesystem/Rollstuhlnutzer-Rückhaltesystem *) nicht angelegt.<br>§ 21a Abs. 1, § 49 StVO; § 24 Abs. 1, 3 Nr. 5 StVG; 100.1 BKat | 0 | 30,00 | |
| 121178 | Sie trugen während der Fahrt keinen geeigneten Schutzhelm.<br>§ 21a Abs. 2, § 49 StVO; § 24 Abs. 1, 3 Nr. 5 StVG; 101 BKat | 0 | 15,00 | |
| 121612 | Sie beförderten auf einem Kraftrad ein Kind, obwohl es keinen Schutzhelm trug.<br>§ 21a Abs. 2, § 49 StVO; § 24 Abs. 1, 3 Nr. 5 StVG; 99.1 BKat | B – 1 | 60,00 | |
| 121618 | Sie beförderten auf einem Kraftrad mehrere Kinder, obwohl sie keinen Schutzhelm trugen.<br>§ 21a Abs. 2, § 49 StVO; § 24 Abs. 1, 3 Nr. 5 StVG; 99.2 BKat | B – 1 | 70,00 | |

| **TBNR** | **Bemerkungen** |
|---|---|
| 121175 | *) Zutreffendes angeben |

## Ladung – § 22 Abs. 1, 2 StVO

| TBNR | Tatbestandstext | FaP-Pkt | Euro | FV |
|---|---|---|---|---|
| 122106 | Sie unterließen es, die Ladung/Ladeeinrichtung *) gegen vermeidbaren Lärm zu sichern.<br>§ 22 Abs. 1, § 49 StVO; § 24 Abs. 1, 3 Nr. 5 StVG; 103 BKat | 0 | 10,00 | |
| 122600 | Sie unterließen es, die Ladung/Ladeeinrichtung*) des Lastkraftwagens/Kraftomnibusses**) bzw. dessen Anhängers verkehrssicher zu verstauen oder gegen Verrutschen, Umfallen, Hin- und Herrollen oder Herabfallen besonders zu sichern.<br>§ 22 Abs. 1, § 49 StVO; § 24 Abs. 1, 3 Nr. 5 StVG; 102.1 BKat | B – 1 | 60,00 | |
| 122602 | – und gefährdeten +) dadurch Andere. | B – 1 | 75,00 | |
| 122603 | – Es kam zum Unfall. | B – 1 | 100,00 | |
| 122100 | Sie unterließen es, die Ladung/Ladeeinrichtung*) des Kraftfahrzeugs bzw. dessen Anhängers verkehrssicher zu verstauen oder gegen Verrutschen, Umfallen, Hin- und Herrollen oder Herabfallen besonders zu sichern.<br>§ 22 Abs. 1, § 49 StVO; § § 24 Abs. 1, 3 Nr. 5 StVG; 102.2 BKat | 0 | 35,00 | |
| 122608 | – und gefährdeten +) dadurch Andere. | B – 1 | 60,00 | |
| 122609 | – Es kam zum Unfall. | B – 1 | 75,00 | |
| 122112 | Sie führten das Fahrzeug, obwohl es mit der Ladung höher als zulässig war.<br>§ 22 Abs. 2, § 49 StVO; § 24 Abs. 1, 3 Nr. 5 StVG; 105 BKat | 0 | 20,00 | |
| 122118 | Sie führten das Fahrzeug, obwohl es mit der Ladung breiter als zulässig war.<br>§ 22 Abs. 2, § 49 StVO; § 24 Abs. 1, 3 Nr. 5 StVG; 105 BKat | 0 | 20,00 | |
| 122124 | Sie führten das für land- oder forstwirtschaftliche Zwecke eingesetzte Fahrzeug, obwohl es mit der Ladung breiter als zulässig war.<br>§ 22 Abs. 2, § 49 StVO; § 24 Abs. 1, 3 Nr. 5 StVG; 105 BKat | 0 | 20,00 | |

| **TBNR** | **Bemerkungen** |
|---|---|
| 122106 | *) Zutreffendes angeben |
| 122600 bis 122603 | *) Zutreffendes angeben **) Zutreffende Fahrzeugart angeben |
| 122100 bis 122609 | *) Zutreffendes angeben |

| TBNR | Tatbestandstext | FaP-Pkt | Euro | FV |
|---|---|---|---|---|
| 122606 | Sie führten das Fahrzeug, obwohl es mit Ladung höher als 4,20 Meter (gemessene *) ..,.. m) war<br>§ 22 Abs. 2, § 49 StVO; § 24 Abs. 1, 3 Nr. 5 StVG; 104 BKat | B – 1 | 60,00 | |
| 122130 | Sie führten das Fahrzeug, obwohl dessen Ladung unzulässig *) nach vorne hinausragte.<br>§ 22 Abs. 3, § 49 StVO; § 24 Abs. 1, 3 Nr. 5 StVG; 105 BKat | 0 | 20,00 | |
| 122136 | Sie führten das Fahrzeug, obwohl dessen Ladung bei einer Beförderungsstrecke bis zu 100 km mehr als 3 m nach hinten hinausragte.<br>§ 22 Abs. 4, § 49 StVO; § 24 Abs. 1, 3 Nr. 5 StVG; 105 BKat | 0 | 20,00 | |
| 122142 | Sie führten das Fahrzeug, obwohl dessen Ladung bei einer Beförderungsstrecke von mehr als 100 km mehr als 1,5 m nach hinten hinausragte.<br>§ 22 Abs. 4, § 49 StVO; § 24 Abs. 1, 3 Nr. 5 StVG; 105 BKat | 0 | 20,00 | |
| 122148 | Sie führten das Fahrzeug, das mit Ladung länger als 20,75 m war.<br>§ 22 Abs. 4, § 49 StVO; § 24 Abs. 1, 3 Nr. 5 StVG; 105 BKat | 0 | 20,00 | |
| 122154 | Sie führten das Fahrzeug, ohne die vorgeschriebenen Sicherungsmittel angebracht zu haben.<br>§ 22 Abs. 4, § 49 StVO; § 24 Abs. 1, 3 Nr. 5 StVG; 106 BKat | 0 | 25,00 | |
| 122160 | Sie unterließen es, an der über 1 m hinausragenden Ladung in der vorgeschriebenen Höhe Sicherungsmittel anzubringen.<br>§ 22 Abs. 4, § 49 StVO; § 24 Abs. 1, 3 Nr. 5 StVG; 106 BKat | 0 | 25,00 | |

| **TBNR** | **Bemerkungen** |
|---|---|
| 122606 | *) Höhe angeben |
| 122130 | *) Maße angeben |

## Ladung – § 22 Abs. 5 StVO

| TBNR | Tatbestandstext | FaP-Pkt | Euro | FV |
|---|---|---|---|---|
| 122166 | Sie führten das Fahrzeug, dessen Ladung mehr als 40 cm seitlich über die Leuchten hinausragte, ohne die vorgeschriebenen Sicherungsmittel angebracht zu haben.<br>§ 22 Abs. 5, § 49 StVO; § 24 Abs. 1, 3 Nr. 5 StVG; 106 BKat | 0 | 25,00 | |
| 122172 | Sie führten das Fahrzeug, obwohl schlecht erkennbare Gegenstände seitlich hinausragten.<br>§ 22 Abs. 5, § 49 StVO; § 24 Abs. 1, 3 Nr. 5 StVG; 106 BKat | 0 | 25,00 | |

| TBNR | Tatbestandstext | FaP-Pkt | Euro | FV |
|---|---|---|---|---|
| 123100 | Sie führten das Fahrzeug, obwohl Ihre Sicht beeinträchtigt war.<br>§ 23 Abs. 1, § 49 StVO; § 24 Abs. 1, 3 Nr. 5 StVG; 107.1 BKat | 0 | 10,00 | |
| 123106 | Sie führten das Fahrzeug, obwohl Ihr Gehör durch Geräte beeinträchtigt war.<br>§ 23 Abs. 1, § 49 StVO; § 24 Abs. 1, 3 Nr. 5 StVG; 107.1 BKat | 0 | 10,00 | |
| 123112 | Sie führten das nicht vorschriftsmäßige *) Fahrzeug.<br>§ 23 Abs. 1, § 49 StVO; § § 24 Abs. 1, 3 Nr. 5 StVG; 107.2 BKat | 0 | 25,00 | |
| | Sie führten das Fahrzeug, obwohl | | | |
| 123118 | – die Ladung/Besetzung**) nicht vorschriftsmäßig war.*)<br>§ 23 Abs. 1, § 49 StVO; § § 24 Abs. 1, 3 Nr. 5 StVG; 107.2 BKat | 0 | 25,00 | |
| 123119 | – die Verkehrssicherheit*) durch die Ladung/ Besetzung**) litt.<br>§ 23 Abs. 1, § 49 StVO; § 24 Abs. 1, 3 Nr. 5 StVG; 107.2 BKat | 0 | 25,00 | |
| 123130 | – die vorgeschriebenen Kennzeichen schlecht lesbar waren.<br>§ 23 Abs. 1, § 49 StVO; § 24 Abs. 1, 3 Nr. 5 StVG; 107.3 BKat | 0 | 5,00 | |
| 123136 | Sie führten das Fahrzeug, dessen Beleuchtungseinrichtung nicht vorhanden/ betriebsbereit*) war.<br>§ 23 Abs. 1, § 49 StVO; § 24 Abs. 1, 3 Nr. 5 StVG; 107.4 BKat | 0 | 20,00 | |
| 123137 | – und gefährdeten +) dadurch Andere. | 0 | 25,00 | |
| 123138 | – Es kam zum Unfall. | 0 | 35,00 | |

| **TBNR** | | **Bemerkungen** |
|---|---|---|
| 123112, 123118 | *) | Mangel angeben |
| 123118 bis 123119 | **) | Zutreffendes angeben |
| 123119 | *) | mangelnde Verkehrssicherheit der Ladung/Besetzung erläutern |
| 123136 bis 123138 | *) | Zutreffendes angeben |

## Sonstige Pflichten von Fahrzeugführenden – § 23 StVO

| TBNR | Tatbestandstext | FaP-Pkt | Euro | FV |
|---|---|---|---|---|
| 123142 | Sie führten einen Anhänger mit, dessen Beleuchtungseinrichtung nicht vorhanden/ betriebsbereit*) war.<br>§ 23 Abs. 1, § 49 StVO; § 24 Abs. 1, 3 Nr. 5 StVG; 107.4 BKat | 0 | 20,00 | |
| 123143 | – und gefährdeten +) dadurch Andere. | 0 | 25,00 | |
| 123144 | – Es kam zum Unfall. | 0 | 35,00 | |
| 123600 | Sie führten das nicht vorschriftsmäßige*) Fahrzeug, wodurch die Verkehrssicherheit wesentlich beeinträchtigt war.<br>§ 23 Abs. 1, § 49 StVO; § 24 Abs. 1, 3 Nr. 5 StVG; 108 BKat | B – 1 | 80,00 | |
| 123601 | – Es kam zum Unfall. | B – 1 | 120,00 | |
| 123606 | Sie führten das Fahrzeug, obwohl die Ladung nicht vorschriftsmäßig*) war, wodurch die Verkehrssicherheit wesentlich litt.<br>§ 23 Abs. 1, § 49 StVO; § 24 Abs. 1, 3 Nr. 5 StVG; 108 BKat | B – 1 | 80,00 | |
| 123607 | – Es kam zum Unfall. | B – 1 | 120,00 | |
| 123612 | Sie führten das Fahrzeug, obwohl die Besetzung nicht vorschriftsmäßig*) war, wodurch die Verkehrssicherheit wesentlich litt.<br>§ 23 Abs. 1, § 49 StVO; § 24 Abs. 1, 3 Nr. 5 StVG; 108 BKat | B – 1 | 80,00 | |
| 123613 | – Es kam zum Unfall. | B – 1 | 120,00 | |

| **TBNR** | **Bemerkungen** |
|---|---|
| 123142 bis 123144 | *) Zutreffendes angeben |
| 123600; 123601 | *) Mangel angeben |
| 123606 bis 123613 | *) Zutreffendes angeben |

| TBNR | Tatbestandstext | FaP-Pkt | Euro | FV |
|---|---|---|---|---|
| 123624 | Sie benutzten als Führer des Kraftfahrzeuges ein elektronisches Gerät, das der Kommunikation, Information oder Organisation dient oder zu dienen bestimmt ist, in vorschriftswidriger Weise *).<br>§ 23 Abs. 1a, § 49 StVO; § 24 Abs. 1, 3 Nr. 5 StVG; 246.1 BKat | A – 1 | 100,00 | |
| 123625 | – und gefährdeten +) dadurch Andere.<br>§ 23 Abs. 1a, § 1 Abs. 2, § 49 StVO;<br>§ 24 Abs. 1, 3 Nr. 5 StVG, § 25 StVG; 246.2 BKat;<br>§ 4 Abs. 1 BKatV; § 19 OWiG | A – 2 | 150,00 | 1M |
| 123626 | – Es kam zum Unfall.<br>§ 23 Abs. 1a, § 1 Abs. 2, § 49 StVO;<br>§ 24 Abs. 1, 3 Nr. 5 StVG, § 25 StVG; 246.3 BKat;<br>§ 4 Abs. 1 BKatV; § 19 OWiG | A – 2 | 200,00 | 1M |
| 123172 | Sie benutzten als Radfahrer ein elektronisches Gerät, das der Kommunikation, Information oder Organisation dient oder zu dienen bestimmt ist, in vorschriftswidriger Weise *).<br>§ 23 Abs. 1a, § 49 StVO; § 24 Abs. 1, 3 Nr. 5 StVG;<br>246.4 BKat | 0 | 55,00 | |
| 123630 | – und gefährdeten +) dadurch Andere.<br>§ 23 Abs. 1a, § 1 Abs. 2, § 49 StVO;<br>§ 24 Abs. 1, 3 Nr. 5 StVG; 246.4 BKat; § 3 Abs. 6 BKatV;<br>§ 19 OWiG | 0 | 75,00 | |
| 123631 | – Es kam zum Unfall.<br>§ 23 Abs. 1a, § 1 Abs. 2, § 49 StVO;<br>§ 24 Abs. 1, 3 Nr. 5 StVG; 246.4 BKat;<br>§ 3 Abs. 6 BKatV; § 19 OWiG | 0 | 100,00 | |

| **TBNR** | **Bemerkungen** |
|---|---|
| 123624 bis 123626 | *) Vorschriftswidrigkeit erläutern |
| 123172 | *) Vorschriftswidrigkeit erläutern |
| 123630, 123631 | *) Vorschriftswidrigkeit erläutern |

## Sonstige Pflichten von Fahrzeugführenden – § 23 StVO

| TBNR | Tatbestandstext | FaP-Pkt | Euro | FV |
|---|---|---|---|---|
| 123618 | Sie betrieben als Führer des Kraftfahrzeugs verbotswidrig ein technisches Gerät, das dafür bestimmt ist, Verkehrsüberwachungsmaßnahmen anzuzeigen/zu stören *).<br>§ 23 Abs. 1c, § 49 StVO; § 24 Abs. 1, 3 Nr. 5 StVG; 247 BKat | B – 1 | 75,00 | |
| 123619 | Sie führten als Führer des Kraftfahrzeugs verbotswidrig ein technisches Gerät betriebsbereit mit, das dafür bestimmt ist, Verkehrsüberwachungsmaßnahmen anzuzeigen/zu stören *).<br>§ 23 Abs. 1c, § 49 StVO; § 24 Abs. 1, 3 Nr. 5 StVG; 247 BKat | B – 1 | 75,00 | |
| 123620 | Sie verwendeten als Führer des Kraftfahrzeugs verbotswidrig eine Gerätefunktion eines technischen Gerätes zur Anzeige/Störung *) von Verkehrsüberwachungsmaßnahmen.<br>§ 23 Abs. 1c, § 49 StVO; § 24 Abs. 1, 3 Nr. 5 StVG; 247 BKat | B – 1 | 75,00 | |
| 123166 | Sie zogen das Fahrzeug nicht auf dem kürzesten Weg aus dem Verkehr, obwohl unterwegs die Verkehrssicherheit wesentlich beeinträchtigende Mängel aufgetreten waren.<br>§ 23 Abs. 2, § 49 StVO; § 24 Abs. 1, 3 Nr. 5 StVG; 110 BKat | 0 | 10,00 | |
| 123000 | Sie hängten sich an ein fahrendes Fahrzeug.<br>§ 23 Abs. 3, § 49 StVO; § 24 Abs. 1, 3 Nr. 5 StVG; -- BKat | 0 | 5,00 | |
| 123006 | Sie fuhren freihändig..<br>§ 23 Abs. 3, § 49 StVO; § 24 Abs. 1, 3 Nr. 5 StVG; -- BKat | 0 | 5,00 | |
| 123636 | Sie hatten beim Führen des Kraftfahrzeuges das Gesicht verdeckt oder verhüllt.<br>§ 23 Abs. 4, § 49 StVO; § 24 Abs. 1, 3 Nr. 5 StVG; 247a BKat | 0 | 60,00 | |

| TBNR | Bemerkungen |
|---|---|
| 123618 bis 123620 | *) Zutreffendes angeben |

| TBNR | Tatbestandstext | FaP-Pkt | Euro | FV |
|---|---|---|---|---|
| 125100 | Sie gingen auf der Fahrbahn, obwohl ein Gehweg/Seitenstreifen *) vorhanden war.<br>§ 25 Abs. 1, § 49 StVO; § 24 Abs. 1, 3 Nr. 5 StVG; 111 BKat | 0 | 5,00 | |
| 125106 | Sie gingen außerhalb einer geschlossenen Ortschaft nicht am vorgeschriebenen linken Fahrbahnrand.<br>§ 25 Abs. 1, § 49 StVO; § 24 Abs. 1, 3 Nr. 5 StVG; 111 BKat | 0 | 5,00 | |
| 125112 | Sie überquerten als Fußgänger nicht auf dem kürzesten Weg/an nicht vorgesehener Stelle/ ohne Beachtung des Fahrzeugverkehrs *) die Fahrbahn und gefährdeten +) dadurch Andere.<br>§ 25 Abs. 3, § 1 Abs. 2, § 49 StVO;<br>§ 24 Abs. 1, 3 Nr. 5 StVG; 112.1 BKat; § 19 OWiG | 0 | 5,00 | |
| 125113 | – Es kam zum Unfall. | 0 | 10,00 | |
| 125006 | Sie überstiegen die Absperrung.<br>§ 25 Abs. 4, § 49 StVO; § 24 Abs. 1, 3 Nr. 5 StVG; -- BKat | 0 | 5,00 | |
| 125007 | – Es kam zum Unfall. | 0 | 10,00 | |

**TBNR**
125100; 125112, 125113

**Bemerkungen**
*) Zutreffendes angeben

## Fußgängerüberweg – § 26 StVO

| TBNR | Tatbestandstext | FaP-Pkt | Euro | FV |
|---|---|---|---|---|
| 126600 | Sie fuhren nicht mit mäßiger Geschwindigkeit an den Fußgängerüberweg heran, obwohl ein Bevorrechtigter diesen erkennbar benutzen wollte.<br>§ 26 Abs. 1, § 49 StVO; § 24 Abs. 1, 3 Nr. 5 StVG; 113 BKat | A – 1 | 80,00 | |
| 126601 | – und gefährdeten +) dadurch Andere.<br>§ 26 Abs. 1, § 1 Abs. 2, § 49 StVO;<br>§ 24 Abs. 1, 3 Nr. 5 StVG; 113 BKat; § 3 Abs. 3 BKatV;<br>§ 19 OWiG | A – 1 | 100,00 | |
| 126606 | Sie ermöglichten einem Bevorrechtigten nicht das Überqueren der Fahrbahn, obwohl dieser den Fußgängerüberweg erkennbar benutzen wollte.<br>§ 26 Abs. 1, § 49 StVO; § 24 Abs. 1, 3 Nr. 5 StVG; 113 BKat | A – 1 | 80,00 | |
| 126607 | – und gefährdeten +) dadurch Andere. | A – 1 | 100,00 | |
| 126608 | – Es kam zum Unfall. | A – 1 | 120,00 | |
| 126100 | Sie fuhren auf den Fußgängerüberweg, obwohl der Verkehr stockte.<br>§ 26 Abs. 2, § 49 StVO; § 24 Abs. 1, 3 Nr. 5 StVG; 114 BKat | 0 | 5,00 | |
| 126612 | Sie überholten an dem Fußgängerüberweg ein Fahrzeug.<br>§ 26 Abs. 3, § 49 StVO; § § 24 Abs. 1, 3 Nr. 5 StVG; 113 BKat | A – 1 | 80,00 | |
| 126613 | – und gefährdeten +) dadurch Andere. | A – 1 | 100,00 | |
| 126614 | – Es kam zum Unfall. | A – 1 | 120,00 | |

| TBNR | Tatbestandstext | FaP-Pkt | Euro | FV |
|---|---|---|---|---|
| 127000 | Sie veranlassten als Verantwortlicher nicht, dass eine Gruppe den Gehweg benutzte.<br>§ 27 Abs. 1, 5, § 49 StVO; § § 24 Abs. 1, 3 Nr. 5 StVG; -- BKat | 0 | 10,00 | |
| 127006 | Sie unterbrachen einen geschlossenen Verband in der Bewegung.<br>§ 27 Abs. 2, § 49 StVO; § 24 Abs. 1, 3 Nr. 5 StVG; -- BKat | 0 | 5,00 | |
| 127007 | – Es kam zum Unfall. | 0 | 20,00 | |
| 127012 | Sie sorgten als Verantwortlicher nicht dafür, dass die für geschlossene Verbände geltenden Vorschriften befolgt wurden.<br>§ 27 Abs. 5, § 49 StVO; § 24 Abs. 1, 3 Nr. 5 StVG; -- BKat | 0 | 10,00 | |
| | Sie ließen als Verantwortlicher Tiere ohne geeignetes Begleitpersonal auf die Straße | | | |
| 128000 | – wodurch sie Andere gefährdeten +).<br>§ 28 Abs. 1, § 1 Abs. 2, § 49 StVO;<br>§ 24 Abs. 1, 3 Nr. 5 StVG; -- BKat; § 19 OWiG | 0 | 5,00 | |
| 128001 | – Es kam zum Unfall. | 0 | 10,00 | |
| 128006 | Sie führten ein Tier von einem Kraftfahrzeug aus.<br>§ 28 Abs. 1, § 49 StVO; § 24 Abs. 1, 3 Nr. 5 StVG; -- BKat | 0 | 5,00 | |

## Übermäßige Straßenbenutzung – § 29 StVO

| TBNR | Tatbestandstext | FaP-Pkt | Euro | FV |
|---|---|---|---|---|
| 129000 | Sie fuhren in einem nicht genehmigten geschlossenen Verband.<br>§ 29 Abs. 2, § 49 StVO; § 24 Abs. 1, 3 Nr. 5 StVG; -- BKat | 0 | 25,00 | |
| 129506 | Sie sorgten als Verantwortlicher einer erlaubnispflichtigen Veranstaltung nicht dafür, dass die Verkehrsvorschriften/Auflagen *) befolgt wurden.<br>§ 29 Abs. 2, § 49 StVO; § 24 Abs. 1, 3 Nr. 5 StVG; -- BKat | 0 | 40,00 | |
| 129600 | Sie führten als Verantwortlicher eine erlaubnispflichtige Veranstaltung ohne Erlaubnis durch.<br>§ 29 Abs. 2, § 49 StVO; § 24 Abs. 1, 3 Nr. 5 StVG; 115 BKat | 0 | 40,00 | |
| 129606 | Sie führten das Fahrzeug, dessen Abmessungen/Achslasten/Gesamtmasse *) die gesetzlich allgemein zugelassenen Grenzen **) tatsächlich überschritten, ohne dass eine Erlaubnis vorlag.<br>§ 29 Abs. 3, § 49 StVO; § 24 Abs. 1, 3 Nr. 5 StVG; 116 BKat | A – 1 | 60,00 | |
| 129612 | Sie führten ohne entsprechende Erlaubnis das Fahrzeug, dessen Bauart Ihnen kein ausreichendes Sichtfeld ließ.<br>§ 29 Abs. 3, § 49 StVO; § 24 Abs. 1, 3 Nr. 5 StVG; 116 BKat | A – 1 | 60,00 | |

| **TBNR** | **Bemerkungen** |
|---|---|
| 129506 | *) Zutreffendes angeben |
| 129606 | *) Tatsächliche Abmessungen, Achslasten oder Gesamtmasse angeben<br>**) Zulässige Abmessungen, Achslasten oder Gesamtmasse angeben |

| TBNR | Tatbestandstext | FaP-Pkt | Euro | FV |
|---|---|---|---|---|
| 130612 | Sie verursachten bei der Benutzung des Fahrzeugs unnötigen Lärm.<br>§ 30 Abs. 1, § 49 StVO; § 24 Abs. 1, 3 Nr. 5 StVG; 117 BKat | 0 | 80,00 | |
| 130618 | Sie verursachten bei der Benutzung des Fahrzeugs vermeidbare Abgasbelästigungen.<br>§ 30 Abs. 1, § 49 StVO; § 24 Abs. 1, 3 Nr. 5 StVG; 117 BKat | 0 | 80,00 | |
| 130624 | Sie belästigten Andere durch unnützes Hin- und Herfahren mit dem Fahrzeug innerhalb einer geschlossenen Ortschaft.<br>§ 30 Abs. 1, § 49 StVO; § 24 Abs. 1, 3 Nr. 5 StVG; 118 BKat | 0 | 100,00 | |
| 130600 | Sie fuhren verbotswidrig an dem Sonntag/ Feiertag *) mit einem Lkw mit einer zulässigen Gesamtmasse über 7,5 t/Lkw mit Anhänger **).<br>§ 30 Abs. 3, § 49 StVO; § 24 Abs. 1, 3 Nr. 5 StVG; 119 BKat | 0 | 120,00 | |
| 130603 | Sie fuhren als Halter verbotswidrig an dem Sonntag/Feiertag *) mit einem Lkw mit einer zulässigen Gesamtmasse über 7,5 t/LKW mit Anhänger **).<br>§ 30 Abs. 3, § 49 StVO; § 24 Abs. 1, 3 Nr. 5 StVG; 119 BKat; § 3 Abs. 2 BKatV | 0 | 570,00 | |
| 130606 | Sie ordneten an bzw. ließen zu, dass verbotswidrig an dem Sonntag/Feiertag *) mit einem Lkw mit einer zulässigen Gesamtmasse über 7,5 t/Lkw mit Anhänger **) gefahren wurde.<br>§ 30 Abs. 3, § 49 StVO; § 24 Abs. 1, 3 Nr. 5 StVG; 120 BKat | 0 | 570,00 | |

| **TBNR** | **Bemerkungen** |
|---|---|
| 130600-130606 | *) Zutreffendes angeben<br>**) Zutreffendes angeben |

## Sport und Spiel - § 31 Abs. 1, 2 StVO

| TBNR | Tatbestandstext | FaP-Pkt | Euro | FV |
|---|---|---|---|---|
| 131100 | Sie benutzten mit Inline-Skates/Rollschuhen*) unzulässig die Fahrbahn/den Seitenstreifen/ den Radweg**).<br>§ 31 Abs. 1, § 49 StVO; § 24 Abs. 1, 3 Nr. 5 StVG; 120a BKat | 0 | 10,00 | |
| 131101 | – und behinderten +) dadurch Andere. | 0 | 15,00 | |
| 131102 | – und gefährdeten +) dadurch Andere. | 0 | 20,00 | |
| 131000 | – Es kam zum Unfall. | 0 | 35,00 | |
| 131106 | Sie nahmen bei durch Zusatzzeichen erlaubtem Inline-Skaten und Rollschuhfahren auf den übrigen Verkehr keine besondere Rücksicht.<br>§ 31 Abs. 2, § 49 StVO; § 24 Abs. 1, 3 Nr. 5 StVG; 120a BKat | 0 | 10,00 | |
| 131107 | – und behinderten +) dadurch Andere. | 0 | 15,00 | |
| 131108 | – und gefährdeten +) dadurch Andere. | 0 | 20,00 | |
| 131006 | – Es kam zum Unfall. | 0 | 35,00 | |
| 131112 | Sie ermöglichten bei durch Zusatzzeichen erlaubtem Inline-Skaten und Rollschuhfahren anderen Fahrzeugen nicht das Überholen.<br>§ 31 Abs. 2, § 49 StVO; § 24 Abs. 1, 3 Nr. 5 StVG; 120a BKat | 0 | 10,00 | |
| 131113 | – und behinderten +) dadurch Andere. | 0 | 15,00 | |
| 131114 | – und gefährdeten +) dadurch Andere. | 0 | 20,00 | |
| 131012 | – Es kam zum Unfall. | 0 | 35,00 | |

| TBNR | Bemerkungen |
|---|---|
| 131100 bis 131000 | *) Zutreffendes angeben<br>**) Zutreffendes angeben |

| TBNR | Tatbestandstext | FaP-Pkt | Euro | FV |
|---|---|---|---|---|
| 132100 | Sie beschmutzten/benetzten *) die Straße und schafften dadurch einen verkehrswidrigen Zustand, der den Verkehr gefährden/erschweren **) konnte.<br>§ 32 Abs. 1, § 49 StVO; § 24 Abs. 1, 3 Nr. 5 StVG; 121 BKat | 0 | 10,00 | |
| 132106 | Sie beseitigten nicht/nicht rechtzeitig *) einen verkehrswidrigen Zustand.<br>§ 32 Abs. 1, § 49 StVO; § 24 Abs. 1, 3 Nr. 5 StVG; 122 BKat | 0 | 10,00 | |
| 132112 | Sie machten einen verkehrswidrigen Zustand nicht ausreichend kenntlich.<br>§ 32 Abs. 1, § 49 StVO; § 24 Abs. 1, 3 Nr. 5 StVG; 122 BKat | 0 | 10,00 | |
| 132600 | Sie brachten einen Gegenstand auf die Straße/ließen einen Gegenstand auf der Straße liegen *), wodurch der Verkehr gefährdet/erschwert **) werden konnte.<br>§ 32 Abs. 1, § 49 StVO; § 24 Abs. 1, 3 Nr. 5 StVG; 123 BKat | B – 1 | 60,00 | |
| 132606 | Sie ließen das nicht zugelassene Fahrzeug an der Stelle stehen, wodurch der Verkehr gefährdet/erschwert *) werden konnte.<br>§ 32 Abs. 1, § 49 StVO; § 24 Abs. 1, 3 Nr. 5 StVG; 123 BKat | B – 1 | 60,00 | |
| 132118 | Sie führten ein gefährliches Gerät ohne wirksamen Schutz mit.<br>§ 32 Abs. 2, § 49 StVO; § 24 Abs. 1, 3 Nr. 5 StVG; 124 BKat | 0 | 5,00 | |

| **TBNR** | **Bemerkungen** |
|---|---|
| 132100; 132600 | *) Zutreffendes angeben **) Zutreffendes angeben |
| 132106; 132606 | *) Zutreffendes angeben |

## Verkehrsbeeinträchtigungen – § 33 StVO

| TBNR | Tatbestandstext | FaP-Pkt | Euro | FV |
|---|---|---|---|---|
| 133000 | Sie betrieben verbotswidrig einen Lautsprecher.<br>§ 33 Abs. 1, § 49 StVO; § § 24 Abs. 1, 3 Nr. 5 StVG; -- BKat | 0 | 25,00 | |
| 133006 | Sie boten verbotswidrig Waren/Leistungen *) auf der Straße an.<br>§ 33 Abs. 1, § 49 StVO; § 24 Abs. 1, 3 Nr. 5 StVG; -- BKat | 0 | 25,00 | |
| 133012 | Sie betrieben verbotswidrig außerhalb einer geschlossenen Ortschaft Werbung und Propaganda durch Bild/Schrift/Licht/Ton *).<br>§ 33 Abs. 1, § 49 StVO; § 24 Abs. 1, 3 Nr. 5 StVG; -- BKat | 0 | 25,00 | |
| 133018 | Sie brachten verbotswidrig eine Einrichtung an/verwendeten verbotswidrig eine Einrichtung *), die einem Verkehrszeichen/ einer Verkehrseinrichtung**) gleicht.<br>§ 33 Abs. 2, § 49 StVO; § 24 Abs. 1, 3 Nr. 5 StVG; -- BKat | 0 | 15,00 | |
| 133024 | Sie brachten verbotswidrig eine Einrichtung an/verwendeten verbotswidrig eine Einrichtung *), die die Wirkung eines Verkehrszeichens/einer Verkehrseinrichtung **) beeinträchtigen kann.<br>§ 33 Abs. 2, § 49 StVO; § 24 Abs. 1, 3 Nr. 5 StVG; -- BKat | 0 | 15,00 | |

| **TBNR** | **Bemerkungen** |
|---|---|
| 133006; 133012 | *) Zutreffendes angeben |
| 133018; 133024 | *) Zutreffendes angeben **) Zutreffendes angeben |

| TBNR | Tatbestandstext | FaP-Pkt | Euro | FV |
|---|---|---|---|---|
| 134000 | Sie hielten als Beteiligter an einem Verkehrsunfall nicht unverzüglich an.<br>§ 34 Abs. 1, § 49 StVO; § 24 Abs. 1, 3 Nr. 5 StVG; -- BKat | 0 | 30,00 | |
| | Sie unterließen es als Beteiligter an einem Verkehrsunfall, anderen am Unfallort anwesenden Beteiligten oder Geschädigten | | | |
| 134006 | – Ihre Beteiligung am Verkehrsunfall anzugeben.<br>§ 34 Abs. 1, § 49 StVO; § 24 Abs. 1, 3 Nr. 5 StVG; -- BKat | 0 | 30,00 | |
| 134012 | – auf Verlangen Ihren Namen und Ihre Anschrift zu geben.<br>§ 34 Abs. 1, § 49 StVO; § 24 Abs. 1, 3 Nr. 5 StVG; -- BKat | 0 | 30,00 | |
| 134018 | – auf Verlangen Ihren Führerschein oder Fahrzeugschein vorzuweisen.<br>§ 34 Abs. 1, § 49 StVO; § 24 Abs. 1, 3 Nr. 5 StVG; -- BKat | 0 | 30,00 | |
| 134024 | – nach bestem Wissen Angaben über Ihre Haftpflichtversicherung zu machen.<br>§ 34 Abs. 1, § 49 StVO; § 24 Abs. 1, 3 Nr. 5 StVG; -- BKat | 0 | 30,00 | |
| 134030 | Sie unterließen es als Beteiligter an einem Verkehrsunfall, nachdem Sie eine nach den Umständen angemessene Zeit gewartet hatten, Ihren Namen und Ihre Anschrift am Unfallort zu hinterlassen.<br>§ 34 Abs. 1, § 49 StVO; § 24 Abs. 1, 3 Nr. 5 StVG; -- BKat | 0 | 30,00 | |

## Unfall – § 34 StVO
## Sonderrechte – § 35 StVO

| TBNR | Tatbestandstext | FaP-Pkt | Euro | FV |
|---|---|---|---|---|
| 134100 | Sie sicherten als Beteiligter an einem Verkehrsunfall nicht den Verkehr.<br>§ 34 Abs. 1, § 49 StVO; § 24 Abs. 1, 3 Nr. 5 StVG; 125 BKat | 0 | 30,00 | |
| 134101 | – so dass es zu einem weiteren Unfall kam. | 0 | 35,00 | |
| 134106 | Sie fuhren als Beteiligter an einem Verkehrsunfall mit geringfügigem Schaden nicht unverzüglich beiseite.<br>§ 34 Abs. 1, § 49 StVO; § 24 Abs. 1, 3 Nr. 5 StVG; 125 BKat | 0 | 30,00 | |
| 134107 | – so dass es zu einem weiteren Unfall kam. | 0 | 35,00 | |
| 134112 | Sie beseitigten nach einem Verkehrsunfall Unfallspuren, bevor die notwendigen Feststellungen getroffen waren.<br>§ 34 Abs. 3, § 49 StVO; § 24 Abs. 1, 3 Nr. 5 StVG; 126 BKat | 0 | 30,00 | |
| 135100 | Sie trugen bei Arbeiten außerhalb von Gehwegen und Absperrungen keine auffällige Warnkleidung.<br>§ 35 Abs. 6, § 49 StVO; § 24 Abs. 1, 3 Nr. 5 StVG; 127 BKat | 0 | 5,00 | |
| 135000 | Sie übten das Sonderrecht nicht mit der gebührenden Rücksicht auf die öffentliche Sicherheit und Ordnung aus.<br>§ 35 Abs. 8, § 49 StVO; § 24 Abs. 1, 3 Nr. 5 StVG; -- BKat | 0 | 25,00 | |

| TBNR | Tatbestandstext | FaP-Pkt | Euro | FV |
|---|---|---|---|---|
| 136000 | Sie befolgten als Fußgänger nicht das Haltgebot des Polizeibeamten.<br>§ 36 Abs. 1, 2, § 49 StVO; § 24 Abs. 1, 3 Nr. 5 StVG; -- BKat | 0 | 5,00 | |
| 136006 | Sie befolgten als Fußgänger nicht das Zeichen des Polizeibeamten.<br>§ 36 Abs. 1, 2, § 49 StVO; § 24 Abs. 1, 3 Nr. 5 StVG; -- BKat | 0 | 5,00 | |
| 136100 | Sie befolgten nicht die Weisung des Polizeibeamten.<br>§ 36 Abs. 1, § 49 StVO; § 24 Abs. 1, 3 Nr. 5 StVG; 128 BKat | 0 | 20,00 | |
| 136106 | Sie befolgten nicht die verkehrsregelnde Weisung des Polizeibeamten.<br>§ 36 Abs. 1, 3, § 49 StVO; § 24 Abs. 1, 3 Nr. 5 StVG; 128 BKat | 0 | 20,00 | |
| 136112 | Sie befolgten nicht die Anweisung des Polizeibeamten zur Durchführung einer Verkehrskontrolle oder Verkehrserhebung.<br>§ 36 Abs. 1, 5, § 49 StVO; § 24 Abs. 1, 3 Nr. 5 StVG; 128 BKat | 0 | 20,00 | |
| 136600 | Sie befolgten nicht das Zeichen des Polizeibeamten.<br>§ 36 Abs. 1, 2, § 49 StVO; § 24 Abs. 1, 3 Nr. 5 StVG; 129 BKat | B – 1 | 70,00 | |
| 136606 | Sie befolgten nicht das Haltgebot des Polizeibeamten.<br>§ 36 Abs. 1, 2, § 49 StVO; § 24 Abs. 1, 3 Nr. 5 StVG; 129 BKat | A – 1 | 70,00 | |
| 136607 | – Es kam zum Unfall. | A – 1 | 105,00 | |
| 136612 | Sie beachteten als Führer eines nichtmotorisierten Fahrzeugs nicht das Haltgebot des Polizeibeamten.<br>§ 36 Abs. 1, 2, § 49 StVO; § 24 Abs. 1, 3 Nr. 5 StVG; 129 BKat; § 3 Abs. 6 BKatV | (A – 1) | 35,00 | |

| TBNR | Tatbestandstext | FaP-Pkt | Euro | FV |
|---|---|---|---|---|
| 136618 | Sie beachteten als Führer eines nichtmotorisierten Fahrzeugs nicht das Zeichen des Polizeibeamten.<br>§ 36 Abs. 1, 2, § 49 StVO; § 24 Abs. 1, 3 Nr. 5 StVG; 129 BKat; § 3 Abs. 6 BKatV | (B – 1) | 35,00 | |
| 136624 | Sie befolgten nicht das Haltgebot des Polizeibeamten anlässlich einer Verkehrskontrolle oder Verkehrserhebung.<br>§ 36 Abs. 1, 5, § 49 StVO; § 24 Abs. 1, 3 Nr. 5 StVG; 129 BKat | A – 1 | 70,00 | |
| 137010 | Sie hielten näher als 10 Meter vor einem Lichtzeichen und verdeckten dieses.<br>§ 37 Abs. 1, § 49 StVO; § 24 Abs. 1, 3 Nr. 5 StVG; -- BKat | 0 | 10,00 | |
| 137011 | – wodurch Andere behindert +) wurden. | 0 | 15,00 | |
| 137012 | Sie parkten näher als 10 Meter vor einem Lichtzeichen und verdeckten dieses.<br>§ 37 Abs. 1, § 49 StVO; § 24 Abs. 1, 3 Nr. 5 StVG; -- BKat | 0 | 15,00 | |
| 137013 | – wodurch Andere behindert +) wurden. | 0 | 25,00 | |
| 137014 | Sie parkten länger als 1 Stunde näher als 10 Meter vor einem Lichtzeichen und verdeckten dieses.<br>§ 37 Abs. 1, § 49 StVO; § 24 Abs. 1, 3 Nr. 5 StVG; -- BKat | 0 | 25,00 | |
| 137015 | – wodurch Andere behindert +) wurden. | 0 | 35,00 | |
| 137000 | Sie missachteten das Rotlicht in Verbindung mit dem Gelblicht.<br>§ 37 Abs. 2, § 49 StVO; § 24 Abs. 1, 3 Nr. 5 StVG; -- BKat | 0 | 15,00 | |
| 137006 | Sie missachteten das Gelblicht der Lichtzeichenanlage, obwohl Sie gefahrlos hätten anhalten können.<br>§ 37 Abs. 2, § 49 StVO; § 24 Abs. 1, 3 Nr. 5 StVG; -- BKat | 0 | 10,00 | |

| TBNR | Tatbestandstext | FaP-Pkt | Euro | FV |
|---|---|---|---|---|
| 137100 | Sie missachteten als Fußgänger das Rotlicht der Lichtzeichenanlage.<br>§ 37 Abs. 2, § 49 StVO; § 24 Abs. 1, 3 Nr. 5 StVG; 130 BKat | 0 | 5,00 | |
| 137101 | – Es kam zum Unfall. | 0 | 10,00 | |
| 137106 | Sie bogen mit dem Fahrzeug bei rotem Lichtzeichen mit rechts daneben angebrachtem Grünpfeil aus einem anderen als dem rechten Fahrstreifen nach rechts ab.<br>§ 37 Abs. 2, § 49 StVO; § 24 Abs. 1, 3 Nr. 5 StVG; 131.1 BKat | 0 | 15,00 | |
| 137112 | Sie bogen mit dem Fahrzeug bei rotem Lichtzeichen mit rechts daneben angebrachtem Grünpfeil nach rechts ab und behinderten +) den Fahrzeugverkehr der freigegeben Richtung.<br>§ 37 Abs. 2, § 49 StVO; § 24 Abs. 1, 3 Nr. 5 StVG; 131.2 BKat | 0 | 35,00 | |
| 137500 | Sie missachteten das „Halt" anordnende besondere Lichtzeichen „weißer waagrechter Lichtbalken" für eine Straßenbahn/einen Bus/ein Taxi *).<br>Es kam zum Unfall.<br>§ 37 Abs. 2, § 1 Abs. 2, § 49 StVO;<br>§ 24 Abs. 1, 3 Nr. 5 StVG, § 25 StVG; -- BKat; § 19 OWiG | 0 | 240,00 | 1 M |
| 137506 | Sie missachteten das „Halt" anordnende besondere Lichtzeichen „weißer waagrechter Lichtbalken" für eine Straßenbahn/einen Bus/ein Taxi *).<br>Es kam zum Unfall. Das Lichtzeichen dauerte bereits länger als 1 Sekunde an.<br>§ 37 Abs. 2, § 1 Abs. 2, § 49 StVO;<br>§ 24 Abs. 1, 3 Nr. 5 StVG, § 25 StVG; -- BKat; § 19 OWiG | 0 | 360,00 | 1 M |

| TBNR | Bemerkungen |
|---|---|
| 137500; 137506 | *) Zutreffendes angeben |

## Wechsel- und Dauerlichtzeichen – § 37 StVO

| TBNR | Tatbestandstext | FaP-Pkt | Euro | FV |
|---|---|---|---|---|
| 137600 | Sie missachteten das Rotlicht der Lichtzeichenanlage.<br>§ 37 Abs. 2, § 49 StVO; § 24 Abs. 1, 3 Nr. 5 StVG; 132 BKat | A – 1 | 90,00 | |
| 137601 | – und gefährdeten +) dadurch Andere. | A – 2 | 200,00 | 1 M |
| 137602 | – Es kam zum Unfall. | A – 2 | 240,00 | 1 M |
| 137612 | Sie missachteten als Radfahrer/Fahrer eines Elektrokleinstfahrzeuges *) das Rotlicht der Lichtzeichenanlage.<br>§ 37 Abs. 2, § 49 StVO; § 24 Abs. 1, 3 Nr. 5 StVG; 132a BKat | A – 1 | 60,00 | |
| 137613 | – und gefährdeten +) dadurch Andere. | A – 1 | 100,00 | |
| 137614 | – Es kam zum Unfall. | A – 1 | 120,00 | |
| 137618 | Sie missachteten das Rotlicht der Lichtzeichenanlage. Die Rotphase dauerte bereits länger als 1 Sekunde an.<br>§ 37 Abs. 2, § 49 StVO; § 24 Abs. 1, 3 Nr. 5 StVG, § 25 StVG; 132.3 BKat; § 4 Abs. 1 BkatV | A – 2 | 200,00 | 1 M |
| 137619 | – und gefährdeten +) dadurch Andere. Die Rotphase ... | A – 2 | 320,00 | 1 M |
| 137620 | – Es kam zum Unfall. Die Rotphase ... | A – 2 | 360,00 | 1 M |
| 137624 | Sie missachteten als Radfahrer/Fahrer eines Elektrokleinstfahrzeuges *) das Rotlicht der Lichtzeichenanlage. Die Rotphase dauerte bereits länger als 1 Sekunde an.<br>§ 37 Abs. 2, § 49 StVO; § 24 Abs. 1, 3 Nr. 5 StVG; 132a.3 BKat | A – 1 | 100,00 | |
| 137625 | – und gefährdeten +) dadurch Andere. Die Rotphase ... | A – 1 | 160,00 | |
| 137626 | – Es kam zum Unfall. Die Rotphase ... | A – 1 | 180,00 | |

| **TBNR** | **Bemerkungen** |
|---|---|
| 137612 bis 137614 | *) Zutreffendes angeben |
| 137624 bis 137626 | *) Zutreffendes angeben |

| TBNR | Tatbestandstext | FaP-Pkt | Euro | FV |
|---|---|---|---|---|
| 137630 | Sie bogen mit dem Fahrzeug bei rotem Lichtzeichen mit rechts daneben angebrachtem Grünpfeil nach rechts ab, ohne vorher anzuhalten.<br>§ 37 Abs. 2, § 49 StVO; § 24 Abs. 1, 3 Nr. 5 StVG; 133.1 BKat | A – 1 | 70,00 | |
| | Sie bogen mit dem Fahrzeug bei rotem Lichtzeichen mit rechts daneben angebrachtem Grünpfeil nach rechts ab | | | |
| 137631 | – und gefährdeten +) dadurch den Fahrzeugverkehr der freigegebenen Verkehrsrichtungen.<br>§ 37 Abs. 2, § 49 StVO; § 24 Abs. 1, 3 Nr. 5 StVG; 133.2 BKat | A – 1 | 100,00 | |
| 137632 | – Es kam zum Unfall mit dem Fahrzeugverkehr der freigegebenen Verkehrsrichtungen. | A – 1 | 120,00 | |
| | Sie bogen mit dem Fahrzeug bei rotem Lichtzeichen mit rechts daneben angebrachtem Grünpfeil nach rechts ab | | | |
| 137636 | – und behinderten +) dadurch den Fußgängerverkehr/Fahrradverkehr auf einer Radwegfurt*) der freigegebenen Verkehrsrichtungen.<br>§ 37 Abs. 2, § 49 StVO; § 24 Abs. 1, 3 Nr. 5 StVG, StVG; 133.3.1 BKat | A – 1 | 100,00 | |
| 137637 | – und gefährdeten +) dadurch den Fußgängerverkehr/Fahrradverkehr auf einer Radwegfurt *) der freigegebenen Verkehrsrichtungen. | A – 1 | 150,00 | |
| 137638 | – Es kam zum Unfall mit dem Fußgängerverkehr/Fahrradverkehr auf einer Radwegfurt *) der freigegebenen Verkehrsrichtungen. | A – 1 | 180,00 | |
| 137642 | Sie missachteten als Radfahrer/Fahrer eines Elektrokleinstfahrzeuges *) das Dauerlichtzeichen „rote gekreuzte Schrägbalken".<br>§ 37 Abs. 3, § 49 StVO; § 24 Abs. 1, 3 Nr. 5 StVG; 132a BKat | A – 1 | 60,00 | |

| **TBNR** | **Bemerkungen** |
|---|---|
| 137636 bis 137638 | *) Zutreffendes angeben |
| 137642 | *) Zutreffendes angeben |

**Wechsel- und Dauerlichtzeichen – § 37 StVO**
**Blaues Blinklicht und gelbes Blinklicht – § 38 StVO**

| TBNR | Tatbestandstext | FaP-Pkt | Euro | FV |
|---|---|---|---|---|
| 137648 | Sie missachteten das Dauerlichtzeichen „rote gekreuzte Schrägbalken"<br>§ 37 Abs. 3, § 49 StVO; § 24 Abs. 1, 3 Nr. 5 StVG; 132 BKat | A – 1 | 90,00 | |
| 137649 | – und gefährdeten +) dadurch Andere. | A – 2 | 200,00 | 1 M |
| 137650 | – Es kam zum Unfall. | A – 2 | 240,00 | 1 M |
| 138100 | Sie verwendeten missbräuchlich blaues Blinklicht oder blaues Blinklicht zusammen mit dem Einsatzhorn.<br>§ 38 Abs. 1, 2, § 49 StVO; § 24 Abs. 1, 3 Nr. 5 StVG; 134 BKat | 0 | 20,00 | |
| 138106 | Sie verwendeten missbräuchlich gelbes Blinklicht.<br>§ 38 Abs. 3, § 49 StVO; § 24 Abs. 1, 3 Nr. 5 StVG; 134 BKat | 0 | 20,00 | |
| 138600 | Sie unterließen es, einem Einsatzfahrzeug mit eingeschaltetem blauen Blinklicht und Einsatzhorn sofort freie Bahn zu schaffen.<br>§ 38 Abs. 1, § 49 StVO; § 24 Abs. 1, 3 Nr. 5 StVG, § 25 StVG; 135 BKat; § 4 Abs. 1 BKatV | A – 2 | 240,00 | 1 M |
| 138601 | – und gefährdeten +) diese.<br>§ 38 Abs. 1, § 1 Abs. 2, § 49 StVO; § 24 Abs. 1, 3 Nr. 5 StVG, § 25 StVG; 135.1 BKat; § 4 Abs. 1 BKatV; § 19 OWiG | A – 2 | 280,00 | 1 M |
| 138602 | – Es kam zum Unfall.<br>§ 38 Abs. 1, § 1 Abs. 2, § 49 StVO; § 24 Abs. 1, 3 Nr. 5 StVG, § 25 StVG; 135.2 BKat; § 4 Abs. 1 BKatV; § 19 OWiG | A – 2 | 320,00 | 1 M |

| TBNR | Tatbestandstext | FaP-Pkt | Euro | FV |
|---|---|---|---|---|
| 141042 | Sie parkten auf einem Gehweg, der durch Parkflächenmarkierung zum Gehwegparken freigegeben war, obwohl Ihr Fahrzeug mehr als 2,8 t zulässige Gesamtmasse hat.<br>**§ 41 Abs. 1 iVm Anlage 2, § 49 StVO; § 24 Abs. 1, 3 Nr. 5 StVG; -- BKat** | 0 | 15,00 | |
| 141043 | – und behinderten +) dadurch Andere. | 0 | 25,00 | |
| 141044 | Sie parkten länger als 1 Stunde auf einem Gehweg, der durch Parkflächenmarkierung zum Gehwegparken freigegeben war, obwohl Ihr Fahrzeug mehr als 2,8 t zulässige Gesamtmasse hat.<br>**§ 41 Abs. 1 iVm Anlage 2, § 49 StVO; § 24 Abs. 1, 3 Nr. 5 StVG; -- BKat** | 0 | 25,00 | |
| 141045 | – und behinderten +) dadurch Andere. | 0 | 35,00 | |
| 141360 | Sie hielten näher als 10 Meter vor einem Andreaskreuz (Zeichen 201)/Zeichen 205 (Vorfahrt gewähren!)/Zeichen 206 (Halt! Vorfahrt gewähren!)*) und verdeckten dieses.<br>**§ 41 Abs. 1 iVm Anlage 2, § 49 StVO; § 24 Abs. 1, 3 Nr. 5 StVG; 51 BKat** | 0 | 20,00 | |
| 141361 | – wodurch Andere behindert +) wurden. | 0 | 35,00 | |
| 141362 | Sie parkten näher als 10 Meter vor einem Andreaskreuz (Zeichen 201)/Zeichen 205 (Vorfahrt gewähren!)/Zeichen 206 (Halt! Vorfahrt gewähren!)*) und verdeckten dieses.<br>**§ 41 Abs. 1 iVm Anlage 2, § 49 StVO; § 24 Abs. 1, 3 Nr. 5 StVG; 52 BKat** | 0 | 25,00 | |
| 141363 | – wodurch Andere behindert +) wurden. | 0 | 40,00 | |
| 141364 | Sie parkten länger als 1 Stunde näher als 10 Meter vor einem Andreaskreuz (Zeichen 201)/Zeichen 205 (Vorfahrt gewähren!)/Zeichen 206 (Halt! Vorfahrt gewähren!)*) und verdeckten dieses.<br>**§ 41 Abs. 1 iVm Anlage 2, § 49 StVO; § 24 Abs. 1, 3 Nr. 5 StVG; 52.2 BKat** | 0 | 40,00 | |
| 141365 | – wodurch Andere behindert +) wurden. | 0 | 50,00 | |

| **TBNR** | **Bemerkungen** |
|---|---|
| 141360 bis 141365 | *) Zutreffendes angeben |

| TBNR | Tatbestandstext | FaP-Pkt | Euro | FV |
|---|---|---|---|---|
| 141402 | Sie parkten in einem Abstand von weniger als 15 Metern von einem Haltestellenschild (Zeichen 224).<br>§ 41 Abs. 1 iVm Anlage 2, § 49 StVO; § 24 Abs. 1, 3 Nr. 5 StVG; 54.4 BKat | 0 | 55,00 | |
| 141818 | – und behinderten +) dadurch Andere. | 0 | 70,00 | |
| 141819 | – und gefährdeten +) dadurch Andere. | 0 | 80,00 | |
| 141820 | – Es kam zum Unfall. | 0 | 100,00 | |
| 141821 | Sie parkten länger als 3 Stunden in einem Abstand von weniger als 15 Metern von einem Haltestellenschild (Zeichen 224).<br>§ 41 Abs. 1 iVm Anlage 2, § 49 StVO; § 24 Abs. 1, 3 Nr. 5 StVG; 54.4.4 BKat | 0 | 70,00 | |
| 141822 | – und behinderten +) dadurch Andere. | 0 | 80,00 | |
| 141823 | – und gefährdeten +) dadurch Andere. | 0 | 80,00 | |
| 141824 | – Es kam zum Unfall. | 0 | 100,00 | |
| 141120 | Sie hielten auf einem Bussonderfahrstreifen (Zeichen 245).<br>§ 41 Abs. 1 iVm Anlage 2, § 49 StVO; § 24 Abs. 1, 3 Nr. 5 StVG; 54.3 BKat | 0 | 55,00 | |
| 141825 | – und behinderten +) dadurch Andere. | 0 | 70,00 | |
| 141826 | – und gefährdeten +) dadurch Andere. | 0 | 80,00 | |
| 141827 | – Es kam zum Unfall. | 0 | 100,00 | |
| 141123 | Sie hielten innerhalb einer Grenzmarkierung (Zeichen 299) für ein Haltverbot im Bereich eines Bussonderfahrstreifens (Zeichen 245).<br>§ 41 Abs. 1 iVm Anlage 2, § 49 StVO;<br>§ 24 Abs. 1, 3 Nr. 5 StVG; 54.3 BKat | 0 | 55,00 | |
| 141622 | – und behinderten +) dadurch Andere. | 0 | 70,00 | |
| 141623 | – und gefährdeten +) dadurch Andere. | 0 | 80,00 | |
| 141624 | – Es kam zum Unfall. | 0 | 100,00 | |

| TBNR | Tatbestandstext | FaP-Pkt | Euro | FV |
|---|---|---|---|---|
| 141125 | Sie parkten auf einem Bussonderfahrstreifen (Zeichen 245).<br>§ 41 Abs. 1 iVm Anlage 2, § 49 StVO;<br>§ 24 Abs. 1, 3 Nr. 5 StVG; 54.4 BKat | 0 | 55,00 | |
| 141828 | – und behinderten +) dadurch Andere. | 0 | 70,00 | |
| 141829 | – und gefährdeten +) dadurch Andere. | 0 | 80,00 | |
| 141830 | – Es kam zum Unfall. | 0 | 100,00 | |
| 141831 | Sie parkten länger als 3 Stunden auf einem Bussonderfahrstreifen (Zeichen 245).<br>§ 41 Abs. 1 iVm Anlage 2, § 49 StVO;<br>§ 24 Abs. 1, 3 Nr. 5 StVG; 54.4.4 BKat | 0 | 70,00 | |
| 141832 | – und behinderten +) dadurch Andere. | 0 | 80,00 | |
| 141833 | – und gefährdeten +) dadurch Andere. | 0 | 80,00 | |
| 141834 | – Es kam zum Unfall. | 0 | 100,00 | |
| 141380 | Sie hielten verbotswidrig im Bereich eines Taxenstandes (Zeichen 229).<br>§ 41 Abs. 1 iVm Anlage 2, § 49 StVO;<br>§ 24 Abs. 1, 3 Nr. 5 StVG; 51 BKat | 0 | 20,00 | |
| 141381 | – und behinderten +) dadurch den Taxenverkehr. | 0 | 35,00 | |
| 141382 | Sie parkten verbotswidrig im Bereich eines Taxenstandes (Zeichen 229).<br>§ 41 Abs. 1 iVm Anlage 2, § 49 StVO;<br>§ 24 Abs. 1, 3 Nr. 5 StVG; 52 BKat | 0 | 25,00 | |
| 141383 | – und behinderten +) dadurch den Taxenverkehr. | 0 | 40,00 | |
| 141384 | Sie parkten verbotswidrig länger als 1 Stunde im Bereich eines Taxenstandes (Zeichen 229).<br>§ 41 Abs. 1 iVm Anlage 2, § 49 StVO;<br>§ 24 Abs. 1, 3 Nr. 5 StVG; 52.1 BKat | 0 | 40,00 | |
| 141385 | – und behinderten +) dadurch den Taxenverkehr. | 0 | 50,00 | |
| 141310 | Sie hielten im absoluten Haltverbot (Zeichen 283).<br>§ 41 Abs. 1 iVm Anlage 2, § 49 StVO;<br>§ 24 Abs. 1, 3 Nr. 5 StVG; 51 BKat | 0 | 20,00 | |
| 141311 | – und behinderten +) dadurch Andere. | 0 | 35,00 | |

| TBNR | Tatbestandstext | FaP-Pkt | Euro | FV |
|---|---|---|---|---|
| 141312 | Sie parkten im absoluten Haltverbot (Zeichen 283).<br>§ 41 Abs. 1 iVm Anlage 2, § 49 StVO;<br>§ 24 Abs. 1, 3 Nr. 5 StVG; 52 BKat | 0 | 25,00 | |
| 141313 | – und behinderten +) dadurch Andere. | 0 | 40,00 | |
| 141314 | Sie parkten länger als 1 Stunde im absoluten Haltverbot (Zeichen 283).<br>§ 41 Abs. 1 iVm Anlage 2, § 49 StVO;<br>§ 24 Abs. 1, 3 Nr. 5 StVG; 52.2 BKat | 0 | 40,00 | |
| 141315 | – und behinderten +) dadurch Andere. | 0 | 50,00 | |
| 141050 | Sie hielten verbotswidrig im Bereich einer Feuerwehranfahrtszone/einer Feuerwehrzufahrt/eines Rettungsweges *) (Zeichen 283 mit Zusatzzeichen).<br>§ 41 Abs. 1 iVm Anlage 2, § 49 StVO;<br>§ 24 Abs. 1, 3 Nr. 5 StVG; -- BKat | 0 | 20,00 | |
| 141051 | – und behinderten +) dadurch ein Rettungsfahrzeug im Einsatz. | 0 | 35,00 | |
| 141056 | Sie parkten verbotswidrig im Bereich einer Feuerwehranfahrtszone/einer Feuerwehrzufahrt/eines Rettungsweges *) (Zeichen 283 mit Zusatzzeichen).<br>§ 41 Abs. 1 iVm Anlage 2, § 49 StVO;<br>§ 24 Abs. 1, 3 Nr. 5 StVG; -- BKat | 0 | 55,00 | |
| 141518 | – und behinderten +) dadurch ein Rettungsfahrzeug im Einsatz.<br>§ 41 Abs. 1 iVm Anlage 2, § 1 Abs. 2, § 49 StVO; § 24 Abs. 1, 3 Nr. 5 StVG; -- BKat; § 19 OWiG | 0 | 100,00 | |
| 141322 | Sie parkten unzulässig im eingeschränkten Haltverbot (Zeichen 286).<br>§ 41 Abs. 1 iVm Anlage 2, § 49 StVO;<br>§ 24 Abs. 1, 3 Nr. 5 StVG; 52 BKat | 0 | 25,00 | |
| 141323 | – und behinderten +) dadurch Andere. | 0 | 40,00 | |

| **TBNR** | **Bemerkungen** |
|---|---|
| 141050 bis 141518 | *) Zutreffendes angeben |

| TBNR | Tatbestandstext | FaP-Pkt | Euro | FV |
|---|---|---|---|---|
| 141324 | Sie parkten unzulässig länger als 1 Stunde im eingeschränkten Haltverbot (Zeichen 286).<br>§ 41 Abs. 1 iVm Anlage 2, § 49 StVO;<br>§ 24 Abs. 1, 3 Nr. 5 StVG; 52.2 BKat | 0 | 40,00 | |
| 141325 | – und behinderten +) dadurch Andere. | 0 | 50,00 | |
| 141392 | Sie parkten im eingeschränkten Haltverbot (Zeichen 286/290.1, 290.2*)) mit Zusatzzeichen „Bewohner mit Parkausweis frei". Ein besonderer Parkausweis lag nicht gut lesbar aus.<br>§ 41 Abs. 1 iVm Anlage 2, § 49 StVO;<br>§ 24 Abs. 1, 3 Nr. 5 StVG; 52 BKat | 0 | 25,00 | |
| 141393 | – und behinderten +) dadurch Andere. Ein besonderer Parkausweis lag nicht gut lesbar aus. | 0 | 40,00 | |
| 141394 | Sie parkten länger als 1 Stunde im eingeschränkten Haltverbot (Zeichen 286/290.1, 290.2*)) mit Zusatzzeichen „Bewohner mit Parkausweis frei". Ein besonderer Parkausweis lag nicht gut lesbar aus.<br>§ 41 Abs. 1 iVm Anlage 2, § 49 StVO;<br>§ 24 Abs. 1, 3 Nr. 5 StVG; 52.2 BKat | 0 | 40,00 | |
| 141395 | – und behinderten +) dadurch Andere. Ein besonderer Parkausweis lag nicht gut lesbar aus. | 0 | 50,00 | |
| 141290 | Sie hielten auf einem Fußgängerüberweg.<br>§ 41 Abs. 1 iVm Anlage 2, § 49 StVO;<br>§ 24 Abs. 1, 3 Nr. 5 StVG; 51 BKat | 0 | 20,00 | |
| 141291 | – und behinderten +) dadurch Andere. | 0 | 35,00 | |
| 141292 | Sie parkten auf einem Fußgängerüberweg.<br>§ 41 Abs. 1 iVm Anlage 2, § 49 StVO;<br>§ 24 Abs. 1, 3 Nr. 5 StVG; 52 BKat | 0 | 25,00 | |
| 141293 | – und behinderten +) dadurch Andere. | 0 | 40,00 | |

| **TBNR** | **Bemerkungen** |
|---|---|
| 141392 bis 141395 | *) Zutreffendes angeben |

| TBNR | Tatbestandstext | FaP-Pkt | Euro | FV |
|---|---|---|---|---|
| 141294 | Sie parkten länger als 1 Stunde auf einem Fußgängerüberweg.<br>§ 41 Abs. 1 iVm Anlage 2, § 49 StVO;<br>§ 24 Abs. 1, 3 Nr. 5 StVG; 52.2 BKat | 0 | 40,00 | |
| 141295 | – und behinderten +) dadurch Andere. | 0 | 50,00 | |
| 141300 | Sie hielten in einem Abstand von weniger als 5 Metern vor einem Fußgängerüberweg.<br>§ 41 Abs. 1 iVm Anlage 2, § 49 StVO;<br>§ 24 Abs. 1, 3 Nr. 5 StVG; 51 BKat | 0 | 20,00 | |
| 141301 | – und behinderten +) dadurch Andere. | 0 | 35,00 | |
| 141302 | Sie parkten in einem Abstand von weniger als 5 Metern vor einem Fußgängerüberweg.<br>§ 41 Abs. 1 iVm Anlage 2, § 49 StVO;<br>§ 24 Abs. 1, 3 Nr. 5 StVG; 52 BKat | 0 | 25,00 | |
| 141303 | – und behinderten +) dadurch Andere. | 0 | 40,00 | |
| 141304 | Sie parkten länger als 1 Stunde in einem Abstand von weniger als 5 Metern vor einem Fußgängerüberweg.<br>§ 41 Abs. 1 iVm Anlage 2, § 49 StVO;<br>§ 24 Abs. 1, 3 Nr. 5 StVG; 52.2 BKat | 0 | 40,00 | |
| 141305 | – und behinderten +) dadurch Andere. | 0 | 50,00 | |
| 141330 | Sie hielten links von einer Fahrbahnbegrenzung (Zeichen 295).<br>§ 41 Abs. 1 iVm Anlage 2, § 49 StVO;<br>§ 24 Abs. 1, 3 Nr. 5 StVG; 51 BKat | 0 | 20,00 | |
| 141331 | – und behinderten +) dadurch Andere. | 0 | 35,00 | |
| 141332 | Sie parkten links von einer Fahrbahnbegrenzung (Zeichen 295).<br>§ 41 Abs. 1 iVm Anlage 2, § 49 StVO;<br>§ 24 Abs. 1, 3 Nr. 5 StVG; 52 BKat | 0 | 25,00 | |
| 141333 | – und behinderten +) dadurch Andere. | 0 | 40,00 | |
| 141334 | Sie parkten länger als 1 Stunde links von einer Fahrbahnbegrenzung (Zeichen 295).<br>§ 41 Abs. 1 iVm Anlage 2, § 49 StVO;<br>§ 24 Abs. 1, 3 Nr. 5 StVG; 52.2 BKat | 0 | 40,00 | |
| 141335 | – und behinderten +) dadurch Andere. | 0 | 50,00 | |

| TBNR | Tatbestandstext | FaP-Pkt | Euro | FV |
|---|---|---|---|---|
| 141412 | Sie parkten, obwohl zwischen Ihrem Fahrzeug und der Fahrstreifenbegrenzung (Zeichen 295/296*)) ein Abstand von weniger als 3 Metern verblieb.<br>§ 41 Abs. 1 iVm Anlage 2, § 49 StVO;<br>§ 24 Abs. 1, 3 Nr. 5 StVG; 54 BKat | 0 | 10,00 | |
| 141413 | – und behinderten +) dadurch Andere. | 0 | 15,00 | |
| 141414 | Sie parkten länger als 3 Stunden, obwohl zwischen Ihrem Fahrzeug und der Fahrstreifenbegrenzung (Zeichen 295/296*)) ein Abstand von weniger als 3 Metern verblieb.<br>§ 41 Abs. 1 iVm Anlage 2, § 49 StVO;<br>§ 24 Abs. 1, 3 Nr. 5 StVG; 54.2 BKat | 0 | 20,00 | |
| 141415 | – und behinderten +) dadurch Andere. | 0 | 30,00 | |
| 141245 | Sie benutzten die Sperrfläche (Zeichen 298) zum Parken.<br>§ 41 Abs. 1 iVm Anlage 2, § 49 StVO;<br>§ 24 Abs. 1, 3 Nr. 5 StVG; 156 BKat | 0 | 25,00 | |
| 141340 | Sie hielten auf einem durch Richtungspfeile (Zeichen 297) gekennzeichneten Fahrbahnteil.<br>§ 41 Abs. 1 iVm Anlage 2, § 49 StVO;<br>§ 24 Abs. 1, 3 Nr. 5 StVG; 51 BKat | 0 | 20,00 | |
| 141341 | – und behinderten +) dadurch Andere. | 0 | 35,00 | |
| 141342 | Sie parkten auf einem durch Richtungspfeile (Zeichen 297) gekennzeichneten Fahrbahnteil.<br>§ 41 Abs. 1 iVm Anlage 2, § 49 StVO;<br>§ 24 Abs. 1, 3 Nr. 5 StVG; 52 BKat | 0 | 25,00 | |
| 141343 | – und behinderten +) dadurch Andere. | 0 | 40,00 | |
| 141344 | Sie parkten länger als 1 Stunde auf einem durch Richtungspfeile (Zeichen 297) gekennzeichneten Fahrbahnteil.<br>§ 41 Abs. 1 iVm Anlage 2, § 49 StVO;<br>§ 24 Abs. 1, 3 Nr. 5 StVG; 52.2 BKat | 0 | 40,00 | |
| 141345 | – und behinderten +) dadurch Andere. | 0 | 50,00 | |

| **TBNR** | **Bemerkungen** |
|---|---|
| 141412 bis 141415 | *) Zutreffendes angeben |

## Vorschriftzeichen – § 41 Abs. 1 iVm Anlage 2 StVO (Halten/Parken)

| TBNR | Tatbestandstext | FaP-Pkt | Euro | FV |
|---|---|---|---|---|
| 141350 | Sie hielten innerhalb einer Grenzmarkierung (Zeichen 299) für ein Haltverbot.<br>§ 41 Abs. 1 iVm Anlage 2, § 49 StVO;<br>§ 24 Abs. 1, 3 Nr. 5 StVG; 51 BKat | 0 | 20,00 | |
| 141351 | – und behinderten +) dadurch Andere. | 0 | 35,00 | |
| 141352 | Sie parkten innerhalb einer Grenzmarkierung (Zeichen 299) für ein Haltverbot.<br>§ 41 Abs. 1 iVm Anlage 2, § 49 StVO;<br>§ 24 Abs. 1, 3 Nr. 5 StVG; 52 BKat | 0 | 25,00 | |
| 141353 | – und behinderten +) dadurch Andere. | 0 | 40,00 | |
| 141354 | Sie parkten länger als 1 Stunde innerhalb einer Grenzmarkierung (Zeichen 299) für ein Haltverbot.<br>§ 41 Abs. 1 iVm Anlage 2, § 49 StVO;<br>§ 24 Abs. 1, 3 Nr. 5 StVG; 52.2 BKat | 0 | 40,00 | |
| 141355 | – und behinderten +) dadurch Andere. | 0 | 50,00 | |
| 141026 | Sie parkten innerhalb einer Grenzmarkierung (Zeichen 299) für ein Parkverbot.<br>§ 41 Abs. 1 iVm Anlage 2, § 49 StVO;<br>§ 24 Abs. 1, 3 Nr. 5 StVG; -- BKat | 0 | 10,00 | |
| 141027 | – und behinderten +) dadurch Andere. | 0 | 15,00 | |
| 141028 | Sie parkten länger als 3 Stunden innerhalb einer Grenzmarkierung (Zeichen 299) für ein Parkverbot.<br>§ 41 Abs. 1 iVm Anlage 2, § 49 StVO;<br>§ 24 Abs. 1, 3 Nr. 5 StVG; -- BKat | 0 | 20,00 | |
| 141029 | – und behinderten +) dadurch Andere. | 0 | 30,00 | |

| TBNR | Tatbestandstext | FaP-Pkt | Euro | FV |
| --- | --- | --- | --- | --- |

## Vorschriftzeichen – § 41 Abs. 1 iVm Anlage 2 StVO (Halten/Parken)

| TBNR | Tatbestandstext | FaP-Pkt | Euro | FV |
|---|---|---|---|---|
| 141421 | Sie parkten innerhalb einer Grenzmarkierung (Zeichen 299) für ein Parkverbot im Bereich einer Haltestelle (Zeichen 224)/eines Bussonderfahrstreifens (Zeichen 245)*).<br>§ 41 Abs. 1 iVm Anlage 2, § 49 StVO;<br>§ 24 Abs. 1, 3 Nr. 5 StVG; 54.4 BKat | 0 | 55,00 | |
| 141842 | – und behinderten +) dadurch Andere. | 0 | 70,00 | |
| 141843 | – und gefährdeten +) dadurch Andere. | 0 | 80,00 | |
| 141844 | – Es kam zum Unfall. | 0 | 100,00 | |
| 141845 | Sie parkten länger als 3 Stunden innerhalb einer Grenzmarkierung (Zeichen 299) für ein Parkverbot im Bereich einer Haltestelle (Zeichen 224)/eines Bussonderfahrstreifens (Zeichen 245)*)<br>§ 41 Abs. 1 iVm Anlage 2, § 49 StVO;<br>§ 24 Abs. 1, 3 Nr. 5 StVG; 54.4.4 BKat | 0 | 70,00 | |
| 141846 | – und behinderten +) dadurch Andere. | 0 | 70,00 | |
| 141847 | – und gefährdeten +) dadurch Andere. | 0 | 80,00 | |
| 141848 | – Es kam zum Unfall. | 0 | 100,00 | |
| 141430 | Sie hielten verbotswidrig innerhalb des Kreisverkehrs (Zeichen 215) auf der Fahrbahn.<br>§ 41 Abs. 1 iVm Anlage 2, § 49 StVO;<br>§ 24 Abs. 1, 3 Nr. 5 StVG; 51 BKat | 0 | 20,00 | |
| 141431 | – und behinderten +) dadurch Andere. | 0 | 35,00 | |
| 141432 | Sie parkten verbotswidrig innerhalb des Kreisverkehrs (Zeichen 215) auf der Fahrbahn.<br>§ 41 Abs. 1 iVm Anlage 2, § 49 StVO;<br>§ 24 Abs. 1, 3 Nr. 5 StVG; 52 BKat | 0 | 25,00 | |
| 141433 | – und behinderten +) dadurch Andere. | 0 | 40,00 | |

**TBNR** **Bemerkungen**
141421 - 141848 *) Zutreffendes angeben

| TBNR | Tatbestandstext | FaP-Pkt | Euro | FV |
|---|---|---|---|---|
| 141434 | Sie parkten verbotswidrig länger als 1 Stunde innernhalb des Kreisverkehrs (Zeichen 215) auf der Fahrbahn.<br>§ 41 Abs. 1 iVm Anlage 2, § 49 StVO;<br>§ 24 Abs. 1, 3 Nr. 5 StVG; 52.2 BKat | 0 | 40,00 | |
| 141435 | – und behinderten +) dadurch Andere. | 0 | 50,00 | |
| 141070 | Sie hielten auf einem Radweg (Zeichen 237).<br>§ 41 Abs. 1 iVm Anlage 2, § 49 StVO;<br>§ 24 Abs. 1, 3 Nr. 5 StVG; -- BKat | 0 | 50,00 | |
| 141071 | – und behinderten +) dadurch Andere. | 0 | 55,00 | |
| 141572 | – und gefährdeten +) dadurch Andere. | 0 | 70,00 | |
| 141573 | – Es kam zum Unfall. | 0 | 90,00 | |
| 141174 | Sie parkten auf einem Radweg (Zeichen 237).<br>§ 41 Abs. 1 iVm Anlage 2, § 49 StVO;<br>§ 24 Abs. 1, 3 Nr. 5 StVG; 52a BKat | 0 | 55,00 | |
| 141775 | – und behinderten +) dadurch Andere. | B – 1 | 70,00 | |
| 141776 | – länger als 1 Stunde. | B – 1 | 70,00 | |
| 141777 | – länger als 1 Stunde und behinderten +) dadurch Andere. | B – 1 | 80,00 | |
| 141778 | – und gefährdeten +) dadurch Andere. | B – 1 | 80,00 | |
| 141779 | – Es kam zum Unfall. | B – 1 | 100,00 | |
| 141184 | Sie parkten auf dem Gehweg/auf dem gemeinsamen Geh- und Radweg/auf dem Gehweg eines getrennten Rad- und Gehwegs/im Bereich einer Fußgängerzone *), der durch Zeichen 239/240/241/242.1 **) gesperrt war.<br>§ 41 Abs. 1 iVm Anlage 2, § 49 StVO;<br>§ 24 Abs. 1, 3 Nr. 5 StVG; 144 BKat | 0 | 55,00 | |
| 141785 | – und behinderten +) dadurch Andere. | 0 | 70,00 | |

| **TBNR** | **Bemerkungen** |
|---|---|
| 141184, 141785 | *) Zutreffendes angeben<br>**) Verkehrszeichen angeben |

## Vorschriftzeichen – § 41 Abs. 1 iVm Anlage 2 StVO (Halten/Parken)

| TBNR | Tatbestandstext | FaP-Pkt | Euro | FV |
|---|---|---|---|---|
| 141786 | Sie parkten länger als 3 Stunden auf dem Gehweg/auf dem gemeinsamen Geh- und Radweg/auf dem Gehweg eines getrennten Rad- und Gehwegs/im Bereich einer Fußgängerzone *), der durch Zeichen 239/240/241/242.1 **) gesperrt war.<br>§ 41 Abs. 1 iVm Anlage 2, § 49 StVO;<br>§ 24 Abs. 1, 3 Nr. 5 StVG; 144.2 BKat | 0 | 70,00 | |
| 141090 | Sie hielten auf einem Geh- und Radweg (Zeichen 240/241*)).<br>§ 41 Abs. 1 iVm Anlage 2, § 49 StVO;<br>§ 24 Abs. 1, 3 Nr. 5 StVG; -- BKat | 0 | 50,00 | |
| 141091 | – und behinderten +) dadurch Andere. | 0 | 55,00 | |
| 141592 | – und gefährdeten +) dadurch Andere. | 0 | 70,00 | |
| 141593 | – Es kam zum Unfall. | 0 | 90,00 | |
| 141194 | Sie parkten auf einem Geh- und Radweg (Zeichen 240/241*)).<br>§ 41 Abs. 1 iVm Anlage 2, § 49 StVO;<br>§ 24 Abs. 1, 3 Nr. 5 StVG; 52a BKat | 0 | 55,00 | |
| 141795 | – und behinderten +) dadurch Andere. | B – 1 | 70,00 | |
| 141796 | – länger als eine Stunde. | B – 1 | 70,00 | |
| 141797 | – länger als eine Stunde und behinderten +) dadurch Andere. | B – 1 | 80,00 | |
| 141798 | – und gefährdeten +) dadurch Andere. | B – 1 | 80,00 | |
| 141799 | – Es kam zum Unfall. | B – 1 | 100,00 | |

**TBNR** **Bemerkungen**

141786 *) Zutreffendes angeben
**) Verkehrszeichen angeben

141090 - 141799 *) Verkehrszeichen angeben

## Vorschriftzeichen – § 41 Abs. 1 iVm Anlage 2 StVO (Halten/Parken)

| TBNR | Tatbestandstext | FaP-Pkt | Euro | FV |
|---|---|---|---|---|
| 141737 | Sie hielten mit einem Kraftfahrzeug über 3,5 t Gesamtmasse (ausgenommen PKW und KOM) auf dem gemeinsamen Geh- und Radweg/auf dem Gehweg des getrennten Rad- und Gehwegs/im Bereich einer Fußgängerzone *), obwohl dieser für Sie durch Zeichen 239/240/241/242.1 **) gesperrt war.<br>§ 41 Abs. 1 iVm Anlage 2, § 49 StVO;<br>§ 24 Abs. 1, 3 Nr. 5 StVG; 141.1 BKat | 0 | 100,00 | |
| 141159 | – bis 3,5 t zulässiger Gesamtmasse mit Anhänger oder einem Kraftomnibus. | 0 | 55,00 | |
| 141166 | Sie hielten mit einem Kraftfahrzeug auf dem Gehweg/auf dem gemeinsamen Geh- und Radweg/auf dem Gehweg eines getrennten Rad- und Gehwegs/im Bereich einer Fußgängerzone *), obwohl dieser für Sie durch Zeichen 239/240/241/242.1 **) gesperrt war.<br>§ 41 Abs. 1 iVm Anlage 2, § 49 StVO;<br>§ 24 Abs. 1, 3 Nr. 5 StVG; 141.3 BKat | 0 | 50,00 | |
| 141020 | Sie hielten auf einer Fahrradstraße (Zeichen 244.1, 244.2).<br>§ 41 Abs. 1 iVm Anlage 2, § 49 StVO;<br>§ 24 Abs. 1, 3 Nr. 5 StVG; -- BKat | 0 | 50,00 | |
| 141021 | – und behinderten +) dadurch Andere. | 0 | 55,00 | |
| 141522 | – und gefährdeten +) dadurch Andere. | 0 | 70,00 | |
| 141523 | – Es kam zum Unfall. | 0 | 90,00 | |
| 141124 | Sie parkten auf einer Fahrradstraße (Zeichen 244.1, 244.2).<br>§ 41 Abs. 1 iVm Anlage 2, § 49 StVO;<br>§ 24 Abs. 1, 3 Nr. 5 StVG; -- BKat | 0 | 55,00 | |
| 141525 | – und behinderten +) dadurch Andere. | 0 | 70,00 | |
| 141526 | – länger als eine Stunde. | 0 | 70,00 | |

| TBNR | Bemerkungen |
|---|---|
| 141737; 141166 | *) Zutreffendes angeben<br>**) Verkehrszeichen angeben |

## Vorschriftzeichen – § 41 Abs. 1 iVm Anlage 2 StVO (Halten/Parken)

| TBNR | Tatbestandstext | FaP-Pkt | Euro | FV |
|---|---|---|---|---|
| 141527 | – länger als eine Stunde und behinderten +) dadurch Andere. | 0 | 80,00 | |
| 141528 | – und gefährdeten +) dadurch Andere. | 0 | 80,00 | |
| 141529 | – Es kam zum Unfall. | 0 | 100,00 | |
| 141030 | Sie hielten auf einem Reitweg (Zeichen 238).<br>§ 41 Abs. 1 iVm Anlage 2, § 49 StVO;<br>§ 24 Abs. 1, 3 Nr. 5 StVG; -- BKat | 0 | 20,00 | |
| 141031 | – und behinderten +) dadurch Andere. | 0 | 35,00 | |
| 141442 | Sie parkten auf einem Reitweg (Zeichen 238).<br>§ 41 Abs. 1 iVm Anlage 2, § 49 StVO;<br>§ 24 Abs. 1, 3 Nr. 5 StVG; 52 BKat | 0 | 25,00 | |
| 141443 | – und behinderten +) dadurch Andere. | 0 | 40,00 | |
| 141444 | – länger als 1 Stunde. | 0 | 40,00 | |
| 141445 | – und behinderten +) dadurch Andere. | 0 | 50,00 | |
| 141164 | Sie parkten in einem Verkehrsbereich, der durch Zeichen 250/251/253/255/260 *) gesperrt war.<br>§ 41 Abs. 1 iVm Anlage 2, § 49 StVO;<br>§ 24 Abs. 1, 3 Nr. 5 StVG; 144 BKat | 0 | 55,00 | |
| 141865 | – und behinderten +) dadurch Andere. | 0 | 70,00 | |
| 141866 | – länger als 3 Stunden. | 0 | 70,00 | |
| 141015 | Sie parkten nicht entsprechend der Parkflächenmarkierung.<br>§ 41 Abs. 1 iVm Anlage 2, § 49 StVO;<br>§ 24 Abs. 1, 3 Nr. 5 StVG; -- BKat | 0 | 10,00 | |
| 141018 | – und behinderten +) dadurch Andere. | 0 | 15,00 | |
| 141378 | Sie parkten in einem Verkehrsbereich, der für Sie durch Zeichen 262/263/264/265/266/267 *) gesperrt war.<br>§ 41 Abs. 1 iVm Anlage 2, § 49 StVO;<br>§ 24 Abs. 1, 3 Nr. 5 StVG; -- BKat | 0 | 20,00 | |

| **TBNR** | **Bemerkungen** |
|---|---|
| 141164 bis 141866 | *) Verkehrszeichen angeben |
| 141378 | *) Verkehrszeichen angeben |

| TBNR | Tatbestandstext | FaP-Pkt | Euro | FV |
|---|---|---|---|---|
| 141118 | Sie parkten im eingeschränkten Haltverbot für eine Zone (Zeichen 290.1, 290.2).<br>§ 41 Abs. 1 iVm Anlage 2, § 49 StVO;<br>§ 24 Abs. 1, 3 Nr. 5 StVG; 52 BKat | 0 | 25,00 | |
| 141119 | – und behinderten +) dadurch Andere. | 0 | 40,00 | |
| 141121 | – länger als eine Stunde. | 0 | 40,00 | |
| 141122 | – länger als eine Stunde und behinderten +) dadurch Andere. | 0 | 50,00 | |
| 141006 | Sie befuhren die Straße ohne Schneeketten, obwohl diese durch Zeichen 268 vorgeschrieben waren.<br>§ 41 Abs. 1 iVm Anlage 2, § 49 StVO;<br>§ 24 Abs. 1, 3 Nr. 5 StVG; -- BKat | 0 | 20,00 | |
| 141732 | Sie überquerten mit einem Fahrzeug den mit Andreaskreuz (Zeichen 201) gekennzeichneten Bahnübergang, ohne dem Schienenverkehr Vorrang zu gewähren.<br>§ 41 Abs. 1 iVm Anlage 2, § 49 StVO;<br>§ 24 Abs. 1, 3 Nr. 5 StVG; 136 BKat | A – 1 | 80,00 | |
| 141733 | – und gefährdeten +) dadurch Andere. | A – 1 | 100,00 | |
| 141734 | – Es kam zum Unfall. | A – 1 | 120,00 | |
| 141136 | Sie beachteten nicht das bestehende unbedingte Haltgebot (Zeichen 206).<br>§ 41 Abs. 1 iVm Anlage 2, § 49 StVO;<br>§ 24 Abs. 1, 3 Nr. 5 StVG; 136.1 BKat | 0 | 10,00 | |
| 141600 | – und gefährdeten +) dadurch Andere. | A – 1 | 70,00 | |
| 141601 | – Es kam zum Unfall. | A – 1 | 85,00 | |

| TBNR | Tatbestandstext | FaP-Pkt | Euro | FV |
|---|---|---|---|---|
| 141139 | Sie gewährtem bei verengter Fahrbahn dem Gegenverkehr keinen Vorrang (Zeichen 208).<br>§ 41 Abs. 1 iVm Anlage 2, § 49 StVO;<br>§ 24 Abs. 1, 3 Nr. 5 StVG; 137 BKat | 0 | 5,00 | |
| 141140 | – und gefährdeten +) dadurch Andere. | 0 | 10,00 | |
| 141141 | – Es kam zum Unfall. | 0 | 20,00 | |
| 141142 | Sie befolgten nicht die durch Zeichen 209/211/214 *) vorgeschriebene Fahrtrichtung.<br>§ 41 Abs. 1 iVm Anlage 2, § 49 StVO;<br>§ 24 Abs. 1, 3 Nr. 5 StVG; 138 BKat | 0 | 10,00 | |
| 141143 | – und gefährdeten +) dadurch Andere. | 0 | 15,00 | |
| 141144 | – Es kam zum Unfall. | 0 | 25,00 | |
| 141145 | Sie missachteten die durch Zeichen 222 vorgeschriebene Vorbeifahrt.<br>§ 41 Abs. 1 iVm Anlage 2, § 49 StVO;<br>§ 24 Abs. 1, 3 Nr. 5 StVG; 138 BKat | 0 | 10,00 | |
| 141146 | – und gefährdeten +) dadurch Andere. | 0 | 15,00 | |
| 141147 | – Es kam zum Unfall. | 0 | 25,00 | |
| 141148 | Sie folgten als Kraftfahrzeugführer nicht der durch Zeichen 215/220 *) vorgeschriebenen Fahrtrichtung.<br>§ 41 Abs. 1 iVm Anlage 2, § 49 StVO;<br>§ 24 Abs. 1, 3 Nr. 5 StVG; 139.1 BKat | 0 | 25,00 | |
| 141149 | Sie folgten als Radfahrer nicht der durch Zeichen 215/220 *) vorgeschriebenen Fahrtrichtung.<br>§ 41 Abs. 1 iVm Anlage 2, § 49 StVO;<br>§ 24 Abs. 1, 3 Nr. 5 StVG; 139.2 BKat | 0 | 20,00 | |
| 141150 | – und behinderten +) dadurch Andere. | 0 | 25,00 | |
| 141151 | – und gefährdeten +) dadurch Andere. | 0 | 30,00 | |
| 141152 | – Es kam zum Unfall. | 0 | 35,00 | |

| **TBNR** | **Bemerkungen** |
|---|---|
| 141142 bis 141144 | *) Verkehrszeichen und tatsächliche Fahrtrichtung angeben |
| 141148 bis 141152 | *) Verkehrszeichen angeben |

| TBNR | Tatbestandstext | FaP-Pkt | Euro | FV |
|---|---|---|---|---|
| 141153 | Sie gefährdeten +) beim berechtigten Überfahren der Mittelinsel im Kreisverkehr (Zeichen 215) einen Anderen.<br>§ 41 Abs. 1 iVm Anlage 2, § 49 StVO;<br>§ 24 Abs. 1, 3 Nr. 5 StVG; 139a BKat | 0 | 35,00 | |
| 141154 | Sie benutzten als Nichtberechtigter *) einen Radweg (Zeichen 237)/eine Fahrradstraße (Zeichen 244.1)/eine Fahrradzone (Zeichen 244.3)/einen sonstigen Sonderweg (Zeichen 238/240/241 **)).<br>§ 41 Abs. 1 iVm Anlage 2, § 49 StVO;<br>§ 24 Abs. 1, 3 Nr. 5 StVG; 140 BKat | 0 | 15,00 | |
| 141155 | – und behinderten +) dadurch Andere. | 0 | 20,00 | |
| 141156 | – und gefährdeten +) dadurch Andere. | 0 | 25,00 | |
| 141157 | – Es kam zum Unfall. | 0 | 30,00 | |
| 141736 | Sie befuhren mit einem Kraftfahrzeug über 3,5 t zul. Gesamtmasse (ausgenommen PKW und KOM) den Gehweg/gemeinsamen Geh- und Radweg/Gehweg des getrennten Rad- und Gehwegs/Bereich einer Fußgängerzone *), obwohl dieser für Sie durch Zeichen 239/240/241/242.1 **) gesperrt war.<br>§ 41 Abs. 1 iVm Anlage 2, § 49 StVO;<br>§ 24 Abs. 1, 3 Nr. 5 StVG; 141.1 BKat | 0 | 100,00 | |
| 141739 | Sie beachteten mit einem Kraftfahrzeug über 3,5 t zul. Gesamtmasse (ausgenommen PKW und KOM) nicht das bestehende Verkehrsverbot (Zeichen 250/251/253/260 *)).<br>§ 41 Abs. 1 iVm Anlage 2, § 49 StVO;<br>§ 24 Abs. 1, 3 Nr. 5 StVG; 141.1 BKat | 0 | 100,00 | |

| **TBNR** | **Bemerkungen** |
|---|---|
| 141154 bis 141157 | *) Art der Verkehrsbeteiligung angeben |
| | **) Art des Sonderweges angeben |
| 141736 | *) Verkehrszeichen angeben |
| 141739 | **) Verkehrszeichen angeben |

## Vorschriftzeichen – § 41 Abs. 1 Anlage 2 StVO

| TBNR | Tatbestandstext | FaP-Pkt | Euro | FV |
|---|---|---|---|---|
| 141158 | Sie befuhren mit einem Kraftfahrzeug bis 3,5 t zulässiger Gesamtmasse mit Anhänger oder einem Kraftomnibus den Gehweg/gemeinsamen Geh- und Radweg/Gehweg eines getrennten Rad- und Gehwegs/Bereich einer Fußgängerzone *), obwohl dieser für Sie durch Zeichen 239/240/241/242.1 **) gesperrt war.<br>§ 41 Abs. 1 iVm Anlage 2, § 49 StVO;<br>§ 24 Abs. 1, 3 Nr. 5 StVG; 141.2 BKat | 0 | 55,00 | |
| 141160 | Sie beachteten mit einem Kraftfahrzeug bis 3,5 t zulässiger Gesamtmasse mit Anhänger oder einem Kraftomnibus nicht das bestehende Verkehrsverbot (Zeichen 250/251/255/260 *)).<br>§ 41 Abs. 1 iVm Anlage 2, § 49 StVO;<br>§ 24 Abs. 1, 3 Nr. 5 StVG; 141.2 BKat | 0 | 55,00 | |
| 141163 | Sie befuhren mit einem Kraftfahrzeug den Gehweg/gemeinsamen Geh- und Radweg/Gehweg eines getrennten Rad- und Gehwegs/Bereich einer Fußgängerzone *), obwohl dieser für Sie durch Zeichen 239/240/241/242.1 **) gesperrt war.<br>§ 41 Abs. 1 iVm Anlage 2, § 49 StVO;<br>§ 24 Abs. 1, 3 Nr. 5 StVG; 141.3 BKat | 0 | 50,00 | |
| 141167 | Sie beachteten mit einem Kraftahrzeug nicht das bestehende Verkehrsverbot (Zeichen 250/251/255/260 *)).<br>§ 41 Abs. 1 iVm Anlage 2, § 49 StVO;<br>§ 24 Abs. 1, 3 Nr. 5 StVG; 141.3 BKat | 0 | 50,00 | |

| **TBNR** | **Bemerkungen** |
|---|---|
| 141158; 141163 | *) Zutreffendes angeben<br>**) Verkehrszeichen angeben |
| 141160; 161167 | *) Verkehrszeichen angeben |

| TBNR | Tatbestandstext | FaP-Pkt | Euro | FV |
|---|---|---|---|---|
| 141169 | Sie befuhren als Radfahrer den Gehweg/ Gehweg eines getrennten Rad- und Gehwegs/Bereich einer Fußgängerzone *), obwohl dieser für Sie durch Zeichen 239/241/242.1 **) gesperrt war.<br>§ 41 Abs. 1 iVm Anlage 2, § 49 StVO;<br>§ 24 Abs. 1, 3 Nr. 5 StVG; 141.4 BKat | 0 | 25,00 | |
| 141170 | – und behinderten +) dadurch Andere. | 0 | 30,00 | |
| 141171 | – und gefährdeten +) dadurch Andere. | 0 | 35,00 | |
| 141172 | – Es kam zum Unfall. | 0 | 40,00 | |
| 141609 | Sie gefährdeten +) als Kraftfahrzeugführer in einem Fußgängerbereich (Zeichen 239/242.1, 242.2 *)), in dem Fahrzeugverkehr nicht zugelassen war, einen Fußgänger.<br>§ 41 Abs. 1 iVm Anlage 2, § 49 StVO;<br>§ 24 Abs. 1, 3 Nr. 5 StVG; 151.2 BKat | B – 1 | 70,00 | |
| 141603 | Sie gefährdeten +) als Kraftfahrzeugführer in einem Fußgängerbereich (Zeichen 239/242.1, 242.2 *) mit Zusatzzeichen), in dem Fahrzeugverkehr zugelassen war, einen Fußgänger<br>§ 41 Abs. 1 iVm Anlage 2, § 49 StVO;<br>§ 24 Abs. 1, 3 Nr. 5 StVG; 151.1 BKat | B – 1 | 60,00 | |
| 141606 | Sie gefährdeten +) als Radfahrer in einem Fußgängerbereich (Zeichen 239/242.1, 242.2 *) mit Zusatzzeichen), in dem Fahrzeugverkehr zugelassen war, einen Fußgänger.<br>§ 41 Abs. 1 iVm Anlage 2, § 49 StVO;<br>§ 24 Abs. 1, 3 Nr. 5 StVG; 151.1 BKat; § 3 Abs. 6 BKatV | (B – 1) | 30,00 | |

| **TBNR** | **Bemerkungen** |
|---|---|
| 141169 bis 141172 | *) Zutreffendes angeben<br>**) Verkehrszeichen angeben |
| 141609, 141603, 141606 | *) Verkehrszeichen angeben |

## Vorschriftzeichen – § 41 Abs. 1 iVm Anlage 2 StVO

| TBNR | Tatbestandstext | FaP-Pkt | Euro | FV |
|---|---|---|---|---|
| 741100 Pseudo-kennzahl | Sie überschritten die zulässige Höchstgeschwindigkeit innerhalb geschlossener Ortschaften um ... km/h in einem Fußgänger bereich (Zeichen 239 oder 242.1 mit Zusatzzeichen, das den Fahrzeugverkehr zulässt). Zulässige Geschwindigkeit: *) ... km/h; Festgestellt Geschwindigkeit (nach Toleranzabzug): **) ... km/h. § 41 Abs. 1 iVm Anlage 2, § 49 StVO; § 24 Abs. 1, 3 Nr. 5 StVG; ... BKat | siehe Tabelle T1-T15 | | |
| 741120 Pseudo-kennzahl | Sie überschritten die zulässige Höchstgeschwindigkeit innerhalb geschlossener Ortschaften um ... km/h in einem Bereich für Radverkehr (Zeichen 244.1 oder 244.3 mit Zusatzzeichen, das den Fahrzeugverkehr zulässt) *) Zulässige Geschwindigkeit: *) ... km/h; Festgestellte Geschwindigkeit (nach Toleranzabzug): **) ... km/h. § 41 Abs. 1 iVm Anlage 2, § 49 StVO; § 24 Abs. 1, 3 Nr. 5 StVG; ... BKat | siehe Tabelle T1-T15 | | |
| 141202 | Sie benutzten verbotswidrig einen Sonderfahrstreifen (Zeichen 245) für Omnibusse oder Taxen. § 41 Abs. 1 iVm Anlage 2, § 49 StVO; § 24 Abs. 1, 3 Nr. 5 StVG; 147 BKat | 0 | 15,00 | |
| 141203 | – und behinderten +) den Linien- bzw. Taxenverkehr. | 0 | 35,00 | |
| 141175 | Sie benutzten als Radfahrer/Führer eines Elektrokleinstfahrzeuges *) den Verkehrsbereich, obwohl dieser für Sie durch Zeichen 250/254 *) gesperrt war. § 41 Abs. 1 iVm Anlage 2, § 49 StVO; § 24 Abs. 1, 3 Nr. 5 StVG; 141.4 BKat | 0 | 25,00 | |
| 141176 | – und behinderten +) dadurch Andere. | 0 | 30,00 | |
| 141177 | – und gefährdeten +) dadurch Andere. | 0 | 35,00 | |
| 141178 | – Es kam zum Unfall. | 0 | 40,00 | |

| **TBNR** | **Bemerkungen** |
|---|---|
| 741100 bis 741120 | *) Zulässige Geschwindigkeit angeben<br>**) Festgestellte Geschwindigkeit angeben |
| 141175 bis 141178 | *) Verkehrszeichen angeben |

| TBNR | Tatbestandstext | FaP-Pkt | Euro | FV |
|---|---|---|---|---|
| 141615 | Sie befuhren eine für kennzeichnungspflichtige Kraftfahrzeuge mit gefährlichen Gütern gesperrte Straße (Zeichen 261).<br>§ 41 Abs. 1 iVm Anlage 2; § 49 StVO;<br>§ 24 Abs. 1, 3 Nr. 5 StVG; 152 BKat | B – 1 | 100,00 | |
| 141616 | – bei Eintragung von bereits einer Entscheidung wegen eines Verstoßes gegen Zeichen 261 im FAER. | B – 1 | 250,00 | 1 M |
| 141181 | Sie beachteten als Kraftfahrzeugführer nicht das bestehende Verkehrsverbot (Zeichen 262/263/264/265/266*)).<br>§ 41 Abs. 1 iVm Anlage 2, § 49 StVO;<br>§ 24 Abs. 1, 3 Nr. 5 StVG; 142 BKat | 0 | 40,00 | |
| 141742 | Sie beachteten nicht das durch Zeichen 251 mit Zusatzzeichen/265 *) angeordnete Verkehrsverbot, obwohl die Straßenfläche zusätzlich durch Verkehrseinrichtungen gekennzeichnet war.<br>§ 41 Abs. 1 iVm Anlage 2, § 43 Abs. 3,<br>§ 49 StVO; § 24 Abs. 1, 3 Nr. 5 StVG, § 25 StVG;<br>§ 4 Abs. 1 BKatV; 250a BKat | 0 | 500,00 | 2M |
| 141185 | Sie beachteten als Kraftfahrzeugführer nicht das bestehende Verbot der Einfahrt (Zeichen 267).<br>§ 41 Abs. 1 iVm Anlage 2, § 49 StVO;<br>§ 24 Abs. 1, 3 Nr. 5 StVG; 142a BKat | 0 | 50,00 | |
| 141512 | – Es kam zum Unfall. | 0 | 70,00 | |
| 141187 | Sie beachteten als Radfahrer nicht das bestehende Verbot der Einfahrt (Zeichen 267).<br>§ 41 Abs. 1 iVm Anlage 2, § 49 StVO;<br>§ 24 Abs. 1, 3 Nr. 5 StVG; 143 BKat | 0 | 20,00 | |
| 141188 | – und behinderten +) dadurch Andere. | 0 | 25,00 | |
| 141189 | – und gefährdeten +) dadurch Andere. | 0 | 30,00 | |
| 141190 | – Es kam zum Unfall. | 0 | 35,00 | |

| TBNR | Bemerkungen |
|---|---|
| 141181; 141742 | *) Verkehrszeichen angeben |

## Vorschriftzeichen – § 41 Abs. 1 iVm Anlage 2 StVO

| TBNR | Tatbestandstext | FaP-Pkt | Euro | FV |
|---|---|---|---|---|
| 141196 | Sie fuhren auf einem Gehweg (Zeichen 239)/ in einer Fußgängerzone (Zeichen 242.1, 242.2) *) mit zugelassenem Fahrzeugverkehr nicht mit Schrittgeschwindigkeit.<br>§ 41 Abs. 1 iVm Anlage 2, § 49 StVO;<br>§ 24 Abs. 1, 3 Nr. 5 StVG; 146 BKat | 0 | 15,00 | |
| 141197 | Sie passten auf einem Radweg (Zeichen 237) mit zugelassenem Fahrzeugverkehr Ihre Geschwindigkeit nicht dem Radverkehr an.<br>§ 41 Abs. 1 iVm Anlage 2, § 49 StVO;<br>§ 24 Abs. 1, 3 Nr. 5 StVG; 146a BKat | 0 | 15,00 | |
| 141198 | Sie passten auf einem gemeinsamen Geh- und Radweg (Zeichen 240)/getrennten Rad- und Gehweg (Zeichen 241) *) mit zugelassenem Fahrzeugverkehr Ihre Geschwindigkeit nicht dem Fußgänger- bzw. dem Radverkehr an.<br>§ 41 Abs. 1 iVm Anlage 2, § 49 StVO;<br>§ 24 Abs. 1, 3 Nr. 5 StVG; 146a BKat | 0 | 15,00 | |
| 141618 | Sie befuhren eine für Kraftfahrzeuge mit wassergefährdender Ladung gesperrte Straße (Zeichen 269).<br>§ 41 Abs. 1 iVm Anlage 2, § 49 StVO;<br>§ 24 Abs. 1, 3 Nr. 5 StVG; 152 BKat | B – 1 | 100,00 | |
| 141619 | – bei Eintragung von bereits einer Entscheidung wegen eines Verstoßes gegen Zeichen 269 im FAER. | B – 1 | 250,00 | 1M |

| TBNR | Bemerkungen |
|---|---|
| 141196 | *) Verkehrszeichen angeben |
| 141198 | *) Verkehrszeichen angeben |

| TBNR | Tatbestandstext | FaP-Pkt | Euro | FV |
|---|---|---|---|---|
| 141621 | Sie nahmen trotz eines Verkehrsverbotes zur Verminderung schädlicher Luftverunreinigungen (Zeichen 270.1, 270.2) mit einem Kraftfahrzeug am Verkehr teil. § 41 Abs. 1 iVm Anlage 2, § 49 StVO; § 24 Abs. 1, 3 Nr. 5 StVG; 153 BKat | 0 | 100,00 | |
| 141627 | Sie missachten das Überholverbot, das durch Zeichen 276/277/277.1 *) angeordnet war. § 41 Abs. 1 iVm Anlage 2, § 49 StVO; § 24 Abs. 1, 3 Nr. 5 StVG; 153a BKat | A – 1 | 70,00 | |
| 141628 | – und gefährdeten +) dadurch Andere. | A – 1 | 85,00 | |
| 141629 | – Es kam zum Unfall. | A – 1 | 105,00 | |
| 141446 | Sie benutzen nicht den vorhandenen Radweg (Zeichen 237/240/241 *)), obwohl dieser für Ihre Fahrtrichtung gekennzeichnet war § 41 Abs. 1 iVm Anlage 2, § 49 StVO; § 24 Abs. 1, 3 Nr. 5 StVG; 7.1 BKat | 0 | 20,00 | |
| 141447 | – und behinderten +) dadurch Andere. | 0 | 25,00 | |
| 141448 | – und gefährdeten +) dadurch Andere. | 0 | 30,00 | |
| 141449 | – Es kam zum Unfall. | 0 | 35,00 | |
| 141205 | Sie beachteten nicht das bestehende Wendeverbot (Zeichen 272). § 41 Abs. 1 iVm Anlage 2, § 49 StVO; § 24 Abs. 1, 3 Nr. 5 StVG; 148 BKat | 0 | 20,00 | |
| 141206 | – und gefährdeten +) dadurch Andere. | 0 | 30,00 | |
| 141207 | – Es kam zum Unfall. | 0 | 35,00 | |
| 141208 | Sie unterschritten den vorgeschriebenen Mindestabstand (Zeichen 273) zu dem vorausfahrenden Fahrzeug. § 41 Abs. 1 iVm Anlage 2, § 49 StVO; § 24 Abs. 1, 3 Nr. 5 StVG; 149 BKat | 0 | 25,00 | |

| **TBNR** | **Bemerkungen** |
|---|---|
| 141627 bis 141629 | *) Verkehrszeichen angeben |
| 141446 bis 141449 | * Verkehrszeichen angeben |

## Vorschriftzeichen – § 41 Abs. 1 iVm Anlage 2 StVO

| TBNR | Tatbestandstext | FaP-Pkt | Euro | FV |
|---|---|---|---|---|
| 741110 Pseudokennzahl | Sie überschritten die zulässige Höchstgeschwindigkeit innerhalb geschlossener Ortschaften um ... km/h. Zulässige Geschwindigkeit: *) ... km/h; Festgestellt Geschwindigkeit (nach Toleranzabzug): **) ... km/h. § 41 Abs. 1 iVm Anlage 2, § 49 StVO; § 24 Abs. 1, 3 Nr. 5 StVG ... BKat | siehe Tabelle T1-T15 | | |
| 741111 Pseudokennzahl | Sie überschritten die zulässige Höchstgeschwindigkeit außerhalb geschlossener Ortschaften um ... km/h. Zulässige Geschwindigkeit: *) ... km/h; Festgestellte Geschwindigkeit (nach Toleranzabzug): **) ... km/h. § 41 Abs. 1 iVm Anlage 2, § 49 StVO; § 24 Abs. 1, 3 Nr. 5 StVG ... BKat | siehe Tabelle T1-T15 | | |
| 141211 | Sie hielten nicht an der Haltelinie (Zeichen 294). § 41 Abs. 1 iVm Anlage 2, § 49 StVO; § 24 Abs. 1, 3 Nr. 5 StVG; 154 BKat | 0 | 10,00 | |
| 141730 | Sie hielten trotz Rotlicht nicht an der Haltlinie (Zeichen 294) und gefährdeten +) dadurch Andere. § 41 Abs. 1 iVm Anlage 2, § 1 Abs. 2, § 49 StVO; § 24 Abs. 1, 3 Nr. 5 StVG; 150 BKat; § 19 OWiG | A – 1 | 70,00 | |
| 141731 | – Es kam zum Unfall. | A – 1 | 85,00 | |
| 141253 | Sie fuhren verbotswidrig über die Fahrstreifenbegrenzung (Zeichen 295/296 *)). § 41 Abs. 1 iVm Anlage 2, § 49 StVO; § 24 Abs. 1, 3 Nr. 5 StVG; 155 BKat | 0 | 10,00 | |
| 141254 | – Es kam zum Unfall. | 0 | 35,00 | |

| TBNR | Bemerkungen |
|---|---|
| 741110; 741111 | *) Zulässige Geschwindigkeit angeben |
| | **) Festgestellte Geschwindigkeit angeben |
| 141253 - 141254 | *) Zutreffendes Verkehrszeichen angeben |

| TBNR | Tatbestandstext | FaP-Pkt | Euro | FV |
|---|---|---|---|---|
| 141259 | Sie fuhren beim Überholen verbotswidrig über die Fahrstreifenbegrenzung (Zeichen 295/296 *)).<br>§ 41 Abs. 1 iVm Anlage 2, § 49 StVO;<br>§ 24 Abs. 1, 3 Nr. 5 StVG; 155.2 BKat | 0 | 30,00 | |
| 141268 | Sie fuhren beim Linksabbiegen verbotswidrig über die Fahrstreifenbegrenzung (Zeichen 295/296 *)).<br>§ 41 Abs. 1 iVm Anlage 2, § 49 StVO;<br>§ 24 Abs. 1, 3 Nr. 5 StVG; 155.3 BKat | 0 | 30,00 | |
| 141269 | – und gefährdeten +) dadurch Andere. | 0 | 35,00 | |
| 141500 | – Es kam zum Unfall.. | 0 | 40,00 | |
| 141277 | Sie fuhren beim Wenden verbotswidrig über die Fahrstreifenbegrenzung (Zeichen 295/296 *)).<br>§ 41 Abs. 1 iVm Anlage 2, § 49 StVO;<br>§ 24 Abs. 1, 3 Nr. 5 StVG; 155.3 BKat | 0 | 30,00 | |
| 141278 | – und gefährdeten +) dadurch Andere. | 0 | 35,00 | |
| 141251 | Sie folgten nicht der durch Pfeile vorgeschriebenen Fahrtrichtung (Zeichen 297).<br>§ 41 Abs. 1 iVm Anlage 2, § 49 StVO;<br>§ 24 Abs. 1, 3 Nr. 5 StVG; 155 BKat | 0 | 10,00 | |
| 141252 | – Es kam zum Unfall. | 0 | 35,00 | |
| 141262 | Sie folgten beim Überholen nicht der durch Pfeile vorgeschriebenen Fahrtrichtung (Zeichen 297).<br>§ 41 Abs. 1 iVm Anlage 2, § 49 StVO;<br>§ 24 Abs. 1, 3 Nr. 5 StVG; 155.2 BKat | 0 | 30,00 | |

| **TBNR** | **Bemerkungen** |
|---|---|
| 141259 | *) Zutreffendes Verkehrszeichen angeben |
| 141268 bis 141500 | *) Zutreffendes Verkehrszeichen angeben |
| 141277 bis 141278 | *) Zutreffendes Verkehrszeichen angeben |

## Vorschriftzeichen – § 41 Abs. 1 iVm Anlage 2 StVO

| TBNR | Tatbestandstext | FaP-Pkt | Euro | FV |
|---|---|---|---|---|
| 141271 | Sie folgten beim Linksabbiegen nicht der durch Pfeile vorgeschriebenen Fahrtrichtung (Zeichen 297).<br>**§ 41 Abs. 1 iVm Anlage 2, § 49 StVO; § 24 Abs. 1, 3 Nr. 5 StVG; 155.3 BKat** | 0 | 30,00 | |
| 141272 | – und gefährdeten +) dadurch Andere. | 0 | 35,00 | |
| 141503 | – Es kam zum Unfall. | 0 | 40,00 | |
| 141280 | Sie folgten beim Wenden nicht der durch Pfeile vorgeschriebenen Fahrtrichtung (Zeichen 297).<br>**§ 41 Abs. 1 iVm Anlage 2, § 49 StVO; § 24 Abs. 1, 3 Nr. 5 StVG; 155.3 BKat** | 0 | 30,00 | |
| 141281 | – und gefährdeten +) dadurch Andere. | 0 | 35,00 | |
| 141256 | Sie befuhren verbotswidrig die Sperrfläche (Zeichen 298).<br>**§ 41 Abs. 1 iVm Anlage 2, § 49 StVO; § 24 Abs. 1, 3 Nr. 5 StVG; 155 BKat** | 0 | 10,00 | |
| 141257 | – Es kam zum Unfall. | 0 | 35,00 | |
| 141265 | Sie benutzten beim Überholen die Sperrfläche (Zeichen 298).<br>**§ 41 Abs. 1 iVm Anlage 2, § 49 StVO; § 24 Abs. 1, 3 Nr. 5 StVG; 155.2 BKat** | 0 | 30,00 | |
| 141274 | Sie benutzten beim Linksabbiegen die Sperrfläche (Zeichen 298).<br>**§ 41 Abs. 1 iVm Anlage 2, § 49 StVO; § 24 Abs. 1, 3 Nr. 5 StVG; 155.3 BKat** | 0 | 30,00 | |
| 141275 | – und gefährdeten +) dadurch Andere. | 0 | 35,00 | |
| 141506 | – Es kam zum Unfall. | 0 | 40,00 | |
| 141283 | Sie benutzten beim Wenden die Sperrfläche (Zeichen 298).<br>**§ 41 Abs. 1 iVm Anlage 2, § 49 StVO; § 24 Abs. 1, 3 Nr. 5 StVG; 155.3 BKat** | 0 | 30,00 | |
| 141284 | – und gefährdeten +) dadurch Andere. | 0 | 35,00 | |
| 141515 | – Es kam zum Unfall. | 0 | 40,00 | |

| TBNR | Tatbestandstext | FaP-Pkt | Euro | FV |
|---|---|---|---|---|
| 142100 | Sie folgten der abknickenden Vorfahrtstraße (Zusatzzeichen zu Zeichen 306), ohne dies rechtzeitig und deutlich anzukündigen.<br>§ 42 Abs. 2 iVm Anlage 3, § 49 StVO;<br>§ 24 Abs. 1, 3 Nr. 5 StVG; 29 BKat | 0 | 10,00 | |
| 142101 | – Es kam zum Unfall. | 0 | 20,00 | |

## Richtzeichen – § 42 Abs. 2 iVm Anlage 3 StVO (Halten/Parken)

| TBNR | Tatbestandstext | FaP-Pkt | Euro | FV |
|---|---|---|---|---|
| 142202 | Sie parkten bei Zeichen 315 auf dem Gehweg, obwohl dies durch Zusatzzeichen *) für Sie verboten war.<br>§ 42 Abs. 2 iVm Anlage 3, § 49 StVO;<br>§ 24 Abs. 1, 3 Nr. 5 StVG; 54 BKat | 0 | 10,00 | |
| 142203 | – und behinderten +) dadurch Andere. | 0 | 15,00 | |
| 142204 | – länger als 3 Stunden. | 0 | 20,00 | |
| 142205 | – länger als 3 Stunden und behinderten +) dadurch Andere. | 0 | 30,00 | |
| 142212 | Sie parkten auf einem Gehweg, der durch Zeichen 315 für Fahrzeuge bis zu 2,8 t zum Gehwegparken freigegeben war, obwoh Ihr Fahrzeug mehr als 2,8 t zulässige Gesamtmasse hat.<br>§ 42 Abs. 2 iVm Anlage 3, § 49 StVO;<br>§ 24 Abs. 1, 3 Nr. 5 StVG; 54 BKat | 0 | 10,00 | |
| 142213 | – und behinderten +) dadurch Andere. | 0 | 15,00 | |
| 142214 | – länger als 3 Stunden. | 0 | 20,00 | |
| 142215 | – länger als 3 Stunden und behinderten +) dadurch Andere. | 0 | 30,00 | |
| 142222 | Sie parkten auf einem Gehweg entgegen der durch Zeichen 315 vorgeschriebenen Aufstellungsart.<br>§ 42 Abs. 2 iVm Anlage 3, § 49 StVO;<br>§ 24 Abs. 1, 3 Nr. 5 StVG; 54 BKat | 0 | 10,00 | |
| 142223 | – und behinderten +) dadurch Andere. | 0 | 15,00 | |
| 142224 | – länger als 3 Stunden. | 0 | 20,00 | |
| 142225 | – länger als 3 Stunden und behinderten +) dadurch Andere. | 0 | 30,00 | |

| **TBNR** | **Bemerkungen** |
|---|---|
| 142202 bis 142205 | *) Zusatzzeichen angeben |

| TBNR | Tatbestandstext | FaP-Pkt | Euro | FV |
|---|---|---|---|---|
| 142232 | Sie parkten auf dem Gehweg, auf dem das Parken durch Zeichen 315 zugelassen war, über die auf dem Zusatzzeichen angegebene Zeit hinaus.<br>§ 42 Abs. 2 iVm Anlage 3, § 49 StVO;<br>§ 24 Abs. 1, 3 Nr. 5 StVG; 54 BKat | 0 | 10,00 | |
| 142233 | – und behinderten +) dadurch Andere. | 0 | 15,00 | |
| 142234 | – länger als 3 Stunden. | 0 | 20,00 | |
| 142235 | – länger als 3 Stunden und behinderten +) dadurch Andere. | 0 | 30,00 | |
| 142242 | Sie parkten außerhalb einer geschlossenen Ortschaft auf einer Vorfahrtsstraße (Zeichen 306).<br>§ 42 Abs. 2 iVm Anlage 3, § 49 StVO;<br>§ 24 Abs. 1, 3 Nr. 5 StVG; 54 BKat | 0 | 10,00 | |
| 142243 | – und behinderten +) dadurch Andere. | 0 | 15,00 | |
| 142244 | – länger als 3 Stunden. | 0 | 20,00 | |
| 142245 | – länger als 3 Stunden und behinderten +) dadurch Andere. | 0 | 30,00 | |
| 142252 | Sie parkten auf einem Sonderparkplatz für Bewohner (Zeichen 314/315 *)) mit Zusatzzeichen für „Bewohner mit besonderem Parkausweis". Ein besonderer Parkausweis lag nicht gut lesbar aus.<br>§ 42 Abs. 2 iVm Anlage 3, § 49 StVO;<br>§ 24 Abs. 1, 3 Nr. 5 StVG; 54 BKat | 0 | 10,00 | |
| 142253 | – und behinderten +) dadurch Andere. Ein besonderer Parkausweis lag nicht gut lesbar aus. | 0 | 15,00 | |
| 142254 | – länger als 3 Stunden. Ein besonderer Parkausweis lag nicht gut lesbar aus. | 0 | 20,00 | |
| 142255 | – länger als 3 Stunden und behinderten +) dadurch Andere. Ein besonderer Parkausweis lag nicht gut lesbar aus. | 0 | 30,00 | |

| **TBNR** | **Bemerkungen** |
|---|---|
| 142252 bis 142255 | *) Zutreffendes angeben |

## Richtzeichen – § 42 Abs. 2 iVm Anlage 3 StVO (Halten/Parken)

| TBNR | Tatbestandstext | FaP-Pkt | Euro | FV |
|---|---|---|---|---|
| 142262 | Sie parkten auf einem Parkplatz (Zeichen 314), obwohl dies durch Zusatzzeichen *) für Sie verboten war.<br>§ 42 Abs. 2 iVm Anlage 3, § 49 StVO;<br>§ 24 Abs. 1, 3 Nr. 5 StVG; 54 BKat | 0 | 10,00 | |
| 142263 | – und behinderten +) dadurch Andere. | 0 | 15,00 | |
| 142264 | – länger als 3 Stunden. | 0 | 20,00 | |
| 142265 | – länger als 3 Stunden und behinderten +) dadurch Andere. | 0 | 30,00 | |
| 142170 | Sie hielten verbotswidrig auf einem Schutzstreifen für den Radverkehr (Zeichen 340).<br>§ 42 Abs. 2 iVm Anlage 3, § 49 StVO;<br>§ 24 Abs. 1, 3 Nr. 5 StVG; 54a BKat | 0 | 55,00 | |
| 142671 | – und behinderten +) dadurch Andere. | B – 1 | 70,00 | |
| 142672 | – und gefährdeten +) dadurch Andere. | B – 1 | 80,00 | |
| 142673 | – Es kam zum Unfall. | B – 1 | 100,00 | |
| 142103 | Sie parkten in einem verkehrsberuhigten Bereich (Zeichen 325.1, 325.2) verbotswidrig außerhalb der zum Parken gekennzeichneten Flächen.<br>§ 42 Abs. 2 iVm Anlage 3, § 49 StVO;<br>§ 24 Abs. 1, 3 Nr. 5 StVG; 159 BKat | 0 | 10,00 | |
| 142104 | – und behinderten +) dadurch Andere. | 0 | 15,00 | |
| 142106 | – länger als 3 Stunden | 0 | 20,00 | |
| 142107 | – länger als 3 Stunden und behinderten +) dadurch Andere. | 0 | 30,00 | |

| TBNR | Bemerkungen |
|---|---|
| 142262 bis 142265 | *) Zusatzzeichen angeben |

| TBNR | Tatbestandstext | FaP-Pkt | Euro | FV |
|---|---|---|---|---|
| 142278 | Sie parkten auf einem Sonderparkplatz für Schwerbehinderte mit außergewöhnlicher Gehbehinderung, beidseitiger Amelie oder Phokomelie, mit vergleichbaren Funktionseinschränkungen sowie für blinde Menschen (Zeichen 314/315 *) und Zusatzzeichen mit Rollstuhlfahrersinnbild). Ein besonderer Parkausweis lag nicht gut lesbar aus.<br>§ 42 Abs. 2 iVm Anlage 3, § 49 StVO;<br>§ 24 Abs. 1, 3 Nr. 5 StVG; 55 BKat | 0 | 55,00 | |
| 142284 | Sie parkten unberechtigt auf einem Parkplatz für elektrisch betriebene Fahrzeuge (Zeichen 314/315 *)) mit Zusatzzeichen.<br>§ 42 Abs. 2 iVm Anlage 3, § 49 StVO;<br>§ 24 Abs. 1, 3 Nr. 5 StVG; 55a BKat | 0 | 55,00 | |
| 142290 | Sie parkten unberechtigt auf einem Parkplatz für Carsharingfahrzeuge (Zeichen 314/315 *)) mit Zusatzzeichen.<br>§ 42 Abs. 2 iVm Anlage 3, § 49 StVO;<br>§ 24 Abs. 1, 3 Nr. 5 StVG; 55b BKat | 0 | 55,00 | |

| **TBNR** | **Bemerkungen** |
|---|---|
| 142278 | *) Zutreffendes angeben |
| 142884 | *) Zutreffendes angeben |
| 142290 | *) Zutreffendes angeben |

## Richtzeichen – § 42 Abs. 2 iVm Anlage 3 StVO

| TBNR | Tatbestandstext | FaP-Pkt | Euro | FV |
|---|---|---|---|---|
| 142000 | Sie behinderten +) als Fußgänger in einem verkehrsberuhigten Bereich (Zeichen 325.1, 325.2) unnötig den Fahrverkehr.<br>§ 42 Abs. 2 iVm Anlage 3, § 49 StVO;<br>§ 24 Abs. 1, 3 Nr. 5 StVG; -- BKat | 0 | 5,00 | |
| 142110 | Sie behinderten +) als Fahrzeugführer in einem verkehrsberuhigten Bereich (Zeichen 325.1, 325.2) einen Fußgänger.<br>§ 42 Abs. 2 iVm Anlage 3, § 49 StVO;<br>§ 24 Abs. 1, 3 Nr. 5 StVG; 157.2 BKat | 0 | 15,00 | |
| 142600 | Sie gefährdeten +) als Fahrzeugführer in einem verkehrsberuhigten Bereich (Zeichen 325.1, 325.2) einen Fußgänger.<br>§ 42 Abs. 2 iVm Anlage 3, § 49 StVO;<br>§ 24 Abs. 1, 3 Nr. 5 StVG; 157.3 BKat | B – 1 | 60,00 | |
| 142601 | – Es kam zum Unfall. | B – 1 | 75,00 | |
| 142109 | Sie hielten als Fahrzeugführer in einem verkehrsberuhigten Bereich (Zeichen 325.1, 325.2) die Schrittgeschwindigkeit nicht ein.<br>§ 42 Abs. 2 iVm Anlage 3, § 49 StVO;<br>§ 24 Abs. 1, 3 Nr. 5 StVG; 157.1 BKat | 0 | 15,00 | |

| TBNR | Tatbestandstext | FaP-Pkt | Euro | FV |
|---|---|---|---|---|
| 742100 Pseudo-kennzahl | Sie überschritten die zulässige Höchstgeschwindigkeit innerhalb geschlossener Ortschaften um ... km/h in einem verkehrsberuhigten Bereich (Zeichen 325.1, 325.2). Zulässige Geschwindigkeit: *) ... km/h; Festgestellte Geschwindigkeit (nach Toleranzabzug): **) ... km/h.<br>§ 42 Abs. 2 iVm Anlage 3, § 49 StVO;<br>§ 24 Abs. 1, 3 Nr. 5 StVG ... BKat | siehe Tabelle T1-T15 | | |
| 142148 | Sie benutzten in einem Tunnel (Zeichen 327) nicht das Abblendlicht.<br>§ 42 Abs. 2 iVm Anlage 3, § 49 StVO;<br>§ 24 Abs. 1, 3 Nr. 5 StVG; 159a BKat | 0 | 10,00 | |
| 142149 | – und gefährdeten +) dadurch Andere. | 0 | 15,00 | |
| 142150 | – Es kam zum Unfall. | 0 | 35,00 | |
| 142654 | Sie missachteten das in einem Tunnel (Zeichen 327) bestehende Wendeverbot.<br>§ 42 Abs. 2 iVm Anlage 3, § 49 StVO;<br>§ 24 Abs. 1, 3 Nr. 5 StVG; 159b BKat | B – 1 | 60,00 | |
| 142655 | – und gefährdeten +) dadurch Andere. | B – 1 | 75,00 | |
| 142656 | – Es kam zum Unfall. | B – 1 | 90,00 | |
| 142154 | Sie hielten unberechtigt in einer Nothalte- und Pannenbucht (Zeichen 328).<br>§ 42 Abs. 2 iVm Anlage 3, § 49 StVO;<br>§ 24 Abs. 1, 3 Nr. 5 StVG; 159c.1 BKat | 0 | 20,00 | |
| 142160 | Sie parkten unberechtigt in einer Nothalte- und Pannenbucht (Zeichen 328).<br>§ 42 Abs. 2 iVm Anlage 3, § 49 StVO;<br>§ 24 Abs. 1, 3 Nr. 5 StVG; 159c.2 BKat | 0 | 25,00 | |

| **TBNR** | **Bemerkungen** |
|---|---|
| 742100 | *) Zulässige Geschwindigkeit angeben<br>**) Festgestellte Geschwindigkeit angeben |

## Verkehrseinrichtungen – § 43 Abs. 3 StVO
## Verkehrszeichen und Verkehrseinrichtungen – § 45 Abs. 4, 6 StVO

| TBNR | Tatbestandstext | FaP-Pkt | Euro | FV |
|---|---|---|---|---|
| 143100 | Sie befuhren eine durch Verkehrseinrichtungen abgesperrte Straßenfläche.<br>§ 43 Abs. 3 iVm Anlage 4 § 49 StVO;<br>§ 24 Abs. 1, 3 Nr. 5 StVG; 163 BKat | 0 | 5,00 | |
| 145600 | Sie befolgten nicht die den Verkehr verbietende bzw. beschränkende Anordnung *), die veröffentlicht worden war **).<br>§ 45 Abs. 4, § 49 StVO; § 24 Abs. 1, 3 Nr. 5 StVG; 164 BKat | B – 1 | 60,00 | |
| 145606 | Sie unterließen es als Verantwortlicher, vor Beginn von Arbeiten eine Anordnung bei der zuständigen Behörde hinsichtlich der Beschilderung/ Regelung *) des Verkehrs einzuholen.<br>§ 45 Abs. 6, § 49 StVO; § 24 Abs. 1, 3 Nr. 5 StVG; 165 BKat | 0 | 75,00 | |
| 145612 | Sie befolgten als Verantwortlicher nicht die Anordnung der zuständigen Behörde hinsichtlich der Beschilderung/Regelung *) des Verkehrs.<br>§ 45 Abs. 6, § 49 StVO; § 24 Abs. 1, 3 Nr. 5 StVG; 165 BKat | 0 | 75,00 | |
| 145618 | Sie unterließen es als Verantwortlicher, die Lichtzeichenanlage bedienen zu lassen.<br>§ 45 Abs. 6, § 49 StVO; § 24 Abs. 1, 3 Nr. 5 StVG; 165 BKat | 0 | 75,00 | |

| TBNR | Bemerkungen |
|---|---|
| 145600 bis 145612 | *) Verbot bzw. Beschränkung angeben |
| 145600 | **) Art der Bekanntgabe angeben |

| TBNR | Tatbestandstext | FaP-Pkt | Euro | FV |
|---|---|---|---|---|
| 146100 | Sie führten den Genehmigungsbescheid/ Erlaubnisbescheid *) nicht mit.<br>§ 46 Abs. 3, § 49 StVO; § 24 Abs. 1, 3 Nr. 5 StVG; 167 BKat | 0 | 10,00 | |
| 146106 | Sie händigten den Genehmigungsbescheid/ Erlaubnisbescheid *) auf Verlangen der zuständigen Person nicht aus.<br>§ 46 Abs. 3, § 49 StVO; § 24 Abs. 1, 3 Nr. 5 StVG; 250 BKat | 0 | 10,00 | |
| 146600 | Sie befolgten eine vollziehbare Auflage *) einer Ausnahmegenehmigung oder Erlaubnis nicht.<br>§ 46 Abs. 3, § 49 StVO; § 24 Abs. 1, 3 Nr. 5 StVG; 166 BKat | B – 1 | 60,00 | |
| 148000 | Sie folgten einer Vorladung zum Verkehrsunterricht nicht.<br>§ 48, § 49 StVO; § 24 Abs. 1, 3 Nr. 5 StVG; -- BKat | 0 | 30,00 | |

| **TBNR** | **Bemerkungen** |
|---|---|
| 146100 und 146106 | *) Zutreffendes angeben |
| 146600 | *) Auflage angeben |

# Fahrerlaubnisverordnung – FeV

## Eingeschränkte Zulassung – § 2 FeV
## Einschränkung und Entziehung der Zulassung – § 3 Abs. 1 FeV

| TBNR | Tatbestandstext | FaP-Pkt | Euro | FV |
|---|---|---|---|---|
| 202000 | Sie führten trotz körperlicher oder geistiger Mängel *) das Fahrzeug, ohne in geeigneter Weise Vorsorge getroffen zu haben, dass Andere nicht gefährdet werden.<br>§ 2 Abs. 1, § 75 FeV; § 24 Abs. 1, 3 Nr. 5 StVG; -- BKat | 0 | 25,00 | |
| 202006 | Sie nahmen als Fußgänger trotz körperlicher oder geistiger Mängel *) am öffentlichen Straßenverkehr teil, ohne in geeigneter Weise Vorsorge getroffen zu haben, dass Andere nicht gefährdet werden.<br>§ 2 Abs. 1, § 75 FeV; § 24 Abs. 1, 3 Nr. 5 StVG; -- BKat | 0 | 10,00 | |
| 202012 | Sie ließen als Verantwortlicher für eine andere Person diese trotz ihrer körperlichen oder geistigen Mängel *) am Verkehr teilnehmen, ohne in geeigneter Weise Vorsorge getroffen zu haben, dass Andere nicht gefährdet werden.<br>§ 2 Abs. 1, § 75 FeV; § 24 Abs. 1, 3 Nr. 5 StVG; -- BKat | 0 | 25,00 | |
| 202018 | Sie verwendeten im Straßenverkehr verbotswidrig ein Kennzeichen für eine körperliche Behinderung.<br>§ 2 Abs. 3, § 75 FeV; § 24 Abs. 1, 3 Nr. 5 StVG; -- BKat | 0 | 5,00 | |
| 203000 | Sie führten trotz Untersagung ein Fahrzeug.<br>§ 3 Abs. 1, § 75 FeV; § 24 Abs. 1, 3 Nr. 5 StVG; -- BKat | 0 | 25,00 | |
| 203006 | Sie führten ein Fahrzeug, ohne die vollziehbare Anordnung / Auflage *) zu beachten.<br>§ 3 Abs. 1, § 75 FeV; § 24 Abs. 1, 3 Nr. 5 StVG; -- BKat | 0 | 15,00 | |

| **TBNR** | **Bemerkungen** |
|---|---|
| 202000 bis 202012 | *) Mängel angeben |
| 203006 | *) Anordnung oder Auflage angeben/erläutern |

| TBNR | Tatbestandstext | FaP-Pkt | Euro | FV |
|---|---|---|---|---|
| 203012 | Sie führten trotz Untersagung ein Tier.<br>§ 3 Abs. 1, § 75 FeV; § 24 Abs. 1, 3 Nr. 5 StVG; -- BKat | 0 | 25,00 | |
| 203018 | Sie führten ein Tier, ohne die vollziehbare Anordnung / Auflage *) zu beachten.<br>§ 3 Abs. 1, § 75 FeV; § 24 Abs. 1, 3 Nr. 5 StVG; -- BKat | 0 | 15,00 | |
| 204100 | Sie führten den vorgeschriebenen Führerschein/die Übersetzung des ausländischen Führerscheins *) nicht mit.<br>§ 4 Abs. 2, § 75 FeV; § 24 Abs. 1, 3 Nr. 5 StVG; 168 BKat | 0 | 10,00 | |
| 204106 | Sie händigten auf Verlangen der zuständigen Person den Führerschein/die Übersetzung des ausländischen Führerscheins *) nicht aus.<br>§ 4 Abs. 2, § 75 FeV; § 24 Abs. 1, 3 Nr. 5 StVG; 251 BKat | 0 | 10,00 | |
| 205000 | Sie führten ein Mofa/geschwindigkeitsbeschränktes Kraftfahrzeug *), obwohl Sie die dafür erforderliche Prüfung nicht abgelegt haben.<br>§ 5 Abs. 1, § 75 FeV; § 24 Abs. 1, 3 Nr. 5 StVG; -- BKat | 0 | 20,00 | |
| 205006 | Sie führten eine Ausbildung zum Führen eines Mofas/geschwindigkeitsbeschränkten Kraftfahrzeuges *) durch, ohne die erforderliche Fahrlehrerlaubnis zu besitzen oder davon Gebrauch machen zu dürfen.<br>§ 5 Abs. 2, § 75 FeV; § 24 Abs. 1, 3 Nr. 5 StVG; -- BKat | 0 | 25,00 | |
| 205012 | Sie stellten eine Bescheinigung über die Ausbildung zum Führen eines Mofas/geschwindigkeitsbeschränkten Kraftfahrzeuges *) aus, obwohl Sie keine Ausbildung durchgeführt haben, die den Mindestanforderungen der Anlage 1 zur Fahrerlaubnis-Verordnung entspricht.<br>§ 5 Abs. 2, § 75 FeV; § 24 Abs. 1, 3 Nr. 5 StVG; -- BKat | 0 | 25,00 | |

| **TBNR** | **Bemerkungen** |
|---|---|
| 203018 | *) Anordnung oder Auflage angeben/erläutern |
| 204100; 204106 | *) Zutreffendes angeben |
| 205000 bis 205012 | *) Zutreffendes angeben |

**Sonderbestimmungen für das Führen von Mofas etc. – § 5 FeV**
**Mindestalter der Kraftfahrzeugführer – § 10 FeV**
**Geltungsdauer der Fahrerlaubnis, Beschränkung und Auflagen – § 23 FeV**
**Ausfertigung des Führerscheins – § 25 FeV**

| TBNR | Tatbestandstext | FaP-Pkt | Euro | FV |
|---|---|---|---|---|
| 205100 | Sie führten beim Führen eines Mofas/ geschwindigkeitsbeschränkten Kraftfahrzeuges *) die Prüfbescheinigung oder den Führerschein nicht mit.<br>§ 5 Abs. 4, § 75 FeV; § 24 Abs. 1, 3 Nr. 5 StVG; 168 BKat | 0 | 10,00 | |
| 205106 | Sie händigten auf Verlangen der zuständigen Person die Prüfbescheinigung nicht aus.<br>§ 5 Abs. 4, § 75 FeV; § 24 Abs. 1, 3 Nr. 5 StVG; 251 BKat | 0 | 10,00 | |
| 210000 | Sie führten ein fahrerlaubnisfreies Kraftfahrzeug, obwohl Sie das 15. Lebensjahr nicht vollendet hatten.<br>§ 10 Abs. 3, § 75 FeV; § 24 Abs. 1, 3 Nr. 5 StVG; -- BKat | 0 | 10,00 | |
| 210006 | Sie nahmen vor Vollendung des 16. Lebensjahres ein Kind unter 7 Jahren auf einem Mofa mit.<br>§ 10 Abs. 4, § 75 FeV; § 24 Abs. 1, 3 Nr. 5 StVG; -- BKat | 0 | 10,00 | |
| 210012 | Sie führten ein Kraftfahrzeug, ohne die Auflagen *) zu beachten.<br>§ 10 Abs. 2, § 75 FeV; § 24 Abs. 1, 3 Nr. 5 StVG; 169 BKat | 0 | 25,00 | |
| 223100 | Sie führten ein Kraftfahrzeug, ohne die Auflagen *) zu beachten.<br>§ 23 Abs. 2, § 75 FeV; § 24 Abs. 1, 3 Nr. 5 StVG; 169 BKat | 0 | 25,00 | |
| 225106 | Sie zeigten den Verlust Ihres bisherigen Führerscheins nicht unverzüglich an und ließen sich kein Ersatzdokument ausstellen.<br>§ 25 Abs. 4, § 75 FeV; § 24 Abs. 1, 3 Nr. 5 StVG; 168a BKat | 0 | 10,00 | |
| 225100 | Sie lieferten Ihren bisherigen Führerschein, nachdem er nach Aushändigung des neuen wieder aufgefunden wurde, nicht unverzüglich der zuständigen Fahrerlaubnisbehörde ab.<br>§ 25 Abs. 5, § 75 FeV; § 24 Abs. 1, 3 Nr. 5 StVG; 170 BKat | 0 | 25,00 | |

| **TBNR** | **Bemerkungen** |
|---|---|
| 205100 | *) Zutreffendes angeben |
| 210012 bis 223100 | *) Auflagen angeben |

| TBNR | Tatbestandstext | FaP-Pkt | Euro | FV |
|---|---|---|---|---|
| 228100 | Sie führten ein Kraftfahrzeug, ohne die Auflagen *) zur ausländischen Fahrerlaubnis zu beachten.<br>§ 28 Abs. 1, § 75 FeV; § 24 Abs. 1, 3 Nr. 5 StVG; 169 BKat | 0 | 25,00 | |
| 229006 | Sie führten ein Kraftfahrzeug, ohne die Auflagen *) zur ausländischen Fahrerlaubnis zu beachten.<br>§ 29 Abs. 1, § 75 FeV; § 24 Abs. 1, 3 Nr. 5 StVG; -- BKat | 0 | 25,00 | |
| 246100 | Sie führten das Kraftfahrzeug im Straßenverkehr und beachteten dabei nicht die nachträglich angeordnete Auflage *) der Fahrerlaubnisbehörde.<br>§ 46 Abs. 2, § 75 FeV; § 24 Abs. 1, 3 Nr. 5 StVG; § 169 BKat | 0 | 25,00 | |
| 247100 | Sie lieferten Ihren Führerschein nach Entziehung der Fahrerlaubnis nicht unverzüglich der entscheidenden Behörde ab.<br>§ 47 Abs. 1, § 75 FeV, § 24 Abs. 1, 3 Nr. 5 StVG; 170 BKat | 0 | 25,00 | |
| 247106 | Sie legten Ihren Führerschein zur Eintragung von Beschränkungen oder Auflagen *) nicht unverzüglich der entscheidenden Behörde vor.<br>§ 47 Abs. 1, § 75 FeV, § 24 Abs. 1, 3 Nr. 5 StVG; 170 BKat | 0 | 25,00 | |
| 247112 | Sie lieferten Ihren EU- oder EWR-Führerschein nach Entziehung der Fahrerlaubnis nicht unverzüglich der entscheidenden Behörde ab.<br>§ 47 Abs. 2, § 75 FeV; § 24 Abs. 1, 3 Nr. 5 StVG; 170 BKat | 0 | 25,00 | |
| 247118 | Sie legten Ihren ausländischen Führerschein der Fahrerlaubnisbehörde zur Eintragung der Entziehung der Fahrerlaubnis nicht vor.<br>§ 47 Abs. 3, § 75 FeV; § 24 Abs. 1, 3 Nr. 5 StVG; 170 BKat | 0 | 25,00 | |

| **TBNR** | **Bemerkungen** |
|---|---|
| 228100 | *) Auflagen angeben<br>Diese Tatbestandsnummer findet Anwendung auf Inhaber einer EU/EWR-FE mit ordentlichem Wohnsitz im Inland. Bei ordentlichem Wohnsitz im Ausland ist TBNR 229006 anzuwenden. |
| 229006 | *) Auflagen angeben |
| 246100 | *) Auflage angeben |
| 247106 | *) Beschränkungen oder Auflagen angeben |

## Fahrerlaubnis zur Fahrgastbeförderung – § 48 FeV

| TBNR | Tatbestandstext | FaP-Pkt | Euro | FV |
|---|---|---|---|---|
| 248600 | Sie beförderten in dem Fahrzeug Personen, ohne die erforderliche Fahrerlaubnis zur Fahrgastbeförderung.<br>§ 48 Abs. 1, § 75 FeV; § 24 Abs. 1, 3 Nr. 5 StVGG; 171 BKat | A – 1 | 75,00 | |
| 248100 | Sie beförderten in dem Fahrzeug Personen, ohne den erforderlichen Führerschein zur Fahrgastbeförderung mitzuführen.<br>§ 48 Abs. 3, § 75 FeV; § 24 Abs. 1, 3 Nr. 5 StVG; 168 BKat | 0 | 10,00 | |
| 248124 | Sie händigten auf Verlangen der zuständigen Person den erforderlichen Führerschein zur Fahrgastbeförderung nicht aus.<br>§ 48 Abs. 3, § 75 FeV; § 24 Abs. 1, 3 Nr. 5 StVG; 251 BKat | 0 | 10,00 | |
| | Sie ordneten die Inbetriebnahme des Fahrzeugs zur Fahrgastbeförderung an bzw. ließen sie zu, obwohl dessen Führer | | | |
| 248106 | – die erforderlichen Ortskenntnisse nicht nachgewiesen hat.<br>§ 48 Abs. 8, § 75 FeV; § 24 Abs. 1, 3 Nr. 5 StVG; 173 BKat | 0 | 35,00 | |
| 248606 | – die erforderliche Fahrerlaubnis zur Fahrgastbeförderung nicht besaß.<br>§ 48 Abs. 8, § 75 FeV; § 24 Abs. 1, 3 Nr. 5 StVG; 172 BKat | A – 1 | 75,00 | |
| | Sie lieferten Ihren Führerschein zur Fahrgastbeförderung nach Entziehung | | | |
| 248112 | – der Fahrerlaubnis zur Fahrgastbeförderung nicht unverzüglich bei der entscheidenden Behörde ab.<br>§ 48 Abs. 10, § 47 Abs. 1, § 75 FeV; § 24 Abs. 1, 3 Nr. 5 StVG; 170 BKat | 0 | 25,00 | |
| 248118 | – der allgemeinen Fahrerlaubnis nicht unverzüglich bei der entscheidenden Behörde ab.<br>§ 48 Abs. 10, § 47 Abs. 1,§ 75 FeV; § 24 Abs. 1, 3 Nr. 5 StVG; 170 BKat | 0 | 25,00 | |

| TBNR | Tatbestandstext | FaP-Pkt | Euro | FV |
|---|---|---|---|---|
| 248130 | Sie führten die Prüfungsbescheinigung nicht mit bzw. händigten sie auf Verlangen nicht aus.<br>§ 48a Abs. 3, § 75 FeV; § 24 Abs. 1, 3 Nr. 5 StVG; 251 BKat | 0 | 10,00 | |
| 248612 | Sie führten ein Kraftfahrzeug der Klasse B oder BE ohne Begleitung durch eine namentlich genannte Person.<br>§ 48a Abs. 2, § 75 FeV; § 24 Abs. 1, 3 Nr. 5 StVG; 251a BKat | A – 1 | 70,00 | |
| 274100 | Sie befolgten nicht die Auflagen *), die mit der Genehmigung von Ausnahmen von Vorschriften der Fahrerlaubnis-Verordnung verbunden worden sind.<br>§74 Abs. 3, § 75 FeV; § 24 Abs. 1, 3 Nr. 5 StVG; 169 BKat | 0 | 25,00 | |
| 274106 | Sie führten die Bescheinigung über eine erteilte Ausnahmegenehmigung oder angeordnete Auflage nicht mit.<br>§ 74 Abs. 4, § 75 FeV; § 24 Abs. 1, 3 Nr. 5 StVG; 168 BKat | 0 | 10,00 | |
| 274112 | Sie händigten auf Verlangen der zuständigen Person eine erteilte Ausnahmegenehmigung oder angeordnete Auflage nicht aus.<br>§ 74 Abs. 4, § 75 FeV; § 24 Abs. 1, 3 Nr. 5 StVG; 251 BKat | 0 | 10,00 | |

| **TBNR** | **Bemerkungen** |
|---|---|
| 274100 | *) Auflagen angeben |

# Straßenverkehrs-Zulassungs-Ordnung – StVZO

## Einschränkung und Entziehung der Zulassung – § 17 Abs. 1 StVZO

| TBNR | Tatbestandstext | FaP-Pkt | Euro | FV |
|---|---|---|---|---|
| 317500 | Sie ordneten die Inbetriebnahme des Fahrzeugs an, das nicht in den Anwendungsbereich der FZV fällt, obwohl die Verwaltungsbehörde dies untersagt hatte, bzw. ließen sie zu.<br>§ 17 Abs. 1, § 69a StVZO; § 24 Abs. 1, 3 Nr. 5 StVG; -- BKat | 0 | 50,00 | |
| 317506 | Sie ordneten die Inbetriebnahme des Fahrzeugs, das nicht in den Anwendungsbereich der FZV fällt, entgegen den auferlegten Beschränkungen der Verwaltungsbehörde an bzw. ließen sie zu.<br>§ 17 Abs. 1, § 69a StVZO; § 24 Abs. 1, 3 Nr. 5 StVG; -- BKat | 0 | 50,00 | |

## Erteilung und Wirksamkeit der Beriebserlaubnis – § 19 Abs. 4, 5 StVZO

| TBNR | Tatbestandstext | FaP-Pkt | Euro | FV |
|---|---|---|---|---|
| 319000 | Sie führten die besondere Betriebserlaubnis/ Bauartgenehmigung *) nicht mit bzw. händigten diese auf Verlangen nicht aus.<br>§ 19 Abs. 4, § 69a StVZO; § 24 Abs. 1, 3 Nr. 5 StVG; -- BKat | 0 | 10,00 | |
| 319500 | Sie nahmen das Fahrzeug in Betrieb, obwohl die Betriebserlaubnis erloschen war.<br>§ 19 Abs. 5, § 69a StVZO; § 24 Abs. 1, 3 Nr. 5 StVG; -- BKat | 0 | 50,00 | |
| 319506 | Sie ordneten die Inbetriebnahme des Fahrzeuges an, obwohl die Betriebserlaubnis erloschen war, bzw. ließen sie zu.<br>§ 19 Abs. 5, § 69a StVZO; § 24 Abs. 1, 3 Nr. 5 StVG; -- BKat | 0 | 50,00 | |
| 319600 | Sie nahmen den Lastkraftwagen/Kraftomnibus *) in Betrieb, obwohl die Betriebserlaubnis erloschen war. Die Verkehrssicherheit war dadurch wesentlich beeinträchtigt **).<br>§ 19 Abs. 5, § 69a StVZO; § 24 Abs. 1, 3 Nr. 5 StVG; 214a.1 BKat | B – 1 | 180,00 | |
| 319603 | Die Umwelt war dadurch wesentlich beeinträchtigt **) | 0 | 180,00 | |
| 319606 | Sie nahmen das Fahrzeug in Betrieb, obwohl die Betriebserlaubnis erloschen war. Die Verkehrssicherheit war dadurch wesentlich beeinträchtigt *).<br>§ 19 Abs. 5, § 69a StVZO; § 24 Abs. 1, 3 Nr. 5 StVG; 214a.2 BKat | B – 1 | 90,00 | |
| 319609 | Die Umwelt war dadurch wesentlich beeinträchtigt **) | 0 | 90,00 | |

| **TBNR** | **Bemerkungen** |
|---|---|
| 319000 | *) Zutreffende angeben |
| 319600, 319603 | *) Zutreffende Fahrzeugart angeben<br>**) Art der Beeinträchtigung angeben |
| 319606 | *) Art der Beeinträchtigung angeben |
| 319609 | **) Art der Beeinträchtigung angeben |

## Erteilung und Wirksamkeit der Beriebserlaubnis – § 19 Abs. 2, 4, 5 StVZO

| TBNR | Tatbestandstext | FaP-Pkt | Euro | FV |
|---|---|---|---|---|
| 319612 | Sie ordneten die Inbetriebnahme des Lastkraftwagens/Kraftomnibusses *) an, obwohl die Betriebserlaubnis erloschen war, bzw. ließen sie zu. Die Verkehrssicherheit war dadurch wesentlich beeinträchtigt **).<br>§ 19 Abs. 5, § 69a StVZO; § 24 Abs. 1, 3 Nr. 5 StVG; 189a.1 BKat | B – 1 | 270,00 | |
| 319615 | Die Umwelt war dadurch wesentlich beeinträchtigt **). | 0 | 270,00 | |
| 319618 | Sie ordneten die Inbetriebnahme des Fahrzeuges an, obwohl die Betriebserlaubnis erloschen war, bzw. ließen sie zu. Die Verkehrssicherheit war dadurch wesentlich beeinträchtigt *).<br>§ 19 Abs. 5, § 69a StVZO; § 24 Abs. 1, 3 Nr. 5 StVG; 189a.2 BKat | B – 1 | 135,00 | |
| 319621 | Die Umwelt war dadurch wesentlich beeinträchtigt *). | 0 | 135,00 | |
| 319624 | Sie nahmen als Hersteller/Importeur *) Änderungen **) an dem Fahrzeug vor, die zum Erlöschen der Betriebserlaubnis führten, bzw. ließen diese vornehmen.<br>§ 19 Abs. 2, § 69a StVZO; § 24 Abs. 1, 3 Nr. 5 StVG; 253a.1 BKat | 0 | 800,00 | |
| 319625 | Sie nahmen als Gewerbetreibender Änderungen *) an dem Fahrzeug vor, die zum Erlöschen der Betriebserlaubnis führten, bzw. ließen diese vornehmen.<br>§ 19 Abs. 2, § 69a StVZO; § 24 Abs. 1, 3 Nr. 5 StVG; 253a.2 BKat | 0 | 400,00 | |

| **TBNR** | **Bemerkungen** |
|---|---|
| 319612, 319615 | *) Zutreffende Fahrzeugart angeben<br>**) Art der Beeinträchtigung angeben |
| 319618, 319621 | *) Art der Beeinträchtigung angeben |
| 319624 | *) Zutreffendes angeben<br>**) Art der Änderung angeben |
| 319625 | *) Art der Änderung angeben |

| TBNR | Tatbestandstext | FaP-Pkt | Euro | FV |
|---|---|---|---|---|
| 329000 | Sie behoben nicht innerhalb eines Monats die bei dem Fahrzeug festgestellten Mängel. § 29 Abs. 1, § 69a StVZO; § 24 Abs. 1, 3 Nr. 5 StVG; -- BKat | 0 | 10,00 | |
| | Sie unterließen es, das Fahrzeug, das nach Nr. 2.1 der Anlage VIII *) in bestimmten Zeitabständen einer Sicherheitsprüfung zu unterziehen ist, zur fälligen Hauptuntersuchung vorzuführen. | | | |
| 329101 | – Der Termin **) war um bis zu 2 Monate überschritten. (§ 29 Abs. 1, § 69a StVZO; § 24 Abs. 1, 3 Nr. 5 StVG; 186.1.1 BKat | 0 | 15,00 | |
| 329107 | – Der Termin **) war um mehr als 2 bis zu 4 Monate überschritten. | 0 | 25,00 | |
| 329601 | – Der Termin **) war um mehr als 4 bis zu 8 Monate überschritten. | B – 1 | 60,00 | |
| 329607 | – Der Termin **) war um mehr als 8 Monate überschritten. | B – 1 | 75,00 | |
| | Sie unterließen es, das Fahrzeug zur fälligen Sicherheitsprüfung vorzuführen. | | | |
| 329102 | – Der Termin *) war um bis zu 2 Monate überschritten. § 29 Abs. 1, § 69a StVZO; § 24 Abs. 1, 3 Nr. 5 StVG; 186.1.1 BKat | 0 | 15,00 | |
| 329108 | – Der Termin *) war um mehr als 2 bis zu 4 Monate überschritten. | 0 | 25,00 | |
| 329602 | – Der Termin *) war um mehr als 4 bis zu 8 Monate überschritten | B – 1 | 60,00 | |
| 329608 | – Der Termin *) war um mehr als 8 Monate überschritten. | B – 1 | 75,00 | |

| **TBNR** | **Bemerkungen** |
|---|---|
| 329101 bis 329607 | *) Fahrzeugart angeben (Nach Nr. 2.1 der Anlage VIII zur StVZO unterliegen der Sicherheitsprüfung KOM und andere Kfz mit mehr als 8 Fahrgastplätzen, Kfz, die zur Güterbeförderung bestimmt sind, selbstfahrende Arbeitsmaschinen, Zugmaschinen und Kfz mit einer zul. Gesamtmasse von mehr als 7,5 t sowie Anhänger mit einer zul. Gesamtmasse von mehr als 10 t) |
| | **) vorgeschriebenen Vorführungstermin angeben |
| 329102 bis 329608 | *) vorgeschriebenen Vorführungstermin angeben |

## Untersuchung der Kraftfahrzeuge und Anhänger – § 29 StVZO

| TBNR | Tatbestandstext | FaP-Pkt | Euro | FV |
|---|---|---|---|---|
| | Sie unterließen es, das Fahrzeug, für das nach Nr. 2.1 der Anlage VIII *) keine Sicherheitsprüfung vorgesehen ist, zur fälligen Hauptuntersuchung vorzuführen. | | | |
| 329113 | – Der Termin**) war um mehr als 2 bis zu 4 Monate überschritten.<br>§ 29 Abs. 1, § 69a StVZO; § 24 Abs. 1, 3 Nr. 5 StVG; 186.2.1 BKat | 0 | 15,00 | |
| 329119 | – Der Termin **) war um mehr als 4 bis zu 8 Monate überschritten. | 0 | 25,00 | |
| 329610 | – Der Termin **) war um mehr als 8 Monate überschritten. | B – 1 | 60,00 | |
| 329124 | Sie führten das Fahrzeug zur Nachprüfung einer Mängelbeseitigung nicht rechtzeitig vor.<br>§ 29 Abs. 1, § 69a StVZO; § 24 Abs. 1, 3 Nr. 5 StVG; 187 BKat | 0 | 15,00 | |
| 329006 | Sie wiesen den Monat, in dem das Fahrzeug spätestens zur Hauptuntersuchung vorgeführt werden muss, nicht durch eine Prüfplakette auf dem amtlichen Kennzeichen nach.<br>§ 29 Abs. 2, § 69a StVZO; § 24 Abs. 1, 3 Nr. 5 StVG; -- BKat | 0 | 10,00 | |
| 329012 | Sie wiesen den Monat, in dem das Fahrzeug spätestens zur Sicherheitsprüfung vorgeführt werden muss, nicht durch eine Prüfmarke in Verbindung mit dem SP-Schild nach.<br>§ 29 Abs. 2, § 69a StVZO; § 24 Abs. 1, 3 Nr. 5 StVG; -- BKat | 0 | 10,00 | |
| 329018 | Sie sorgten nicht dafür, dass sich die an dem Fahrzeug angebrachte Prüfplakette/Prüfmarke *) in einem ordnungsgemäßen Zustand **) befand, insbesondere nicht verdeckt oder verschmutzt war.<br>§ 29 Abs. 5, § 69a StVZO; § 24 Abs. 1, 3 Nr. 5 StVG; -- BKat | 0 | 5,00 | |

| TBNR | Bemerkungen |
|---|---|
| 329113 bis 329610 | *) Fahrzeugart angeben (z. B. Pkw, Kraftrad)<br>**) vorgeschriebenen Vorführungstermin angeben |
| 329018 | *) Zutreffendes angeben<br>**) näher erläutern |

| TBNR | Tatbestandstext | FaP-Pkt | Euro | FV |
|---|---|---|---|---|
| 329024 | Sie ließen an dem Fahrzeug die amtlichen Kennzeichen nicht entstempeln und lieferten den Fahrzeugschein/Nachweis über die Betriebserlaubnis*) nicht ab, obwohl der Betrieb infolge fehlender Prüfplakette/Prüfmarke **) durch die Zulassungsbehörde untersagt war.<br>§ 29 Abs. 7, § 69a StVZO; § 24 Abs. 1, 3 Nr. 5 StVG; -- BKat | 0 | 15,00 | |
| 329612 | Sie missachteten das Betriebsverbot/die Beschränkung für den Betrieb *) des Fahrzeuges wegen Fehlens einer gültigen Prüfplakette/Prüfmarke **).<br>§ 29 Abs. 7, § 69a StVZO; § 24 Abs. 1, 3 Nr. 5 StVG; 187a BKat | B – 1 | 60,00 | |
| 329030 | Sie brachten an dem Fahrzeug verbotswidrig Einrichtungen an, die zu Verwechslungen mit der Prüfplakette/Prüfmarke *) Anlass geben konnten.<br>§ 29 Abs. 8, § 69a StVZO; § 24 Abs. 1, 3 Nr. 5 StVG; -- BKat | 0 | 10,00 | |
| 329036 | Sie bewahrten den Untersuchungsbericht für das Fahrzeug nicht bis zur nächsten Hauptuntersuchung auf oder händigten ihn zuständigen Personen oder der Zulassungsbehörde nicht aus.<br>§ 29 Abs. 10, § 69a StVZO; § 24 Abs. 1, 3 Nr. 5 StVG; -- BKat | 0 | 15,00 | |
| 329042 | Sie bewahrten das Prüfprotokoll für das Fahrzeug nicht bis zur nächsten Sicherheitsprüfung auf oder händigten es zuständigen Personen oder der Zulassungsbehörde nicht aus.<br>§ 29 Abs. 10, § 69a StVZO; § 24 Abs. 1, 3 Nr. 5 StVG; -- BKat | 0 | 15,00 | |
| 329048 | Sie führten kein vorschriftsmäßiges Prüfbuch für das Fahrzeug.<br>§ 29 Abs. 11, § 69a StVZO; § 24 Abs. 1, 3 Nr. 5 StVG; -- BKat | 0 | 15,00 | |

| TBNR | Bemerkungen | |
|---|---|---|
| 329024 | *) Zutreffendes angeben | **) Zutreffendes angeben |
| 329612 | *) Zutreffendes angeben | **) Zutreffendes angeben |
| 329030 | *) Zutreffendes angeben | |

| TBNR | Tatbestandstext | FaP-Pkt | Euro | FV |
|---|---|---|---|---|
| 329054 | Sie bewahrten das Prüfbuch für das Fahrzeug nicht bis zur endgültigen Außerbetriebsetzung auf.<br>§ 29 Abs. 13, § 69a StVZO; § 24 Abs. 1, 3 Nr. 5 StVG; -- BKat | 0 | 15,00 | |
| 330000 | Sie nahmen das Fahrzeug bzw. dessen Anhänger in Betrieb, obwohl die Bauweise *) nicht den Vorschriften entsprach.<br>§ 30, § 69a StVZO; § 24 Abs. 1, 3 Nr. 5 StVG; -- BKat | 0 | 25,00 | |
| 330600 | – Die Verkehrssicherheit war wesentlich beeinträchtigt.<br>§ 30, § 69a StVZO; § 24 Abs. 1, 3 Nr. 5 StVG; 214.2 BKat | B – 1 | 90,00 | |
| 330603 | Sie führten als Halter das Fahrzeug bzw. dessen Anhänger, obwohl die Bauweise *) nicht den Vorschriften entsprach. Die Verkehrssicherheit war dadurch wesentlich beeinträchtigt.<br>§ 30, § 69a StVZO; § 24 Abs. 1, 3 Nr. 5 StVG; 214.2 BKat; § 3 Abs. 2 BKatV | B – 1 | 135,00 | |
| 330006 | Sie nahmen das Fahrzeug bzw. dessen Anhänger in Betrieb, obwohl die Ausrüstung *) nicht den Vorschriften entsprach.<br>§ 30, § 69a StVZO; § 24 Abs. 1, 3 Nr. 5 StVG; -- BKat | 0 | 25,00 | |
| 330606 | – Die Verkehrssicherheit war wesentlich beeinträchtigt.<br>§ 30, § 69a StVZO; § 24 Abs. 1, 3 Nr. 5 StVG; 214.2 BKat | B – 1 | 90,00 | |
| 330609 | Sie führten als Halter das Fahrzeug bzw. dessen Anhänger, obwohl die Ausrüstung *) nicht den Vorschriften entsprach. Die Verkehrssicherheit war dadurch wesentlich beeinträchtigt.<br>§ 30, § 69a StVZO; § 24 Abs. 1, 3 Nr. 5 StVG; 214.2 BKat; § 3 Abs. 2 BKatV | B – 1 | 135,00 | |

| **TBNR** | **Bemerkungen** |
|---|---|
| 330000 bis 330609 | *) Mängel angeben |

| TBNR | Tatbestandstext | FaP-Pkt | Euro | FV |
|---|---|---|---|---|
| 330612 | Sie führten das Kraftfahrzeug (außer Mofa)/ den Anhänger*) mit mangelhaften Reifen. Die Verkehrssicherheit war dadurch wesentlich beeinträchtigt.<br>§ 30, § 69 a StVZO; § 24 Abs. 1, 3 Nr. 5 StVG; 214.2 BKat | B – 1 | 90,00 | |
| 330615 | Sie führten als Halter das Kraftfahrzeug (außer Mofa)/den Anhänger*) mit mangelhaften Reifen. Die Verkehrssicherheit war dadurch wesentlich beeinträchtigt.<br>§ 30, § 69a StVZO; § 24 Abs. 1, 3 Nr. 5 StVG; 214.2 BKat; § 3 Abs. 2 BKatV | B – 1 | 135,00 | |
| 330618 | Sie nahmen den Lastkraftwagen/Kraftomnibus *) bzw. dessen Anhänger in einem nicht vorschriftsmäßigen Zustand**) in Betrieb. Die Verkehrssicherheit war dadurch wesentlich beeinträchtigt.<br>§ 30, § 69a StVZO; § 24 Abs. 1, 3 Nr. 5 StVG; 214.1 BKat | B – 1 | 180,00 | |
| 330619 | – Sie gefährdeten +) Andere. | B – 1 | 220,00 | |
| 330620 | – Es kam zum Unfall. | B – 1 | 265,00 | |
| 330621 | Sie führten als Halter den Lastkraftwagen/ Kraftomnibus*) bzw. dessen Anhänger in einem nicht vorschriftsmäßigen Zustand **). Die Verkehrssicherheit war dadurch wesentlich beeinträchtigt.<br>§ 30, § 69a StVZO; § 24 Abs. 1, 3 Nr. 5 StVG; 214.1 BKat; § 3 Abs. 2 BKatV | B – 1 | 270,00 | |
| 330622 | – Sie gefährdeten +) Andere.<br>§ 30, § 69a StVZO; § 1 Abs. 2, § 49 StVO; § 24 Abs. 1, 3 Nr. 5 StVG; 214.1 BKat; § 3 Abs. 2, 3 BKatV; § 19 OWiG | B – 1 | 325,00 | |
| 330623 | – Es kam zum Unfall.<br>§ 30, § 69a StVZO; § 1 Abs. 2, § 49 StVO; § 24 Abs. 1, 3 Nr. 5 StVG; 214.1 BKat; § 3 Abs. 2, 3 BKatV; § 19 OWiG | B – 1 | 390,00 | |

| **TBNR** | **Bemerkungen** |
|---|---|
| 330612, 330615 | *) Zutreffende Fahrzeugart angeben |
| 330618 bis 330623 | *) Zutreffende Fahrzeugart angeben<br>**) Mängel angeben |

**Beschaffenheit der Fahrzeuge – § 30 StVZO**
**Vorstehende Außenkanten - § 30 c StVZO**

| TBNR | Tatbestandstext | FaP-Pkt | Euro | FV |
|---|---|---|---|---|
| 330624 | Sie nahmen den kennzeichnungspflichtigen Lastkraftwagen mit gefährlichen Gütern/Kraftomnibus mit Fahrgästen *) bzw. dessen Anhänger in einem nicht vorschriftsmäßigen Zustand **) in Betrieb. Die Verkehrssicherheit war dadurch wesentlich beeinträchtigt.<br>§ 30, § 69a StVZO; § 24 Abs. 1, 3 Nr. 5 StVG; 214.1 BKat; § 3 Abs. 4 BKatV | B – 1 | 270,00 | |
| 330625 | – Sie gefährdeten +) Andere. | B – 1 | 330,00 | |
| 330626 | – Es kam zum Unfall. | B – 1 | 397,50 | |
| 330632 | Sie führten als Halter den kennzeichnungspflichtigen Lastkraftwagen mit gefährlichen Gütern/Kraftomnibus mit Fahrgästen *) bzw. dessen Anhänger in einem nicht vorschriftsmäßigen Zustand **). Die Verkehrssicherheit war dadurch wesentlich beeinträchtigt.<br>§ 30, § 69a StVZO; § 24 Abs. 1, 3 Nr. 5 StVG; 214.1 BKat; § 3 Abs. 2, 4 BKatV | B – 1 | 405,00 | |
| 330633 | – Sie gefährdeten +) Andere.<br>§ 30, § 69a StVZO; § 1 Abs. 2, § 49 StVO; § 24 Abs. 1, 3 Nr. 5 StVG; 214.1 BKat; § 3 Abs. 2, 3, 4 BKatV; § 19 OWiG | B – 1 | 487,50 | |
| 330634 | – Es kam zum Unfall.<br>§ 30, § 69a StVZO; § 1 Abs. 2, § 49 StVO; § 24 Abs. 1, 3 Nr. 5 StVG; 214.1 BKat; § 3 Abs. 2, 3, 4 BKatV; § 19 OWiG | B – 1 | 585,00 | |
| 330100 | Sie führten das Fahrzeug/die Fahrzeugkombination *), obwohl Teile über dessen Umriss hervorragten, die den Verkehr mehr als unvermeidbar gefährdeten +).<br>§ 30c Abs. 1, § 69a StVZO; § 24 Abs. 1, 3 Nr. 5 StVG; 188 BKat | 0 | 20,00 | |

| **TBNR** | **Bemerkungen** |
|---|---|
| 330624 bis 330634 | *) Zutreffende Fahrzeugart angeben<br>**) Mängel angeben |
| 330100 | *) Zutreffende Fahrzeugart angeben |

| TBNR | Tatbestandstext | FaP-Pkt | Euro | FV |
|---|---|---|---|---|
| 331000 | Sie führten das Fahrzeug/die Fahrzeugkombination *), ohne zur selbständigen Leitung geeignet zu sein.<br>§ 31 Abs. 1, § 69a StVZO; § 24 Abs. 1, 3 Nr. 5 StVG; -- BKat | 0 | 25,00 | |
| 331600<br>*[331606] | Sie ordneten die Inbetriebnahme eines Lastkraftwagens/Kraftomnibusses *) an, obwohl der Führer zur selbständigen Leitung nicht geeignet war bzw. ließen sie zu.<br>§ 31 Abs. 2, § 69a StVZO; § 24 Abs. 1, 3 Nr. 5 StVG; 189.1.1 BKat [; § 3 Abs. 4 BKatV] | B – 1 | 180,00<br>*[270,00] | |
| 331601<br>*[331607] | – , und gefährdeten +) dadurch Andere. | B – 1 | 220,00<br>*[330,00] | |
| 331602<br>*[331608] | – Es kam zum Unfall. | B – 1 | 265,00<br>*[397,50] | |
| 331612 | Sie ordneten die Inbetriebnahme eines Fahrzeugs an, obwohl der Führer zur selbständigen Leitung nicht geeignet war bzw. ließen sie zu.<br>§ 31 Abs. 2, § 69a StVZO; § 24 Abs. 1, 3 Nr. 5 StVG; 189.1.2 BKat | B – 1 | 90,00 | |
| 331613 | – , und gefährdeten +) dadurch Andere. | B – 1 | 110,00 | |
| 331614 | – Es kam zum Unfall. | B – 1 | 135,00 | |
| 331006 | Sie ordneten die Inbetriebnahme eines Fahrzeugs/einer Fahrzeugkombination *) an, obwohl das Fahrzeug Mängel **) hatte bzw. ließen sie zu.<br>§ 31 Abs. 2, § 69a StVZO; § 24 Abs. 1, 3 Nr. 5 StVG; -- BKat | 0 | 25,00 | |

| **TBNR** | **Bemerkungen** |
|---|---|
| 331000 bis 331608 | *) Zutreffende Fahrzeugart angeben |
| 331006 | *) Zutreffende Fahrzeugart angeben<br>**) Mängel angeben |

*) Stern **vor** der TBNR:
TBNR und Ahndungssatz in [ ] gilt für kennzeichnungspflichtige Fahrzeuge mit gefährlichen Gütern und KOM mit Fahrgästen (Zutreffendes angeben).

## Verantwortung für den Betrieb der Fahrzeuge – § 31 StVZO

| TBNR | Tatbestandstext | FaP-Pkt | Euro | FV |
|---|---|---|---|---|
| 331609<br>*[331615] | Sie ordneten die Inbetriebnahme eines Lastkraftwagens/Kraftomnibusses *) bzw. dessen Anhängers an, obwohl die Verkehrssicherheit durch einen nicht vorschriftsmäßigen Zustand **) des Fahrzeugs wesentlich beeinträchtigt war bzw. ließen sie zu.<br>§ 31 Abs. 2, § 69a StVZO; § 24 Abs. 1, 3 Nr. 5 StVG; 189.2.1 BKat | B – 1 | 270,00<br>*[405,00] | |
| 331610<br>*[331616] | – und gefährdeten dadurch Andere | B – 1 | 325,00<br>*[487,50] | |
| 331611<br>*[331617] | – Es kam zum Unfall. | B – 1 | 390,00<br>*[585,00] | |
| 331621 | Sie ordneten die Inbetriebnahme eines Fahrzeugs an, obwohl die Verkehrssicherheit durch einen nicht vorschriftsmäßigen Zustand *) des Fahrzeugs wesentlich beeinträchtigt war bzw. ließen sie zu.<br>§ 31 Abs. 2, § 69a StVZO; § 24 Abs. 1, 3 Nr. 5 StVG; 189.2.2 BKat | B – 1 | 135,00 | |
| 331622 | – und gefährdeten dadurch Andere. | B – 1 | 165,00 | |
| 331623 | – Es kam zum Unfall. | B – 1 | 200,00 | |

| **TBNR** | **Bemerkungen** |
|---|---|
| 331609 bis 331617 | *) Zutreffende Fahrzeugart angeben<br>**) Mängel angeben |
| 331621 bis 331623 | *) Mängel angeben |

*) Stern **vor** der TBNR:
TBNR und Ahndungssatz in [ ] gilt für kennzeichnungspflichtige Fahrzeuge mit gefährlichen Gütern und KOM mit Fahrgästen (Zutreffendes angeben).

| TBNR | Tatbestandstext | FaP-Pkt | Euro | FV |
|---|---|---|---|---|
| 331618<br>*[331624] | Sie ordneten die Inbetriebnahme eines Lastkraftwagens/Kraftomnibusses *) bzw. dessen Anhängers an, obwohl die Verkehrssicherheit durch die Ladung/Besetzung **) wesentlich beeinträchtigt war bzw. ließen sie zu.<br>§ 31 Abs. 2, § 69a StVZO; § 24 Abs. 1, 3 Nr. 5 StVG; 189.3.1 BKat [; § 3 Abs. 4 BKatV] | B – 1 | 270,00<br>*[405,00] | |
| 331619<br>*[331625] | – und gefährdeten +) dadurch Andere. | B – 1 | 325,00<br>*[487,50] | |
| 331620<br>*[331626] | – Es kam zum Unfall. | B – 1 | 390,00<br>*[585,00] | |
| 331630 | Sie ordneten die Inbetriebnahme eines Fahrzeugs an, obwohl die Verkehrssicherheit des Fahrzeugs durch die Ladung/Besetzung *) wesentlich beeinträchtigt wurde bzw. ließen sie zu.<br>§ 31 Abs. 2, § 69a StVZO; § 24 Abs. 1, 3 Nr. 5 StVG; 189.3.2 BKat | B – 1 | 135,00 | |
| 331631 | – und gefährdeten +) dadurch Andere. | B – 1 | 165,00 | |
| 331632 | – Es kam zum Unfall. | B – 1 | 200,00 | |

| **TBNR** | **Bemerkungen** |
|---|---|
| 331618 bis 331632 | *) Zutreffende Fahrzeugart angeben<br>**) Zutreffendes angeben |

*) Stern **vor** der TBNR:
TBNR und Ahndungssatz in [ ] gilt für kennzeichnungspflichtige Fahrzeuge mit gefährlichen Gütern und KOM mit Fahrgästen (Zutreffendes angeben).

## Verantwortung für den Betrieb der Fahrzeuge - § 31 StVZO

| TBNR | Tatbestandstext | FaP-Pkt | Euro | FV |
|---|---|---|---|---|
| | Sie ordneten die Inbetriebnahme eines Kraftfahrzeugs/einer Fahrzeugkombination *) an bzw. ließen sie zu, | | | |
| 331660 | – obwohl die zugelassene Breite um **) ...,.. m überschritten war.<br>§ 31 Abs. 2, § 32 Abs.1, 2, 3, 4, § 31d Abs. 1***), § 69a StVZO; § 24 Abs. 1, 3 Nr. 5 StVG; 193 BKat | B – 1 | 75,00 | |
| 331666 | – obwohl die zugelassene Höhe über alles um **) ...,.. m überschritten war.<br>§ 31 Abs. 2, § 32 Abs.1, 2, 3, 4, § 31d Abs. 1***), § 69a StVZO; § 24 Abs. 1, 3 Nr. 5 StVG; 193 BKat | B – 1 | 75,00 | |
| 331672 | – obwohl die zugelassene Länge über alles um **) ...,.. m überschritten war.<br>§ 31 Abs. 2, § 32 Abs.1, 2, 3, 4, § 31d Abs. 1***), § 69a StVZO; § 24 Abs. 1, 3 Nr. 5 StVG; 193 BKat | B – 1 | 75,00 | |
| 331678 | – obwohl die vorgeschriebenen Kurvenlaufeigenschaften nicht eingehalten waren.<br>§ 31 Abs. 2, § 32 d Abs. 1, 2, § 69a StVZO; § 24 Abs. 1, 3 Nr. 5 StVG; 196 BKat | B – 1 | 75,00 | |

| **TBNR** | **Bemerkungen** |
|---|---|
| 331660 bis 331672 | *) Zutreffende Fahrzeugart angeben<br>**) Tatsächliche Überschreitung angeben<br>***) Zutreffende Rechtsgrundlage angeben |

| TBNR | Tatbestandstext | FaP-Pkt | Euro | FV |
|---|---|---|---|---|
| 731100<br>Pseudo-<br>kennzahl | Sie ordneten die Inbetriebnahme eines Kraftfahrzeugs an, obwohl das zulässige Gesamtgewicht um ...,.. Prozent = ...... kg überschritten war bzw. ließen sie zu.<br>Festgestelltes Gesamtgewicht: *) ...... kg<br>Zulässiges Gesamtgewicht: **) ...... kg<br>§ 31 Abs. 2, § 34 Abs. 3, § 31d Abs. 1***), § 69a StVZO; § 24 Abs. 1, 3 Nr. 5 StVG; ... BKat | siehe Tabelle S1-S12 | | |
| 731101<br>Pseudo-<br>kennzahl | Sie ordneten die Inbetriebnahme eines Kraftfahrzeugs an, obwohl die zulässige Achslast um ...,.. Prozent = ...... kg überschritten war bzw. ließen sie zu.<br>Festgestellte Achslast: *) ...... kg<br>Zulässige Achslast: **) ...... kg<br>§ 31 Abs. 2, § 34 Abs. 3, § 31d Abs. 1***), § 69a StVZO; § 24 Abs. 1, 3 Nr. 5 StVG; ... BKat | siehe Tabelle S1-S12 | | |
| 731102<br>Pseudo-<br>kennzahl | Sie ordneten die Inbetriebnahme eines Zuges an, obwohl das zulässige Gesamtgewicht des Anhängers um ...,.. Prozent = ...... kg überschritten war bzw. ließen sie zu.<br>Festgestelltes Gesamtgewicht: *) ...... kg<br>Zulässiges Gesamtgewicht: **) ...... kg<br>§ 31 Abs. 2, § 34 Abs. 3, § 31d Abs. 1***), § 69a StVZO; § 24 Abs. 1, 3 Nr. 5 StVG; ... BKat | siehe Tabelle S1-S12 | | |
| 731103<br>Pseudo-<br>kennzahl | Sie ordneten die Inbetriebnahme eines Zuges an, obwohl die zulässige Achslast des Anhängers um ...,.. Prozent = ...... kg überschritten war bzw. ließen sie zu.<br>Festgestellte Achslast: *) ...... kg<br>Zulässige Achslast: **) ...... kg<br>§ 31 Abs. 2, § 34 Abs. 3, § 31d Abs. 1***), § 69a StVZO; § 24 Abs. 1, 3 Nr. 5 StVG; ... BKat | siehe Tabelle S1-S12 | | |

| **TBNR** | **Bemerkungen** |
|---|---|
| 731100 bis 731103 | *) Festgestelltes Gesamtgewicht bzw. festgestellte Achslast angeben<br>**) Zulässiges Gesamtgewicht bzw. zulässige Achslast angeben<br>***) Zutreffende Rechtsgrundlage angeben |

## Verantwortung für den Betrieb der Fahrzeuge – § 31 StVZO

| TBNR | Tatbestandstext | FaP-Pkt | Euro | FV |
|---|---|---|---|---|
| 731104 Pseudokennzahl | Sie ordneten die Inbetriebnahme einer Fahrzeugkombination an, obwohl das zulässige Gesamtgewicht um ...,.. Prozent = ...... kg überschritten war bzw. ließen sie zu. Festgestelltes Gesamtgewicht: *) ...... kg Zulässiges Gesamtgewicht: **) ....... kg § 31 Abs. 2, § 34 Abs. 3, § 31d Abs. 1***), § 69a StVZO; § 24 StVG; ... BKat | siehe Tabelle S1-S12 | | |
| 731105 Pseudokennzahl | Sie ordneten die Inbetriebnahme einer Fahrzeugkombination an, obwohl die zulässige Achslast um ...,.. Prozent = ...... kg überschritten war bzw. ließen sie zu. Festgestellte Achslast: *) ...... kg Zulässige Achslast: **) ...... kg § 31 Abs. 2, § 34 Abs. 3, § 31d Abs. 1***), § 69a StVZO; § 24 Abs. 1, 3 Nr. 5 StVG; ... BKat | siehe Tabelle S1-S12 | | |
| 331154 | Sie ordneten die Inbetriebnahme des Personenkraftwagens, in dem ein Rollstuhlnutzer befördert wurde an, bzw. ließen sie zu, obwohl das Fahrzeug nicht mit dem vorgeschriebenen Rollstuhlstellplatz ausgerüstet war. § 31 Abs. 2, § 35a Abs. 4; § 69a StVZO; § 24 Abs. 1, 3 Nr. 5 StVG; 203a BKat | 0 | 35,00 | |
| 331160 | Sie ordneten die Inbetriebnahme des Personenkraftwagens, in dem ein Rollstuhlnutzer befördert wurde an, bzw. ließen sie zu, obwohl der Rollstuhlstellplatz nicht mit dem vorgeschriebenen Rollstuhl-Rückhaltesystem/Rollstuhlnutzer-Rückhaltesystem *) ausgerüstet war. § 31 Abs. 2, § 35a Abs. 4a; § 69a StVZO; § 24 Abs. 1, 3 Nr. 5 StVG; 203c BKat | 0 | 30,00 | |

| TBNR | Bemerkungen |
|---|---|
| 731104 bis 731105 | *) Festgestelltes Gesamtgewicht bzw. festgestellte Achslast angeben<br>**) Zulässiges Gesamtgewicht bzw. zulässige Achslast angeben<br>***) Zutreffende Rechtsgrundlage angeben |
| 331160 | *) Zutreffendes angeben |

| TBNR | Tatbestandstext | FaP-Pkt | Euro | FV |
|---|---|---|---|---|
| 331164 | Sie stellten als Halter nicht sicher, dass das Rollstuhl-Rückhaltesystem/Rollstuhlnutzer-Rückhaltesystem *) in der vom Hersteller des Systems vorgesehenen Weise während der Fahrt betrieben wurde.<br>§ 31 Abs. 2, § 35a Abs. 4a, § 69a StVZO;<br>§ 24 Abs. 1, 3 Nr. 5 StVG; 203f BKat | 0 | 30,00 | |
| | Sie ordneten die Inbetriebnahme eines Kraftomnibusses an bzw. ließen sie zu | | | |
| 331684 | – obwohl mehr Personen befördert wurden, als in der Zulassungsbescheinigung Teil I Plätze ausgewiesen waren.<br>§ 31 Abs. 2, § 34a Abs. 1, § 69a StVZO;<br>§ 24 Abs. 1, 3 Nr. 5 StVG; 202 BKat | B – 1 | 75,00 | |
| 331100 | – unter Verstoß gegen eine Vorschrift über mitzuführende Feuerlöscher.<br>§ 31 Abs. 2, § 35g Abs. 1, 2, § 69a StVZO;<br>§ 24 Abs. 1, 3 Nr. 5 StVG; 205 BKat | 0 | 20,00 | |
| 331106 | – unter Verstoß gegen eine Vorschrift über mitzuführendes Erste-Hilfe-Material.<br>§ 31 Abs. 2, § 35h Abs. 1, 2, § 69a StVZO;<br>§ 24 Abs. 1, 3 Nr. 5 StVGG; 207.1 BKat | 0 | 25,00 | |
| 331112 | Sie ordneten die Inbetriebnahme eines Kraftfahrzeugs an unter Verstoß gegen die Vorschrift über mitzuführendes Erste-Hilfe-Material bzw. ließen sie zu.<br>§ 31 Abs. 2, § 35 h Abs. 1, 2, § 69a StVZO;<br>§ 24 Abs. 1, 3 Nr. 5 StVG; 207.2 BKat | 0 | 10,00 | |
| | Sie ordneten die Inbetriebnahme eines Kraftfahrzeugs (außer Mofa)/Anhängers *) an bzw. ließen sie zu, | | | |
| 331506 | – obwohl die Reifen mangelhaft **) waren.<br>§ 31 Abs. 2, § 30, § 69a StVZO;<br>§ 24 Abs. 1, 3 Nr. 5 StVG; -- BKat | 0 | 75,00 | |

| **TBNR** | **Bemerkungen** |
|---|---|
| 331164 | *) Zutreffendes angeben |
| 331506 | *) Zutreffende Fahrzeugart angeben<br>**) Mängel angeben |

## Verantwortung für den Betrieb der Fahrzeuge – § 31 StVZO

| TBNR | Tatbestandstext | FaP-Pkt | Euro | FV |
|---|---|---|---|---|
| 331512 | – obwohl die Reifen mit Spikes ausgestattet waren.<br>§ 31 Abs. 2, § 36 Abs. 1, § 69a StVZO;<br>§ 24 Abs. 1, 3 Nr. 5 StVG; -- BKat | 0 | 75,00 | |
| 331690<br>*[331696] | Sie ordneten die Inbetriebnahme eines Kraftfahrzeugs/Anhängers *) an, obwohl dessen Reifen keine vorschriftsmäßigen Profilrillen oder Einschnitte oder keine ausreichende Profil- oder Einschnitttiefe besaß bzw. ließen sie zu.<br>§ 31 Abs. 2, § 31d Abs. 4 **), § 36 Abs. 3, § 69a StVZO;<br>§ 24 Abs. 1, 3 Nr. 5 StVG; 213 BKat [; § 3 Abs. 4 BKatV] | B – 1 | 75,00<br>*[112,50] | |
| 331118 | Sie ordneten die Inbetriebnahme eines Mofas an, obwohl dessen Reifen keine vorschriftsmäßigen Profilrillen oder Einschnitte oder keine Profil- oder Einschnitttiefe besaß bzw. ließen sie zu.<br>§ 31 Abs. 2, § 36 Abs. 3, § 69a StVZO;<br>§ 24 Abs. 1, 3 Nr. 5 StVG; 211 BKat | 0 | 35,00 | |
| 331638 | Sie ordneten die Inbetriebnahme eines Kraftfahrzeuges bei Glatteis, Schneeglätte, Schneematsch, Eis- oder Reifglätte ohne die vorgeschriebenen Reifen für winterliche Wetterverhältnisse an, bzw. ließen sie zu.<br>§ 31 Abs. 2, § 36 Abs. 4, § 69a StVZO;<br>§ 24 Abs. 1, 3 Nr. 5 StVG; 213a BKat | B – 1 | 75,00 | |
| 331124 | Sie ordneten die Inbetriebnahme eines Kraftfahrzeugs/Anhängers *) an, obwohl es/er **) unzulässig auf einer Achse mit Diagonal- und mit Radialreifen ausgerüstet war bzw. ließen sie zu.<br>§ 31 Abs. 2, § 36 Abs. 6, § 69a StVZO;<br>§ 24 Abs. 1, 3 Nr. 5 StVG; 209 BKat | 0 | 30,00 | |

| **TBNR** | **Bemerkungen** |
|---|---|
| 331690 bis 331696 | *) Zutreffende Fahrzeugart angeben<br>**) Zutreffende Rechtsgrundlage angeben |
| 331124 | *) Zutreffende Fahrzeugart angeben **) Zutreffendes angeben |

*) Stern **vor** der TBNR:
TBNR und Ahndungssatz in [ ] gilt für Fahrzeuge mit gefährlichen Gütern und KOM mit Fahrgästen (Zutreffendes angeben).

| TBNR | Tatbestandstext | FaP-Pkt | Euro | FV |
|---|---|---|---|---|
| 331012 | Sie ordneten die Inbetriebnahme eines Fahrzeugs an, obwohl die Lenkeinrichtung Mängel *) aufwies, bzw. ließen sie zu.<br>§ 31 Abs. 2, § 38 Abs. 1, § 69a StVZO;<br>§ 24 Abs. 1, 3 Nr. 5 StVG; – BKat | 0 | 30,00 | |
| 331702<br>*[331708] | Sie ordneten die Inbetriebnahme eines Lastkraftwagens/Kraftomnibusses *) bzw. dessen Anhängers an, obwohl die Verkehrssicherheit durch den Verstoß gegen eine Vorschrift über Lenkeinrichtungen wesentlich beeinträchtigt wurde bzw. ließen sie zu.<br>§ 31 Abs. 2, § 38, § 69a StVZO; § 24 Abs. 1, 3 Nr. 5 StVG;<br>189.2.1 BKat [; § 3 Abs. 4 BKatV] | B – 1 | 270,00<br>*[405,00] | |
| 331703<br>*[331709] | – und gefährdeten +) dadurch Andere. | B – 1 | 325,00<br>*[487,50] | |
| 331704<br>*[331710] | – Es kam zum Unfall. | B – 1 | 390,00<br>*[585,00] | |
| 331714 | Sie ordneten die Inbetriebnahme eines Fahrzeugs an, obwohl die Verkehrssicherheit durch den Verstoß gegen eine Vorschrift über Lenkeinrichtungen wesentlich beeinträchtigt wurde bzw. ließen sie zu.<br>§ 31 Abs. 2, § 38, § 69a StVZO;<br>§ 24 Abs. 1, 3 Nr. 5 StVG; 189.2.2 BKat | B – 1 | 135,00 | |
| 331715 | – und gefährdeten +) dadurch Andere | B – 1 | 165,00 | |
| 331716 | – Es kam zum Unfall. | B – 1 | 200,00 | |

| **TBNR** | **Bemerkungen** |
|---|---|
| 331012 | *) Mängel angeben |
| 331702 bis 331710 | *) Zutreffende Fahrzeugart angeben |

*) Stern **vor** der TBNR:
TBNR und Ahndungssatz in [ ] gilt für Fahrzeuge mit gefährlichen Gütern und KOM mit Fahrgästen (Zutreffendes angeben).

## Verantwortung für den Betrieb der Fahrzeuge – § 31 StVZO

| TBNR | Tatbestandstext | FaP-Pkt | Euro | FV |
|---|---|---|---|---|
| | Sie ordneten die Inbetriebnahme eines Kraftfahrzeugs an, | | | |
| 331018 | – obwohl die vorgeschriebenen Sicherungseinrichtungen gegen unbefugte Benutzung nicht vorhanden waren, bzw. ließen sie zu. § 31 Abs. 2, § 38a, § 69a StVZO; § 24 Abs. 1, 3 Nr. 5 StVG; -- BKat | 0 | 20,00 | |
| 331024 | – obwohl dessen Bremsen Mängel *) aufwiesen, bzw. ließen sie zu. § 31 Abs. 2, § 41, § 69a StVZO; § 24 Abs. 1, 3 Nr. 5 StVG; -- BKat | 0 | 35,00 | |
| 331720 *[331726] | Sie ordneten die Inbetriebnahme eines Lastkraftwagens/Kraftomnibusses *) bzw. dessen Anhängers an, obwohl die Verkehrssicherheit durch den Verstoß gegen eine Vorschrift über Bremsen wesentlich beeinträchtigt wurde bzw. ließen sie zu. § 31 Abs. 2, § 41, § 69a StVZO; § 24 Abs. 1, 3 Nr. 5 StVG; 189.2.1 BKat [§ 3 Abs. 4 BKatV] | B – 1 | 270,00 *[405,00] | |
| 331721 *[331727] | – und gefährdeten +) dadurch Andere. | B – 1 | 325,00 *[487,50] | |
| 331722 *[331728] | – Es kam zum Unfall. | B – 1 | 390,00 *[585,00] | |
| | Sie ordneten die Inbetriebnahme eines Fahrzeugs an, | | | |
| 331732 | – obwohl die Verkehrssicherheit durch den Verstoß gegen eine Vorschrift über Bremsen wesentlich beeinträchtigt wurde bzw. ließen sie zu. § 31 Abs. 2, § 41, § 69a StVZO; § 24 Abs. 1, 3 Nr. 5 StVG; 189.2.2 BKat | B – 1 | 135,00 | |
| 331733 | – und gefährdeten +) dadurch Andere. | B – 1 | 165,00 | |
| 331734 | – Es kam zum Unfall. | B – 1 | 200,00 | |

| **TBNR** | **Bemerkungen** |
|---|---|
| 331024 | *) Mängel angeben |
| 331720 bis 331728 | *) Zutreffende Fahrzeugart angeben |

*) Stern **vor** der TBNR:
TBNR und Ahndungssatz in [ ] gilt für Fahrzeuge mit gefährlichen Gütern und KOM mit Fahrgästen (Zutreffendes angeben).

| TBNR | Tatbestandstext | FaP-Pkt | Euro | FV |
|---|---|---|---|---|
| 731106 Pseudo-kennzahl | Sie ordneten die Inbetriebnahme eines Kraftfahrzeugs mit Anhänger an, obwohl die zulässige Anhängelast um ...,.. Prozent = ...... kg überschritten war bzw. ließen sie zu. Festgestellte Anhängelast: *) ...... kg Zulässige Anhängelast: **) ...,.. kg § 31 Abs. 2, § 42 Abs. 1, 2, § 69a StVZO; § 24 Abs. 1, 3 Nr. 5 StVG; ... BKat | siehe Tabelle S1-S12 | | |
| 331030 | Sie ordneten die Inbetriebnahme eines Fahrzeuges an, obwohl dessen Einrichtungen zur Verbindung von Fahrzeugen nicht den Vorschriften entsprachen bzw. ließen sie zu. § 31 Abs. 2, § 43 Abs. 1, § 69a StVZO; § 24 Abs. 1, 3 Nr. 5 StVG; -- BKat | 0 | 35,00 | |
| 331738 *[331742] | Sie ordneten die Inbetriebnahme eines Lastkraftwagens/Kraftomnibusses *) bzw. dessen Anhängers an, obwohl die Verkehrssicherheit durch den Verstoß gegen eine Vorschrift über Einrichtungen zur Verbindung von Fahrzeugen wesentlich beeinträchtigt wurde bzw. ließen sie zu. § 31 Abs. 2, § 43 Abs. 1, 4, § 69a StVZO; § 24 Abs. 1, 3 Nr. 5 StVG; 189.2.1 BKat [§ 3 Abs. 4 BKatV] | B – 1 | 270,00 *[405,00] | |
| 331739 *[331743] | – und gefährdeten +) dadurch Andere. | B – 1 | 325,00 *[487,50] | |
| 331740 *[331744] | – Es kam zum Unfall. | B – 1 | 390,00 *[585,00] | |

| TBNR | Bemerkungen |
|---|---|
| 331738 bis 331744 | *) Zutreffende Fahrzeugart angeben |
| 731106 | *) Festgestellte Anhängelast angeben<br>**) Zulässige Anhängelast angeben |

*) Stern **vor** der TBNR:
TBNR und Ahndungssatz in [ ] gilt für Fahrzeuge mit gefährlichen Gütern und KOM mit Fahrgästen (Zutreffendes angeben).

## Verantwortung für den Betrieb der Fahrzeuge – § 31 StVZO

| TBNR | Tatbestandstext | FaP-Pkt | Euro | FV |
|---|---|---|---|---|
| | Sie ordneten die Inbetriebnahme eines Fahrzeugs an, | | | |
| 331745 | – obwohl die Verkehrssicherheit durch den Verstoß gegen eine Vorschrift über Einrichtungen zur Verbindung von Fahrzeugen wesentlich beeinträchtigt wurde, bzw. ließen sie zu.<br>§ 31 Abs. 2, § 43 Abs. 1, 4, § 69a StVZO;<br>§ 24 Abs. 1, 3 Nr. 5 StVG; 189.2.2 BKat | B – 1 | 135,00 | |
| 331746 | – und gefährdeten +) dadurch Andere. | B – 1 | 165,00 | |
| 331747 | – Es kam zum Unfall. | B – 1 | 200,00 | |
| 331036 | – obwohl dessen Anhängerkupplung nicht den Vorschriften entsprach, bzw. ließen sie zu.<br>§ 31 Abs. 2, § 43 Abs. 4, § 69a StVZO;<br>§ 24 Abs. 1, 3 Nr. 5 StVG; -- BKat | 0 | 35,00 | |
| 331042 | – obwohl eine übermäßige Abgas- oder Geräuschentwicklung festgestellt wurde, bzw. ließen sie zu.<br>§ 31 Abs. 2, § 47, § 49 Abs. 1, § 69a StVZO;<br>§ 24 Abs. 1, 3 Nr. 5 StVG; -- BKat | 0 | 30,00 | |
| 331048 | – obwohl unzulässige lichttechnische Einrichtungen angebracht bzw. geschaltet waren, bzw. ließen sie zu.<br>§ 31 Abs. 2, § 49a Abs. 1, § 69a StVZO;<br>§ 24 Abs. 1, 3 Nr. 5 StVG; -- BKat | 0 | 10,00 | |
| 331054 | – obwohl mitführpflichtige lichttechnische Einrichtungen nicht den Vorschriften entsprachen, bzw. ließen sie zu.<br>§ 31 Abs. 2, § 49a, § 69a StVZO;<br>§ 24 Abs. 1, 3 Nr. 5 StVG; -- BKat | 0 | 15,00 | |
| 331060 | – obwohl das Fahrzeug nicht mit vorgeschriebenem Warndreieck bzw. betriebsbereiter Warnleuchte ausgestattet war, bzw. ließen sie zu.<br>§ 31 Abs. 2, § 53a Abs. 1, 2, 3, 4, 5, § 69a StVZO;<br>§ 24 Abs. 1, 3 Nr. 5 StVG; -- BKat | 0 | 15,00 | |

| TBNR | Tatbestandstext | FaP-Pkt | Euro | FV |
|---|---|---|---|---|
| 331066 | – obwohl die Gültigkeitsdauer*) der letzten Prüfung des vorgeschriebenen Fahrtschreibers bzw. Kontrollgerätes abgelaufen war, bzw. ließen sie zu.<br>§ 31 Abs. 2, § 57b Abs. 1, § 69a StVZO;<br>§ 24 Abs. 1, 3 Nr. 5 StVG; -- BKat | 0 | 25,00 | |
| 331754 | Sie ordneten die Inbetriebnahme eines Kraftomnibusses/eines Lkw/einer Zugmaschine/einer Sattelzugmaschine*) mit einer zulässigen Gesamtmasse von mehr als 3,5 t an, obwohl das Fahrzeug nicht mit dem vorgeschriebenen Geschwindigkeitsbegrenzer ausgerüstet war bzw. ließen sie zu.<br>§ 31 Abs. 2, § 57c Abs. 2, § 31d Abs. 3**), § 69a StVZO;<br>§ 24 Abs. 1, 3 Nr. 5 StVG; 224 BKat | B – 1 | 150,00 | |
| 331755 | Sie ordneten die Inbetriebnahme eines Kraftomnibusses mit Fahrgästen/kennzeichnungspflichtigen Lkw mit gefährlichen Gütern*) mit einer zulässigen Gesamtmasse von mehr als 3,5 t an, obwohl das Fahrzeug nicht mit dem vorgeschriebenen Geschwindigkeitsbegrenzer ausgerüstet war bzw. ließen sie zu.<br>§ 31 Abs. 2, § 57c Abs. 2, § 31d Abs. 3**), § 69a StVZO;<br>§ 24 Abs. 1, 3 Nr. 5 StVG; 224 BKat; § 3 Abs. 4 BKatV | B – 1 | 225,00 | |
| 331756 | Sie ordneten die Inbetriebnahme einer kennzeichnungspflichtigen Zugmaschine/Sattelzugmaschine*) mit gefährlichen Gütern mit einer zulässigen Gesamtmasse von mehr als 3,5 t an, obwohl das Fahrzeug nicht mit dem vorgeschriebenen Geschwindigkeitsbegrenzer ausgerüstet war bzw. ließen sie zu.<br>§ 31 Abs. 2, § 57c Abs. 2, § 31d Abs. 3**), § 69a StVZO;<br>§ 24 Abs. 1, 3 Nr. 5 StVG; 224 BKat; § 3 Abs. 4 BKat | B – 1 | 225,00 | |

| TBNR | Bemerkungen |
|---|---|
| 331066 | *) Datum des Prüftermins angeben |
| 331754 bis | *) Zutreffende Fahrzeugart angeben |
| 331756 | **) Zutreffende Rechtsgrundlage angeben |

## Verantwortung für den Betrieb der Fahrzeuge – § 31 StVZO

| TBNR | Tatbestandstext | FaP-Pkt | Euro | FV |
|---|---|---|---|---|
| 331760 | Sie ordneten die Inbetriebnahme eines Kraftomnibusses/eines Lkw/einer Zugmaschine/einer Sattelzugmaschine *) mit einer zulässigen Gesamtmasse von mehr als 3,5 t an, obwohl der Geschwindigkeitsbegrenzer auf eine unzulässige Geschwindigkeit eingestellt war bzw. ließen sie zu.<br>§ 31 Abs. 2, § 57c Abs. 2, § 31d Abs. 3**),<br>§ 69a StVZO; § 24 StVG; 224 BKat | B – 1 | 150,00 | |
| 331761 | Sie ordneten die Inbetriebnahme eines Kraftomnibusses mit Fahrgästen/kennzeichnungspflichtigen Lkw mit gefährlichen Gütern *) mit einer zulässigen Gesamtmasse von mehr als 3,5 t an, obwohl der Geschwindigkeitsbegrenzer auf eine unzulässige Geschwindigkeit eingestellt war bzw. ließen sie zu.<br>§ 31 Abs. 2, § 57c Abs. 2, § 31d Abs. 3**),<br>§ 69a StVZO; § 24 StVG; 224 BKat;<br>§ 3 Abs. 4 BKatV | B – 1 | 225,00 | |
| 331762 | Sie ordneten die Inbetriebnahme einer kennzeichnungspflichtigen Zugmaschine/Sattelzugmaschine*) mit gefährlichen Gütern *) mit einer zulässigen Gesamtmasse von mehr als 3,5 t an, obwohl der Geschwindigkeitsbegrenzer auf eine unzulässige Geschwindigkeit eingestellt war bzw. ließen sie zu.<br>§ 31 Abs. 2, § 57c Abs. 2, § 31d Abs. 3**),<br>§ 69a StVZO; § 24 StVG; 224 BKat;<br>§ 3 Abs. 4 BKatV | B – 1 | 225,00 | |

| TBNR | Bemerkungen |
|---|---|
| 331760 bis 331762 | *) Zutreffende Fahrzeugart angeben<br>**) Zutreffende Rechtsgrundlage angeben |

# Tabellen des KBA zu § 31 StVZO
zu Pseudo-Kennzahl 731100 bis 731106

**Überladung**

Tabellen-Nr:
**731000**
Pseudo-Kennzahl:
**731100**

**Überschreiten des zulässigen Gesamtgewichts**
**– bei Kraftfahrzeugen mit einem zulässigen Gesamtgewicht über 7,5 t**

| Überladung in % | Halter | | | | |
|---|---|---|---|---|---|
| | BKat | TBNR | FaP/Pkt | FV | Ahndungssatz Euro |
| um 2 - 5 | 199.1.1 | 331130 | 0 | | 35,00 |
| mehr als 5 | 199.1.2 | 331784 | B-1 | | 140,00 |
| mehr als 10 | 199.1.3 | 331785 | B-1 | | 235,00 |
| mehr als 15 | 199.1.4 | 331786 | B-1 | | 285,00 |
| mehr als 20 | 199.1.5 | 331787 | B-1 | | 380,00 |
| mehr als 25 | 199.1.6 | 331788 | B-1 | | 425,00 |

Tabellen-Nr:
**731001**
Pseudo-Kennzahl:
**731100**

**Überschreiten des zulässigen Gesamtgewichts**
**– bei kennzeichnungspflichtigen Kraftfahrzeugen mit gefährlichen Gütern mit einem zulässigen Gesamtgewicht über 7,5 t**

| Überladung in % | Halter | | | | |
|---|---|---|---|---|---|
| | BKat | TBNR | FaP/Pkt | FV | Ahndungssatz Euro |
| mehr als 5 | 199.1.2 | 331790 | B-1 | | 210,00 |
| mehr als 10 | 199.1.3 | 331791 | B-1 | | 352,50 |
| mehr als 15 | 199.1.4 | 331792 | B-1 | | 427,50 |
| mehr als 20 | 199.1.5 | 331793 | B-1 | | 570,00 |
| mehr als 25 | 199.1.6 | 331794 | B-1 | | 637,50 |

**Überladung**

Tabellen-Nr:
**731002**
Pseudo-Kennzahl:
**731100**

**Überschreiten des zulässigen Gesamtgewichts**
**– bei Kraftomnibussen mit Fahrgästen mit einem zulässigen Gesamtgewicht über 7,5 t**

| Überladung in % | Halter | | | | |
|---|---|---|---|---|---|
| | BKat | TBNR | FaP/Pkt | FV | Ahndungssatz Euro |
| mehr als 5 | 199.1.2 | 331796 | B-1 | | 210,00 |
| mehr als 10 | 199.1.3 | 331797 | B-1 | | 352,50 |
| mehr als 15 | 199.1.4 | 331798 | B-1 | | 427,50 |
| mehr als 20 | 199.1.5 | 331799 | B-1 | | 570,00 |
| mehr als 25 | 199.1.6 | 331800 | B-1 | | 637,50 |

Tabellen-Nr:
**731003**
Pseudo-Kennzahl:
**731101**

**Überschreiten der zulässigen Achslast**
**– bei Kraftfahrzeugen mit einem zulässigen Gesamtgewicht über 7,5 t**

| Überladung in % | Halter | | | | |
|---|---|---|---|---|---|
| | BKat | TBNR | FaP/Pkt | FV | Ahndungssatz Euro |
| um 2 - 5 | 199.1.1 | 331148 | 0 | | 35,00 |
| mehr als 5 | 199.1.2 | 331802 | B-1 | | 140,00 |
| mehr als 10 | 199.1.3 | 331803 | B-1 | | 235,00 |
| mehr als 15 | 199.1.4 | 331804 | B-1 | | 285,00 |
| mehr als 20 | 199.1.5 | 331805 | B-1 | | 380,00 |
| mehr als 25 | 199.1.6 | 331806 | B-1 | | 425,00 |

**Überladung**

Tabellen-Nr:
**731004**
Pseudo-Kennzahl:
**731101**

**Überschreiten der zulässigen Achslast**
**– bei kennzeichnungspflichtigen Kraftfahrzeugen mit gefährlichen Gütern mit einem zulässigen Gesamtgewicht über 7,5 t**

| Überladung in % | Halter | | | | |
|---|---|---|---|---|---|
| | BKat | TBNR | FaP/Pkt | FV | Ahndungssatz Euro |
| mehr als 5 | 199.1.2 | 331808 | B-1 | | 210,00 |
| mehr als 10 | 199.1.3 | 331809 | B-1 | | 352,50 |
| mehr als 15 | 199.1.4 | 331810 | B-1 | | 427,50 |
| mehr als 20 | 199.1.5 | 331811 | B-1 | | 570,00 |
| mehr als 25 | 199.1.6 | 331812 | B-1 | | 637,50 |

Tabellen-Nr:
**731005**
Pseudo-Kennzahl:
**731101**

**Überschreiten der zulässigen Achslast**
**– bei Kraftomnibussen mit Fahrgästen mit einem zulässigen Gesamtgewicht über 7,5 t**

| Überladung in % | Halter | | | | |
|---|---|---|---|---|---|
| | BKat | TBNR | FaP/Pkt | FV | Ahndungssatz Euro |
| mehr als 5 | 199.1.2 | 331814 | B-1 | | 210,00 |
| mehr als 10 | 199.1.3 | 331815 | B-1 | | 352,50 |
| mehr als 15 | 199.1.4 | 331816 | B-1 | | 427,50 |
| mehr als 20 | 199.1.5 | 331817 | B-1 | | 570,00 |
| mehr als 25 | 199.1.6 | 331818 | B-1 | | 637,50 |

Tabellen-Nr:
**731010**
Pseudo-Kennzahl:
**731102**

**Überschreiten des zulässigen Gesamtgewichts**
**– bei Kraftfahrzeugen mit Anhänger mit einem zulässigen Gesamtgewicht des Anhängers über 2 t**

| Überladung in % | Halter | | | | |
|---|---|---|---|---|---|
| | BKat | TBNR | FaP/Pkt | FV | Ahndungssatz Euro |
| um 2 - 5 | 199.1.1 | 331166 | 0 | | 35,00 |
| mehr als 5 | 199.1.2 | 331820 | B-1 | | 140,00 |
| mehr als 10 | 199.1.3 | 331821 | B-1 | | 235,00 |
| mehr als 15 | 199.1.4 | 331822 | B-1 | | 285,00 |
| mehr als 20 | 199.1.5 | 331823 | B-1 | | 380,00 |
| mehr als 25 | 199.1.6 | 331824 | B-1 | | 425,00 |

**Überladung**

Tabellen-Nr:
**731011**
Pseudo-Kennzahl:
**731102**

**Überschreiten des zulässigen Gesamtgewichts**
**– bei kennzeichnungspflichtigen Kraftfahrzeugen mit gefährlichen Gütern mit einem zulässigen Gesamtgewicht des Anhängers über 2 t**

| Überladung in % | Halter | | | | |
|---|---|---|---|---|---|
| | BKat | TBNR | FaP/Pkt | FV | Ahndungssatz Euro |
| mehr als 5 | 199.1.2 | 331826 | B-1 | | 210,00 |
| mehr als 10 | 199.1.3 | 331827 | B-1 | | 352,50 |
| mehr als 15 | 199.1.4 | 331828 | B-1 | | 427,50 |
| mehr als 20 | 199.1.5 | 331829 | B-1 | | 570,00 |
| mehr als 25 | 199.1.6 | 331830 | B-1 | | 637,50 |

Tabellen-Nr:
**731012**
Pseudo-Kennzahl:
**731103**

**Überschreiten der zulässigen Achslast**
**– bei Kraftfahrzeugen mit Anhänger mit einem zulässigen Gesamtgewicht des Anhängers über 2 t**

| Überladung in % | Halter | | | | |
|---|---|---|---|---|---|
| | BKat | TBNR | FaP/Pkt | FV | Ahndungssatz Euro |
| um 2 - 5 | 199.1.1 | 331178 | 0 | | 35,00 |
| mehr als 5 | 199.1.2 | 331832 | B-1 | | 140,00 |
| mehr als 10 | 199.1.3 | 331833 | B-1 | | 235,00 |
| mehr als 15 | 199.1.4 | 331834 | B-1 | | 285,00 |
| mehr als 20 | 199.1.5 | 331835 | B-1 | | 380,00 |
| mehr als 25 | 199.1.6 | 331836 | B-1 | | 425,00 |

Tabellen-Nr:
**731013**
Pseudo-Kennzahl:
**731103**

**Überschreiten der zulässigen Achslast**
**– bei kennzeichnungspflichtigen Kraftfahrzeugen mit Anhänger mit gefährlichen Gütern mit einem zulässigen Gesamtgewicht des Anhängers über 2 t**

| Überladung in % | Halter | | | | |
|---|---|---|---|---|---|
| | BKat | TBNR | FaP/Pkt | FV | Ahndungssatz Euro |
| mehr als 5 | 199.1.2 | 331838 | B-1 | | 210,00 |
| mehr als 10 | 199.1.3 | 331839 | B-1 | | 352,50 |
| mehr als 15 | 199.1.4 | 331840 | B-1 | | 427,50 |
| mehr als 20 | 199.1.5 | 331841 | B-1 | | 570,00 |
| mehr als 25 | 199.1.6 | 331842 | B-1 | | 637,50 |

**Überladung**

Tabellen-Nr:
**731020**
Pseudo-Kennzahl:
**731100**

**Überschreiten des zulässigen Gesamtgewichts**
**– bei Kraftfahrzeugen mit einem zulässigen Gesamtgewicht bis 7,5 t**

| Überladung in % | Halter | | | | |
|---|---|---|---|---|---|
| | BKat | TBNR | FaP/Pkt | FV | Ahndungssatz Euro |
| mehr als 5 | 199.2.1 | 331190 | 0 | | 10,00 |
| mehr als 10 | 199.2.2 | 331191 | 0 | | 30,00 |
| mehr als 15 | 199.2.3 | 331192 | 0 | | 35,00 |
| mehr als 20 | 199.2.4 | 331844 | B-1 | | 95,00 |
| mehr als 25 | 199.2.5 | 331845 | B-1 | | 140,00 |
| mehr als 30 | 199.2.6 | 331846 | B-1 | | 235,00 |

Tabellen-Nr:
**731021**
Pseudo-Kennzahl:
**731100**

**Überschreiten des zulässigen Gesamtgewichts**
**– bei kennzeichnungspflichtigen Kraftfahrzeugen mit gefährlichen Gütern mit einem zulässigen Gesamtgewicht bis 7,5 t**

| Überladung in % | Halter | | | | |
|---|---|---|---|---|---|
| | BKat | TBNR | FaP/Pkt | FV | Ahndungssatz Euro |
| mehr als 20 | 199.2.1 | 331848 | B-1 | | 142,50 |
| mehr als 25 | 199.2.2 | 331849 | B-1 | | 210,00 |
| mehr als 30 | 199.2.3 | 331850 | B-1 | | 352,50 |

Tabellen-Nr:
**731022**
Pseudo-Kennzahl:
**731100**

**Überschreiten des zulässigen Gesamtgewichts**
**– bei Kraftomnibussen mit Fahrgästen mit einem zulässigen Gesamtgewicht bis 7,5 t**

| Überladung in % | Halter | | | | |
|---|---|---|---|---|---|
| | BKat | TBNR | FaP/Pkt | FV | Ahndungssatz Euro |
| mehr als 20 | 199.2.4 | 331852 | B-1 | | 142,50 |
| mehr als 25 | 199.2.5 | 331853 | B-1 | | 210,00 |
| mehr als 30 | 199.2.6 | 331854 | B-1 | | 352,50 |

**Überladung**

Tabellen-Nr:
**731023**
Pseudo-Kennzahl:
**731101**

**Überschreiten der zulässigen Achslast**
**– bei Kraftfahrzeugen mit einem zulässigen Gesamtgewicht bis 7,5 t**

| Überladung in % | Halter | | | | |
|---|---|---|---|---|---|
| | BKat | TBNR | FaP/Pkt | FV | Ahndungssatz Euro |
| mehr als 5 | 199.2.1 | 331208 | 0 | | 10,00 |
| mehr als 10 | 199.2.2 | 331209 | 0 | | 30,00 |
| mehr als 15 | 199.2.3 | 331210 | 0 | | 35,00 |
| mehr als 20 | 199.2.4 | 331856 | B-1 | | 95,00 |
| mehr als 25 | 199.2.5 | 331857 | B-1 | | 140,00 |
| mehr als 30 | 199.2.6 | 331858 | B-1 | | 235,00 |

Tabellen-Nr:
**731024**
Pseudo-Kennzahl:
**731101**

**Überschreiten der zulässigen Achslast**
**– bei kennzeichnungspflichtigen Kraftfahrzeugen mit gefährlichen Gütern mit einem zulässigen Gesamtgewicht bis 7,5 t**

| Überladung in % | Halter | | | | |
|---|---|---|---|---|---|
| | BKat | TBNR | FaP/Pkt | FV | Ahndungssatz Euro |
| mehr als 20 | 199.2.4 | 331860 | B-1 | | 142,50 |
| mehr als 25 | 199.2.5 | 331861 | B-1 | | 210,00 |
| mehr als 30 | 199.2.6 | 331862 | B-1 | | 352,50 |

Tabellen-Nr:
**731025**
Pseudo-Kennzahl:
**731101**

**Überschreiten der zulässigen Achslast**
**– bei Kraftomnibussen mit Fahrgästen mit einem zulässigen Gesamtgewicht bis 7,5 t**

| Überladung in % | Halter | | | | |
|---|---|---|---|---|---|
| | BKat | TBNR | FaP/Pkt | FV | Ahndungssatz Euro |
| mehr als 20 | 199.2.4 | 331864 | B-1 | | 142,50 |
| mehr als 25 | 199.2.5 | 331865 | B-1 | | 210,00 |
| mehr als 30 | 199.2.6 | 331866 | B-1 | | 352,50 |

**Überladung**

Tabellen-Nr:
**731030**
Pseudo-Kennzahl:
**731102**

**Überschreiten des zulässigen Gesamtgewichts**
**– bei Kraftfahrzeugen mit Anhänger mit einem zulässigen Gesamtgewicht des Anhängers bis 2 t**

| Überladung in % | **Halter** | | | | |
|---|---|---|---|---|---|
| | BKat | TBNR | FaP/Pkt | FV | Ahndungssatz Euro |
| mehr als 5 | 199.2.1 | 331226 | 0 | | 10,00 |
| mehr als 10 | 199.2.2 | 331227 | 0 | | 30,00 |
| mehr als 15 | 199.2.3 | 331228 | 0 | | 35,00 |
| mehr als 20 | 199.2.4 | 331868 | B-1 | | 95,00 |
| mehr als 25 | 199.2.5 | 331869 | B-1 | | 140,00 |
| mehr als 30 | 199.2.6 | 331870 | B-1 | | 235,00 |

Tabellen-Nr:
**731031**
Pseudo-Kennzahl:
**731102**

**Überschreiten des zulässigen Gesamtgewichts**
**– bei kennzeichnungspflichtigen Kraftfahrzeugen mit Anhänger mit gefährlichen Gütern mit einem zulässigen Gesamtgewicht des Anhängers bis 2 t**

| Überladung in % | **Halter** | | | | |
|---|---|---|---|---|---|
| | BKat | TBNR | FaP/Pkt | FV | Ahndungssatz Euro |
| mehr als 20 | 199.2.4 | 331874 | B-1 | | 142,50 |
| mehr als 25 | 199.2.5 | 331875 | B-1 | | 210,00 |
| mehr als 30 | 199.2.6 | 331876 | B-1 | | 352,50 |

Tabellen-Nr:
**731032**
Pseudo-Kennzahl:
**731103**

**Überschreiten der zulässigen Achslast**
**– bei Kraftfahrzeugen mit Anhänger mit einem zulässigen Gesamtgewicht des Anhängers bis 2t**

| Überladung in % | **Halter** | | | | |
|---|---|---|---|---|---|
| | BKat | TBNR | FaP/Pkt | FV | Ahndungssatz Euro |
| mehr als 5 | 199.2.1 | 331238 | 0 | | 10,00 |
| mehr als 10 | 199.2.2 | 331239 | 0 | | 30,00 |
| mehr als 15 | 199.2.3 | 331240 | 0 | | 35,00 |
| mehr als 20 | 199.2.4 | 331880 | B-1 | | 95,00 |
| mehr als 25 | 199.2.5 | 331881 | B-1 | | 140,00 |
| mehr als 30 | 199.2.6 | 331882 | B-1 | | 235,00 |

## Überladung

Tabellen-Nr:
**731033**
Pseudo-Kennzahl:
**731103**

**Überschreiten der zulässigen Achslast**
**– bei kennzeichnungspflichtigen Kraftfahrzeugen mit Anhänger mit gefährlichen Gütern mit einem zulässigen Gesamtgewicht des Anhängers bis 2 t**

| Überladung in % | Halter | | | | |
|---|---|---|---|---|---|
| | BKat | TBNR | FaP/Pkt | FV | Ahndungssatz Euro |
| mehr als 20 | 199.2.4 | 331886 | B-1 | | 142,50 |
| mehr als 25 | 199.2.5 | 331887 | B-1 | | 210,00 |
| mehr als 30 | 199.2.6 | 331888 | B-1 | | 352,50 |

Tabellen-Nr:
**731040**
Pseudo-Kennzahl:
**731104**

**Überschreiten des zulässigen Gesamtgewichts**
**– bei Fahrzeugkombinationen mit einem zulässigen Gesamtgewicht über 7,5t**

| Überladung in % | Halter | | | | |
|---|---|---|---|---|---|
| | BKat | TBNR | FaP/Pkt | FV | Ahndungssatz Euro |
| um 2 - 5 | 199.1.1 | 331248 | 0 | | 35,00 |
| mehr als 5 | 199.1.2 | 331892 | B-1 | | 140,00 |
| mehr als 10 | 199.1.3 | 331893 | B-1 | | 235,00 |
| mehr als 15 | 199.1.4 | 331894 | B-1 | | 285,00 |
| mehr als 20 | 199.1.5 | 331895 | B-1 | | 380,00 |
| mehr als 25 | 199.1.6 | 331896 | B-1 | | 425,00 |

Tabellen-Nr:
**731041**
Pseudo-Kennzahl:
**731104**

**Überschreiten des zulässigen Gesamtgewichts**
**– bei kennzeichnungspflichtigen Fahrzeugkombinationen mit gefährlichen Gütern mit einem zulässigen Gesamtgewicht über 7,5t**

| Überladung in % | Halter | | | | |
|---|---|---|---|---|---|
| | BKat | TBNR | FaP/Pkt | FV | Ahndungssatz Euro |
| mehr als 5 | 199.1.2 | 331898 | B-1 | | 210,00 |
| mehr als 10 | 199.1.3 | 331899 | B-1 | | 352,50 |
| mehr als 15 | 199.1.4 | 331900 | B-1 | | 427,50 |
| mehr als 20 | 199.1.5 | 331901 | B-1 | | 570,00 |
| mehr als 25 | 199.1.6 | 331902 | B-1 | | 637,50 |

**Überladung**

Tabellen-Nr:
**731042**
Pseudo-Kennzahl:
**731105**

**Überschreiten der zulässigen Achslast**
**– bei Fahrzeugkombinationen mit einem zulässigen Gesamtgewicht über 7,5t**

| Überladung in % | Halter BKat | TBNR | FaP/Pkt | FV | Ahndungssatz Euro |
|---|---|---|---|---|---|
| um 2 - 5 | 199.1.1 | 331260 | 0 | | 35,00 |
| mehr als 5 | 199.1.2 | 331904 | B-1 | | 140,00 |
| mehr als 10 | 199.1.3 | 331905 | B-1 | | 235,00 |
| mehr als 15 | 199.1.4 | 331906 | B-1 | | 285,00 |
| mehr als 20 | 199.1.5 | 331907 | B-1 | | 380,00 |
| mehr als 25 | 199.1.6 | 331908 | B-1 | | 425,00 |

Tabellen-Nr:
**731043**
Pseudo-Kennzahl:
**731105**

**Überschreiten der zulässigen Achslast**
**– mit kennzeichnungspflichtigen Fahrzeugkombinationen mit gefährlichen Gütern mit einem zulässigen Gesamtgewicht über 7,5 t**

| Überladung in % | Halter BKat | TBNR | FaP/Pkt | FV | Ahndungssatz Euro |
|---|---|---|---|---|---|
| mehr als 5 | 199.1.2 | 331910 | B-1 | | 210,00 |
| mehr als 10 | 199.1.3 | 331911 | B-1 | | 352,50 |
| mehr als 15 | 199.1.4 | 331912 | B-1 | | 427,50 |
| mehr als 20 | 199.1.5 | 331913 | B-1 | | 570,00 |
| mehr als 25 | 199.1.6 | 331914 | B-1 | | 637,50 |

Tabellen-Nr:
**731050**
Pseudo-Kennzahl:
**731104**

**Überschreiten des zulässigen Gesamtgewichts**
**– bei Fahrzeugkombinationen mit einem zulässigen Gesamtgewicht bis 7,5t**

| Überladung in % | Halter BKat | TBNR | FaP/Pkt | FV | Ahndungssatz Euro |
|---|---|---|---|---|---|
| mehr als 5 | 199.2.1 | 331272 | 0 | | 10,00 |
| mehr als 10 | 199.2.2 | 331273 | 0 | | 30,00 |
| mehr als 15 | 199.2.3 | 331274 | 0 | | 35,00 |
| mehr als 20 | 199.2.4 | 331916 | B-1 | | 95,00 |
| mehr als 25 | 199.2.5 | 331917 | B-1 | | 140,00 |
| mehr als 30 | 199.2.6 | 331918 | B-1 | | 235,00 |

**Überladung**

Tabellen-Nr:
**731051**
Pseudo-Kennzahl:
**731104**

**Überschreiten des zulässigen Gesamtgewichts**
**– bei kennzeichnungspflichtigen Fahrzeugkombinationen mit gefährlichen Gütern mit einem zulässigen Gesamtgewicht bis 7,5t**

| Überladung in % | Halter | | | | |
|---|---|---|---|---|---|
| | BKat | TBNR | FaP/Pkt | FV | Ahndungssatz Euro |
| mehr als 20 | 199.2.4 | 331922 | B-1 | | 142,50 |
| mehr als 25 | 199.2.5 | 331923 | B-1 | | 210,00 |
| mehr als 30 | 199.2.6 | 331924 | B-1 | | 352,50 |

Tabellen-Nr:
**731052**
Pseudo-Kennzahl:
**731105**

**Überschreiten der zulässigen Achslast**
**– bei Fahrzeugkombinationen mit einem zulässigen Gesamtgewicht bis 7,5t**

| Überladung in % | Halter | | | | |
|---|---|---|---|---|---|
| | BKat | TBNR | FaP/Pkt | FV | Ahndungssatz Euro |
| mehr als 5 | 199.2.1 | 331284 | 0 | | 10,00 |
| mehr als 10 | 199.2.2 | 331285 | 0 | | 30,00 |
| mehr als 15 | 199.2.3 | 331286 | 0 | | 35,00 |
| mehr als 20 | 199.2.4 | 331928 | B-1 | | 95,00 |
| mehr als 25 | 199.2.5 | 331929 | B-1 | | 140,00 |
| mehr als 30 | 199.2.6 | 331930 | B-1 | | 235,00 |

Tabellen-Nr:
**731053**
Pseudo-Kennzahl:
**731105**

**Überschreiten der zulässigen Achslast**
**– bei kennzeichnungspflichtigen Fahrzeugkombinationen mit gefährlichen Gütern mit einem zulässigen Gesamtgewicht bis 7,5t**

| Überladung in % | Halter | | | | |
|---|---|---|---|---|---|
| | BKat | TBNR | FaP/Pkt | FV | Ahndungssatz Euro |
| mehr als 20 | 199.2.4 | 331934 | B-1 | | 142,50 |
| mehr als 25 | 199.2.5 | 331935 | B-1 | | 210,00 |
| mehr als 30 | 199.2.6 | 331936 | B-1 | | 352,50 |

**Überladung**

Tabellen-Nr:
**731060**
Pseudo-Kennzahl:
**731106**

**Überschreiten der Anhängelast**
**– bei Kraftfahrzeugen mit einem zulässigen Gesamtgewicht über 7,5t mit Anhänger**

| Überladung in % | Halter | | | | |
|---|---|---|---|---|---|
| | BKat | TBNR | FaP/Pkt | FV | Ahndungssatz Euro |
| um 2 - 5 | 199.1.1 | 331296 | 0 | | 35,00 |
| mehr als 5 | 199.1.2 | 331940 | B-1 | | 140,00 |
| mehr als 10 | 199.1.3 | 331941 | B-1 | | 235,00 |
| mehr als 15 | 199.1.4 | 331942 | B-1 | | 285,00 |
| mehr als 20 | 199.1.5 | 331943 | B-1 | | 380,00 |
| mehr als 25 | 199.1.6 | 331944 | B-1 | | 425,00 |

Tabellen-Nr:
**731061**
Pseudo-Kennzahl:
**731106**

**Überschreiten der Anhängelast**
**– mit kennzeichnungspflichtigen Kraftfahrzeugen mit gefährlichen Gütern mit einem zulässigen Gesamtgewicht über 7,5 t mit Anhänger**

| Überladung in % | Halter | | | | |
|---|---|---|---|---|---|
| | BKat | TBNR | FaP/Pkt | FV | Ahndungssatz Euro |
| mehr als 5 | 199.1.2 | 331946 | B-1 | | 210,00 |
| mehr als 10 | 199.1.3 | 331947 | B-1 | | 352,50 |
| mehr als 15 | 199.1.4 | 331948 | B-1 | | 427,50 |
| mehr als 20 | 199.1.5 | 331949 | B-1 | | 570,00 |
| mehr als 25 | 199.1.6 | 331950 | B-1 | | 637,50 |

Tabellen-Nr:
**731070**
Pseudo-Kennzahl:
**731106**

**Überschreiten der Anhängelast**
**– bei Kraftfahrzeugen mit Anhänger mit einem zulässigen Gesamtgewicht des Anhängers über 2t**

| Überladung in % | Halter | | | | |
|---|---|---|---|---|---|
| | BKat | TBNR | FaP/Pkt | FV | Ahndungssatz Euro |
| um 2 - 5 | 199.1.1 | 331308 | 0 | | 35,00 |
| mehr als 5 | 199.1.2 | 331952 | B-1 | | 140,00 |
| mehr als 10 | 199.1.3 | 331953 | B-1 | | 235,00 |
| mehr als 15 | 199.1.4 | 331954 | B-1 | | 285,00 |
| mehr als 20 | 199.1.5 | 331955 | B-1 | | 380,00 |
| mehr als 25 | 199.1.6 | 331956 | B-1 | | 425,00 |

**Überladung**

Tabellen-Nr:
**731071**
Pseudo-Kennzahl:
**731106**

**Überschreiten der Anhängelast**
**– bei kennzeichnungspflichtigen Kraftfahrzeugen mit gefährlichen Gütern mit Anhänger mit einem zulässigen Gesamtgewicht des Anhängers über 2t**

| Überladung in % | **Halter** | | | | |
|---|---|---|---|---|---|
| | BKat | TBNR | FaP/Pkt | FV | Ahndungssatz Euro |
| mehr als 5 | 199.1.2 | 331960 | B-1 | | 210,00 |
| mehr als 10 | 199.1.3 | 331961 | B-1 | | 352,50 |
| mehr als 15 | 199.1.4 | 331962 | B-1 | | 427,50 |
| mehr als 20 | 199.1.5 | 331963 | B-1 | | 570,00 |
| mehr als 25 | 199.1.6 | 331964 | B-1 | | 637,50 |

Tabellen-Nr:
**731080**
Pseudo-Kennzahl:
**731106**

**Überschreiten der Anhängelast**
**– bei Kraftfahrzeugen mit einem zulässigen Gesamtgewicht bis 7,5t mit Anhänger**

| Überladung in % | **Halter** | | | | |
|---|---|---|---|---|---|
| | BKat | TBNR | FaP/Pkt | FV | Ahndungssatz Euro |
| mehr als 5 | 199.2.1 | 331320 | 0 | | 10,00 |
| mehr als 10 | 199.2.2 | 331321 | 0 | | 30,00 |
| mehr als 15 | 199.2.3 | 331322 | 0 | | 35,00 |
| mehr als 20 | 199.2.4 | 331968 | B-1 | | 95,00 |
| mehr als 25 | 199.2.5 | 331969 | B-1 | | 140,00 |
| mehr als 30 | 199.2.6 | 331970 | B-1 | | 235,00 |

Tabellen-Nr:
**731081**
Pseudo-Kennzahl:
**731106**

**Überschreiten der Anhängelast**
**– bei kennzeichnungspflichtigen Kraftfahrzeugen mit gefährlichen Gütern mit einem zulässigen Gesamtgewicht bis 7,5t mit Anhänger**

| Überladung in % | **Halter** | | | | |
|---|---|---|---|---|---|
| | BKat | TBNR | FaP/Pkt | FV | Ahndungssatz Euro |
| mehr als 20 | 199.2.4 | 331974 | B-1 | | 142,50 |
| mehr als 25 | 199.2.5 | 331975 | B-1 | | 210,00 |
| mehr als 30 | 199.2.6 | 331976 | B-1 | | 352,50 |

| TBNR | Tatbestandstext | FaP-Pkt | Euro | FV |
|---|---|---|---|---|
| 331766 | Sie ordneten die Inbetriebnahme eines Kraftomnibusses/eines Lkw/einer Zugmaschine/einer Sattelzugmaschine *) mit einer zulässigen Gesamtmasse von mehr als 3,5 t an, obwohl der Geschwindigkeitsbegrenzer ausgeschaltet war bzw. ließen sie zu.<br>§ 31 Abs. 2, § 57c Abs. 5, § 31d Abs. 3**), § 69a StVZO; § 24 Abs. 1, 3 Nr. 5 StVGG; 224 BKat | B – 1 | 150,00 | |
| 331767 | Sie ordneten die Inbetriebnahme eines Kraftomnibusses mit Fahrgästen/kennzeichngspflichtigen Lkw mit gefährlichen Gütern *) mit einer zulässigen Gesamtmasse von mehr als 3,5 t an, obwohl der Geschwindigkeitsbegrenzer ausgeschaltet war bzw. ließen sie zu.<br>§ 31 Abs. 2, § 57c Abs. 5, § 31d Abs. 3**), § 69a StVZO; § 24 Abs. 1, 3 Nr. 5 StVG; 224 BKat; § 3 Abs. 4 BKatV | B – 1 | 225,00 | |
| 331768 | Sie ordneten die Inbetriebnahme einer kennzeichnungspflichtigen Zugmaschine/Sattelzugmaschine *) mit gefährlichen Gütern mit einer zulässigen Gesamtmasse von mehr als 3, 5 t an, obwohl der Geschwindigkeitsbegrenzer ausgeschaltet war bzw. ließen sie zu.<br>§ 31 Abs. 2, § 57c Abs. 5, § 31d Abs. 3**), § 69a StVZO; § 24 Abs. 1, 3 Nr. 5 StVG; 224 BKat; § 3 Abs. 4 BkatV | B – 1 | 225,00 | |

| **TBNR** | **Bemerkungen** |
|---|---|
| 331766 bis 331768 | *) Zutreffende Fahrzeugart angeben<br>**) Zutreffende Rechtsgrundlage angeben |

**Fahrtenbuch – § 31a StVZO**
**Überprüfung mitzuführender Gegenstände – § 31b StVZO**
**Überprüfung von Fahrzeuggewichten – § 31c StVZO**

| TBNR | Tatbestandstext | FaP-Pkt | Euro | FV |
|---|---|---|---|---|
| 331980 | Sie führten das Ihnen auferlegte Fahrtenbuch nicht/nicht ordnungsgemäß *).<br>§ 31a, § 69a StVZO; § 24 Abs. 1, 3 Nr. 5 StVG; 190 BKat | 0 | 100,00 | |
| 331986 | Sie bewahrten das Ihnen auferlegte Fahrtenbuch nicht fristgemäß auf.<br>§ 31a, § 69a StVZO; § 24 Abs. 1, 3 Nr. 5 StVG; 190 BKat | 0 | 100,00 | |
| 331992 | Sie unterließen es, das Ihnen auferlegte Fahrtenbuch der zuständigen Person auszuhändigen.<br>§ 31a, § 69a StVZO; § 24 Abs. 1, 3 Nr. 5 StVG; 190 BKat | 0 | 100,00 | |
| 331332 | Sie weigerten sich, auf Verlangen mitzuführende Gegenstände vorzuzeigen/ zur Prüfung auszuhändigen *).<br>§ 31b, § 69a StVZO; § 24 Abs. 1, 3 Nr. 5 StVG; 191 BKat | 0 | 5,00 | |
| 331994 | Sie weigerten sich, nach Weisung einer zuständigen Person das Gesamtgewicht/die zugelassenen Achslasten *) feststellen zu lassen.<br>§ 31c, § 69a StVZO; § 24 Abs. 1, 3 Nr. 5 StVG; 254 BKat | 0 | 50,00 | |
| 331998 | Sie kamen einer Weisung einer zuständigen Person nicht nach, eine der festgestellten Überlastung entsprechende Um- oder Entladung des Fahrzeuges durchzuführen.<br>§ 31c, § 69a StVZO; § 24 Abs. 1, 3 Nr. 5 StVG; 254 BKat | 0 | 50,00 | |

| **TBNR** | **Bemerkungen** |
|---|---|
| 331980 | *) Zutreffendes angeben |
| 331332 | *) Zutreffendes angeben |
| 331994 | *) Zutreffendes angeben |

| TBNR | Tatbestandstext | FaP-Pkt | Euro | FV |
|---|---|---|---|---|
| 332600 | Sie nahmen das Kraftfahrzeug/den Anhänger/ die Fahrzeugkombination *) in Betrieb, obwohl die zulässigen Abmessungen **) überschritten waren.<br>§ 32 Abs. 1, 2, 3, 4, § 31d Abs. 1***), § 69a StVZO; § 24 Abs. 1, 3 Nr. 5 StVG; 192 BKat | B- 1 | 60,00 | |
| 332100 | Sie nahmen des Fahrzeug ohne vorgeschriebenen Unterfahrschutz in Betrieb.<br>§ 32b Abs. 1, 2, 4, § 69a StVZO; § 24 Abs. 1, 3 Nr. 5 StVG; 194 BKat | 0 | 25,00 | |
| 332000 | Sie nahmen das Fahrzeug ohne vorgeschriebene seitliche Schutzvorrichtung/mit einer nicht vorschriftsmäßigen Schutzvorrichtung *) in Betrieb.<br>§ 32c Abs. 2, § 69a StVZO; § 24 Abs. 1, 3 Nr. 5 StVG; -- BKat | 0 | 25,00 | |
| 332606 | Sie setzten das Kraftfahrzeug/die Fahrzeugkombination *) in Betrieb, bei dem die vorgeschriebene Kurvenlaufeigenschaften nicht eingehalten waren.<br>§ 32d Abs. 1, 2, § 69a StVZO; § 24 Abs. 1, 3 Nr. 5 StVG; 195 BKat | B – 1 | 60,00 | |

| TBNR | Bemerkungen |
|---|---|
| 332600 | *) Zutreffende Fahrzeugart angeben |
| | **) Zulässige und tatsächliche Abmessungen angeben |
| | ***) Zutreffende Rechtsgrundlage angeben |
| 332000 | *) Zutreffendes angeben |
| 332606 | *) Zutreffende Fahrzeugart angeben |

## Schleppen von Fahrzeugen – § 33 StVZO
## Achslast und Gesamtgewicht – § 34 StVZO

| TBNR | Tatbestandstext | FaP-Pkt | Euro | FV |
|---|---|---|---|---|
| 333100 | Sie betrieben vorschriftswidrig das Kraftfahrzeug als Anhänger (Schleppen), obwohl keine Ausnahmegenehmigung vorlag.<br>§ 33 Abs. 1, § 69a StVZO; § 24 Abs. 1, 3 Nr. 5 StVG; 197 BKat | 0 | 25,00 | |
| 734100<br>Pseudo-kennzahl | Sie führten das Kraftfahrzeug, obwohl das zulässige Gesamtgewicht um ...,.. Prozent = .... kg überschritten war.<br>Festgestelltes Gesamtgewicht *): ..... kg<br>Zulässiges Gesamtgewicht **): ..... kg<br>§ 34 Abs. 3, § 31d Abs. 1***), § 69a StVZO; § 24 Abs. 1, 3 Nr. 5 StVG; ... BKat | siehe Tabelle S13-S30 | | |
| 734101<br>Pseudo-kennzahl | Sie führten den Zug, obwohl das zulässige Gesamtgewicht des Anhängers um ...,.. Prozent = ..... kg überschritten war.<br>Festgestelltes Gesamtgewicht *): ..... kg<br>Zulässiges Gesamtgewicht **): ..... kg<br>§ 34 Abs. 3, § 31d Abs. 1***), § 69a StVZO; § 24 Abs. 1, 3 Nr. 5 StVG; ... BKat | siehe Tabelle S13-S30 | | |
| 734102<br>Pseudo-kennzahl | Sie führten die Fahrzeugkombination, obwohl das zulässige Gesamtgewicht um ...,.. Prozent = ..... kg überschritten war.<br>Festgestelltes Gesamtgewicht *): ..... kg<br>Zulässiges Gesamtgewicht **): ..... kg<br>§ 34 Abs. 3, § 31d Abs. 1***), § 69a StVZO; § 24 Abs. 1, 3 Nr. 5 StVG; ... BKat | siehe Tabelle S13-S30 | | |

| **TBNR** | **Bemerkungen** |
|---|---|
| 734100 bis 734102 | *) Festgestelltes Gesamtgewicht angeben<br>**) Zulässiges Gesamtgewicht angeben<br>***) Zutreffende Rechtsgrundlage angeben |

| TBNR | Tatbestandstext | FaP-Pkt | Euro | FV |
|---|---|---|---|---|
| 734103<br>Pseudo-kennzahl | Sie führten als Halter das Kraftfahrzeug, obwohl das zulässige Gesamtgewicht um ...,.. Prozent = ..... kg überschritten war.<br>Festgestelltes Gesamtgewicht *): ..... kg<br>Zulässiges Gesamtgewicht **): ..... kg<br>§ 34 Abs. 3, § 31d Abs. 1***), § 69a StVZO;<br>§ 24 Abs. 1, 3 Nr. 5 StVG; ... BKat | siehe Tabelle S13-S30 | | |
| 734104<br>Pseudo-kennzahl | Sie führten als Halter den Zug, obwohl das zulässige Gesamtgewicht des Anhängers um ...,.. Prozent = ..... kg überschritten war.<br>Festgestelltes Gesamtgewicht *): ..... kg<br>Zulässiges Gesamtgewicht **): ..... kg<br>§ 34 Abs. 3, § 31d Abs. 1***), § 69a StVZO;<br>§ 24 Abs. 1, 3 Nr. 5 StVG; ... BKat | siehe Tabelle S13-S30 | | |
| 734105<br>Pseudo-kennzahl | Sie führten als Halter die Fahrzeugkombination, obwohl das zulässige Gesamtgewicht um ...,.. Prozent = ..... kg überschritten war.<br>Festgestelltes Gesamtgewicht *): ..... kg<br>Zulässiges Gesamtgewicht **): ..... kg<br>§ 34 Abs. 3, § 31d Abs. 1***), § 69a StVZO;<br>§ 24 Abs. 1, 3 Nr. 5 StVG; ... BKat | siehe Tabelle S13-S30 | | |
| 734106<br>Pseudo-kennzahl | Sie führten das Kraftfahrzeug, obwohl die zulässige Achslast um ...,.. Prozent = ..... kg überschritten war.<br>Festgestellte Achslast *): ..... kg<br>Zulässige Achslast **): ..... kg<br>§ 34 Abs. 3, § 31d Abs. 1***), § 69a StVZO;<br>§ 24 Abs. 1, 3 Nr. 5 StVG; ... BKat | siehe Tabelle S13-S30 | | |

| **TBNR** | **Bemerkungen** |
|---|---|
| 734103 bis 734105 | *) Festgestelltes Gesamtgewicht angeben<br>**) Zulässiges Gesamtgewicht angeben<br>***) Zutreffende Rechtsgrundlage angeben |
| 734106 | *) Festgestellte Achslast angeben<br>**) Zulässige Achslast angeben<br>***) Zutreffende Rechtsgrundlage angeben |

| TBNR | Tatbestandstext | FaP-Pkt | Euro | FV |
|---|---|---|---|---|
| 734107 Pseudo-kennzahl | Sie führten den Zug, obwohl die zulässige Achslast des Anhängers um ...,.. Prozent = ..... kg überschritten war. Festgestellte Achslast *): ..... kg Zulässige Achslast **): ..... kg § 34 Abs. 3, § 31d Abs. 1***), § 69a StVZO; § 24 Abs. 1, 3 Nr. 5 StVG; ... BKat | siehe Tabelle S13-S30 | | |
| 734108 Pseudo-kennzahl | Sie führten die Fahrzeugkombination, obwohl die zulässige Achslast um ...,.. Prozent = ..... kg überschritten war. Festgestellte Achslast *): ..... kg Zulässige Achslast **): ..... kg § 34 Abs. 3, § 31d Abs. 1***), § 69a StVZO; § 24 Abs. 1, 3 Nr. 5 StVG; ... BKat | siehe Tabelle S13-S30 | | |
| 734109 Pseudo-kennzahl | Sie führten als Halter das Kraftfahrzeug, obwohl die zulässige Achslast um ...,.. Prozent = ..... kg überschritten war. Festgestellte Achslast *): ..... kg Zulässige Achslast **): ..... kg § 34 Abs. 3, § 31d Abs. 1***), § 69a StVZO; § 24 Abs. 1, 3 Nr. 5 StVG; ... BKat | siehe Tabelle S13-S30 | | |
| 734110 Pseudo-kennzahl | Sie führten als Halter den Zug, obwohl die zulässige Achslast des Anhängers um ...,.. Prozent = ..... kg überschritten war. Festgestellte Achslast *): ..... kg Zulässige Achslast **): ..... kg § 34 Abs. 3, § 31d Abs. 1***), § 69a StVZO; § 24 Abs. 1, 3 Nr. 5 StVG; ... BKat | siehe Tabelle S13-S30 | | |
| 734111 Pseudo-kennzahl | Sie führten als Halter die Fahrzeugkombination, obwohl die zulässige Achslast um ...,.. Prozent = ..... kg überschritten war. Festgestellte Achslast *): ..... kg Zulässige Achslast **): ..... kg § 34 Abs. 3, § 31d Abs. 1***), § 69a StVZO; § 24 Abs. 1, 3 Nr. 5 StVG; ... BKat | siehe Tabelle S13-S30 | | |

| TBNR | Bemerkungen |
|---|---|
| 734107, 734108, 734109, 734110 und 734111 | *) Festgestellte Achslast angeben<br>**) Zulässige Achslast angeben<br>***) Zutreffende Rechtsgrundlage angeben |

## Überladung

Tabellen-Nr:
**734000**
Pseudo-Kennzahl:
**734100**

**Überschreiten des zulässigen Gesamtgewichts**
**– bei Kraftfahrzeugen mit einem zulässigen Gesamtgewicht über 7,5t**

| Überladung in % | **Führer** | | | | |
|---|---|---|---|---|---|
| | BKat | TBNR | FaP/Pkt | FV | Ahndungssatz Euro |
| um 2 - 5 | 198.1.1 | 334100 | 0 | | 30,00 |
| mehr als 5 | 198.1.2 | 334600 | B-1 | | 80,00 |
| mehr als 10 | 198.1.3 | 334601 | B-1 | | 110,00 |
| mehr als 15 | 198.1.4 | 334602 | B-1 | | 140,00 |
| mehr als 20 | 198.1.5 | 334603 | B-1 | | 190,00 |
| mehr als 25 | 198.1.6 | 334604 | B-1 | | 285,00 |
| mehr als 30 | 198.1.7 | 334605 | B-1 | | 380,00 |

Tabellen-Nr:
**734001**
Pseudo-Kennzahl:
**734100**

**Überschreiten des zulässigen Gesamtgewichts**
**– bei kennzeichnungspflichtigen Kraftfahrzeugen mit gefährlichen Gütern mit einem zulässigen Gesamtgewicht über 7,5t**

| Überladung in % | **Führer** | | | | |
|---|---|---|---|---|---|
| | BKat | TBNR | FaP/Pkt | FV | Ahndungssatz Euro |
| mehr als 5 | 198.1.2 | 334606 | B-1 | | 120,00 |
| mehr als 10 | 198.1.3 | 334607 | B-1 | | 165,00 |
| mehr als 15 | 198.1.4 | 334608 | B-1 | | 210,00 |
| mehr als 20 | 198.1.5 | 334609 | B-1 | | 285,00 |
| mehr als 25 | 198.1.6 | 334610 | B-1 | | 427,50 |
| mehr als 30 | 198.1.7 | 334611 | B-1 | | 570,00 |

**Überladung**

Tabellen-Nr:
**734002**
Pseudo-Kennzahl:
**734100**

**Überschreiten des zulässigen Gesamtgewichts**
**– bei Kraftomnibussen mit Fahrgästen mit einem zulässigen Gesamtgewicht über 7,5t**

| Überladung in % | Führer | | | | |
|---|---|---|---|---|---|
| | BKat | TBNR | FaP/Pkt | FV | Ahndungssatz Euro |
| mehr als 5 | 198.1.2 | 334612 | B-1 | | 120,00 |
| mehr als 10 | 198.1.3 | 334613 | B-1 | | 165,00 |
| mehr als 15 | 198.1.4 | 334614 | B-1 | | 210,00 |
| mehr als 20 | 198.1.5 | 334615 | B-1 | | 285,00 |
| mehr als 25 | 198.1.6 | 334616 | B-1 | | 427,50 |
| mehr als 30 | 198.1.7 | 334617 | B-1 | | 570,00 |

Tabellen-Nr:
**734003**
Pseudo-Kennzahl:
**734106**

**Überschreiten der zulässigen Achslast**
**– bei Kraftfahrzeugen mit einem zulässigen Gesamtgewicht über 7,5t**

| Überladung in % | Führer | | | | |
|---|---|---|---|---|---|
| | BKat | TBNR | FaP/Pkt | FV | Ahndungssatz Euro |
| um 2 - 5 | 198.1.1 | 334118 | 0 | | 30,00 |
| mehr als 5 | 198.1.2 | 334618 | B-1 | | 80,00 |
| mehr als 10 | 198.1.3 | 334619 | B-1 | | 110,00 |
| mehr als 15 | 198.1.4 | 334620 | B-1 | | 140,00 |
| mehr als 20 | 198.1.5 | 334621 | B-1 | | 190,00 |
| mehr als 25 | 198.1.6 | 334622 | B-1 | | 285,00 |
| mehr als 30 | 198.1.7 | 334623 | B-1 | | 380,00 |

## Überladung

Tabellen-Nr:
**734004**
Pseudo-Kennzahl:
**734106**

**Überschreiten der zulässigen Achslast**
**– bei kennzeichnungspflichtigen Kraftfahrzeugen mit gefährlichen Gütern mit einem zulässigen Gesamtgewicht über 7,5t**

| Überladung in % | **Führer** | | | | |
|---|---|---|---|---|---|
| | BKat | TBNR | FaP/Pkt | FV | Ahndungssatz Euro |
| mehr als 5 | 198.1.2 | 334624 | B-1 | | 120,00 |
| mehr als 10 | 198.1.3 | 334625 | B-1 | | 165,00 |
| mehr als 15 | 198.1.4 | 334626 | B-1 | | 210,00 |
| mehr als 20 | 198.1.5 | 334627 | B-1 | | 285,00 |
| mehr als 25 | 198.1.6 | 334628 | B-1 | | 427,50 |
| mehr als 30 | 198.1.7 | 334629 | B-1 | | 570,00 |

Tabellen-Nr:
**734005**
Pseudo-Kennzahl:
**734106**

**Überschreiten der zulässigen Achslast**
**– bei Kraftomnibussen mit Fahrgästen mit einem zulässigen Gesamtgewicht über 7,5t**

| Überladung in % | **Führer** | | | | |
|---|---|---|---|---|---|
| | BKat | TBNR | FaP/Pkt | FV | Ahndungssatz Euro |
| mehr als 5 | 198.1.2 | 334630 | B-1 | | 120,00 |
| mehr als 10 | 198.1.3 | 334631 | B-1 | | 165,00 |
| mehr als 15 | 198.1.4 | 334632 | B-1 | | 210,00 |
| mehr als 20 | 198.1.5 | 334633 | B-1 | | 285,00 |
| mehr als 25 | 198.1.6 | 334634 | B-1 | | 427,50 |
| mehr als 30 | 198.1.7 | 334635 | B-1 | | 570,00 |

## Überladung

Tabellen-Nr:
**734010**
Pseudo-Kennzahl:
**734101**

**Überschreiten des zulässigen Gesamtgewichts**
**– bei Kraftfahrzeugen mit Anhänger mit einem zulässigen Gesamtgewicht des Anhängers über 2t**

| Überladung in % | Führer | | | | |
|---|---|---|---|---|---|
| | BKat | TBNR | FaP/Pkt | FV | Ahndungssatz Euro |
| um 2 - 5 | 198.1.1 | 334136 | 0 | | 30,00 |
| mehr als 5 | 198.1.2 | 334636 | B-1 | | 80,00 |
| mehr als 10 | 198.1.3 | 334637 | B-1 | | 110,00 |
| mehr als 15 | 198.1.4 | 334638 | B-1 | | 140,00 |
| mehr als 20 | 198.1.5 | 334639 | B-1 | | 190,00 |
| mehr als 25 | 198.1.6 | 334640 | B-1 | | 285,00 |
| mehr als 30 | 198.1.7 | 334641 | B-1 | | 380,00 |

Tabellen-Nr:
**734011**
Pseudo-Kennzahl:
**734101**

**Überschreiten des zulässigen Gesamtgewichts**
**– bei kennzeichnungspflichtigen Kraftfahrzeugen mit gefährlichen Gütern mit Anhänger mit einem zulässigen Gesamtgewicht des Anhängers über 2t**

| Überladung in % | Führer | | | | |
|---|---|---|---|---|---|
| | BKat | TBNR | FaP/Pkt | FV | Ahndungssatz Euro |
| mehr als 5 | 198.1.2 | 334642 | B-1 | | 120,00 |
| mehr als 10 | 198.1.3 | 334643 | B-1 | | 165,00 |
| mehr als 15 | 198.1.4 | 334644 | B-1 | | 210,00 |
| mehr als 20 | 198.1.5 | 334645 | B-1 | | 285,00 |
| mehr als 25 | 198.1.6 | 334646 | B-1 | | 427,50 |
| mehr als 30 | 198.1.7 | 334647 | B-1 | | 570,00 |

## Überladung

Tabellen-Nr:
**734012**
Pseudo-Kennzahl:
**734107**

**Überschreiten der zulässigen Achslast**
**– bei Kraftfahrzeugen mit Anhänger mit einem zulässigen Gesamtgewicht des Anhängers über 2t**

| Überladung in % | Führer | | | | |
|---|---|---|---|---|---|
| | BKat | TBNR | FaP/Pkt | FV | Ahndungssatz Euro |
| um 2 - 5 | 198.1.1 | 334148 | 0 | | 30,00 |
| mehr als 5 | 198.1.2 | 334648 | B-1 | | 80,00 |
| mehr als 10 | 198.1.3 | 334649 | B-1 | | 110,00 |
| mehr als 15 | 198.1.4 | 334650 | B-1 | | 140,00 |
| mehr als 20 | 198.1.5 | 334651 | B-1 | | 190,00 |
| mehr als 25 | 198.1.6 | 334652 | B-1 | | 285,00 |
| mehr als 30 | 198.1.7 | 334653 | B-1 | | 380,00 |

Tabellen-Nr:
**734013**
Pseudo-Kennzahl:
**734107**

**Überschreiten der zulässigen Achslast**
**– bei kennzeichnungspflichtigen Kraftfahrzeugen mit gefährlichen Gütern mit Anhänger mit einem zulässigen Gesamtgewicht des Anhängers über 2t**

| Überladung in % | Führer | | | | |
|---|---|---|---|---|---|
| | BKat | TBNR | FaP/Pkt | FV | Ahndungssatz Euro |
| mehr als 5 | 198.1.2 | 334654 | B-1 | | 120,00 |
| mehr als 10 | 198.1.3 | 334655 | B-1 | | 165,00 |
| mehr als 15 | 198.1.4 | 334656 | B-1 | | 210,00 |
| mehr als 20 | 198.1.5 | 334657 | B-1 | | 285,00 |
| mehr als 25 | 198.1.6 | 334658 | B-1 | | 427,50 |
| mehr als 30 | 198.1.7 | 334659 | B-1 | | 570,00 |

## Überladung

Tabellen-Nr: **734020**

Pseudo-Kennzahl: **734100**

**Überschreiten des zulässigen Gesamtgewichts**
**– bei Kraftfahrzeugen mit einem zulässigen Gesamtgewicht bis 7,5t**

| Überladung in % | **Führer** | | | | |
|---|---|---|---|---|---|
| | BKat | TBNR | FaP/Pkt | FV | Ahndungssatz Euro |
| mehr als 5 | 198.2.1 | 334160 | 0 | | 10,00 |
| mehr als 10 | 198.2.2 | 334161 | 0 | | 30,00 |
| mehr als 15 | 198.2.3 | 334162 | 0 | | 35,00 |
| mehr als 20 | 198.2.4 | 334660 | B-1 | | 95,00 |
| mehr als 25 | 198.2.5 | 334661 | B-1 | | 140,00 |
| mehr als 30 | 198.2.6 | 334662 | B-1 | | 235,00 |

Tabellen-Nr: **734021**

Pseudo-Kennzahl: **734100**

**Überschreiten des zulässigen Gesamtgewichts**
**– bei kennzeichnungspflichtigen Kraftfahrzeugen mit gefährlichen Gütern mit einem zulässigen Gesamtgewicht bis 7,5t**

| Überladung in % | **Führer** | | | | |
|---|---|---|---|---|---|
| | BKat | TBNR | FaP/Pkt | FV | Ahndungssatz Euro |
| mehr als 20 | 198.2.4 | 334666 | B-1 | | 142,50 |
| mehr als 25 | 198.2.5 | 334667 | B-1 | | 210,00 |
| mehr als 30 | 198.2.6 | 334668 | B-1 | | 352,50 |

Tabellen-Nr: **734022**

Pseudo-Kennzahl: **734100**

**Überschreiten des zulässigen Gesamtgewichts**
**– bei Kraftomnibussen mit Fahrgästen mit einem zulässigen Gesamtgewicht bis 7,5t**

| Überladung in % | **Führer** | | | | |
|---|---|---|---|---|---|
| | BKat | TBNR | FaP/Pkt | FV | Ahndungssatz Euro |
| mehr als 20 | 198.2.4 | 334672 | B-1 | | 142,50 |
| mehr als 25 | 198.2.5 | 334673 | B-1 | | 210,00 |
| mehr als 30 | 198.2.6 | 334674 | B-1 | | 352,50 |

**Überladung**

Tabellen-Nr:
**734023**
Pseudo-Kennzahl:
**734106**

**Überschreiten der zulässigen Achslast**
**– bei Kraftfahrzeugen mit einem zulässigen Gesamtgewicht bis 7,5t**

| Überladung in % | Führer | | | | |
|---|---|---|---|---|---|
| | BKat | TBNR | FaP/Pkt | FV | Ahndungssatz Euro |
| mehr als 5 | 198.2.1 | 334178 | 0 | | 10,00 |
| mehr als 10 | 198.2.2 | 334179 | 0 | | 30,00 |
| mehr als 15 | 198.2.3 | 334180 | 0 | | 35,00 |
| mehr als 20 | 198.2.4 | 334678 | B-1 | | 95,00 |
| mehr als 25 | 198.2.5 | 334679 | B-1 | | 140,00 |
| mehr als 30 | 198.2.6 | 334680 | B-1 | | 235,00 |

Tabellen-Nr:
**734024**
Pseudo-Kennzahl:
**734106**

**Überschreiten der zulässigen Achslast**
**– mit kennzeichnungspflichtigen Kraftfahrzeugen mit gefährlichen Gütern mit einem zulässigen Gesamtgewicht bis 7,5t**

| Überladung in % | Führer | | | | |
|---|---|---|---|---|---|
| | BKat | TBNR | FaP/Pkt | FV | Ahndungssatz Euro |
| mehr als 20 | 198.2.4 | 334684 | B-1 | | 142,50 |
| mehr als 25 | 198.2.5 | 334685 | B-1 | | 210,00 |
| mehr als 30 | 198.2.6 | 334686 | B-1 | | 352,50 |

Tabellen-Nr:
**734025**
Pseudo-Kennzahl:
**734106**

**Überschreiten der zulässigen Achslast**
**– bei Kraftomnibussen mit Fahrgästen mit einem zulässigen Gesamtgewicht bis 7,5 t**

| Überladung in % | Führer | | | | |
|---|---|---|---|---|---|
| | BKat | TBNR | FaP/Pkt | FV | Ahndungssatz Euro |
| mehr als 20 | 198.2.4 | 334690 | B-1 | | 142,50 |
| mehr als 25 | 198.2.5 | 334691 | B-1 | | 210,00 |
| mehr als 30 | 198.2.6 | 334692 | B-1 | | 352,50 |

**Überladung**

Tabellen-Nr:
**734030**
Pseudo-Kennzahl:
**734101**

**Überschreiten des zulässigen Gesamtgewichts**
**– bei Kraftfahrzeugen mit Anhänger mit einem zulässigen Gesamtgewicht des Anhängers bis 2t**

| Überladung in % | **Führer** | | | | |
|---|---|---|---|---|---|
| | BKat | TBNR | FaP/Pkt | FV | Ahndungssatz Euro |
| mehr als 5 | 198.2.1 | 334196 | 0 | | 10,00 |
| mehr als 10 | 198.2.2 | 334197 | 0 | | 30,00 |
| mehr als 15 | 198.2.3 | 334198 | 0 | | 35,00 |
| mehr als 20 | 198.2.4 | 334696 | B-1 | | 95,00 |
| mehr als 25 | 198.2.5 | 334697 | B-1 | | 140,00 |
| mehr als 30 | 198.2.6 | 334698 | B-1 | | 235,00 |

Tabellen-Nr:
**734031**
Pseudo-Kennzahl:
**734101**

**Überschreiten des zulässigen Gesamtgewichts**
**– bei kennzeichnungspflichtigen Kraftfahrzeugen mit Anhänger mit gefährlichen Gütern mit einem zulässigen Gesamtgewicht des Anhängers bis 2t**

| Überladung in % | **Führer** | | | | |
|---|---|---|---|---|---|
| | BKat | TBNR | FaP/Pkt | FV | Ahndungssatz Euro |
| mehr als 20 | 198.2.4 | 334702 | B-1 | | 142,50 |
| mehr als 25 | 198.2.5 | 334703 | B-1 | | 210,00 |
| mehr als 30 | 198.2.6 | 334704 | B-1 | | 352,50 |

Tabellen-Nr:
**734032**
Pseudo-Kennzahl:
**734107**

**Überschreiten der zulässigen Achslast**
**– bei Kraftfahrzeugen mit Anhänger mit einem zulässigen Gesamtgewicht des Anhängers bis 2t**

| Überladung in % | **Führer** | | | | |
|---|---|---|---|---|---|
| | BKat | TBNR | FaP/Pkt | FV | Ahndungssatz Euro |
| mehr als 5 | 198.2.1 | 334208 | 0 | | 10,00 |
| mehr als 10 | 198.2.2 | 334209 | 0 | | 30,00 |
| mehr als 15 | 198.2.3 | 334210 | 0 | | 35,00 |
| mehr als 20 | 198.2.4 | 334708 | B-1 | | 95,00 |
| mehr als 25 | 198.2.5 | 334709 | B-1 | | 140,00 |
| mehr als 30 | 198.2.6 | 334710 | B-1 | | 235,00 |

**Überladung**

Tabellen-Nr:
**734033**
Pseudo-Kennzahl:
**734107**

**Überschreiten der zulässigen Achslast**
**– bei kennzeichnungspflichen Kraftfahrzeugen mit Anhänger mit gefährlichen Gütern mit einem zulässigen Gesamtgewicht des Anhängers bis 2t**

| Überladung in % | **Führer** | | | | |
|---|---|---|---|---|---|
| | BKat | TBNR | FaP/Pkt | FV | Ahndungssatz Euro |
| mehr als 20 | 198.2.4 | 334714 | B-1 | | 142,50 |
| mehr als 25 | 198.2.5 | 334715 | B-1 | | 210,00 |
| mehr als 30 | 198.2.6 | 334716 | B-1 | | 352,50 |

Tabellen-Nr:
**734040**
Pseudo-Kennzahl:
**734102**

**Überschreiten des zulässigen Gesamtgewichts**
**– bei Fahrzeugkombinationen mit einem zulässigen Gesamtgewicht über 7,5t**

| Überladung in % | **Führer** | | | | |
|---|---|---|---|---|---|
| | BKat | TBNR | FaP/Pkt | FV | Ahndungssatz Euro |
| um 2 - 5 | 198.1.1 | 334220 | 0 | | 30,00 |
| mehr als 5 | 198.1.2 | 334720 | B-1 | | 80,00 |
| mehr als 10 | 198.1.3 | 334721 | B-1 | | 110,00 |
| mehr als 15 | 198.1.4 | 334722 | B-1 | | 140,00 |
| mehr als 20 | 198.1.5 | 334723 | B-1 | | 190,00 |
| mehr als 25 | 198.1.6 | 334724 | B-1 | | 285,00 |
| mehr als 30 | 198.1.7 | 334725 | B-1 | | 380,00 |

## Überladung

Tabellen-Nr:
**734041**
Pseudo-Kennzahl:
**734102**

**Überschreiten des zulässigen Gesamtgewichts**
**– bei kennzeichnungspflichtigen Fahrzeugkombinationen mit gefährlichen Gütern mit einem zulässigen Gesamtgewicht über 7,5t**

| Überladung in % | **Führer** | | | | |
|---|---|---|---|---|---|
| | BKat | TBNR | FaP/Pkt | FV | Ahndungssatz Euro |
| mehr als 5 | 198.1.2 | 334726 | B-1 | | 120,00 |
| mehr als 10 | 198.1.3 | 334727 | B-1 | | 165,00 |
| mehr als 15 | 198.1.4 | 334728 | B-1 | | 210,00 |
| mehr als 20 | 198.1.5 | 334729 | B-1 | | 285,00 |
| mehr als 25 | 198.1.6 | 334730 | B-1 | | 427,50 |
| mehr als 30 | 198.1.7 | 334131 | B-1 | | 570,00 |

Tabellen-Nr:
**734042**
Pseudo-Kennzahl:
**734108**

**Überschreiten der zulässigen Achslast**
**– bei Fahrzeugkombinationen mit einem zulässigen Gesamtgewicht über 7,5t**

| Überladung in % | **Führer** | | | | |
|---|---|---|---|---|---|
| | BKat | TBNR | FaP/Pkt | FV | Ahndungssatz Euro |
| um 2 - 5 | 198.1.1 | 334232 | 0 | | 30,00 |
| mehr als 5 | 198.1.2 | 334732 | B-1 | | 80,00 |
| mehr als 10 | 198.1.3 | 334733 | B-1 | | 110,00 |
| mehr als 15 | 198.1.4 | 334734 | B-1 | | 140,00 |
| mehr als 20 | 198.1.5 | 334735 | B-1 | | 190,00 |
| mehr als 25 | 198.1.6 | 334736 | B-1 | | 285,00 |
| mehr als 30 | 198.1.7 | 334737 | B-1 | | 380,00 |

## Überladung

Tabellen-Nr:
**734043**
Pseudo-Kennzahl:
**734108**

**Überschreiten der zulässigen Achslast**
**– bei kennzeichnungspflichtigen Fahrzeugkombinationen mit gefährlichen Gütern mit einem zulässigen Gesamtgewicht über 7,5t**

| Überladung in % | Führer | | | | |
|---|---|---|---|---|---|
| | BKat | TBNR | FaP/Pkt | FV | Ahndungssatz Euro |
| mehr als 5 | 198.1.2 | 334738 | B-1 | | 120,00 |
| mehr als 10 | 198.1.3 | 334739 | B-1 | | 165,00 |
| mehr als 15 | 198.1.4 | 334740 | B-1 | | 210,00 |
| mehr als 20 | 198.1.5 | 334741 | B-1 | | 285,00 |
| mehr als 25 | 198.1.6 | 334742 | B-1 | | 427,50 |
| mehr als 30 | 198.1.7 | 334743 | B-1 | | 570,00 |

Tabellen-Nr:
**734050**
Pseudo-Kennzahl:
**734102**

**Überschreiten des zulässigen Gesamtgewichts**
**– bei Fahrzeugkombinationen mit einem zulässigen Gesamtgewicht bis 7,5t**

| Überladung in % | Führer | | | | |
|---|---|---|---|---|---|
| | BKat | TBNR | FaP/Pkt | FV | Ahndungssatz Euro |
| mehr als 5 | 198.2.1 | 334244 | 0 | | 10,00 |
| mehr als 10 | 198.2.2 | 334245 | 0 | | 30,00 |
| mehr als 15 | 198.2.3 | 334246 | 0 | | 35,00 |
| mehr als 20 | 198.2.4 | 334744 | B-1 | | 95,00 |
| mehr als 25 | 198.2.5 | 334745 | B-1 | | 140,00 |
| mehr als 30 | 198.2.6 | 334746 | B-1 | | 235,00 |

Tabellen-Nr:
**734051**
Pseudo-Kennzahl:
**734102**

**Überschreiten des zulässigen Gesamtgewichts**
**– bei kennzeichnungspflichtigen Fahrzeugkombinationen mit gefährlichen Gütern mit einem zulässigen Gesamtgewicht bis 7,5t**

| Überladung in % | Führer | | | | |
|---|---|---|---|---|---|
| | BKat | TBNR | FaP/Pkt | FV | Ahndungssatz Euro |
| mehr als 20 | 198.2.4 | 334750 | B-1 | | 142,50 |
| mehr als 25 | 198.2.5 | 334751 | B-1 | | 210,00 |
| mehr als 30 | 198.2.6 | 334752 | B-1 | | 352,50 |

## Überladung

Tabellen-Nr:
**734052**
Pseudo-Kennzahl:
**734105**

**Überschreiten der zulässigen Achslast**
**– bei Fahrzeugkombinationen mit einem zulässigen Gesamtgewicht bis 7,5t**

| Überladung in % | **Führer** | | | | |
|---|---|---|---|---|---|
| | BKat | TBNR | FaP/Pkt | FV | Ahndungssatz Euro |
| mehr als 5 | 198.2.1 | 334256 | 0 | | 10,00 |
| mehr als 10 | 198.2.2 | 334257 | 0 | | 30,00 |
| mehr als 15 | 198.2.3 | 334258 | 0 | | 35,00 |
| mehr als 20 | 198.2.4 | 334756 | B-1 | | 95,00 |
| mehr als 25 | 198.2.5 | 334757 | B-1 | | 140,00 |
| mehr als 30 | 198.2.6 | 334758 | B-1 | | 235,00 |

Tabellen-Nr:
**734053**
Pseudo-Kennzahl:
**734105**

**Überschreiten der zulässigen Achslast**
**– bei kennzeichnungspflichtigen Fahrzeugkombinationen mit gefährlichen Gütern mit einem zulässigen Gesamtgewicht bis 7,5t**

| Überladung in % | **Führer** | | | | |
|---|---|---|---|---|---|
| | BKat | TBNR | FaP/Pkt | FV | Ahndungssatz Euro |
| mehr als 20 | 198.2.4 | 334762 | B-1 | | 142,50 |
| mehr als 25 | 198.2.5 | 334763 | B-1 | | 210,00 |
| mehr als 30 | 198.2.6 | 334764 | B-1 | | 352,50 |

Tabellen-Nr:
**734060**
Pseudo-Kennzahl:
**734106**

**Überschreiten des zulässigen Gesamtgewichts**
**– bei Kraftfahrzeugen mit einem zulässigen Gesamtgewicht über 7,5t**

| Überladung in % | **Führer gleich Halter** | | | | |
|---|---|---|---|---|---|
| | BKat | TBNR | FaP/Pkt | FV | Ahndungssatz Euro |
| um 2 - 5 | 198.1.1 | 334268 | 0 | | 30,00 |
| mehr als 5 | 198.1.2 | 334768 | B-1 | | 140,00 |
| mehr als 10 | 198.1.3 | 334769 | B-1 | | 235,00 |
| mehr als 15 | 198.1.4 | 334770 | B-1 | | 285,00 |
| mehr als 20 | 198.1.5 | 334771 | B-1 | | 380,00 |
| mehr als 25 | 198.1.6 | 334772 | B-1 | | 425,00 |
| mehr als 30 | 198.1.7 | 334773 | B-1 | | 425,00 |

**Überladung**

Tabellen-Nr:
**734061**
Pseudo-Kennzahl:
**734103**

**Überschreiten des zulässigen Gesamtgewichts**
**– bei kennzeichnungspflichen Kraftfahrzeugen mit gefährlichen Gütern mit einem zulässigen Gesamtgewicht über 7,5t**

| Überladung in % | Führer gleich Halter | | | | |
|---|---|---|---|---|---|
| | BKat | TBNR | FaP/Pkt | FV | Ahndungssatz Euro |
| mehr als 5 | 198.1.2 | 334774 | B-1 | | 210,00 |
| mehr als 10 | 198.1.3 | 334775 | B-1 | | 352,50 |
| mehr als 15 | 198.1.4 | 334776 | B-1 | | 427,50 |
| mehr als 20 | 198.1.5 | 334777 | B-1 | | 570,00 |
| mehr als 25 | 198.1.6 | 334778 | B-1 | | 637,50 |
| mehr als 30 | 198.1.7 | 334779 | B-1 | | 637,50 |

Tabellen-Nr:
**734062**
Pseudo-Kennzahl:
**734103**

**Überschreiten des zulässigen Gesamtgewichts**
**– bei Kraftomnibussen mit Fahrgästen mit einem zulässigen Gesamtgewicht über 7,5t**

| Überladung in % | Führer gleich Halter | | | | |
|---|---|---|---|---|---|
| | BKat | TBNR | FaP/Pkt | FV | Ahndungssatz Euro |
| mehr als 5 | 198.1.2 | 334780 | B-1 | | 210,00 |
| mehr als 10 | 198.1.3 | 334781 | B-1 | | 352,50 |
| mehr als 15 | 198.1.4 | 334782 | B-1 | | 427,50 |
| mehr als 20 | 198.1.5 | 334783 | B-1 | | 570,00 |
| mehr als 25 | 198.1.6 | 334784 | B-1 | | 637,50 |
| mehr als 30 | 198.1.7 | 334785 | B-1 | | 637,50 |

**Überladung**

Tabellen-Nr:
**734063**
Pseudo-Kennzahl:
**734109**

**Überschreiten der zulässigen Achslast**
**– bei Kraftfahrzeugen mit einem zulässigen Gesamtgewicht über 7,5t**

| Überladung in % | Führer gleich Halter | | | | |
|---|---|---|---|---|---|
| | BKat | TBNR | FaP/Pkt | FV | Ahndungssatz Euro |
| um 2 - 5 | 198.1.1 | 334286 | 0 | | 30,00 |
| mehr als 5 | 198.1.2 | 334786 | B-1 | | 140,00 |
| mehr als 10 | 198.1.3 | 334787 | B-1 | | 235,00 |
| mehr als 15 | 198.1.4 | 334788 | B-1 | | 285,00 |
| mehr als 20 | 198.1.5 | 334789 | B-1 | | 380,00 |
| mehr als 25 | 198.1.6 | 334790 | B-1 | | 425,00 |
| mehr als 30 | 198.1.7 | 334791 | B-1 | | 425,00 |

Tabellen-Nr:
**734064**
Pseudo-Kennzahl:
**734109**

**Überschreiten der zulässigen Achslast**
**– bei kennzeichnungspflichtigen Kraftfahrzeugen mit gefährlichen Gütern mit einem zulässigen Gesamtgewicht über 7,5t**

| Überladung in % | Führer gleich Halter | | | | |
|---|---|---|---|---|---|
| | BKat | TBNR | FaP/Pkt | FV | Ahndungssatz Euro |
| mehr als 5 | 198.1.2 | 334792 | B-1 | | 210,00 |
| mehr als 10 | 198.1.3 | 334793 | B-1 | | 352,50 |
| mehr als 15 | 198.1.4 | 334794 | B-1 | | 427,50 |
| mehr als 20 | 198.1.5 | 334795 | B-1 | | 570,00 |
| mehr als 25 | 198.1.6 | 334796 | B-1 | | 637,50 |
| mehr als 30 | 198.1.7 | 334797 | B-1 | | 637,50 |

## Überladung

Tabellen-Nr:
**734065**
Pseudo-Kennzahl:
**734109**

**Überschreiten der zulässigen Achslast**
**– bei Kraftomnibussen mit Fahrgästen mit einem zulässigen Gesamtgewicht über 7,5t**

| Überladung in % | Führer gleich Halter | | | | |
|---|---|---|---|---|---|
| | BKat | TBNR | FaP/Pkt | FV | Ahndungssatz Euro |
| mehr als 5 | 198.1.2 | 334798 | B-1 | | 210,00 |
| mehr als 10 | 198.1.3 | 334799 | B-1 | | 352,50 |
| mehr als 15 | 198.1.4 | 334800 | B-1 | | 427,50 |
| mehr als 20 | 198.1.5 | 334801 | B-1 | | 570,00 |
| mehr als 25 | 198.1.6 | 334802 | B-1 | | 637,50 |
| mehr als 30 | 198.1.7 | 334803 | B-1 | | 637,50 |

Tabellen-Nr:
**734070**
Pseudo-Kennzahl:
**734104**

**Überschreiten des zulässigen Gesamtgewichts**
**– bei Kraftfahrzeugen mit Anhänger mit einem zulässigen Gesamtgewicht des Anhängers über 2t**

| Überladung in % | Führer gleich Halter | | | | |
|---|---|---|---|---|---|
| | BKat | TBNR | FaP/Pkt | FV | Ahndungssatz Euro |
| um 2 - 5 | 198.1.1 | 334304 | 0 | | 30,00 |
| mehr als 5 | 198.1.2 | 334804 | B-1 | | 140,00 |
| mehr als 10 | 198.1.3 | 334805 | B-1 | | 235,00 |
| mehr als 15 | 198.1.4 | 334806 | B-1 | | 285,00 |
| mehr als 20 | 198.1.5 | 334807 | B-1 | | 380,00 |
| mehr als 25 | 198.1.6 | 334808 | B-1 | | 425,00 |
| mehr als 30 | 198.1.7 | 334809 | B-1 | | 425,00 |

**Überladung**

Tabellen-Nr:
**734071**
Pseudo-Kennzahl:
**734104**

**Überschreiten des zulässigen Gesamtgewichts**
**– bei kennzeichnungspflichtigen Kraftfahrzeugen mit Anhänger mit gefährlichen Gütern mit einem zulässigen Gesamtgewicht des Anhängers über 2t**

| Überladung in % | **Führer gleich Halter** | | | | |
|---|---|---|---|---|---|
| | BKat | TBNR | FaP/Pkt | FV | Ahndungssatz Euro |
| mehr als 5 | 198.1.2 | 334810 | B-1 | | 210,00 |
| mehr als 10 | 198.1.3 | 334811 | B-1 | | 352,50 |
| mehr als 15 | 198.1.4 | 334812 | B-1 | | 427,50 |
| mehr als 20 | 198.1.5 | 334813 | B-1 | | 570,00 |
| mehr als 25 | 198.1.6 | 334814 | B-1 | | 637,50 |
| mehr als 30 | 198.1.7 | 334815 | B-1 | | 637,50 |

Tabellen-Nr:
**734072**
Pseudo-Kennzahl:
**734110**

**Überschreiten der zulässigen Achslast**
**– bei Kraftfahrzeugen mit Anhänger mit einem zulässigen Gesamtgewicht des Anhängers über 2t**

| Überladung in % | **Führer gleich Halter** | | | | |
|---|---|---|---|---|---|
| | BKat | TBNR | FaP/Pkt | FV | Ahndungssatz Euro |
| um 2 - 5 | 198.1.1 | 334316 | 0 | | 30,00 |
| mehr als 5 | 198.1.2 | 334816 | B-1 | | 140,00 |
| mehr als 10 | 198.1.3 | 334817 | B-1 | | 235,00 |
| mehr als 15 | 198.1.4 | 334818 | B-1 | | 285,00 |
| mehr als 20 | 198.1.5 | 334819 | B-1 | | 380,00 |
| mehr als 25 | 198.1.6 | 334820 | B-1 | | 425,00 |
| mehr als 30 | 198.1.7 | 334821 | B-1 | | 425,00 |

## Überladung

Tabellen-Nr:
**734073**
Pseudo-Kennzahl:
**734110**

**Überschreiten der zulässigen Achslast**
**– bei kennzeichnungspflichtigen Kraftfahrzeugen mit Anhänger mit gefährlichen Gütern mit einem Gesamtgewicht des Anhängers über 2 t**

| Überladung | Führer gleich Halter | | | | |
|---|---|---|---|---|---|
| in % | BKat | TBNR | FaP/Pkt | FV | Ahndungssatz Euro |
| mehr als 5 | 198.1.2 | 334822 | B-1 | | 210,00 |
| mehr als 10 | 198.1.3 | 334823 | B-1 | | 352,50 |
| mehr als 15 | 198.1.4 | 334824 | B-1 | | 427,50 |
| mehr als 20 | 198.1.5 | 334825 | B-1 | | 570,00 |
| mehr als 25 | 198.1.6 | 334826 | B-1 | | 637,50 |
| mehr als 30 | 198.1.7 | 334827 | B-1 | | 637,50 |

Tabellen-Nr:
**734080**
Pseudo-Kennzahl:
**734105**

**Überschreiten des zulässigen Gesamtgewichts**
**– bei Fahrzeugkombinationen mit einem zulässigen Gesamtgewicht über 7,5t**

| Überladung | Führer gleich Halter | | | | |
|---|---|---|---|---|---|
| in % | BKat | TBNR | FaP/Pkt | FV | Ahndungssatz Euro |
| um 2 - 5 | 198.1.1 | 334328 | 0 | | 30,00 |
| mehr als 5 | 198.1.2 | 334828 | B-1 | | 140,00 |
| mehr als 10 | 198.1.3 | 334829 | B-1 | | 235,00 |
| mehr als 15 | 198.1.4 | 334830 | B-1 | | 285,00 |
| mehr als 20 | 198.1.5 | 334831 | B-1 | | 380,00 |
| mehr als 25 | 198.1.6 | 334832 | B-1 | | 425,00 |
| mehr als 30 | 198.1.7 | 334833 | B-1 | | 425,00 |

**Überladung**

Tabellen-Nr:
**734081**
Pseudo-Kennzahl:
**734105**

**Überschreiten des zulässigen Gesamtgewichts**
**– bei kennzeichnungspflichen Fahrzeugkombinationen mit gefährlichen Gütern mit einem zulässigen Gesamtgewicht über 7,5t**

| Überladung | **Führer gleich Halter** | | | | |
|---|---|---|---|---|---|
| in % | BKat | TBNR | FaP/Pkt | FV | Ahndungssatz Euro |
| mehr als 5 | 198.1.2 | 334834 | B-1 | | 210,00 |
| mehr als 10 | 198.1.3 | 334835 | B-1 | | 352,50 |
| mehr als 15 | 198.1.4 | 334836 | B-1 | | 427,50 |
| mehr als 20 | 198.1.5 | 334837 | B-1 | | 570,00 |
| mehr als 25 | 198.1.6 | 334838 | B-1 | | 637,50 |
| mehr als 30 | 198.1.7 | 334839 | B-1 | | 637,50 |

Tabellen-Nr:
**734082**
Pseudo-Kennzahl:
**734111**

**Überschreiten der zulässigen Achslast**
**– bei Fahrzeugkombinationen mit einem zulässigen Gesamtgewicht über 7,5t**

| Überladung | **Führer gleich Halter** | | | | |
|---|---|---|---|---|---|
| in % | BKat | TBNR | FaP/Pkt | FV | Ahndungssatz Euro |
| um 2 - 5 | 198.1.1 | 334340 | 0 | | 30,00 |
| mehr als 5 | 198.1.2 | 334840 | B-1 | | 140,00 |
| mehr als 10 | 198.1.3 | 334841 | B-1 | | 235,00 |
| mehr als 15 | 198.1.4 | 334842 | B-1 | | 285,00 |
| mehr als 20 | 198.1.5 | 334843 | B-1 | | 380,00 |
| mehr als 25 | 198.1.6 | 334844 | B-1 | | 425,00 |
| mehr als 30 | 198.1.7 | 334845 | B-1 | | 425,00 |

Tabellen-Nr:
**734083**
Pseudo-Kennzahl:
**734111**

**Überschreiten der zulässigen Achslast**
**– bei kennzeichnungspflichen Fahrzeugkombinationen mit gefährlichen Gütern mit einem zulässigen Gesamtgewicht über 7,5t**

| Überladung | **Führer gleich Halter** | | | | |
|---|---|---|---|---|---|
| in % | BKat | TBNR | FaP/Pkt | FV | Ahndungssatz Euro |
| mehr als 5 | 198.1.2 | 334846 | B-1 | | 210,00 |
| mehr als 10 | 198.1.3 | 334847 | B-1 | | 352,50 |
| mehr als 15 | 198.1.4 | 334848 | B-1 | | 427,50 |
| mehr als 20 | 198.1.5 | 334849 | B-1 | | 570,00 |
| mehr als 25 | 198.1.6 | 334850 | B-1 | | 637,50 |
| mehr als 30 | 198.1.7 | 334851 | B-1 | | 637,50 |

| TBNR | Tatbestandstext | FaP-Pkt | Euro | FV |
|---|---|---|---|---|
| 334852 | Sie beförderten mit dem Kraftomnibus mehr Personen als in der Zulassungsbescheinigung Teil I Sitz- und Stehplätze eingetragen waren und die jeweilige Summe der im Fahrzeug angeschriebenen Fahrgastplätze ausgewiesen haben.<br>§ 34a Abs. 1, § 69a StVZO; § 24 Abs. 1, 3 Nr. 5 StVG; 201 BKat | B – 1 | 60,00 | |
| 334858 | Sie beförderten mit dem Kraftomnibus mehr Gepäck, als die im Fahrzeug angeschriebenen Angaben für die Höchstmaße des Gepäcks ausgewiesen haben.<br>§ 34a Abs. 1, § 69a StVZO; § 24 Abs. 1, 3 Nr. 5 StVG; 201 BKat | B – 1 | 60,00 | |
| 335000 | Sie führten das Kraftfahrzeug ohne die vorgeschriebenen/betriebsbereiten *) Sicherheitsgurte/Rückhaltesysteme **).<br>§ 35a Abs. 5, 7, 8, 9, § 69a StVZO; § 24 Abs. 1, 3 Nr. 5 StVG; -- BKat | 0 | 20,00 | |
| 335130 | Sie nahmen den Personenkraftwagen, in dem ein Rollstuhlnutzer befördert wurde, in Betrieb, obwohl das Fahrzeug nicht mit dem vorgeschriebenen Rollstuhlstellplatz ausgerüstet war.<br>§ 35a Abs. 4a, § 69a StVZO; § 24 Abs. 1, 3 Nr. 5 StVG; 203b BKat | 0 | 35,00 | |
| 335136 | Sie nahmen den Personenkraftwagen, in dem ein Rollstuhlnutzer befördert wurde, in Betrieb, obwohl der Rollstuhlstellplatz nicht mit dem vorgeschriebenen Rollstuhl-Rückhaltesystem/Rollstuhlnutzer-Rückhaltesystem *) ausgerüstet war.<br>§ 35a Abs. 4a, § 69a StVZO; § 24 Abs. 1, 3 Nr. 5 StVG; 203d BKat | 0 | 30,00 | |

| TBNR | Bemerkungen |
|---|---|
| 335000 | *) Zutreffendes angeben<br>**) Zutreffendes angeben |
| 335136 | *) Zutreffendes angeben |

| TBNR | Tatbestandstext | FaP-Pkt | Euro | FV |
|---|---|---|---|---|
| 335142 | Sie stellten als Fahrer nicht sicher, dass das Rollstuhl-Rückhaltesystem/Rollstuhlnutzer-Rückhaltesystem *) in der vom Hersteller des Systems vorgesehenen Weise während der Fahrt betrieben wurde.<br>§ 35a Abs. 4a, § 69a StVZO; § 24 Abs. 1, 3 Nr. 5 StVG; 203e BKat | 0 | 30,00 | |
| 335100 | Sie führten das Kraftfahrzeug mit einer nach hinten gerichteten Rückhalteeinrichtung für Kinder auf dem Beifahrersitz, obwohl dieser mit einem betriebsbereiten Airbag ausgerüstet war.<br>§ 35a Abs. 8, § 69a StVZO; § 24 Abs. 1, 3 Nr. 5 StVG; 203.1 BKat | 0 | 25,00 | |
| 335106 | Sie führten das Kraftfahrzeug, obwohl auf dem Beifahrerplatz mit einem betriebsbereiten Airbag ein Warnhinweis vor der Verwendung einer nach hinten gerichteten Rückhalteeinrichtung für Kinder auf diesem Platz nicht angebracht war.<br>§ 35a Abs. 8, § 69a StVZO; § 24 Abs. 1, 3 Nr. 5 StVG; 203.2 BKat | 0 | 5,00 | |
| 335109 | Sie führten das Kraftfahrzeug, obwohl die Rückhalteeinrichtung für Kinder bis zu einem Alter von 15 Monaten nicht rückwärts oder seitlich gerichtet angebracht war.<br>§ 35a Abs. 13, § 69a StVZO; § 24 Abs. 1, 3 Nr. 5 StVG; 203.3 BKat | 0 | 25,00 | |

| TBNR | Bemerkungen |
|---|---|
| 335142 | *) Zutreffendes angeben |

| TBNR | Tatbestandstext | FaP-Pkt | Euro | FV |
|---|---|---|---|---|
| 335012 | Sie beförderten auf dem Kraftrad ein Kind unter 7 Jahren, obwohl ein besonderer Sitz bzw. ein Schutz für die Füße nicht vorhanden war.<br>§ 35a Abs. 9, § 69 a StVZO; § 24 Abs. 1, 3 Nr. 5 StVG; -- BKat | 0 | 5,00 | |
| 335018 | Sie führten das Fahrzeug ohne ein ausreichendes Sichtfeld.<br>§ 35b Abs. 2, § 69a StVZO; § 24 Abs. 1, 3 Nr. 5 StVG; -- BKat | 0 | 5,00 | |
| 335112 | Sie nahmen den Kraftomnibus unter Verstoß gegen eine Vorschrift über mitzuführende Feuerlöscher in Betrieb.<br>§ 35g Abs. 1, § 69a StVZO; § 24 Abs. 1, 3 Nr. 5 StVG; 204 BKat | 0 | 15,00 | |
| 335024 | Sie unterließen es als Halter, den für das Fahrzeug vorgeschriebenen Feuerlöscher fristgerecht prüfen zu lassen. Die Gültigkeitsdauer*) der letzten Prüfung war abgelaufen.<br>§ 35g Abs. 4, § 69a StVZO; § 24 Abs. 1, 3 Nr. 5 StVG; -- BKat | 0 | 15,00 | |
| 335118 | Sie nahmen den Kraftomnibus unter Verstoß gegen eine Vorschrift über mitzuführendes Erste-Hilfe-Material in Betrieb.<br>§ 35h Abs. 1, 2, § 69a StVZO; § 24 Abs. 1, 3 Nr. 5 StVG; 206.1 BKat | 0 | 15,00 | |
| 335124 | Sie nahmen das Kraftfahrzeug unter Verstoß gegen eine Vorschrift über mitzuführendes Erste-Hilfe-Material in Betrieb.<br>§ 35h Abs. 3, § 69a StVZO; § 24 Abs. 1, 3 Nr. 5 StVG; 206.2 BKat | 0 | 5,00 | |

| **TBNR** | **Bemerkungen** |
|---|---|
| 335024 | *) Tag der letzten Prüfung angeben |

## Bereifung und Lauffläche – § 36 StVZO

| TBNR | Tatbestandstext | FaP-Pkt | Euro | FV |
|---|---|---|---|---|
| 336000 | Sie führten das Fahrzeug mit M+S-Reifen, obwohl eine Plakette im Sichtfeld des Fahrers fehlte.<br>§ 36 Abs. 1, § 69a StVZO; § 24 Abs. 1, 3 Nr. 5 StVG; -- BKat | 0 | 5,00 | |
| 336006 | – und überschritten die zulässige Höchstgeschwindigkeit.<br>§ 36 Abs. 1, § 69a StVZO; § 24 Abs. 1, 3 Nr. 5 StVG; -- BKat | 0 | 25,00 | |
| 336500 | Sie führten das Fahrzeug, obwohl dessen Reifen mit Spikes ausgestattet waren.<br>§ 36 Abs. 1, § 69a StVZO; § 24 Abs. 1, 3 Nr. 5 StVG; -- BKat | 0 | 50,00 | |
| 336100 | Sie führten das Mofa, obwohl dessen Reifen keine ausreichende Profil- oder Einschnitttiefe bzw. keine ausreichenden Profilrillen oder Einschnitte besaß.<br>§ 36 Abs. 3, § 69a StVZO; § 24 Abs. 1, 3 Nr. 5 StVG; 210 BKat | 0 | 25,00 | |
| 336606<br>*[336612] | Sie führten das Kraftfahrzeug bzw. dessen Anhänger, obwohl dessen Reifen keine ausreichende Profil- oder Einschnitttiefe bzw. keine ausreichenden Profilrillen oder Einschnitte besaß.<br>§ 36 Abs. 3, § 31d Abs. 4 *), § 69a StVZO; § 24 Abs. 1, 3 Nr. 5 StVG; 212 BKat; [§ 3 Abs. 4 BKatV] | B – 1 | 60,00<br>*[90,00] | |
| 336607<br>*[336613] | – und gefährdeten +) dadurch Andere. | B – 1 | 75,00<br>*[112,50] | |
| 336608<br>*[336614] | – Es kam zum Unfall. | B – 1 | 90,00<br>*[135,00] | |

| **TBNR** | **Bemerkungen** |
|---|---|
| 336606 bis 336614 | *) Zutreffende Rechtsgrundlagen angeben |

*) Stern **vor** der TBNR:

TBNR und Ahndungssatz in [ ] gilt für Fahrzeuge mit gefährlichen Gütern und KOM mit Fahrgästen bzw. dessen Anhänger (zutreffendes Fahrzeug angeben).

| TBNR | Tatbestandstext | FaP-Pkt | Euro | FV |
|---|---|---|---|---|
| 336618 *[336624] | Sie führten als Halter das Kraftfahrzeug bzw. dessen Anhänger, obwohl dessen Reifen keine ausreichende Profil- oder Einschnitttiefe bzw. keine ausreichenden Profilrillen oder Einschnitte besaß. § 36 Abs. 3, § 31d Abs. 4 *), § 69a StVZO; § 24 Abs. 1, 3 Nr. 5 StVG; 212 BKat; § 3 Abs. 2 BKatV | B – 1 | 75,00 *[112,50] | |
| 336619 *[336625] | – und gefährdeten +) dadurch Andere. | B – 1 | 90,00 *[135,00] | |
| 336620 *[336626] | – Es kam zum Unfall. | B – 1 | 110,00 *[165,00] | |
| 336106 | Sie führten das Kraftfahrzeug bzw. dessen Anhänger, obwohl es unzulässig auf einer Achse mit Diagonal- und Radialreifen ausgerüstet war. § 36 Abs. 6, § 69a StVZO; § 24 Abs. 1, 3 Nr. 5 StVG; 208 BKat | 0 | 15,00 | |
| 336012 | Sie führten das Fahrzeug ohne/mit unzureichender*) Radabdeckung. § 36a, § 69a StVZO; § 24 Abs. 1, 3 Nr. 5 StVG; -- BKat | 0 | 5,00 | |
| 337000 | Sie benutzten vorschriftswidrig eine Einrichtung zur Erhöhung der Greifwirkung der Räder. § 37 Abs. 1, § 69a StVZO; § 24 Abs. 1, 3 Nr. 5 StVG; -- BKat | 0 | 25,00 | |
| 337006 | Sie benutzten unvorschriftsmäßige Schneeketten. § 37 Abs. 2, § 69a StVZO; § 24 Abs. 1, 3 Nr. 5 StVG; -- BKat | 0 | 10,00 | |

| **TBNR** | **Bemerkungen** |
|---|---|
| 336618 bis 336626 | *) Zutreffende Rechtsgrundlage angeben |
| 336012 | *) Zutreffendes angeben |

*) Stern **vor** der TBNR:
TBNR und Ahndungssatz in [ ] gilt für Fahrzeuge mit gefährlichen Gütern und KOM mit Fahrgästen bzw. dessen Anhänger (zutreffendes Fahrzeug angeben)

## Lenkeinrichtung – § 38 StVZO

| TBNR | Tatbestandstext | FaP-Pkt | Euro | FV |
|---|---|---|---|---|
| 338000 | Sie führten das Fahrzeug, obwohl Mängel an der Lenkeinrichtung vorhanden waren.<br>§ 38 Abs. 1, § 69a StVZO; § 24 Abs. 1, 3 Nr. 5 StVG; – BKat | 0 | 20,00 | |
| 338600<br>*[338606] | Sie führten den Lastkraftwagen / Kraftomnibus *) bzw. dessen Anhänger [das kennzeichnungspflichtige Kraftfahrzeug mit gefährlichen Gütern / den Kraftomnibus mit Fahrgästen *) bzw. dessen Anhänger], obwohl die Verkehrssicherheit durch den Verstoß gegen eine Vorschrift über Lenkeinrichtungen wesentlich beeinträchtigt wurde.<br>§ 38, § 69a StVZO; § 24 Abs. 1, 3 Nr. 5 StVG;<br>214.1 BKat [; § 3 Abs. 3, 4 BKatV] | B – 1 | 180,00<br>*[270,00] | |
| 338601<br>*[338607] | – und gefährdeten +) dadurch Andere. | B – 1 | 220,00<br>*[330,00] | |
| 338602<br>*[338608] | – Es kam zum Unfall. | B – 1 | 265,00<br>*[397,50] | |
| 338603<br>*[338609] | Sie führten als Halter den Lastkraftwagen / Kraftomnibus*) bzw. dessen Anhänger [das kennzeichnungspflichtige Kraftfahrzeug mit gefährlichen Gütern / den Kraftomnibus mit Fahrgästen *) bzw. dessen Anhänger]obwohl die Verkehrssicherheit durch den Verstoß gegen eine Vorschrift über Lenkeinrichtungen wesentlich beeinträchtigt wurde.<br>§ 38, § 69a StVZO; § 24 Abs. 1, 3 Nr. 5 StVG;<br>214.1 BKat [; § 3 Abs. 2 BKatV] | B – 1 | 270,00<br>*[405,00] | |
| 338604<br>*[338610] | – und gefährdeten +) dadurch Andere. | B – 1 | 325,00<br>*[487,50] | |
| 338605<br>*[338611] | – Es kam zum Unfall. | B – 1 | 390,00<br>*[585,00] | |

| **TBNR** | **Bemerkungen** |
|---|---|
| 338600 bis 338611 | *) Zutreffendes angeben |

*) Stern **vor** der TBNR:

TBNR und Ahndungssatz in [] gilt für Fahrzeuge mit gefährlichen Gütern und KOM mit Fahrgästen bzw. dessen Anhänger (zutreffendes Fahrzeug angeben).

| TBNR | Tatbestandstext | FaP-Pkt | Euro | FV |
|---|---|---|---|---|
| 338612 | Sie führten das Fahrzeug bzw. dessen Anhänger, obwohl die Verkehrssicherheit durch den Verstoß gegen eine Vorschrift über Lenkeinrichtungen wesentlich beeinträchtigt wurde. § 38, § 69a StVZO; § 24 Abs. 1, 3 Nr. 5 StVG; 214.2 BKat | B – 1 | 90,00 | |
| 338613 | – und gefährdeten +) dadurch Andere. | B – 1 | 110,00 | |
| 338614 | – Es kam zum Unfall. | B – 1 | 135,00 | |
| 338615 | Sie führten als Halter das Kraftfahrzeug bzw. dessen Anhänger, obwohl die Verkehrssicherheit durch den Verstoß gegen eine Vorschrift über Lenkeinrichtungen wesentlich beeinträchtigt wurde. § 38, § 69a StVZO; § 24 Abs. 1, 3 Nr. 5 StVG; 214.2 BKat; § 3 Abs. 2 BKatV | B – 1 | 135,00 | |
| 338616 | – und gefährdeten +) dadurch Andere. | B – 1 | 165,00 | |
| 338617 | – Es kam zum Unfall. | B – 1 | 200,00 | |
| 338006 | Sie führten das Kraftfahrzeug, obwohl die vorgeschriebenen Sicherungseinrichtungen nicht vorhanden waren. § 38a, § 69a StVZO; § 24 Abs. 1, 3 Nr. 5 StVG; -- BKat | 0 | 10,00 | |
| 340000 | Sie führten das Kraftfahrzeug, obwohl die Scheibenwischer mangelhaft waren/ fehlten *). § 40 Abs. 2, § 69a StVZO; § 24 Abs. 1, 3 Nr. 5 StVG; -- BKat | 0 | 5,00 | |

| TBNR | Bemerkungen |
|---|---|
| 340000 | *) Zutreffendes angeben |

## Bremsen und Unterlegkeile – § 41 StVZO

| TBNR | Tatbestandstext | FaP-Pkt | Euro | FV |
|---|---|---|---|---|
| 341000 | Sie führten das Fahrzeug, obwohl Sie gegen eine Vorschrift über Bremsen verstießen.<br>§ 41, § 69a StVZO; § 24 Abs. 1, 3 Nr. 5 StVG; -- BKat | 0 | 25,00 | |
| 341600<br>*[341606] | Sie führten den Lastkraftwagen/Kraftomnibus *) bzw. dessen Anhänger, obwohl die Verkehrssicherheit durch den Verstoß gegen eine Vorschrift über Bremsen wesentlich beeinträchtigt wurde.<br>§ 41, § 69a StVZO; § 24 Abs. 1, 3 Nr. 5 StVG; 214.1 BKat [§ 3 Abs. 4 BKatV] | B – 1 | 180,00<br>*[270,00] | |
| 341601<br>*[341607] | – und gefährdeten +) dadurch Andere. | B – 1 | 220,00<br>*[330,00] | |
| 341602<br>*[341608] | – Es kam zum Unfall. | B – 1 | 265,00<br>*[397,50] | |
| 341603<br>*[341609] | Sie führten als Halter den Lastkraftwagen/ Kraftomnibus *) bzw. dessen Anhänger, obwohl die Verkehrssicherheit durch den Verstoß gegen eine Vorschrift über Bremsen wesentlich beeinträchtigt wurde.<br>§ 41, § 69a StVZO; § 24 Abs. 1, 3 Nr. 5 StVG; 214.1 BKat, § 3 Abs. 2 [, 4] BKatV | B – 1 | 270,00<br>*[405,00] | |
| 341604<br>*[341610] | – und gefährdeten +) dadurch Andere. | B – 1 | 325,00<br>*[487,50] | |
| 341605<br>*[341611] | – Es kam zum Unfall. | B – 1 | 390,00<br>*[585,00] | |
| 341612 | Sie führten das Kraftfahrzeug bzw. dessen Anhänger, obwohl die Verkehrssicherheit durch den Verstoß gegen eine Vorschrift über Bremsen wesentlich beeinträchtigt wurde.<br>§ 41, § 69a StVZO; § 24 Abs. 1, 3 Nr. 5 StVG; 214.2 BKat | B – 1 | 90,00 | |
| 341613 | – und gefährdeten +) dadurch Andere. | B – 1 | 110,00 | |
| 341614 | – Es kam zum Unfall. | B – 1 | 135,00 | |

| **TBNR** | **Bemerkungen** |
|---|---|
| 341600 bis 341611 | *) Zutreffende Fahrzeugart angeben |

*) Stern **vor** der TBNR:
TBNR und Ahndungssatz in [ ] gilt für Fahrzeuge mit gefährlichen Gütern und KOM mit Fahrgästen bzw. dessen Anhänger (zutreffendes Fahrzeug angeben).

| TBNR | Tatbestandstext | FaP-Pkt | Euro | FV |
|---|---|---|---|---|
| 341615 | Sie führten als Halter das Kraftfahrzeug bzw. dessen Anhänger, obwohl die Verkehrssicherheit durch den Verstoß gegen eine Vorschrift über Bremsen wesentlich beeinträchtigt wurde. § 41, § 69a StVZO; § 24 Abs. 1, 3 Nr. 5 StVG; 214.2 BKat; § 3 Abs. 2 BKatV | B – 1 | 135,00 | |
| 341616 | – und gefährdeten +) dadurch Andere. | B – 1 | 165,00 | |
| 341617 | – Es kam zum Unfall. | B – 1 | 200,00 | |
| 341006 | Sie führten das Kraftfahrzeug bzw. dessen Anhänger, obwohl die vorgeschriebenen Unterlegkeile nicht vorhanden waren. § 41 Abs. 14, § 69a StVZO; § 24 Abs. 1, 3 Nr. 5 StVG; -- BKat | 0 | 5,00 | |

## Anhängelast hinter Kraftfahrzeugen und Leergewicht – § 42 StVZO

| TBNR | Tatbestandstext | FaP-Pkt | Euro | FV |
|---|---|---|---|---|
| 742500 Pseudo-kennzahl | Sie führten das Kraftfahrzeug mit einem Anhänger, obwohl die zulässige Anhängelast um ...,.. Prozent = ..... kg überschritten war.<br>Festgestellte Anhängelast *): ..... kg<br>Zulässige Anhängelast **): ..... kg<br>§ 42 Abs. 1, 2, § 69a StVZO; § 24 Abs. 1, 3 Nr. 5 StVG; ... BKat | siehe Tabelle S31-S35 | | |
| 742501 Pseudo-kennzahl | Sie führten den Zug mit einem Anhänger, obwohl die zulässige Anhängelast um ...,.. Prozent = ..... kg überschritten war.<br>Festgestellte Anhängelast *): ..... kg<br>Zulässige Anhängelast **): ..... kg<br>§ 42 Abs. 1, 2, § 69a StVZO; § 24 Abs. 1, 3 Nr. 5 StVG; ... BKat | siehe Tabelle S31-S35 | | |
| 742502 Pseudo-kennzahl | Sie führten als Halter das Kraftfahrzeug mit einem Anhänger, obwohl die zulässige Anhängelast um ...,.. Prozent = ..... kg überschritten war.<br>Festgestellte Anhängelast *): ..... kg<br>Zulässige Anhängelast **): ..... kg<br>§ 42 Abs. 1, 2, § 69a StVZO; § 24 Abs. 1, 3 Nr. 5 StVG; ... BKat | siehe Tabelle S31-S35 | | |
| 742503 Pseudo-kennzahl | Sie führten als Halter den Zug mit einem Anhänger, obwohl die zulässige Anhängelast um ...,.. Prozent = ..... kg überschritten war.<br>Festgestellte Anhängelast *): ..... kg<br>Zulässige Anhängelast **): ..... kg<br>§ 42 Abs. 1, 2, § 69a StVZO; § 24 Abs. 1, 3 Nr. 5 StVG; ... BKat | siehe Tabelle S31-S35 | | |
| 342160 | Sie führten verbotswidrig einen Anhänger mit.<br>§ 42 Abs. 2, § 69a StVZO; § 24 Abs. 1, 3 Nr. 5 StVG; 215 BKat | 0 | 25,00 | |

| **TBNR** | **Bemerkungen** |
|---|---|
| 742500, 742501, 742502, 742503 | *) Festgestellte Anhängelast angeben<br>**) Zulässige Anhängelast angeben |

## Überladung

Tabellen-Nr:
**742300**
Pseudo-Kennzahl:
**742500**

**Überschreiten der Anhängelast**
**– bei Kraftfahrzeugen mit einem zulässigen Gesamtgewicht über 7,5t mit Anhänger**

| Überladung in % | Führer | | | | |
|---|---|---|---|---|---|
| | BKat | TBNR | FaP/Pkt | FV | Ahndungssatz Euro |
| um 2 - 5 | 198.1.1 | 342100 | 0 | | 30,00 |
| mehr als 5 | 198.1.2 | 342600 | B-1 | | 80,00 |
| mehr als 10 | 198.1.3 | 342601 | B-1 | | 110,00 |
| mehr als 15 | 198.1.4 | 342602 | B-1 | | 140,00 |
| mehr als 20 | 198.1.5 | 342603 | B-1 | | 190,00 |
| mehr als 25 | 198.1.6 | 342604 | B-1 | | 285,00 |
| mehr als 30 | 198.1.7 | 342605 | B-1 | | 380,00 |

Tabellen-Nr:
**742301**
Pseudo-Kennzahl:
**742500**

**Überschreiten der Anhängelast**
**– bei kennzeichnungspflichtigen Kraftfahrzeugen mit gefährlichen Gütern mit einem zulässigen Gesamtgewicht über 7,5t mit Anhänger**

| Überladung in % | Führer | | | | |
|---|---|---|---|---|---|
| | BKat | TBNR | FaP/Pkt | FV | Ahndungssatz Euro |
| mehr als 5 | 198.1.2 | 342606 | B-1 | | 120,00 |
| mehr als 10 | 198.1.3 | 342607 | B-1 | | 165,00 |
| mehr als 15 | 198.1.4 | 342608 | B-1 | | 210,00 |
| mehr als 20 | 198.1.5 | 342609 | B-1 | | 285,00 |
| mehr als 25 | 198.1.6 | 342610 | B-1 | | 427,50 |
| mehr als 30 | 198.1.7 | 342611 | B-1 | | 570,00 |

**Überladung**

Tabellen-Nr:
**742310**
Pseudo-Kennzahl:
**742501**

**Überschreiten der Anhängelast**
**– bei Kraftfahrzeugen mit Anhänger mit einem zulässigen Gesamtgewicht des Anhängers über 2t**

| Überladung in % | **Führer** | | | | |
|---|---|---|---|---|---|
| | BKat | TBNR | FaP/Pkt | FV | Ahndungssatz Euro |
| um 2 - 5 | 198.1.1 | 342112 | 0 | | 30,00 |
| mehr als 5 | 198.1.2 | 342612 | B-1 | | 80,00 |
| mehr als 10 | 198.1.3 | 342613 | B-1 | | 110,00 |
| mehr als 15 | 198.1.4 | 342614 | B-1 | | 140,00 |
| mehr als 20 | 198.1.5 | 342615 | B-1 | | 190,00 |
| mehr als 25 | 198.1.6 | 342616 | B-1 | | 285,00 |
| mehr als 30 | 198.1.7 | 342617 | B-1 | | 380,00 |

Tabellen-Nr:
**742311**
Pseudo-Kennzahl:
**742501**

**Überschreiten der Anhängelast**
**– bei kennzeichnungspflichtigen Kraftfahrzeugen mit gefährlichen Gütern mit Anhänger mit einem zulässigen Gesamtgewicht des Anhängers über 2t**

| Überladung in % | **Führer** | | | | |
|---|---|---|---|---|---|
| | BKat | TBNR | FaP/Pkt | FV | Ahndungssatz Euro |
| mehr als 5 | 198.1.2 | 342618 | B-1 | | 120,00 |
| mehr als 10 | 198.1.3 | 342619 | B-1 | | 165,00 |
| mehr als 15 | 198.1.4 | 342620 | B-1 | | 210,00 |
| mehr als 20 | 198.1.5 | 342621 | B-1 | | 285,00 |
| mehr als 25 | 198.1.6 | 342622 | B-1 | | 427,50 |
| mehr als 30 | 198.1.7 | 342623 | B-1 | | 570,00 |

## Überladung

Tabellen-Nr:
**742320**
Pseudo-Kennzahl:
**742500**

**Überschreiten der Anhängelast**
**– bei Kraftfahrzeugen mit einem zulässigen Gesamtgewicht bis 7,5t mit Anhänger**

| Überladung in % | **Führer** BKat | TBNR | FaP/Pkt | FV | Ahndungssatz Euro |
|---|---|---|---|---|---|
| mehr als 5 | 198.2.1 | 342124 | 0 | | 10,00 |
| mehr als 10 | 198.2.2 | 342125 | 0 | | 30,00 |
| mehr als 15 | 198.2.3 | 342126 | 0 | | 35,00 |
| mehr als 20 | 198.2.4 | 342624 | B-1 | | 95,00 |
| mehr als 25 | 198.2.5 | 342625 | B-1 | | 140,00 |
| mehr als 30 | 198.2.6 | 342626 | B-1 | | 235,00 |

Tabellen-Nr:
**742321**
Pseudo-Kennzahl:
**742500**

**Überschreiten der Anhängelast**
**– bei kennzeichnungspflichtigen Kraftfahrzeugen mit gefährlichen Gütern mit einem zulässigen Gesamtgewicht bis 7,5t mit Anhänger**

| Überladung in % | **Führer** BKat | TBNR | FaP/Pkt | FV | Ahndungssatz Euro |
|---|---|---|---|---|---|
| mehr als 20 | 198.2.4 | 342630 | B-1 | | 142,50 |
| mehr als 25 | 198.2.5 | 342631 | B-1 | | 210,00 |
| mehr als 30 | 198.2.6 | 342632 | B-1 | | 352,50 |

**Überladung**

Tabellen-Nr:
**742330**
Pseudo-Kennzahl:
**742502**

**Überschreiten der Anhängelast**
**– bei Kraftfahrzeugen mit einem zulässigen Gesamtgewicht über 7,5t mit Anhänger**

| Überladung in % | Führer gleich Halter | | | | |
|---|---|---|---|---|---|
| | BKat | TBNR | FaP/Pkt | FV | Ahndungssatz Euro |
| um 2 - 5 | 198.1.1 | 342136 | 0 | | 30,00 |
| mehr als 5 | 198.1.2 | 342636 | B-1 | | 140,00 |
| mehr als 10 | 198.1.3 | 342637 | B-1 | | 235,00 |
| mehr als 15 | 198.1.4 | 342638 | B-1 | | 285,00 |
| mehr als 20 | 198.1.5 | 342639 | B-1 | | 380,00 |
| mehr als 25 | 198.1.6 | 342640 | B-1 | | 425,00 |
| mehr als 30 | 198.1.7 | 342641 | B-1 | | 425,00 |

Tabellen-Nr:
**742331**
Pseudo-Kennzahl:
**742502**

**Überschreiten der Anhängelast**
**– bei kennzeichnungspflichtigen Kraftfahrzeugen mit gefährlichen Gütern einem zulässigen Gesamtgewicht über 7,5t mit Anhänger**

| Überladung in % | Führer gleich Halter | | | | |
|---|---|---|---|---|---|
| | BKat | TBNR | FaP/Pkt | FV | Ahndungssatz Euro |
| mehr als 5 | 198.1.2 | 342642 | B-1 | | 210,00 |
| mehr als 10 | 198.1.3 | 342643 | B-1 | | 352,50 |
| mehr als 15 | 198.1.4 | 342644 | B-1 | | 427,50 |
| mehr als 20 | 198.1.5 | 342645 | B-1 | | 570,00 |
| mehr als 25 | 198.1.6 | 342646 | B-1 | | 637,50 |
| mehr als 30 | 198.1.7 | 342647 | B-1 | | 637,50 |

## Überladung

Tabellen-Nr:
**742340**
Pseudo-Kennzahl:
**742503**

**Überschreiten der Anhängelast**
**– bei Kraftfahrzeugen mit Anhänger mit einem zulässigen Gesamtgewicht des Anhängers über 2t**

| Überladung in % | Führer gleich Halter | | | | |
|---|---|---|---|---|---|
| | BKat | TBNR | FaP/Pkt | FV | Ahndungssatz Euro |
| um 2 - 5 | 198.1.1 | 342148 | 0 | | 30,00 |
| mehr als 5 | 198.1.2 | 342648 | B-1 | | 140,00 |
| mehr als 10 | 198.1.3 | 342649 | B-1 | | 235,00 |
| mehr als 15 | 198.1.4 | 342650 | B-1 | | 285,00 |
| mehr als 20 | 198.1.5 | 342651 | B-1 | | 380,00 |
| mehr als 25 | 198.1.6 | 342652 | B-1 | | 425,00 |
| mehr als 30 | 198.1.7 | 342653 | B-1 | | 425,00 |

Tabellen-Nr:
**742341**
Pseudo-Kennzahl:
**742503**

**Überschreiten der Anhängelast**
**– bei kennzeichnungspflichtigen Kraftfahrzeugen mit gefährlichen Gütern mit Anhänger mit einem zulässigen Gesamtgewicht des Anhängers über 2t**

| Überladung in % | Führer gleich Halter | | | | |
|---|---|---|---|---|---|
| | BKat | TBNR | FaP/Pkt | FV | Ahndungssatz Euro |
| mehr als 5 | 198.1.2 | 342654 | B-1 | | 210,00 |
| mehr als 10 | 198.1.3 | 342655 | B-1 | | 352,50 |
| mehr als 15 | 198.1.4 | 342656 | B-1 | | 427,50 |
| mehr als 20 | 198.1.5 | 342657 | B-1 | | 570,00 |
| mehr als 25 | 198.1.6 | 342658 | B-1 | | 637,50 |
| mehr als 30 | 198.1.7 | 342659 | B-1 | | 637,50 |

| TBNR | Tatbestandstext | FaP-Pkt | Euro | FV |
|---|---|---|---|---|
| 343000 | Sie führten das Fahrzeug, obwohl dessen Einrichtung zur Verbindung von Fahrzeugen nicht den Vorschriften entsprach.<br>§ 43 Abs. 1, § 69a StVZO; § 24 Abs. 1, 3 Nr. 5 StVG; -- BKat | 0 | 25,00 | |
| 343006 | Sie führten als Halter das Fahrzeug, obwohl dessen Einrichtung zur Verbindung von Fahrzeugen nicht den Vorschriften entsprach.<br>§ 43 Abs. 1, § 69a StVZO; § 24 Abs. 1, 3 Nr. 5 StVG; -- BKat | 0 | 35,00 | |
| 343012 | Sie führten das Fahrzeug, obwohl dessen Anhängekupplung nicht den Vorschriften entsprach.<br>§ 43 Abs. 1, § 69a StVZO; § 24 Abs. 1, 3 Nr. 5 StVG; -- BKat | 0 | 25,00 | |
| 343018 | Sie führten als Halter das Fahrzeug, obwohl dessen Anhängekupplung nicht den Vorschriften entsprach.<br>§ 43 Abs. 1, § 69a StVZO; § 24 Abs. 1, 3 Nr. 5 StVG; -- BKat | 0 | 35,00 | |
| 343600<br>*[343606] | Sie führten den Lastkraftwagen/Kraftomnibus *) bzw. dessen Anänger, obwohl die Verkehrssicherheit durch den Verstoß gegen eine Vorschrift über Einrichtungen zur Verbindung von Fahrzeugen wesentlich beeinträchtigt wurde.<br>§ 43 Abs. 1, 4, § 69a StVZO; § 24 Abs. 1, 3 Nr. 5 StVG; 214.1 BKat [§ 3 Abs. 4 BKatV] | B – 1 | 180,00<br>*[270,00] | |
| 343601<br>*[343607] | – und gefährdeten +) dadurch Andere. | B – 1 | 220,00<br>*[330,00] | |
| 343602<br>*[343608] | – Es kam zum Unfall. | B – 1 | 265,00<br>*[397,50] | |

**TBNR** **Bemerkungen**

343600 bis 343608 *) Zutreffendes angeben

*) Stern **vor** der TBNR:
TBNR und Ahndungssatz in [ ] gilt für Fahrzeuge mit gefährlichen Gütern oder KOM mit Fahrgästen bzw. dessen Anhänger (zutreffende Fahrzeugart angeben).

## Einrichtung zur Verbindung von Fahrzeugen – § 43 StVZO

| TBNR | Tatbestandstext | FaP-Pkt | Euro | FV |
|---|---|---|---|---|
| 343603 *[343609] | Sie führten als Halter den Lastkraftwagen/ Kraftomnibus *) bzw. dessen Anhänger, obwohl die Verkehrssicherheit durch den Verstoß gegen eine Vorschrift über Einrichtungen zur Verbindung von Fahrzeugen wesentlich beeinträchtigt wurde. § 43 Abs. 1, 4, § 69a StVZO; § § 24 Abs. 1, 3 Nr. 5 StVG; 214.1 BKat; § 3 Abs. 2 [, 4] BKatV | B – 1 | 270,00 *[405,00] | |
| 343604 *[343610] | – und gefährdeten +) dadurch Andere. | B – 1 | 325,00 *[487,50] | |
| 343605 *[343611] | – Es kam zum Unfall. | B – 1 | 390,00 *[585,00] | |
| 343618 | Sie führten das Fahrzeug bzw. dessen Anhänger, obwohl die Verkehrssicherheit durch den Verstoß gegen eine Vorschrift über Einrichtungen zur Verbindung von Fahrzeugen wesentlich beeinträchtigt wurde. § 43 Abs. 1, 4, § 69a StVZO; § 24 Abs. 1, 3 Nr. 5 StVG; 214.2 BKat | B – 1 | 90,00 | |
| 343619 | – und gefährdeten +) dadurch Andere. | B – 1 | 110,00 | |
| 343620 | – Es kam zum Unfall. | B – 1 | 135,00 | |
| 343621 | Sie führten als Halter das Fahrzeug bzw. dessen Anhänger, obwohl die Verkehrssicherheit durch den Verstoß gegen eine Vorschrift über Einrichtungen zur Verbindung von Fahrzeugen wesentlich beeinträchtigt wurde. § 43 Abs. 1, 4, § 69a StVZO; § 24 Abs. 1, 3 Nr. 5 StVG; 214.2 BKat; § 3 Abs. 2 BKat | B – 1 | 135,00 | |
| 343622 | – und gefährdeten +) dadurch Andere. | B – 1 | 165,00 | |
| 343623 | – Es kam zum Unfall. | B – 1 | 200,00 | |

| **TBNR** | **Bemerkungen** |
|---|---|
| 343603 bis 343611 | *) Zutreffendes angeben |

*) Stern **vor** der TBNR:
TBNR und Ahndungssatz in [ ] gilt für Fahrzeuge mit gefährlichen Gütern oder KOM mit Fahrgästen bzw. dessen Anhänger (zutreffendes Fahrzeug angeben).

| TBNR | Tatbestandstext | FaP-Pkt | Euro | FV |
|---|---|---|---|---|
| 343100 | Sie unterließen es, beim Abschleppen eines Fahrzeugs die Abschleppstange oder das Ab-Abschleppseil ausreichend kenntlich zu machen.<br>§ 43 Abs. 3, § 69a StVZO; § 24 Abs. 1, 3 Nr. 5 StVG;<br>216 BKat | 0 | 5,00 | |
| 344000 | Sie führten das Fahrzeug, bei dem die zulässige Stützlast nicht durch ein Schild angezeigt wurde.<br>§ 44 Abs. 3, § 69a StVZO; § 24 Abs. 1, 3 Nr. 5 StVG; -- BKat | 0 | 5,00 | |
| | Sie führten das Kraftfahrzeug mit einem einachsigen Anhänger, dessen zulässige Stützlast | | | |
| 344006 | – um bis zu 50 Prozent überschritten wurde.<br>§ 44 Abs. 3, § 69a StVZO; § 24 Abs. 1, 3 Nr. 5 StVG;<br>-- BKat | 0 | 25,00 | |
| 344600 | – um mehr als 50 Prozent überschritten wurde.<br>§ 44 Abs. 3, § 69a StVZO; § 24 Abs. 1, 3 Nr. 5 StVG;<br>217 BKat | B – 1 | 60,00 | |
| 344012 | – bis zu 50 Prozent unterschritten wurde.<br>§ 44 Abs. 3, § 69a StVZO; § 24 Abs. 1, 3 Nr. 5 StVG;<br>-- BKat | 0 | 25,00 | |
| 344606 | – um mehr als 50 Prozent unterschritten wurde.<br>§ 44 Abs. 3, § 69a StVZO; § 24 Abs. 1, 3 Nr. 5 StVG;<br>217 BKat | B – 1 | 60,00 | |

## Ableitung von Abgasen – § 47c StVZO
## Geräuschentwicklung und Schalldämpferanlage – § 49 StVZO

| TBNR | Tatbestandstext | FaP-Pkt | Euro | FV |
|---|---|---|---|---|
| 347012 | Sie führten das Fahrzeug, bei dem das Auspuffrohr über die seitliche/hintere *) Begrenzung hinausragte.<br>§ 47c, § 69a StVZO; § 24 Abs. 1, 3 Nr. 5 StVG; -- BKat | 0 | 20,00 | |
| 349000 | Sie nahmen das Kraftfahrzeug trotz übermäßiger Geräuschentwicklung in Betrieb.<br>§ 49 Abs. 1, § 69a StVZO; § 24 Abs. 1, 3 Nr. 5 StVG; -- BKat | 0 | 20,00 | |
| 349100 | Sie führten das Kraftfahrzeug, dessen Schalldämpferanlage defekt war.<br>§ 49 Abs. 1, § 69a StVZO; § 24 Abs. 1, 3 Nr. 5 StVG; 219 BKat | 0 | 20,00 | |
| 349101 | – und belästigten +) dadurch Andere. | 0 | 30,00 | |
| 349106 | Sie weigerten sich, die Geräuschentwicklung prüfen zu lassen.<br>§ 49 Abs. 4, § 69a StVZO; § 24 Abs. 1, 3 Nr. 5 StVG; 220 BKat | 0 | 10,00 | |

| TBNR | Bemerkungen |
|---|---|
| 347012 | *) Zutreffendes angeben |

| TBNR | Tatbestandstext | FaP-Pkt | Euro | FV |
|---|---|---|---|---|
| 349130 | Sie führten das Kraftfahrzeug/den Anhänger *), und verstießen dabei gegen eine allgemeine Vorschrift über lichttechnische Einrichtungen **).<br>§ 49a Abs. 1, 2, 3, 4, 5, 6, 8, 9, 9a, 10, § 69a StVZO; § 24 Abs. 1, 3 Nr. 5 StVG; 221.1 BKat | 0 | 5,00 | |
| 349136 | Sie führten das Kraftfahrzeug/den Anhänger *) und verstießen dabei gegen das Verbot zum Anbringen anderer als vorgeschriebener oder für zulässig erklärter lichttechnischer Einrichtungen **).<br>§ 49a Abs. 1, § 69a StVZO; § 24 Abs. 1, 3 Nr. 5 StVG; 221.2 BKat | 0 | 20,00 | |
| | Sie führten das Fahrzeug und verstießen dabei gegen eine Vorschrift *) über | | | |
| 350100 | – Scheinwerfer für Fern- und Abblendlicht.<br>§ 50 Abs. 1, 2, 3, 5, 6, 6 a, 9, § 69 a StVZO; § 24 Abs. 1, 3 Nr. 5 StVG; 222.1 BKat | 0 | 15,00 | |
| 351100 | – Begrenzungsleuchten.<br>§ 51 Abs. 1, 2, 3, § 69a StVZO; § 24 Abs. 1, 3 Nr. 5 StVG; 222.2 BKat | 0 | 15,00 | |
| 351106 | – vordere Rückstrahler.<br>§ 51 Abs. 1, 2, 3, § 69a StVZO; § 24 Abs. 1, 3 Nr. 5 StVG; 222.2 BKat | 0 | 15,00 | |
| 351112 | – die seitliche Kenntlichmachung.<br>§ 51a Abs. 1, 3, 4, § 69a StVZO; § 24 Abs. 1, 3 Nr. 5 StVG; 222.3 BKat | 0 | 15,00 | |

| **TBNR** | **Bemerkungen** |
|---|---|
| 349130; 349136 | *) Zutreffende Fahrzeugart angeben<br>**) Nicht betriebsbereite oder unzulässige lichttechnische Einrichtung angeben |
| 350100 bis 351112 | *) näher erläutern |

## Umrissleuchten – § 51b StVZO
## Parkleuchten, Park-Warntafeln – § 51c Abs. 3 und 5 StVZO
## Zusätzliche Scheinwerfer und Leuchten – § 52 StVZO

| TBNR | Tatbestandstext | FaP-Pkt | Euro | FV |
|---|---|---|---|---|
| 351118 | – Umrissleuchten.<br>§ 51b Abs. 2, 5, 6, § 69a StVZO;<br>§ 24 StVG; 222.3 BKat | 0 | 15,00 | |
| | Sie sorgten nicht dafür, dass an dem parkenden Fahrzeug | | | |
| 351000 | – die Parkleuchten vorschriftsmäßig *) angebracht waren.<br>§ 51c Abs. 3, § 69 a StVZO; § 24 Abs. 1, 3 Nr. 5 StVG;<br>-- BKat | 0 | 15,00 | |
| 351006 | – die Park-Warntafeln vorschriftsmäßig *) angebracht waren.<br>§ 51c Abs. 5, § 69a StVZO; § 24 Abs. 1, 3 Nr. 5 StVG;<br>-- BKat | 0 | 15,00 | |
| 352100 | Sie führten das Fahrzeug, dessen Nebelscheinwerfer nicht vorschriftsmäßig *) angebracht bzw. geschaltet waren.<br>§ 52 Abs. 1, § 69a StVZO; § 24 Abs. 1, 3 Nr. 5 StVG;<br>222.4 BKat | 0 | 15,00 | |
| 352106 | Sie führten das Fahrzeug, dessen Suchscheinwerfer nicht vorschriftsmäßig *) angebracht war.<br>§ 52 Abs. 2, § 69a StVZO; § 24 Abs. 1, 3 Nr. 5 StVG;<br>222.4 BKat | 0 | 15,00 | |
| 352112 | Sie führten den Berechtigungsschein zum Führen eines Arztschildes nicht mit bzw. händigten diesen auf Verlangen nicht aus.<br>§ 52 Abs. 6, § 69 a StVZO; § 24 Abs. 1, 3 Nr. 5 StVG;<br>222a BKat | 0 | 10,00 | |

| **TBNR** | **Bemerkungen** |
|---|---|
| 351118 | *) näher erläutern |
| 351000 bis 351006 | *) näher erläutern |
| 352100, 352106 | *) näher erläutern |

| TBNR | Tatbestandstext | FaP-Pkt | Euro | FV |
|---|---|---|---|---|
| 352118 | Sie führten das Fahrzeug und benutzten dabei vorschriftswidrig *) die Arbeitsscheinwerfer.<br>§ 52 Abs. 7, § 69a StVZO; § 24 Abs. 1, 3 Nr. 5 StVG;<br>222.4 BKat | 0 | 15,00 | |
| 352000 | Sie führten das Fahrzeug und verstießen dabei gegen eine Vorschrift *) über Rückfahrscheinwerfer.<br>§ 52a Abs. 1, 2, 3, 4, § 69a StVZO; § 24 Abs. 1, 3 Nr. 5 StVG;<br>-- BKat | 0 | 15,00 | |
| 353000 | Sie führten das Fahrzeug und verstießen dabei gegen die Vorschrift *) über Warnwesten.<br>§ 53a Abs. 1, 2, § 69a StVZO; § 24 Abs. 1, 3 Nr. 5 StVG;<br>-- BKat | 0 | 15,00 | |
| | Sie führten das Kraftfahrzeug/den Anhänger*) und verstießen dabei gegen eine Vorschrift**) über | | | |
| 353100 | – Schluss-, Bremsleuchten oder Rückstrahler.<br>§ 53 Abs. 1, 2, 4, 5, 6, 8, 9, § 69a StVZO;<br>§ 24 Abs. 1, 3 Nr. 5 StVG; 222.5 BKat | 0 | 15,00 | |
| 353106 | – Warndreieck, Warnleuchte bzw. Warnblinkanlage.<br>§ 53a Abs. 1, 2, 3, 4, 5, § 69a StVZO;<br>§ 24 Abs. 1, 3 Nr. 5 StVG; 222.6 BKat | 0 | 15,00 | |
| 353112 | – Ausrüstung bzw. Kenntlichmachung von Anbaugeräten oder Hubladebühnen.<br>§ 53b Abs. 1, 2, 3, 4, 5, § 69a StVZO;<br>§ 24 Abs. 1, 3 Nr. 5 StVG; 222.7 BKat | 0 | 15,00 | |
| 353118 | – Nebelschlussleuchten.<br>§ 53d Abs. 1, 3, § 69a StVZO; § 24 Abs. 1, 3 Nr. 5 StVG;<br>222.5 BKat | 0 | 15,00 | |

| **TBNR** | **Bemerkungen** |
|---|---|
| 352118; 352000 | *) näher erläutern |
| 353000 | *) näher erläutern |
| 353100 bis 353118 | *) Zutreffende Fahrzeugart angeben<br>**) näher erläutern |

**Fahrtrichtungsanzeiger – § 54 StVZO**
**Einrichtung für Schallzeichen (Kraftfahrzeuge) – § 55 StVZO**
**Spiegel und andere Einrichtungen für indirekte Sicht – § 56 StVZO**
**Prüfung der Fahrtschreiber und Kontrollgeräte – § 57b StVZO**
**Ausrüstung mit Geschwindigkeitsbegrenzern - § 57c StVZO**

| TBNR | Tatbestandstext | FaP-Pkt | Euro | FV |
|---|---|---|---|---|
| 354000 | Sie führten das Fahrzeug, obwohl der Fahrtrichtungsanzeiger fehlte/mangelhaft *) war.<br>§ 54, § 69a StVZO; § 24 Abs. 1, 3 Nr. 5 StVG; -- BKat | 0 | 15,00 | |
| 355000 | Sie führten das Fahrzeug, obwohl dessen Schallzeicheneinrichtung unzulässig/mangelhaft *) war.<br>§ 55 Abs. 1, § 69a StVZO; § 24 Abs. 1, 3 Nr. 5 StVG; -- BKat | 0 | 15,00 | |
| 356000 | Sie führten das Fahrzeug, dessen Rückspiegel fehlte / nicht den Vorschriften entsprach*).<br>§ 56 Abs. 1, 2, § 69a StVZO; § 24 Abs. 1, 3 Nr. 5 StVG; -- BKat | 0 | 15,00 | |
| 357006 | Sie sorgten als Halter nicht für die Vorschriftsmäßigkeit des Einbauschildes.<br>§ 57b Abs. 3, § 69a StVZO; § 24 Abs. 1, 3 Nr. 5 StVG; -- BKat | 0 | 10,00 | |
| | Sie führten den KOM/den Lkw/die Zugmaschine/die Sattelzugmaschine*) mit einem zulässigen Gesamtgewicht von mehr als 3,5 t | | | |
| 357600<br>*[357601]<br>**[357602] | – , obwohl das Fahrzeug nicht mit dem vorgeschriebenen Geschwindigkeitsbegrenzer ausgerüstet war.<br>§ 57c Abs. 2, 5, § 31d Abs. 3**), § 69a StVZO; § 24 Abs. 1, 3 Nr. 5 StVG; 223 BKat [; § 3 Abs. 4 BKatV] | B – 1 | 100,00<br>*[150,00]<br>**[150,00] | |

| TBNR | Bemerkungen | |
|---|---|---|
| 354000 bis 356000 | *) | Zutreffendes bzw. Beanstandung angeben |
| 357600 bis 357602 | *) | Zutreffende Fahrzeugart angeben |
| | **) | Zutreffende Rechtsgrundlage angeben |

*) Stern vor der TBNR:
TBNR und Ahndungssatz in [ ] gilt für Fahrzeuge mit gefährlichen Gütern/KOM mit Fahrgästen (Zutreffendes angeben).

**) Stern **vor** der TBNR:
TBNR und Ahndungssatz in [ ] gilt für kennzeichnungspflichtige Zugmaschine/Sattelzugmaschine mit gefährlichen Gütern.

| TBNR | Tatbestandstext | FaP-Pkt | Euro | FV |
|---|---|---|---|---|
| 357603<br>*[357604]<br>**[357605] | – mit einem auf eine unzulässige Geschwindigkeit eingestellten Geschwindigkeitsbegrenzer.<br>§ 57c Abs. 2, 5, § 31d Abs. 3**), § 69a StVZO; § 24 Abs. 1, 3 Nr. 5 StVG; 223 BKat; [§ 3 Abs. 4 BKatV] | B – 1 | 100,00<br>*[150,00]<br>**[150,00] | |
| 357606<br>*[357607]<br>**[357608] | – , ohne den Geschwindigkeitsbegrenzer zu benutzen.<br>§ 57c Abs. 2, 5, § 31d Abs. 3**), § 69a StVZO; § 24 Abs. 1, 3 Nr. 5 StVG; 223 BKat; [§ 3 Abs. 4 BKatV] | B – 1 | 100,00<br>*[150,00]<br>**[150,00] | |
| 357609<br>*[357610]<br>**[357611] | Sie führten als Halter den KOM/den Lkw/die Zugmaschine/die Sattelzugmaschine *) mit einer zulässigen Gesamtmasse von mehr als 3,5 t, obwohl das Fahrzeug nicht mit dem vorgeschriebenen Geschwindigkeitsbegrenzer ausgerüstet war.<br>§ 57c Abs. 2, 5, § 31d Abs. 3**), § 69a StVZO; § 24 Abs. 1, 3 Nr. 5 StVG; 223 BKat; § 3 Abs. 2, 4 BKatV | B – 1 | 150,00<br>*[225,00]<br>**[225,00] | |
| 357612<br>*[357613]<br>**[357614] | Sie führten als Halter den KOM/den Lkw/die Zugmaschine/die Sattelzugmaschine *) mit einer zulässigen Gesamtmasse von mehr als 3,5 t mit einem auf eine unzulässige Geschwindigkeit eingestellten Geschwindigkeitsbegrenzer.<br>§ 57c Abs. 2, § 31d Abs. 3**), § 69a StVZO; § 24 Abs. 1, 3 Nr. 5 StVG; 223 BKat; § 3 Abs. 2, 4 BKatV | B – 1 | 150,00<br>*[225,00]<br>**[225,00] | |

| **TBNR** | **Bemerkungen** |
|---|---|
| 357603 bis 357614 | *) Zutreffende Fahrzeugart angeben<br>**) Zutreffende Rechtsgrundlage angeben |

*) Stern **vor** der TBNR:
TBNR und Ahndungssatz in [ ] gilt für Fahrzeuge mit gefährlichen Gütern/KOM mit Fahrgästen (Zutreffendes angeben).

**) Stern **vor** der TBNR:
TBNR und Ahndungssatz in [ ] gilt für kennzeichnungspflichtige Zugmaschine/Sattelzugmaschine mit gefährlichen Gütern.

## Ausrüstung mit Geschwindigkeitsbegrenzern – § 57c StVZO

| TBNR | Tatbestandstext | FaP-Pkt | Euro | FV |
|---|---|---|---|---|
| 357615<br>*[357616]<br>**[357617] | Sie führten als Halter den KOM/den Lkw/die Zugmaschine/die Sattelzugmaschine *) mit einer zulässigen Gesamtmasse von mehr als 3,5 t, ohne den Geschwindigkeitsbegrenzer zu benutzen.<br>§ 57c Abs. 5, § 31d Abs. 3**), § 69a StVZO; § 24 Abs. 1, 3 Nr. 5 StVG; 223 BKat; § 3 Abs. 2, 4 BKatV | B – 1 | 150,00<br>*[225,00]<br>**[225,00] | |

**TBNR** **Bemerkungen**

357615 bis 357617 *) Zutreffende Fahrzeugart angeben
**) Zutreffende Rechtsgrundlage angeben

*) Stern **vor** der TBNR:
TBNR und Ahndungssatz in [ ] gilt für Fahrzeuge mit gefährlichen Gütern/KOM mit Fahrgästen (Zutreffendes angeben).

**) Stern **vor** der TBNR:
TBNR und Ahndungssatz in [ ] gilt für kennzeichnungspflichtige Zugmaschine/Sattelzugmaschine mit gefährlichen Gütern.

| TBNR | Tatbestandstext | FaP-Pkt | Euro | FV |
|---|---|---|---|---|
| | Sie unterließen es als Halter des Fahrzeugs, den Geschwindigkeitsbegrenzer in den vorgeschriebenen Fällen prüfen zu lassen. | | | |
| 357100 | – Der Termin für diese Prüfung war noch nicht 1 Monat überschritten.<br>§ 57d Abs. 2, § 69a StVZO; § 24 Abs. 1, 3 Nr. 5 StVG; 225.1 BKat | 0 | 25,00 | |
| 357618 | – Der Termin für diese Prüfung war mehr als 1 Monat überschritten.<br>§ 57d Abs. 2, § 69a StVZO; § 24 Abs. 1, 3 Nr. 5 StVG; 225.2 BKat | 0 | 40,00 | |
| 357106 | Sie führten für das Fahrzeug keine Bescheinigung über die Prüfung des vorgeschriebenen Geschwindigkeitsbegrenzers mit oder händigten diese auf Verlangen nicht aus.<br>§ 57d Abs. 2, § 69a StVZO; § 24 Abs. 1, 3 Nr. 5 StVG; 226 BKat | 0 | 10,00 | |
| 361000 | Sie beförderten einen Beifahrer auf dem Kraftrad, obwohl dieses nicht mit einem vorschriftsmäßigen Haltesystem ausgerüstet war.<br>§ 61 Abs. 1, § 69a StVZO; § 24 Abs. 1, 3 Nr. 5 StVG; -- BKat | 0 | 5,00 | |

## Einrichtungen für Schallzeichen (Andere Straßenfahrzeuge) - § 64a StVZO
## Bremsen – § 65 StVZO
## Lichttechnische Einrichtungen an Fahrrädern – § 67 StVZO

| TBNR | Tatbestandstext | FaP-Pkt | Euro | FV |
|---|---|---|---|---|
| 364100 | Sie führten ein Fahrrad unter Verstoß gegen eine Vorschrift über die Einrichtungen für Schallzeichen.<br>§ 64a, § 69a StVZO; § 24 Abs. 1, 3 Nr. 5 StVG; 229 BKat | 0 | 15,00 | |
| 365000 | Sie führten ein Fahrrad, obwohl die bremstechnischen Einrichtungen nicht den Vorschriften entsprachen.<br>§ 65 Abs. 1, § 69a StVZO; § 24 Abs. 1, 3 Nr. 5 StVG;<br>-- BKat | 0 | 10,00 | |
| 367100 | Sie nahmen ein Fahrrad in Betrieb, obwohl die lichttechnischen Einrichtungen nicht den Vorschriften *) entsprachen.<br>§ 67, § 69a StVZO; § 24 Abs. 1, 3 Nr. 5 StVG; 230 BKat | 0 | 20,00 | |

| **TBNR** | **Bemerkungen** |
|---|---|
| 367100 | *) Mangel angeben |

| TBNR | Tatbestandstext | FaP-Pkt | Euro | FV |
|---|---|---|---|---|
| 370100 | Sie führten die Urkunde über eine Ausnahmegenehmigung nicht mit.<br>§ 70 Abs. 3a, § 69a StVZO; § 24 Abs. 1, 3 Nr. 5 StVG;<br>231 BKat | 0 | 10,00 | |
| 370106 | Sie händigten auf Verlangen der zuständigen Person die Urkunde über eine Ausnahmegenehmigung nicht aus.<br>§ 70 Abs. 3a, § 69a StVZO; § 24 Abs. 1, 3 Nr. 5 StVG;<br>255 BKat | 0 | 10,00 | |
| 371100 | Sie führten das Fahrzeug, das nicht den Vorschriften entsprach, ohne den Auflagen *) der Ausnahmegenehmigung nachgekommen zu sein.<br>§ 71, § 69a StVZO; § 24 Abs. 1, 3 Nr. 5 StVGG; 232 BKat | 0 | 15,00 | |
| 371600 | Sie ließen zu bzw. ordneten an, dass das Fahrzeug, das nicht den Vorschriften entsprach, in Betrieb genommen wurde, ohne den Auflagen *) der Ausnahmegenehmigung nachgekommen zu sein.<br>§ 71, § 69a StVZO; § 24 Abs. 1, 3 Nr. 5 StVG; 233 BKat | B – 1 | 70,00 | |
| 371606 | Sie führten als Halter das Fahrzeug, das nicht den Vorschriften entsprach, ohne den Auflagen *) der Ausnahmegenehmigung nachgekommen zu sein.<br>§ 71, § 69a StVZO; § 24 Abs. 1, 3 Nr. 5 StVG; 233 BKat | B - 1 | 70,00 | |

| **TBNR** | **Bemerkungen** |
|---|---|
| 371100, 371600 und 371606 | *) Auflage(n) angeben |

# Straßenverkehrsgesetz - StVG

## 0,5 Promille-Grenze und berauschende Mittel – § 24a StVG

| TBNR | Tatbestandstext | FaP-Pkt | Euro | FV |
|---|---|---|---|---|
| 424600 | Sie führten das Kraftfahrzeug mit einer Atemalkoholkonzentration von 0,25 mg/l oder mehr. Die festgestellt Atemalkoholkonzentration betrug *) .,.. mg/l. § 24a Abs. 1, § 25 StVG, 241 BKat; § 4 Abs. 3 BKatV | A – 2 | 500,00 | 1M |
| 424601 | – bei Eintragung von bereits einer Entscheidung nach § 24a StVG; § 316 oder § 315c Abs. 1 Nr. 1 Bstb. a StGB im FAER | A – 2 | 1000,00 | 3M |
| 424602 | – bei Eintragung von bereits mehreren Entscheidungen nach § 24a StVG; § 316 oder § 315c Abs. 1 Nr. 1 Bstb. a StGB im FAER | A – 2 | 1500,00 | 3M |
| 424606 | Sie führten das Kraftfahrzeug mit einer Blutalkoholkonzentration von 0,5 Promille oder mehr. Die festgestellte Blutalkoholkonzentration betrug *) .,.. Promille. § 24a Abs. 1, § 25 StVG; 241 BKat; § 4 Abs. 3 BKatV | A – 2 | 500,00 | 1M |
| 424607 | – bei Eintragung von bereits einer Entscheidung nach § 24a StVG; § 316 oder § 315c Abs. 1 Nr. 1 Bstb. a StGB im FAER | A – 2 | 1000,00 | 3M |
| 424608 | – bei Eintragung von bereits mehreren Entscheidungen nach § 24a StVG; § 316 oder § 315c Abs. 1 Nr. 1 Bstb. a StGB im FAER | A – 2 | 1500,00 | 3M |

| **TBNR** | **Bemerkungen** |
|---|---|
| 424600 bis 424608 | *) Atemalkoholkonzentration in mg/l bzw. Blutalkoholkonzentration in Promille angeben |

| TBNR | Tatbestandstext | FaP-Pkt | Euro | FV |
|---|---|---|---|---|
| 424612 | Sie führten das Kraftfahrzeug mit einer Alkoholmenge im Körper, die zu einer Atemalkoholkonzentration von 0,25 mg/l oder mehr geführt hat. Die festgestellte Atemalkoholkonzentration betrug *) .,.. mg/l. § 24a Abs. 1, § 25 StVG; 241 BKat; § 4 Abs. 3 BKatV | A – 2 | 500,00 | 1 M |
| 424613 | – bei Eintragung von bereits einer Entscheidung nach § 24a StVG; § 316 oder § 315c Abs. 1 Nr. 1 Bstb. a StGB im FAER | A – 2 | 1000,00 | 3 M |
| 424614 | – bei Eintragung von bereits mehreren Entscheidungen nach § 24a StVG; § 316 oder § 315c Abs. 1 Nr. 1 Bstb. a StGB im FAER | A – 2 | 1500,00 | 3 M |
| 424618 | Sie führten das Kraftfahrzeug mit einer Alkoholmenge im Körper, die zu einer Blutalkoholkonzentration von 0,5 Promille oder mehr geführt hat. Die festgestellte Blutalkoholkonzentration betrug *) .,.. Promille. § 24a Abs. 1, § 25 StVG; 241 BKat; § 4 Abs. 3 BKatV | A – 2 | 500,00 | 1 M |
| 424619 | – bei Eintragung von bereits einer Entscheidung nach § 24a StVG; § 316 oder § 315c Abs. 1 Nr. 1 Bstb. a StGB im FAER | A – 2 | 1000,00 | 3 M |
| 424620 | – bei Eintragung von bereits mehreren Entscheidungen nach § 24a StVG; § 316 oder § 315c Abs. 1 Nr. 1 Bstb. a StGB im FAER | A – 2 | 1500,00 | 3 M |

| **TBNR** | **Bemerkungen** |
|---|---|
| 424612 bis 424620 | *) Atemalkoholkonzentration in mg/l bzw. Blutalkoholkonzentration in Promille angeben |

## 0,5 Promille-Grenze und berauschendes Mittel – § 24a StVG

| TBNR | Tatbestandstext | FaP-Pkt | Euro | FV |
|---|---|---|---|---|
| 424648 | Sie führten das Kraftfahrzeug unter Wirkung des berauschenden Mittels *).<br>§ 24a Abs. 2, 3, § 25 StVG; 242 BKat;<br>§ 4 Abs. 3 BKatV | A – 2 | 500,00 | 1M |
| 424649 | – bei Eintragung von bereits einer Entscheidung nach § 24a StVG; § 316 oder § 315c Abs. 1 Nr. 1 Bstb. a StGB im FAER | A – 2 | 1000,00 | 3M |
| 424650 | – bei Eintragung von bereits mehreren Entscheidungen nach § 24a StVG; § 316 oder § 315c Abs. 1 Nr. 1 Bstb. a StGB im FAER | A – 2 | 1500,00 | 3M |

| **TBNR** | **Bemerkungen** |
|---|---|
| 424648 bis 424650 | *) Berauschendes Mittel angeben (siehe Anlage zu § 24a StVG) |

| Berauschende Mittel | Substanzen | Grenzwerte im Blutserum | |
|---|---|---|---|
| Cannabis | Tetrahydrocannabinol (THC) | 1 ng/ml | (0,001 mg/l) |
| Heroin | Morphin | 10 ng/ml | (0,01 mg/l) |
| Morphin | Morphin (freie Form) | 10 ng/ml | (0,01 mg/l) |
| Cocain | Cocain | 10 ng/ml | (0,01 mg/l) |
| Cocain | Benzoylecgonin | 75 ng/ml | (0,075 mg/l) |
| Amfetamin | Amfetamin | 25 ng/ml | (0,025 mg/l) |
| Designer-Amfetamin | Methylendioxyamfetamin (MDA) | 25 ng/ml | (0,025 mg/l) |
| Designer-Amfetamin | Methylendioxyethylamfetamin (MDE) | 25 ng/ml | (0,025 mg/l) |
| Designer-Amfetamin | Methylendioxymetamfetamin (MDMA) | 25 ng/ml | (0,025 mg/l) |
| Metamfetamin | Metamfetamin | 25 ng/ml | (0,025 mg/l) |

Bei Mischkonsum finden die o.a. Grenzwerte keine Beachtung.

## Alkoholverbot für Fahranfänger und Fahranfängerinnen – § 24 c StVG

| TBNR | Tatbestandstext | FaP-Pkt | Euro | FV |
|---|---|---|---|---|
| 424654 | Sie haben in der Probezeit nach § 2 a StVG als Führer eines Kraftfahrzeuges ein alkoholisches Getränk zu sich genommen. § 24 c Abs. 1, 2 StVG; 243 BKat | A – 1 | 250,00 | |
| 424660 | Sie haben in der Probezeit nach § 2 a StVG als Führer eines Kraftfahrzeuges die Fahrt unter der Wirkung eines alkoholischen Getränks angetreten. § 24 c Abs. 1, 2 StVG; 243 BKat | A – 1 | 250,00 | |
| 424666 | Sie haben vor Vollendung des 21. Lebensjahres als Führer eines Kraftfahrzeuges ein alkoholisches Getränk zu sich genommen. § 24 c Abs. 1, 2 StVG; 243 BKat | A – 1 | 250,00 | |
| 424672 | Sie haben vor Vollendung des 21. Lebensjahres als Führer eines Kraftfahrzeuges die Fahrt unter der Wirkung eines alkoholischen Getränks angetreten. § 24 c Abs. 1, 2 StVG; 243 BKat | A – 1 | 250,00 | |

**Pflichten des Beförderers – § 19 Abs. 2 GGVSEB**

| TBNR | Tatbestandstext | FaP-Pkt | Euro | FV |
|---|---|---|---|---|
| 501000 | Sie fuhren mit dem Kraftfahrzeug trotz des zu diesem Zeitpunkt bestehenden Verkehrsverbotes auf der Autobahn.<br>§ 1, § 5 Ferienreise-VO; § 24 Abs. 1, 3 Nr. 5 StVG; -- BKat | 0 | 25,00 | |
| 501600 | Sie fuhren mit dem Kraftfahrzeug länger als 15 Minuten trotz des zu diesem Zeitpunkt bestehenden Verkehrsverbotes.<br>§ 1, § 5 Ferienreise-VO; § 24 Abs. 1, 3 Nr. 5 StVG; 239 BKat | 0 | 60,00 | |
| 501606 | Sie ließen zu bzw. ordneten an, dass mit dem Kraftfahrzeug entgegen dem bestehenden Verkehrsverbot länger als 15 Minuten gefahren wurde.<br>§ 1, § 5 Ferienreise-VO; § 24 Abs. 1, 3 Nr. 5 StVG; 240 BKat | 0 | 150,00 | |
| 503006 | Sie haben die vorgeschriebenen Fracht- und Begleitpapiere oder die Ausnahmegenehmigung nicht mitgeführt oder auf Verlangen nicht ausgehändigt.<br>§ 3 Abs. 2, § 5 Ferienreise-VO; § 24 Abs. 1, 3 Nr. 5 StVG; -- BKat | 0 | 10,00 | |
| 519500 | Sie unterließen es als Beförderer (in der Funktion des Fahrzeughalters), dem Fahrzeugführer die erforderliche Ausrüstung zur Durchführung der Ladungssicherung zu übergeben.<br>§ 19 Abs. 2 GGVSEB; Unterabschnitt 7.5.7.1 ADR iVm § 37 Abs. 1 Nr. 6o GGVSEB; § 10 Abs. 1 Nr. 1GGBefG; 51 RSEB | B – 1 | 800,00 | |

| TBNR | Tatbestandstext | FaP-Pkt | Euro | FV |
|---|---|---|---|---|
| 529500 | Sie unterließen es als tatsächlicher Verlader, Versandstücke, die gefährliche Güter enthalten/unverpackte gefährliche Gegenstände *) durch geeignete Mittel **), die in der Lage sind, die Güter im Fahrzeug oder Container zurückzuhalten, zu sichern. § 29 Abs. 1 GGVSEB; Unterabschnitt 7.5.7.1 ADR iVm § 37 Abs. 1 Nr. 21a GGVSEB; § 10 Abs. 1 Nr. 1 GGBefG; 124.3 RSEB | B – 1 | 500,00 | |
| 529506 | Sie unterließen es als tatsächlicher Verlader, bei der Beförderung von gefährlichen Gütern, die mit anderen Gütern befördert wurden, alle Güter so zu sichern oder zu verpacken, dass das Austreten gefährlicher Güter verhindert wird. § 29 Abs. 1 GGVSEB; Unterabschnitt 7.5.7.1 ADR iVm § 37 Abs. 1 Nr. 21a GGVSEB; §10 Abs. 1 Nr. 1 GGBefG; 124.3 RSEB | B – 1 | 500,00 | |
| 529512 | Sie unterließen es als Fahrzeugführer, Versandstücke, die gefährliche Güter enthalten/unverpackte gefährliche Gegenstände *) durch geeignete Mittel **), die in der Lage sind, die Güter im Fahrzeug oder Container zurückzuhalten, zu sichern. § 29 Abs. 1 GGVSEB; Unterabschnitt 7.5.7.1 ADR iVm § 37 Abs. 1 Nr. 21a GGVSEB; §10 Abs. 1 Nr. 1 GGBefG; 250.3 RSEB | B – 1 | 300,00 | |
| 529518 | Sie unterließen es als Fahrzeugführer, bei der Beförderung von gefährlichen Gütern, die mit anderen Gütern befördert wurden, alle Güter so zu sichern oder zu verpacken, dass das Austreten gefährlicher Güter verhindert wird. § 29 Abs. 1 GGVSEB; Unterabschnitt 7.5.7.1 ADR iVm § 37 Abs. 1 Nr. 21a GGVSEB; §10 Abs. 1 Nr. 1 GGBefG; 250.3 RSEB | B – 1 | 300,00 | |

| **TBNR** | **Bemerkungen** |
|---|---|
| 529500; 529512 | *) Zutreffendes angeben<br>**) Mängel angeben |

| TBNR | Tatbestandstext | FaP-Pkt | Euro | FV |
|---|---|---|---|---|
| 602006 | Sie setzten das Elektrokleinstfahrzeug auf einer öffentlichen Straße in Betrieb, dass nicht mit einer Fahrzeug-Identifizierungsnummer/einem vorschriftsmäßigen Fabrikschild *) gekennzeichnet war.<br>§ 2 Abs. 1, § 14 eKFV; § 24 Abs. 1, 3 Nr. 5 StVG; -- BKat | 0 | 10,00 | |
| 602012 | Sie ordneten die Inbetriebnahme des Elektrokleinstfahrzeugs auf einer öffentlichen Straße an, dass nicht mit einer Fahrzeug-Identifizierungsnummer/einem vorschriftsmäßigen Fabrikschild *) gekennzeichnet war, bzw. ließen sie zu.<br>§ 2 Abs. 1, 4, § 14 eKFV; § 24 Abs. 1, 3 Nr. 5 StVG; -- BKat | 0 | 10,00 | |
| 602018 | Sie setzten das Elektrokleinstfahrzeug auf einer öffentlichen Straße in Betrieb, obwohl die Verzögerungseinrichtung nicht den Vorschriften entsprach *).<br>§ 2 Abs. 1, § 14 eKFV; § 24 Abs. 1, 3 Nr. 5 StVG; -- BKat | 0 | 25,00 | |
| 602024 | Sie ordneten die Inbetriebnahme des Elektrokleinstfahrzeugs auf einer öffentlichen Straße an, obwohl die Verzögerungseinrichtung nicht den Vorschriften entsprach *), bzw. ließen sie zu.<br>§ 2 Abs. 1, 4, § 14 eKFV; § 24 Abs. 1, 3 Nr. 5 StVG; -- BKat | 0 | 25,00 | |
| 602118 | Sie setzten das Elektrokleinstfahrzeug ohne gültige Versicherungsplakette auf einer öffentlichen Straße in Betrieb.<br>§ 2 Abs. 1, § 14 eKFV; § 24 Abs. 1, 3 Nr. 5 StVG; 235 BKat | 0 | 40,00 | |
| 602124 | Sie ordneten die Inbetriebnahme des Elektrokleinstfahrzeugs ohne gültige Versicherungsplakette auf einer öffentlichen Straßean, bzw. ließen sie zu.<br>§ 2 Abs. 1, 4, § 14 eKFV; § 24 Abs. 1, 3 Nr. 5 StVG; 235a BKat | 0 | 40,00 | |

| TBNR | Bemerkungen |
|---|---|
| 602006, 602012 | *) Zutreffendes angeben |
| 602018 bis 602124 | *) Mangel angeben |

## Anforderung an das Inbetriebsetzen - § 2 eKFV

| TBNR | Tatbestandstext | FaP-Pkt | Euro | FV |
|---|---|---|---|---|
| 602130 | Sie setzten das Elektrokleinstfahrzeug im öffentlichen Straßenverkehr in Betrieb, obwohl die lichttechnischen Einrichtungen nicht den Vorschriften entsprachen *).<br>§ 2 Abs. 1, § 14 eKFV; § 24 Abs. 1, 3 Nr. 5 StVG; 237 BKat | 0 | 20,00 | |
| 602030 | Sie ordneten die Inbetriebnahme des Elektrokleinstfahrzeugs im öffentlichen Straßenverkehr an, obwohl die lichttechnischen Einrichtungen nicht den Vorschriften entsprachen *), bzw. ließen sie zu.<br>§ 2 Abs. 1, 4, § 14 eKFV; § 24 Abs. 1, 3 Nr. 5 StVG; -- BKat | 0 | 20,00 | |
| 602136 | Sie setzten das Elektrokleinstfahrzeug im öffentlichen Straßenverkehr in Betrieb, obwohl die Schalleinrichtung nicht den Vorschriften entsprach *).<br>§ 2 Abs. 1, § 14 eKFV; § 24 Abs. 1, 3 Nr. 5 StVG; -- BKat | 0 | 15,00 | |
| 602036 | Sie ordneten die Inbetriebnahme des Elektrokleinstfahrzeugs im öffentlichen Straßenverkehr an, obwohl die Schalleinrichtung nicht den Vorschriften entsprach *), bzw. ließen sie zu.<br>§ 2 Abs. 1, 4, § 14 eKFV; § 24 Abs. 1, 3 Nr. 5 StVG; -- BKat | 0 | 15,00 | |
| 602142 | Sie setzten das Elektrokleinstfahrzeug im öffentlichen Straßenverkehr in Betrieb, obwohl das Fahrzeug nicht den sonstigen Sicherheitsanforderungen entsprach *).<br>§ 2 Abs. 1, § 14 eKFV; § 24 Abs. 1, 3 Nr. 5 StVG; 237b BKat | 0 | 25,00 | |
| 602042 | Sie ordneten die Inbetriebnahme des Elektrokleinstfahrzeugs im öffentlichen Straßenverkehr an, obwohl das Fahrzeug nicht den sonstigen Sicherheitsanforderungen entsprach *), bzw. ließen sie zu.<br>§ 2 Abs. 1, 4, § 14 eKFV; § 24 Abs. 1, 3 Nr. 5 StVG; -- BKat | 0 | 25,00 | |

| **TBNR** | **Bemerkungen** |
|---|---|
| 602130 - 602036 | *) Mangel angeben |
| 602142 - 602042 | *) Mangel angeben |

| TBNR | Tatbestandstext | FaP-Pkt | Euro | FV |
|---|---|---|---|---|
| 602048 | Sie händigten auf Verlangen der zuständigen Person die Datenbestätigung bzw. Bescheinigung über die Einzelbetriebserlaubnis nicht oder nicht rechtzeitig aus.<br>§ 2 Abs. 1, § 14 eKFV; § 24 Abs. 1, 3 Nr. 5 StVG; -- BKat | 0 | 10,00 | |
| 602606 | Sie setzten das Elektrokleinstfahrzeug ohne die dafür erforderliche Allgemeine Betriebserlaubnis oder Einzelbetriebserlaubnis auf einer öffentlichen Straße in Betrieb.<br>§ 2 Abs. 1, § 14 eKFV; § 24 Abs. 1, 3 Nr. 5 StVG; 234 BKat | 0 | 70,00 | |
| 602612 | Sie ordneten die Inbetriebnahme des Elektrokleinstfahrzeugs ohne die dafür erforderliche Allgemeine Betriebserlaubnis oder Einzelbetriebserlaubnis auf einer öffentlichen Straße an, bzw. ließen sie zu.<br>§ 2 Abs. 1, 4, § 14 eKFV; § 24 Abs. 1, 3 Nr. 5 StVG; 234a BKa | 0 | 70,00 | |
| 602148 | Sie setzten das Elektrokleinstfahrzeug auf einer öffentlichen Straße in Betrieb, obwohl die Betriebserlaubnis erloschen war. Die Verkehrssicherheit war dadurch wesentlich beeinträchtigt *).<br>§ 2 Abs. 3, § 14 eKFV; § 24 Abs. 1, 3 Nr. 5 StVG; 236 BKat | 0 | 30,00 | |
| 602154 | Sie ordneten die Inbetriebnahme des Elektrokleinstfahrzeugs auf einer öffentlichen Straße an, obwohl die Betriebserlaubnis erloschen war, bzw. ließen sie zu.<br>§ 2 Abs. 4, § 14 eKFV; § 24 Abs. 1, 3 Nr. 5 StVG; 236a BKat | 0 | 30,00 | |
| 608000 | Sie beförderten mit den Elektrokleinstfahrzeug eine Person.<br>§ 8, § 14 eKFV; § 24 Abs. 1, 3 Nr. 5 StVG; -- BKat | 0 | 10,00 | |
| 608006 | Sie führten an dem Elektrokleinstfahrzeug einen Anhänger mit.<br>§ 8, § 14 eKFV; § 24 Abs. 1, 3 Nr. 5 StVG; -- BKat | 0 | 10,00 | |

| **TBNR** | **Bemerkungen** |
|---|---|
| 602148 | *) Art der Beeinträchtigung angeben |

## Zulässige Verkehrsflächen – § 10 eKFV
## Allgemeine Verkehrsregeln – § 11 eKFV

| TBNR | Tatbestandstext | FaP-Pkt | Euro | FV |
|---|---|---|---|---|
| 610100 | Sie befuhren mit dem Elektrokleinstfahrzeug innerhalb geschlossener Ortschaften eine nicht zulässige Verkehrsfläche *).<br>§ 10 Abs. 1, § 14 eKFV; § 24 Abs. 1, 3 Nr. 5 StVG; 238 BKat | 0 | 15,00 | |
| 610101 | – und behinderten +) dadurch Andere. | 0 | 20,00 | |
| 610102 | – und gefährdeten +) dadurch Andere. | 0 | 25,00 | |
| 610103 | – Es kam zum Unfall. | 0 | 30,00 | |
| 610106 | Sie befuhren mit dem Elektrokleinstfahrzeug außerhalb geschlossener Ortschaften eine nicht zulässige Verkehrsfläche *).<br>§ 10 Abs. 2, § 14 eKFV; § 24 Abs. 1, 3 Nr. 5 StVG; 238 BKat | 0 | 15,00 | |
| 610107 | – und behinderten +) dadurch Andere. | 0 | 20,00 | |
| 610108 | – und gefährdeten +) dadurch Andere. | 0 | 25,00 | |
| 610109 | – Es kam zum Unfall. | 0 | 30,00 | |
| 611000 | Sie hängten sich mit dem Elektrokleinstfahrzeug an ein fahrendes Fahrzeug an.<br>§ 11 Abs. 1, § 14 eKFV; § 24 Abs. 1, 3 Nr. 5 StVG; -- BKat | 0 | 10,00 | |
| 611006 | Sie fuhren mit dem Elektrokleinstfahrzeug freihändig.<br>§ 11 Abs. 1, § 14 eKFV; § 24 Abs. 1, 3 Nr. 5 StVG; -- BKat | 0 | 10,00 | |
| 611100 | Sie fuhren mit dem Elektrokleinstfahrzeug nebeneinander.<br>§ 11 Abs. 1, § 14 eKFV; § 24 Abs. 1, 3 Nr. 5 StVG; 238a BKat | 0 | 15,00 | |
| 611101 | – und behinderten +) dadurch Andere. | 0 | 20,00 | |
| 611102 | – und gefährdeten +) dadurch Andere. | 0 | 25,00 | |
| 611103 | – Es kam zum Unfall. | 0 | 30,00 | |

| **TBNR** | **Bemerkungen** |
|---|---|
| 610100 - 610109 | *) nicht zulässige Verkehrsfläche angeben |

| TBNR | Tatbestandstext | FaP-Pkt | Euro | FV |
|---|---|---|---|---|
| 611012 | Sie führten das ohne Fahrtrichtungsanzeiger ausgestattete Elektrokleinstfahrzeug, ohne die Richtungsänderung durch Handzeichen anzuzeigen.<br>§ 11 Abs. 3, § 14 eKFV; § 24 Abs. 1, 3 Nr. 5 StVG; -- BKat | 0 | 10,00 | |
| 611013 | – und gefährdeten +) dadurch Andere. | 0 | 20,00 | |
| 611014 | – Es kam zum Unfall. | 0 | 30,00 | |
| 611018 | Sie befuhren mit dem Elektrokleinstfahrzeug eine Radverkehrsfläche und behinderten +) einen schnelleren Radfahrer, indem Sie diesem das Überholen nicht ermöglichen.<br>§ 11 Abs. 4, § 14 eKFV; § 24 Abs. 1, 3 Nr. 5 StVG; -- BKat | 0 | 20,00 | |
| 611019 | – und gefährdeten +) einen schnelleren Radfahrer | 0 | 25,00 | |
| 611020 | – Es kam zum Unfall. | 0 | 25,00 | |
| 611024 | Sie befuhren mit dem Elektrokleinstfahrzeug einen gemeinsamen Geh- und Radweg (Zeichen 240) und behinderten +) einen Fußgänger.<br>§ 11 Abs. 4, § 14 eKFV; § 24 Abs. 1, 3 Nr. 5 StVG; -- BKat | 0 | 15,00 | |
| 611025 | – und gefährdeten +) einen Fußgänger. | 0 | 20,00 | |
| 611026 | – Es kam zum Unfall. | 0 | 25,00 | |

## Notwendigkeit einer Zulassung – § 3 Abs. 1, 4 FZV
## Voraussetzung f. eine Inbetriebsetzung zulassungsfreier Fzg. – § 4 FZV

| TBNR | Tatbestandstext | FaP-Pkt | Euro | FV |
|---|---|---|---|---|
| 803600 | Sie setzten das Fahrzeug auf einer öffentlichen Straße in Betrieb, obwohl es nicht zum Verkehr zugelassen war.<br>§ 3 Abs. 1, § 48 FZV; § 24 Abs. 1, 3 Nr. 5 StVG; 175 BKat | A – 1 | 70,00 | |
| 803500 | Sie ordneten die Inbetriebnahme des Fahrzeugs auf einer öffentlichen Straße an, obwohl es nicht zum Verkehr zugelassen war, bzw. ließen sie zu.<br>§ 3 Abs. 4, § 48 FZV; § 24 Abs. 1, 3 Nr. 5 StVG; -- BKat | 0 | 70,00 | |
| 804600 | Sie setzten das zulassungsfreie Fahrzeug ohne die dafür erforderliche EG-Typgenehmigung/Einzelgenehmigung *) auf einer öffentlichen Straße in Betrieb.<br>§ 4 Abs. 1, § 48 FZV; § 24 Abs. 1, 3 Nr. 5 StVG; 175 BKat | A – 1 | 70,00 | |
| 804606 | Sie setzten das vom Zulassungsverfahren ausgenommene Fahrzeug ohne vorgeschriebenes Kennzeichen auf einer öffentlichen Straße in Betrieb.<br>§ 4 Abs. 2, § 48 FZV; § 24 Abs. 1, 3 Nr. 5 StVG; 176 BKat | 0 | 40,00 | |
| 804612 | Sie setzten das Fahrzeug ohne gültiges Versicherungskennzeichen auf einer öffentlichen Straße in Betrieb.<br>§ 4 Abs. 3, § 48 FZV; § 24 Abs. 1, 3 Nr. 5 StVG; 176 BKat | 0 | 40,00 | |
| 804100 | Sie führten das Fahrzeug auf einer öffentlichen Straße, ohne die erforderliche Bescheinigung *) mitzuführen.<br>§ 4 Abs. 5, § 48 FZV; § 24 Abs. 1, 3 Nr. 5 StVG; 174 BKat | 0 | 10,00 | |
| 804106 | Sie händigten auf Verlangen der zuständigen Person nicht die für das Fahrzeug erforderliche Bescheinigung *) aus.<br>§ 4 Abs. 5, § 48 FZV; § 24 Abs. 1, 3 Nr. 5 StVG; 252 BKat | 0 | 10,00 | |

| **TBNR** | **Bemerkungen** |
|---|---|
| 804600 | *) Zutreffendes angeben |
| 804100; 804106 | **) Art der Bescheinigung angeben |

| TBNR | Tatbestandstext | FaP-Pkt | Euro | FV |
|---|---|---|---|---|
| 804500 | Sie ordneten die Inbetriebnahme des vom Zulassungsverfahren ausgenommenen Fahrzeugs auf einer öffentlichen Straße an, obwohl das vorgeschriebene Kennzeichen fehlte, bzw. ließen sie zu.<br>§ 4 Abs. 6, § 48 FZV; § 24 Abs. 1, 3 Nr. 5 StVG; -- BKat | 0 | 40,00 | |
| 804506 | Sie ordneten die Inbetriebnahme des vom Zulassungsverfahren ausgenommenen Fahrzeugs auf einer öffentlichen Straße an, obwohl es kein gültiges Versicherungskennzeichen führte, bzw. ließen sie zu.<br>§ 4 Abs. 6, § 48 FZV; § 24 Abs. 1, 3 Nr. 5 StVG; -- BKat | 0 | 40,00 | |
| 804512 | Sie ordneten die Inbetriebnahme des zulassungsfreien Fahrzeugs auf einer öffentlichen Straße an, obwohl es nicht der Typgenehmigung entsprach, bzw. ließen sie zu.<br>§ 4 Abs. 6, § 48 FZV; § 24 Abs. 1, 3 Nr. 5 StVG; -- BKat | 0 | 70,00 | |
| 804518 | Sie ordneten die Inbetriebnahme des zulassungsfreien Fahrzeugs auf einer öffentlichen Straße an, obwohl eine Einzelgenehmigung nicht ausgestellt war, bzw. ließen sie zu.<br>§ 4 Abs. 6, § 48 FZV; § 24 Abs. 1, 3 Nr. 5 StVG; -- BKat | 0 | 70,00 | |
| 805600 | Sie befolgten nicht das Verbot/die Beschränkung *), das Fahrzeug in Betrieb zu setzen.<br>§ 5 Abs. 1, § 48 FZV; § 24 Abs. 1, 3 Nr. 5 StVG; 253 BKat | B – 1 | 70,00 | |
| 808100 | Sie setzten das Fahrzeug mit Wechselkennzeichen ohne das/mit unvollständigem *) Kennzeichen auf einer öffentlichen Straße in Betrieb.<br>§ 8 Abs. 1a, § 48 FZV; § 24 Abs. 1, 3 Nr. 5 StVG; 175a BKat | 0 | 50,00 | |
| 808106 | Sie stellten das Fahrzeug mit Wechselkennzeichen ohne das/mit unvollständigem *) Kennzeichen auf einer öffentlichen Straße ab.<br>§ 8 Abs. 1a, § 48 FZV; § 24 Abs. 1, 3 Nr. 5 StVG; 177 BKat | 0 | 40,00 | |

| **TBNR** | **Bemerkungen** |
|---|---|
| 805600 | *) Zutreffendes angeben |
| 808100, 808106 | *) Zutreffendes angeben |

## Besondere Kennzeichen – § 9 FZV
## Ausgestaltung und Anbringung der Kennzeichen – § 10 FZV

| TBNR | Tatbestandstext | FaP-Pkt | Euro | FV |
|---|---|---|---|---|
| 809100 | Sie setzten das Fahrzeug mit Saisonkennzeichen außerhalb des auf dem Kennzeichen angegebenen Betriebszeitraums auf einer öffentlichen Straße in Betrieb.<br>**§ 9 Abs. 3, § 48 FZV; § 24 Abs. 1, 3 Nr. 5 StVG; 175a BKat** | 0 | 50,00 | |
| 809106 | Sie stellten das Fahrzeug mit Saisonkennzeichen außerhalb des auf dem Kennzeichen angegebenen Betriebszeitraums auf einer öffentlichen Straße ab.<br>**§ 9 Abs. 3, § 48 FZV; § 24 Abs. 1, 3 Nr. 5 StVG; 177 BKat** | 0 | 40,00 | |
| 810100 | Sie setzten das Fahrzeug in Betrieb, dessen hinteres amtliches Kennzeichen nicht den Vorschriften *) entsprach.<br>**§ 10 Abs. 1, 6, 12, § 48 FZV; § 24 Abs. 1, 3 Nr. 5 StVG; 179 BKat** | 0 | 10,00 | |
| 810106 | Sie setzten das Fahrzeug in Betrieb, dessen vorderes amtliches Kennzeichen nicht den Vorschriften *) entsprach.<br>**§ 10 Abs. 1, 7, 12, § 48 FZV; § 24 Abs. 1, 3 Nr. 5 StVG; 179 BKat** | 0 | 10,00 | |
| 810112 | Sie setzten das Fahrzeug in Betrieb, obwohl sich die an dem Fahrzeug angebrachten Kennzeichenschilder in keinem ordnungsgemäßen Zustand *) befanden.<br>**§ 10 Abs. 2, 12, § 48 FZV; § 24 Abs. 1, 3 Nr. 5 StVG; 179 BKat** | 0 | 10,00 | |
| 810118 | Sie nahmen das Fahrzeug in Betrieb, dessen Kennzeichenbeleuchtung nicht den Vorschriften entsprach.<br>**§ 10 Abs. 6, 12, § 48 FZV; § 24 Abs. 1, 3 Nr. 5 StVG; 179 BKat** | 0 | 10,00 | |
| 810600 | Sie nahmen das Fahrzeug in Betrieb, dessen vorgeschriebenes amtliches Kennzeichen fehlte.<br>**§ 10 Abs. 5, 12, § 48 FZV; § 24 Abs. 1, 3 Nr. 5 StVG; 179a BKat** | 0 | 60,00 | |

| **TBNR** | **Bemerkungen** |
|---|---|
| 810100; 810106 | *) Vorschriftswidrigkeit angeben |
| 810112 | *) nicht ordnungsgemäßen Zustand angeben |

| TBNR | Tatbestandstext | FaP-Pkt | Euro | FV |
|---|---|---|---|---|
| 810612 | Sie führten an der Rückseite des letzten zulassungsfreien Anhängers kein vorgeschriebenes Kennzeichen.<br>§ 10 Abs. 5, 8, 12, § 48 FZV; § 24 Abs. 1, 3 Nr. 5 StVG; 179a BKat | 0 | 60,00 | |
| 810618 | Sie nahmen das Fahrzeug in Betrieb, dessen amtliches Kennzeichen mit Glas, Folie oder ähnlichen Abdeckungen versehen war.<br>§ 10 Abs. 2, 12, § 48 FZV; § 24 Abs. 1, 3 Nr. 5 StVG; 179b BKat | 0 | 65,00 | |
| 810619 | Sie nahmen den zulassungsfreien Anhänger in Betrieb, obwohl dessen vorgeschriebenes Kennzeichen mit Glas, Folie oder ähnlichen Abdeckungen versehen war.<br>§ 10 Abs. 2, 8, 12, § 48 FZV; § 24 Abs. 1, 3 Nr. 5 StVG; 179b BKat | 0 | 65,00 | |
| 810124 | Sie nahmen das Fahrzeug mit einem CC-Zeichen/CD-Zeichen *) auf einer öffentlichen Straße in Betrieb, ohne dass eine Berechtigung zum Führern des Zeichens bestand/die Berechtigung zum Führen des Zeichens in der Zulassungsbescheinigung Teil I eingetragen war **).<br>§ 10 Abs. 11, § 48 FZV; § 24 Abs. 1, 3 Nr. 5 StVG; 179c BKat | 0 | 10,00 | |
| 811100 | Sie führten für das Fahrzeug keine Zulassungsbescheinigung Teil I mit.<br>§ 11 Abs. 6, § 48 FZV; § 24 Abs. 1, 3 Nr. 5 StVG; 174 BKat | 0 | 10,00 | |
| 811106 | Sie händigten auf Verlangen der zuständigen Person die Zulassungsbescheinigung Teil I für das Fahrzeug nicht aus.<br>§ 11 Abs. 6, § 48 FZV; § 24 Abs. 1, 3 Nr. 5 StVG; 252 BKat | 0 | 10,00 | |
| 811112 | Sie führten kein Anhängerverzeichnis mit.<br>§ 11 Abs. 6, § 48 FZV; § 24 Abs. 1, 3 Nr. 5 StVG; 174 BKat | 0 | 10,00 | |
| 811118 | Sie händigten auf Verlangen der zuständigen Person das Anhängerverzeichnis nicht aus.<br>§ 11 Abs. 6, § 48 FZV; § 24 Abs. 1, 3 Nr. 5 StVG; 252 BKat | 0 | 10,00 | |

| **TBNR** | **Bemerkungen** |
|---|---|
| 810124 | *) Zutreffendes angeben<br>**) Zutreffendes angeben |

## Mitteilungspflichten bei Änderungen – § 13 FZV
## Verwertungsnachweis – § 15 FZV
## Internetbasierte Zulassung und Änderungen – § 15 i FZV

| TBNR | Tatbestandstext | FaP-Pkt | Euro | FV |
|---|---|---|---|---|
| 813006 | Sie ordneten die Inbetriebnahme des Fahrzeugs auf einer öffentlichen Straße an, obwohl für das Fahrzeug ein Betriebsverbot bestand, bzw. ließen sie zu.<br>§ 13 Abs. 1, 3, 4, § 48 FZV; § 24 Abs. 1, 3 Nr. 5 StVG;<br>-- BKat | 0 | 40,00 | |
| 813100 | Sie teilten der zuständigen Zulassungsbehörde eine mitteilungspflichtige Änderung *) nicht unverzüglich mit.<br>§ 13 Abs. 1, 3, 4, § 48 FZV; § 24 Abs. 1, 3 Nr. 5 StVG;<br>180 BKat | 0 | 15,00 | |
| 813112 | Sie nahmen trotz Betriebsverbots mit dem Fahrzeug am Straßenverkehr teil.<br>§ 13 Abs. 1, 3, 4, § 48 FZV; § 24 Abs. 1, 3 Nr. 5 StVG;<br>178a BKat | 0 | 40,00 | |
| 815106 | Sie ließen als Halter das Fahrzeug nicht oder nicht ordnungsgemäß außer Betrieb setzen.<br>§ 15 Abs. 1, 2, § 48 FZV; § 24 Abs. 1, 3 Nr. 5 StVG;<br>180a BKat | 0 | 15,00 | |
| 815112 | Sie brachten als Halter den Plakettenträger nicht/nicht rechtzeitig/nicht ordnungsgemäß *) auf dem Kennzeichenschild an.<br>§ 15i Abs. 5, § 48 FZV; § 24 Abs. 1, 3 Nr. 5 StVG; 180b BKat | 0 | 40,00 | |
| 815600 | Sie brachten den Plakettenträger auf einem Kennzeichenschild mit einem anderen als dem zugehörigen zugeteilten Kennzeichen an.<br>§ 15i Abs. 5, § 48 FZV; § 24 Abs. 1, 3 Nr. 5 StVG; 180c BKat | 0 | 65,00 | |

| **TBNR** | **Bemerkungen** |
|---|---|
| 813100 | *) Änderung angeben |
| 815112 | *) Zutreffendes angeben |

| TBNR | Tatbestandstext | FaP-Pkt | Euro | FV |
|---|---|---|---|---|
| 815606 | Sie nahmen das Fahrzeug auf einer öffentlichen Straße in Betrieb, ohne dass die dafür übersandten Plakettenträger auf den Kennzeichenschildern angebracht waren.<br>§ 15i Abs. 5, § 48 FZV; § 24 Abs. 1, 3 Nr. 5 StVG; 180d BKat | 0 | 70,00 | |
| 815612 | Sie nahmen das Fahrzeug auf einer öffentlichen Straße in Betrieb, auf dessen Kennzeichenschilder Plakettenträger angebracht waren, die für ein anderes Kennzeichen ausgegeben wurden.<br>§ 15i Abs. 5, § 48 FZV; § 24 Abs. 1, 3 Nr. 5 StVG; 180d BKat | 0 | 70,00 | |
| 815618 | Sie ordneten als Halter die Inbetriebnahme des Fahrzeugs auf einer öffentlichen Straße an, obwohl auf den Kennzeichenschildern die übersandten Plakettenträger nicht angebracht waren, bzw. ließen sie zu.<br>§ 15i Abs. 5, § 48 FZV; § 24 Abs. 1, 3 Nr. 5 StVG; 180e BKat | 0 | 70,00 | |
| 815624 | Sie ordneten als Halter die Inbetriebnahme des Fahrzeugs auf einer öffentlichen Straße an, auf dessen Kennzeichenschildern Plakettenträger angebracht waren, die für ein anderes Kennzeichen ausgegeben wurden, bzw. ließen sie zu.<br>§ 15i Abs. 5, § 48 FZV; § 24 Abs. 1, 3 Nr. 5 StVG; 180e BKat | 0 | 70,00 | |
| 816100 | Sie lieferten das rote Kennzeichen/Fahrzeugscheinheft *) nicht unverzüglich ab.<br>§ 16 Abs. 2, § 48 FZV; § 24 Abs. 1, 3 Nr. 5 StVG; 181 BKat | 0 | 10,00 | |
| 816106 | Sie füllten das Fahrzeugscheinheft nicht ordnungsgemäß aus.<br>§ 16 Abs. 2, § 48 FZV; § 24 Abs. 1, 3 Nr. 5 StVG; 181 BKat | 0 | 10,00 | |
| 816112 | Sie führten das Fahrzeugscheinheft für Ihr Fahrzeug mit roten Kennzeichen nicht mit.<br>§ 16 Abs. 2, § 48 FZV; § 24 Abs. 1, 3 Nr. 5 StVG; 183a BKat | 0 | 10,00 | |
| 816006 | Sie händigten auf Verlangen der zuständigen Person das Fahrzeugscheinheft für Ihr Fahrzeug mit roten Kennzeichen nicht aus.<br>§ 16 Abs. 2, § 48 FZV; § 24 Abs. 1, 3 Nr. 5 StVG; -- BKat | 0 | 10,00 | |

| **TBNR** | **Bemerkungen** |
|---|---|
| 816100 | *) Zutreffendes angeben |

| TBNR | Tatbestandstext | FaP-Pkt | Euro | FV |
|---|---|---|---|---|
| 816118 | Sie verstießen gegen die Pflicht zum Führen/ Aufbewahren/Aushändigen *) von Aufzeichnungen über eine Prüfungsfahrt, Probefahrt oder Überführungsfahrt.<br>§ 16 Abs. 2, § 48 FZV; § 24 Abs. 1, 3 Nr. 5 StVG; 183 BKat | 0 | 25,00 | |
| 816000 | Sie ordneten die Inbetriebnahme des Fahrzeugs, dessen rotes Kennzeichen nicht wie vorgeschrieben ausgestaltet oder angebracht war, bei einer Prüfungsfahrt, Probefahrt oder Überführungsfahrt auf einer öffentlichen Straße an bzw. ließen sie zu.<br>§ 16 Abs. 5, § 10 Abs. 12, § 48 FZV;<br>§ 24 Abs. 1, 3 Nr. 5 StVG; -- BKat | 0 | 10,00 | |
| 816124 | Sie nahmen das Fahrzeug bei einer Prüfungsfahrt, Probefahrt oder Überführungsfahrt mit einem nicht wie vorgeschrieben ausgestalteten und angebrachten roten Kennzeichen auf einer öffentlichen Straße in Betrieb.<br>§ 16 Abs. 5, § 10 Abs. 12, § 48 FZV;<br>§ 24 Abs. 1, 3 Nr. 5 StVG; 179 BKat | 0 | 10,00 | |
| 816612 | Sie nahmen das Fahrzeug bei einer Prüfungsfahrt, Probefahrt oder Überführungsfahrt ohne rotes Kennzeichen auf einer öffentlichen Straße in Betrieb.<br>§ 16 Abs. 5, § 10 Abs. 12, § 48 FZV;<br>§ 24 Abs. 1, 3 Nr. 5 StVG; 179 a BKat | 0 | 60,00 | |
| 816500 | Sie ordneten die Inbetriebnahme des Fahrzeugs bei einer Prüfungsfahrt, Probefahrt oder Überführungsfahrt ohne rotes Kennzeichen auf einer öffentlichen Straße an bzw. ließen sie zu.<br>§ 16 Abs. 5, § 10 Abs. 12, § 48 FZV;<br>§ 24 Abs. 1, 3 Nr. 5 StVG; -- BKat | 0 | 60,00 | |
| 816130 | Sie verwendeten das Kurzzeitkennzeichen für eine unzulässige Fahrt.<br>§ 16a Abs. 3, § 48 FZV; § 24 Abs. 1, 3 Nr. 5 StVG; 182 BKat | 0 | 50,00 | |

| **TBNR** | **Bemerkungen** |
|---|---|
| 816118 | *) Zutreffendes angeben |

| TBNR | Tatbestandstext | FaP-Pkt | Euro | FV |
|---|---|---|---|---|
| 816136 | Sie verwendeten das Kurzzeitkennzeichen an einem anderen als dem im Fahrzeugschein eingetragenen Fahrzeug.<br>§ 16a Abs. 3, § 48 FZV; § 24 Abs. 1, 3 Nr. 5 StVG; 182 BKat | 0 | 50,00 | |
| 816142 | Sie führten den Fahrzeugschein für Ihr Fahrzeug mit Kurzzeitkennzeichen nicht mit.<br>§ 16a Abs. 5, § 48 FZV; § 24 Abs. 1, 3 Nr. 5 StVG; 183b BKat | 0 | 20,00 | |
| 816012 | Sie händigten auf Verlangen der zuständigen Person den Fahrzeugschein für Ihr Fahrzeug mit Kurzzeitkennzeichen nicht aus.<br>§ 16a Abs. 5, § 48 FZV; § 24 Abs. 1, 3 Nr. 5 StVG; -- BKat | 0 | 20,00 | |
| 816154 | Sie setzten das Fahrzeug mit Kurzzeitkennzeichen auf einer öffentlichen Straße in Betrieb, obwohl das auf dem Kennzeichen angegebene Ablaufdatum überschritten war.<br>§ 16a Abs. 4, § 48 FZV; § 24 Abs. 1, 3 Nr. 5 StVG; 175a BKat | 0 | 50,00 | |
| 816018 | Sie ordneten die Inbetriebnahme des Fahrzeugs, dessen Kurzzeitkennzeichen nicht wie vorgeschrieben ausgestaltet oder angebracht war, bei einer Probefahrt oder Überführungsfahrt auf einer öffentlichen Straße an, bzw. ließen sie zu.<br>§ 16a Abs. 3, § 10 Abs. 12, § 48 FZV; § 24 Abs. 1, 3 Nr. 5 StVG; -- BKat | 0 | 10,00 | |
| 816160 | Sie nahmen das Fahrzeug bei einer Probefahrt oder Überführungsfahrt mit einem nicht wie vorgeschrieben ausgestalteten oder angebrachten Kurzzeitkennzeichen auf einer öffentlichen Straße in Betrieb.<br>§ 16a Abs. 3, § 10 Abs. 12, § 48 FZV; § 24 Abs. 1, 3 Nr. 5 StVG; 179 BKat | 0 | 10,00 | |
| 816512 | Sie nahmen das Fahrzeug bei einer Probefahrt oder Überführungsfahrt ohne Kurzzeitkennzeichen auf einer öffentlichen Straße in Betrieb.<br>§ 16a Abs. 3, § 10 Abs. 12, § 48 FZV; § 24 Abs. 1, 3 Nr. 5 StVG; -- BKat | 0 | 60,00 | |

**Probe-, Überführungsfahrten mit Kurzzeitkennzeichen – § 16 a FZV**
**Fahrten zur Teilnahme an Veranstaltungen für Oldtimer – § 17 FZV**
**Fahrten zur dauerhaften Verbringung eines Fzg. ins Ausland – § 19 FZV**

| TBNR | Tatbestandstext | FaP-Pkt | Euro | FV |
|---|---|---|---|---|
| 816506 | Sie ordneten die Inbetriebnahme des Fahrzeugs bei einer Probefahrt oder Überführungsfahrt ohne Kurzzeitkennzeichen auf einer öffentlichen Straße an, bzw. ließen sie zu. § 16a Abs. 3, § 10 Abs. 12, § 48 FZV; § 24 Abs. 1, 3 Nr. 5 StVG; ... BKat | 0 | 60,00 | |
| 817100 | Sie setzten das Fahrzeug auf einer öffentlichen Straße in Betrieb, obwohl das rote Oldtimerkennzeichen nicht den Vorschriften entsprach. § 17 Abs. 2, § 10 Abs. 12, § 48 FZV; § 24 Abs. 1, 3 Nr. 5 StVG; 179 BKat | 0 | 10,00 | |
| 817000 | Sie ordneten die Inbetriebnahme des Fahrzeugs, dessen rotes Oldtimerkennzeichen nicht den Vorschriften entsprach, auf einer öffentlichen Straße an bzw. ließen sie zu. § 17 Abs. 2, § 10 Abs. 12, § 48 FZV; § 24 Abs. 1, 3 Nr. 5 StVG; -- BKat | 0 | 10,00 | |
| 817112 | Sie führten das Fahrzeugscheinheft für Ihr Oldtimerfahrzeug mit roten Kennzeichen nicht mit. § 17 Abs. 2, § 16 Abs. 2, § 48 FZV; § 24 Abs. 1, 3 Nr. 5 StVG; 183a BKat | 0 | 10,00 | |
| 817006 | Sie händigten auf Verlangen der zuständigen Person das Fahrzeugscheinheft für Ihr Oldtimerfahrzeug mit roten Kennzeichen nicht aus. § 17 Abs. 2, § 16 Abs. 2, § 48 FZV; § 24 Abs. 1, 3 Nr. 5 StVG; -- BKat | 0 | 10,00 | |
| 819100 | Sie setzten das Fahrzeug auf einer öffentlichen Straße in Betrieb, obwohl das Ausfuhrkennzeichen nicht den Vorschriften entsprach. § 19 Abs. 1, § 48 FZV; § 24 Abs. 1, 3 Nr. 5 StVG; 179 BKat | 0 | 10,00 | |
| 819600 | Sie setzten das Fahrzeug auf einer öffentlichen Straße in Betrieb, obwohl auf dem Ausfuhrkennzeichen die Gültigkeitsdauer der Zulassung abgelaufen war. § 19 Abs. 1, § 48 FZV; § 24 Abs. 1, 3 Nr. 5 StVG; 175a BKat | 0 | 50,00 | |

| TBNR | Tatbestandstext | FaP-Pkt | Euro | FV |
|---|---|---|---|---|
| 820106 | Sie führten für das Fahrzeug keine ausländische Zulassungsbescheinigung/keinen internationalen Zulassungsschein/keine Übersetzung des ausländischen Zulassungsscheines *) mit oder händigten dieses Papier auf Verlangen nicht aus.<br>§ 20 Abs. 5, § 48 FZV; § 24 Abs. 1, 3 Nr. 5 StVG; 185 BKat | 0 | 10,00 | |
| 821100 | Sie führten an dem ausländischen Kraftfahrzeug bzw. dessen Anhänger ein heimisches Kennzeichen, das nicht den Vorschriften entsprach.<br>§ 21 Abs. 1, § 48 FZV; § 24 Abs. 1, 3 Nr. 5 StVG; 185a BKat | 0 | 10,00 | |
| 821106 | Sie führten an dem ausländischen Kraftfahrzeug bzw. dessen Anhänger ein Unterscheidungszeichen, das nicht den Vorschriften entsprach.<br>§ 21 Abs. 2, § 48 FZV; § 24 Abs. 1, 3 Nr. 5 StVG; 185a BKat | 0 | 10,00 | |
| 821600 | Sie führten an dem ausländischen Kraftfahrzeug bzw. dessen Anhänger kein vorgeschriebenes heimisches Kennzeichen.<br>§ 21 Abs. 1, § 48 FZV; § 24 Abs. 1, 3 Nr. 5 StVG; 185b BKat | 0 | 40,00 | |
| 821112 | Sie führten an dem ausländischen Kraftfahrzeug bzw. dessen Anhänger kein vorgeschriebenes Unterscheidungszeichen.<br>§ 21 Abs. 2, § 48 FZV; § 24 Abs. 1, 3 Nr. 5 StVG; 185c BKat | 0 | 15,00 | |
| 825000 | Sie ließen Ihr Fahrzeug nicht außer Betrieb setzen, nachdem keine Kraftfahrzeug-Haftpflichtversicherung mehr bestand.<br>§ 25 Abs. 3, § 14 Abs. 1, § 48 FZV;<br>§ 24 Abs. 1, 3 Nr. 5 StVG; -- BKat | 0 | 15,00 | |

| **TBNR** | **Bemerkungen** |
|---|---|
| 820106 | *) Zutreffendes angeben |

## Versicherungskennzeichen – § 26 FZV
## Ausgestaltung u. Anbringung d. Versicherungskennzeichens – § 27 FZV
## Versicherungsplakette – § 29a FZV

| TBNR | Tatbestandstext | FaP-Pkt | Euro | FV |
|---|---|---|---|---|
| 826100 | Sie führten das Fahrzeug, ohne die Bescheinigung über das Versicherungskennzeichen mitzuführen.<br>§ 26 Abs. 1, § 48 FZV; § 24 Abs. 1, 3 Nr. 5 StVG; 174 BKat | 0 | 10,00 | |
| 826106 | Sie händigten auf Verlangen der zuständigen Person die Bescheinigung über das Versicherungskennzeichen nicht aus.<br>§ 26 Abs. 1, § 48 FZV; § 24 Abs. 1, 3 Nr. 5 StVG; 252 BKat | 0 | 10,00 | |
| 827100 | Sie nahmen das Fahrzeug in Betrieb, dessen Versicherungskennzeichen nicht den Vorschriften *) entsprach.<br>§ 27 Abs. 7, § 48 FZV; § 24 Abs. 1, 3 Nr. 5 StVG; 184 BKat | 0 | 10,00 | |
| 829000 | Sie bewahrten die Bescheinigung über die Versicherungsplakette nicht auf oder händigten diese auf Verlangen der zuständigen Person nicht aus.<br>§ 29a Abs. 2, § 48 FZV; § 24 Abs. 1, 3 Nr. 5 StVG; -- BKat | 0 | 10,00 | |
| 829100 | Sie nahmen das Elektrokleinstfahrzeug in Betrieb, dessen Versicherungsplakette nicht den Vorschriften *) entsprach.<br>§ 29a Abs. 4, § 48 FZV; § 24 Abs. 1, 3 Nr. 5 StVG; 184 BKat | 0 | 10,00 | |

| **TBNR** | **Bemerkungen** |
|---|---|
| 827100 | *) Vorschriftswidrigkeit angeben |
| 829100 | *) Vorschriftswidrigkeit angeben |

# Stichwortverzeichnis
mit Angaben der §§

14. Auflage/P/K

## Stichwortverzeichnis mit Angaben der §§

| Tatbestand | TBNR | Rechtsgrundlage | | | | Seiten |
|---|---|---|---|---|---|---|
| | | StVO §§ | FeV §§ | StVZO/FZV/ eKFV/ GGVSEB §§ | StVG/ Ferienreise-Verordnung | |

A

| Tatbestand | TBNR | StVO §§ | FeV §§ | StVZO/FZV/ eKFV/ GGVSEB §§ | StVG/ Ferienreise-Verordnung | Seiten |
|---|---|---|---|---|---|---|
| Abbiegen | 109100-109637 | 9 | | | | 59/62 |
| - entgegen Zeichen 209, 211, 214 | 141142-141144 | 41 Abs. 1 | | | | 138 |
| - entgegen Zeichen 297 | 141251,141252, | 41 Abs. 1 | | | | 147 |
| | 141271,141272, | | | | | 148 |
| | 141503 | | | | | 148 |
| - als Radfahrer | 109177-109186 | 9 Abs. 2 | | | | 59/60 |
| - entgegen Zeichen 295, 296, 298 | 141268-141275, | 41 Abs. 1 | | | | 147/148 |
| | 141500-141506 | | | | | 147/148 |
| Abblenden | 117112-117120 | 17Abs. 2 | | | | 81 |
| Abbremsen ohne zwingenden Grund | 104118,104119 | 4 Abs. 1 | | | | 47 |
| Abgas | | | | | | |
| - Belästigung | 130618 | 30 Abs. 1 | | | | 111 |
| - übermäßige Abgasentwicklung | 331042 | | | 31 Abs. 2 StVZO | | 184 |
| Abknickende Vorfahrtstraße | 142100,142101 | 42 Abs. 2 | | | | 149 |
| Abkommen von der Fahrbahn | 101000 | 1 Abs. 2 | | | | 26 |

| Tatbestand | TBNR | Rechtsgrundlage StVO §§ | FeV §§ | StVZO/FZV/ eKFV/ GGVSEB §§ | StVG/ Ferienreise-verordnung | Seiten |
|---|---|---|---|---|---|---|
| Abmessung | | | | | | |
| Länge | | | | | | |
| - Gesamtlänge von Fahrzeugen/Zügen überschritten | 332600 | | | 32 StVZO | | 189 |
| - Fahrzeug mit Ladung | 122130 | 22 Abs. 3 | | | | 101 |
| | 122136-122148 | 22 Abs. 4 | | | | 101 |
| - des Fahrzeuges ohne Ladung und | | | | | | |
| - ohne Erlaubnis | 129606 | 29 Abs. 3 | | | | 110 |
| Höhe | | | | | | |
| - - eines Fahrzeuges mit Ladung | 118112,118130 | 18 Abs. 1 | | | | 84/85 |
| | 118500-118512 | | | | | 85/86 |
| | 122112 | 22 Abs. 2 | | | | 100 |
| Breite | 332600 | | | 32 StVZO | | 189 |
| - eines Fahrzeuges mit Ladung | 118118,118136 | | | | | 84/85 |
| | 122118-122124 | 18 Abs. 1 | | | | 100 |
| | | 22 Abs. 2 | | | | |
| | 331660-331672 | | | 31 Abs. 2 StVZO | | 176 |
| - - Anordnen | | | | | | |
| Abschleppen | 115100-115118 | 15 a | | | | 79 |
| | 343100, | | | 43 StVZO | | 205 |
| | 343600-343608 | | | | | 203 |
| Abstellen | | | | | | |
| - von nicht zugelassenen Fahrzeugen | 132606 | 32 Abs. 1 | | | | 113 |

| Tatbestand | TBNR | Rechtsgrundlage | | | | Seiten |
|---|---|---|---|---|---|---|
| | | StVO §§ | FeV §§ | StVZO/FZV/ eKFV/ GGVSEB §§ | StVG/ Ferienreise-verordnung | |
| Abstand | 104100-104642 | 4 | | | | 41/47 |
| - beim Vorbeifahren an Haltestellen | 120606,120607 | 20 Abs. 2 | | | | 92 |
| | 120720-120738 | 20 Abs. 4 | | | | 92 |
| entgegen Zeichen 273 | 141208 | 41 Abs. 1 | | | | 145 |
| Achslasten<br>- Überschreiten der zulässigen Achslast (734106-734111) | 334118-334635,<br>334148-334659,<br>334178-334692,<br>334208-334716,<br>334232-334743,<br>334256-334764,<br>334286-334803,<br>334316-334827,<br>334340-334851 | | | 34 Abs. 3 StVZO | | 191/192 |
| - Anordnen/Zulassen (731101, 731103, 731105) | 331148-331818<br>331178-331842<br>331208-331866<br>331238-331888<br>331260-331914<br>331284-331936 | | | 31 Abs. 2 StVZO | | 177/178<br>6 |

| Tatbestand | TBNR | Rechtsgrundlage | | | | Seiten |
|---|---|---|---|---|---|---|
| | | StVO §§ | FeV §§ | StVZO/FZV/ eKFV/ GGVSEB §§ | StVG/ Ferienreise-verordnung | |
| Alkohol<br>- Teilnahme am Straßenverkehr unter Alkoholeinfluss<br>- Alkohol für FaP<br>- Alkohol vor Vollendung des 21. Lebensjahres bzw. bei Fahranfängern | 424600-424620<br>424654-424660<br>424666-424672 | | | | § 24a Abs. 1 StVG<br>§ 24c Abs. 1, 2 StVG | 216/217<br>220<br>220 |
| Amtliches Kennzeichen -> Kennzehen | | | | | | |
| Andreaskreuz | 119606-119608<br>141360-141365 | 19 Abs. 1<br>41 Abs. 1 | | | | 90<br>125 |
| Anfahren vom Fahrbahnrand<br>- über abgesenkten Bordstein<br>- von anderem Straßenteil | 110130,110131<br>110172<br>110124,110125<br>110166<br>110118,110119<br>110160 | 10<br>10<br>10 | | | | 61<br>62<br>62<br>62<br>61<br>62 |
| Anhängelasten überschritten<br>- Anordnen/Zulassen (742500-742503, 731106)<br>Anhängekupplung nicht vorschriftsmäßig<br>Anhänger verbotswidrig mitgeführt | 342100-342659<br>331296-331976<br>331036<br>342160 | | | 42 StVZO<br>31 Abs. 2 StVZO<br>31 Abs. 2 StVZO<br>42 StVZO | | 202<br>183<br>184<br>202 |

| Tatbestand | TBNR | Rechtsgrundlage | | | | Seiten |
|---|---|---|---|---|---|---|
| | | StVO §§ | FeV §§ | StVZO/FZV/ eKFV/ GGVSEB §§ | StVG/ Ferienreise-verordnung | |
| Anhängen an fahrendes Fahrzeug | 123000 | 23 Abs. 3 | | | | 106 |
| Anhängerschein<br>-> Fahrzeugschein<br>-> Zulassungsbescheinigung | | | | | | |
| Anordnung nicht befolgt | 145600<br>203006, 203018 | 45 Abs. 4 | <br>3 Abs. 1 | | | 156<br>158/159 |
| Anordnen Fahrzeug mit Mängel | 331006-331124<br>331609-331632 | | | 31 StVZO<br>31 StVZO | | 173/175<br>174/175 |
| Airbag | 335100-335106 | | | 35a Abs. 8 StVZO | | 194 |
| Anschnallpflicht | 121172 | 21a Abs. 1 | | | | 99 |
| Arbeitsmaschine, fehlende Beschriftung/ amtliches Kennzeichen | 804600-804518 | | | 4 FZV | | 228/229 |
| Autotelefon -> Handy | | | | | | |
| | | | | | | |
| Auffahren, Unfall<br>- bei zu geringem Abstand | 101124-101130<br>104106 | 1 Abs. 2<br>4 Abs. 1 | | | | 27<br>41 |
| Auflagen | 146600<br>203006,203018<br>210012<br>223100<br>228100<br>229006<br>246100 | 46 Abs. 3 | <br>3 Abs. 1<br>10 Abs. 2<br>23 Abs. 2<br>28 Abs. 1<br>29 Abs. 1<br>46 Abs. 2 | | | 157<br>158/159<br>160<br>160<br>161<br>161<br>161 |

| Tatbestand | TBNR | Rechtsgrundlage StVO §§ | FeV §§ | StVZO/FZV/ eKFV/ GGVSEB §§ | StVG/ Ferienreise-verordnung | Seiten |
|---|---|---|---|---|---|---|
| Ausfahren aus Grundstück | 110100, 110101, | 10 | | | | 63 |
| - verkehrsberuhigtem Bereich | 110106, 110113, | | | | | 63 |
| | 110154 | | | | | 64 |
| - (Fußgängerbereich) | 110142, 110154 | | | | | 64 |
| Ausfahren aus Parklücke | 101136 | 1 Abs. 2 | | | | 27 |
| Ausnahmegenehmigung | 370100,370106 | | | 70 StVZO | | 215 |
| | 371100-371606 | | | 71 StVZO | | 215 |
| | 146600 | 46 Abs. 3 | | | | 157 |
| | 274100-274112 | | 74 Abs. 3 | | | 161 |
| Auspuff | 347012 | | | 47c StVZO | | 206 |
| | 349100-349106 | | | 49 Abs. 1 StVZO | | 206 |
| Ausscheren | | | | | | |
| - beim Überholen | 105672-105673 | 5 Abs. 4 | | | | 52 |
| - vor Hindernis usw | 106100-106112 | 6 | | | | 54 |
| Aussteigen, Sorgfaltspflichten | 114100, 114106 | 14 Abs. 1 | | | | 77 |
| Autobahn | | | | | | |
| - rechtswidrig links gefahren | 102672,102673 | 2 Abs. 2 | | | | 32 |
| - Ausfädelungsstreifen, Geschwindigkeit auf… | 107012-107019 | 7a Abs. 3 | | | | 56 |
| - verbotswidrig befahren | 118100-118606 | 18 Abs. 1 | | | | 84-85 |
| | 118500-118506, | | | | | 85 |
| | 118600 | | | | | 84 |
| - außerhalb Anschlussstelle eingefahren | 118142,118612 | 18 Abs. 2 | | | | 86 |
| | 118613 | | | | | 86 |
| - Wartepflicht verletzt | 118624-118626 | 18 Abs. 3 | | | | 86 |
| - Überschreiten der Höchstgeschwindigkeit (718100) | 118160-118650 | 18 Abs. 5 | | | | 86 |

| Tatbestand | TBNR | Rechtsgrundlage | | | | Seiten |
|---|---|---|---|---|---|---|
| | | StVO §§ | FeV §§ | StVZO/FZV/ eKFV/ GGVSEB §§ | StVG/ Ferienreise-verordnung | |
| - gewendet | 118666-118668 | 18 Abs. 7 | | | | 87 |
| | 118678-118680 | | | | | 87 |
| | 118690-118692 | | | | | 88 |
| - rückwärts gefahren | 118672-118674 | 18 Abs. 7 | | | | 87 |
| | 118684-118686 | | | | | 88 |
| | 118696-118698 | | | | | 88 |
| - gehalten/geparkt | 118012-118706 | 18 Abs. 8 | | | | 88 |
| - als Fußgänger betreten | 118184 | 18 Abs. 9 | | | | 89 |
| - außerhalb Anschlussstelle ausgefahren | 118196 | 18 Abs.10 | | | | 89 |
| - entgegen der Fahrtrichtung gefahren | 102606-102620 | 2 Abs. 1 | | | | 29/30 |

B

| | | | | | | |
|---|---|---|---|---|---|---|
| Bahnübergang mit Andreaskreuz<br>- Verstoß gegen die Wartepflicht | 119624-119629 | 19 | | | | 91 |
| - Überholen am … | 105612-105617 | 5 Abs. 2,3 | | | | 49 |
| | 119612-119614 | 19 Abs. 1 | | | | 90 |
| - nicht angepasste Geschwindigkeit | 119600 | 19 Abs. 1 | | | | 90 |
| - geschlossene Schranke | 119630-119636 | 19 Abs. 2 | | | | 91 |

| Tatbestand | TBNR | Rechtsgrundlage | | | | |
|---|---|---|---|---|---|---|
| | | StVO §§ | FeV §§ | StVZO/FZV/ eKFV/ GGVSEB §§ | StVG/ Ferienreise-verordnung | Seiten |
| Baustelle | 145606-145618 | 45 Abs. 6 | | | | 156 |
| Beförderung von Kindern | 121118-121606,<br>121166-121186 | 21 Abs. 1 a<br>21 Abs. 3 | | | | 97/98<br>99 |
| Begleitetes Fahren ab 17 Jahre | 248130, 248612 | | 48a | | | 163 |
| Behinderung<br>- durch abgestelltes Fahrzeug<br>- durch langsam Fahren | 101106<br>101024<br>103000 | 1 Abs. 2<br>1 Abs. 2<br>3 Abs. 2 | | | | 27<br>26<br>36 |
| Beifahrer -> Airbag<br>-> Sicherheitsgurte | | | | | | |
| Belästigung | | | | | | |
| - Anderer | 101100 | 1 Abs. 2 | | | | 27 |
| - Laufen lassen des Motors/Türen schlagen/unnötiges Hin- und Her-fahren/vermeidbare Abgasbelästigung | 130618-130624 | 30 Abs. 1 | | | | 111 |
| - Schallzeichen | 116100 | 16 Abs. 1 | | | | 80 |
| - Leuchtzeichen | 116106 | | | | | 80 |
| Beleuchtung | | | | | | |
| - ohne Licht/falsches Licht | 117100-117102<br>117136-117138 | 17 Abs. 1<br>17 Abs.2a | | | | 81<br>82 |
| - Fahrrad | 367100 | | | 67 StVZO | | 214 |
| - verdeckte/verschmutzte Beleuchtungseinrichtung | 117106-117108 | 17 Abs. 1 | | | | 81-82 |
| - bei Gegenverkehr nicht abgeblendet | 117112-117114 | 17 Abs. 2 | | | | " |
| - verbotswidrig mit Fernlicht gefahren | 117130-117132 | 17 Abs. 2 | | | | " |
| - Fahren mit Standlicht | 117124-117126 | 17 Abs. 2 | | | | " |
| - Vorausfahrenden geblendet | 117118-117120 | 17 Abs. 2 | | | | " |
| - Nebelscheinwerfer missbräuchlich benutzt | 117142-117144 | 17 Abs. 3 | | | | " |

| Tatbestand | TBNR | Rechtsgrundlage StVO §§ | FeV §§ | StVZO/FZV/ eKFV/ GGVSEB §§ | StVG/ Ferienreise-verordnung | Seiten |
|---|---|---|---|---|---|---|
| - trotz Sichtbehinderung (Nebel) ohne Ab-blendlicht | 117154-117602 | 17 Abs. 3 | | | | 82/83 |
| - haltendes/parkendes Fahrzeug nicht/vorschriftswidrig beleuchtet | 117160-117179 | 17 Abs. 4 | | | | 83 |
| - missbräuchlich Suchscheinwerfer benutzt | 117184-117186 | 17 Abs. 6 | | | | 83 |
| | 122166 | 22 Abs. 5 | | | | 102 |
| - der Ladung | 123136-123144 | 23 Abs. 1 | | | | 103/104 |
| - Fahren ohne betriebsbereite Beleuchtung (Scheinwerfer usw. fehlen) | 349130-349136 | | | 49a StVZO | | 207 |
| - im Tunnel ohne Abblendlicht | 142148-142150 | 42 Abs. 2 | | | | 155 |
| Kennzeichenbeleuchtung vorschriftswidrig | 810118 | | | 10 FZV | | 230 |
| Berauschende Mittel | 424648-424650 | | | | § 24a Abs. 2, 3 StVG | 218 |
| Bereifung | 331118 | | | 31 StVZO | | 180 |
| | 336000-336106 | | | 36 StVZO | | 196/197 |
| Beschmutzen Anderer | 101018 | 1 Abs. 2 | | | | 26 |
| Beschmutzen der Fahrbahn | 132100 | 32 Abs. 1 | | | | 113 |
| Beschränkung | | | | | | |
| - Führerschein zur Eintragung nicht vorge legt | 247106 | | 47 | | | 161 |
| - der Verwaltungsbehörde nicht beachtet | 317500,317506 | | | 17 Abs. 1 StVZO | | 164 |
| - für den Betrieb nicht beachtet | 805600 | | | 5 FZV | | 229 |
| | 329612 | | | 29 Abs. 7 StVZO | | 169 |
| Betriebserlaubnis; | | | | | | |
| - besondere | 319000 | | | 19 Abs. 4 StVZO | | 165 |
| - erloschen | 319500-319618 | | | 19 Abs. 5 StVZO | | 165/166 |
| - Nachweis nicht abgeliefert | 329024 | | | 29 Abs. 7 StVZO | | 169 |

| Tatbestand | TBNR | Rechtsgrundlage | | | | Seiten |
|---|---|---|---|---|---|---|
| | | StVO §§ | FeV §§ | StVZO/FZV/ eKFV/ GGVSEB §§ | StVG/ Ferienreise-verordnung | |
| Bordstein,<br>- anfahren über abgesenkten<br><br>- parken vor Bordsteinabsenkung... | 110124-110125<br>110166<br>112372-112375 | 10<br><br>12 Abs. 3 | | | | 63<br>64<br>67 |
| Blinklicht (blau) -> Einsatzhorn<br>- gelb, missbräuchlich verwendet | 138106 | 38 Abs 3 | | | | 122 |
| Breite des Fahrzeugs -> Abmessung | | | | | | |
| Bremsen<br>- starkes Bremsen ohne zwingendend Grund -> siehe Abbremsen<br>- Mängel<br>- Anordnen<br>- am Fahrrad | 341000-341617<br><br><br>331024<br>331720-331734<br>365000 | | | 41 StVZO<br><br><br>31 Abs. 2 StVZO<br>31 Abs. 2 StVZO<br>65 Abs. 1 StVZO | | 200/201<br><br><br>182<br>182<br>214 |
| Bremsleuchte -> Beleuchtung | | | | | | |
| Busspur -> Sonderfahrstreifen | | | | | | |

C

| | | | | | | |
|---|---|---|---|---|---|---|
| CD/CC- Zeichen-> Kennzeichen diplo-matischer/konsularischer Vertretungen | | | | | | |

D

| | | | | | | |
|---|---|---|---|---|---|---|
| Dauerlicht (rote Schrägbalken) | 137642-137650 | 37 Abs. 3 | | | | 121/122 |
| Drogen -> berauschende Mittel | | | | | | |

| Tatbestand | TBNR | Rechtsgrundlage | | | | Seiten |
|---|---|---|---|---|---|---|
| | | StVO §§ | FeV §§ | StVZO/FZV/ eKFV/ GGVSEB §§ | StVG/ Ferienreise-verordnung | |

E

| | | | | | | |
|---|---|---|---|---|---|---|
| Einbahnstraße<br>- entgegen Fahrtrichtung geparkt | 141148-141152<br>112076 | 41 Abs. 1<br>12 Abs. 4 | | | | 138<br>69 |
| Einfahren<br>- auf Fahrbahn<br>- in Kreuzung bei stockendem Verkehr | <br>110100-110172<br>111100,111101 | <br>10<br>11 | | | | <br>63/64<br>65 |
| Einfahrtsverbot, Zeichen 267 missachtet | 141185-141190 | 41 Abs. 1 | | | | 143 |
| Einmündungen, Parken vor/hinter | 112262-112275 | 12 Abs. 3 | | | | 67 |
| Einordnen<br>- beim Abbiegen<br>- nach dem Überholen<br>- nach dem Vorbeifahren | <br>109106-109118<br>105118-105126<br>106112 | <br>9 Abs. 1<br>5 Abs. 4<br>6 | | | | <br>59<br>52<br>54 |
| Einparken, falsches Verhalten | 112446 | 12 Abs. 5 | | | | 72 |
| Einrichtungen zur Verbindung von Fahrzeugen<br>- Inbetriebnahme<br>- Inbetriebnahme anordnen | <br>343000-343623<br>331030<br>331738-331747 | | | <br>43 StVZO<br>31 StVZO | | <br>203/204<br>183<br>183/184 |
| Einrichtungen zur Erhöhung der Greifwirkung von Rädern | 337000 | | | 37 Abs. 1 StVZO | | 197 |
| Einsatzhorn | 138100<br>138600-138602 | 38 Abs. 1 | | | | 122<br>122 |
| Einsatzfahrzeug<br>- trotz Sondersignale keine freie Bahn gemacht | <br>138600-138602 | <br>38 Abs. 1 | | | | <br>122 |

| Tatbestand | TBNR | Rechtsgrundlage StVO §§ | FeV §§ | StVZO/FZV/ eKFV/ GGVSEB §§ | StVG/ Ferienreise-verordnung | Seiten |
|---|---|---|---|---|---|---|
| Einsteigen, dabei Andere<br>- gefährdet<br>- geschädigt | 114100<br>114106 | 14 Abs. 1 | | | | 77<br>77 |
| elektronische Geräte | 123172-123631 | 23 Abs. 1 | | | | 105 |
| Elektrokleinstfahrzeuge | 602006-611026 | | | 2 – 11 eKFV | | 223-227 |
| Erlaubnisbescheid<br>-> Genehmigungsbescheid | | | | | | |
| Erlaubnis -> Ausnahmegenehmigung | | | | | | |
| Erste-Hilfe-Material<br>- mangelhaft<br>- nicht vorgezeigt<br>- Anordnen | 335118-335124<br>331332<br>331106, 331112 | | | 35h StVZO<br>31b StVZO<br>31 Abs 2 StVZO | | 195<br>188<br>179 |

F

| Tatbestand | TBNR | StVO §§ | FeV §§ | StVZO/FZV/ eKFV/ GGVSEB §§ | StVG/ Ferienreise-verordnung | Seiten |
|---|---|---|---|---|---|---|
| Fahrbahn<br>- als Fußgänger falsch benutzt/überquert | 125100-125007 | 25 | | | | 107 |
| Fahrbahnbenutzung | 102000-102003;<br>102124-102125,<br>102606,102673 ff. | 2 Abs. 1 | | | | 28<br>28<br>29/32 |
| Fahrbahnrand, Anfahrt von<br><br>- nicht rechts gehalten/geparkt | 110130,110131,<br>110172<br>112060-112065 | 10<br><br>12 Abs. 4 | | | | 63<br>64<br>69 |
| Fahrbahnverengung<br>- Unfall<br>- Vorbeifahren | 101030<br>106100-106112 | 1 Abs. 2<br>6 | | | | 26<br>54 |

| Tatbestand | TBNR | Rechtsgrundlage | | | | Seiten |
|---|---|---|---|---|---|---|
| | | StVO §§ | FeV §§ | StVZO/FZV/ eKFV/ GGVSEB §§ | StVG/ Ferienreise-verordnung | |
| Fahrbahnverschmutzung | 132100 | 32 Abs. 1 | | | | 113 |
| Fahrgäste -> öffentliche Verkehrsmittel | | | | | | |
| Fahrrad | | | | | | |
| - Beförderung von Personen | 121000-121186 | 21 | | | | 98/99 |
| - freihändig geführt | 123006 | 23 Abs. 3 | | | | 106 |
| - Einrichtungen für Schallzeichen | 364100 | | | 64a StVZO | | 214 |
| - bremstechnische Einrichtungen | 365000 | | | 65 StVZO | | 214 |
| - lichttechnische Einrichtungen | 367100 | | | 67 StVZO | | 214 |
| Fahrstreifen | | | | | | |
| - Fahrstreifenwechsel | 107100-107106 | 7 Abs. 5 | | | | 56 |
| - falsche Benutzung durch Lkw/Zug | 107112-107119 | 7 Abs. 3c | | | | 55/56 |
| - falsche Benutzung beim Überholen | 107124-107613 | 7 Abs. 3a | | | | 55 |
| - Ausfädelungsstreifen | 107012-107019 | 7a Abs. 3 | | | | 56 |
| - Begrenzung überfahren | 141253,141254 | 41 Abs. 1 | | | | 146 |
| | 141259 | 41 Abs. 1 | | | | 147 |
| | 141268,141269 | 41 Abs. 1 | | | | 147 |
| | 141277,141278 | 41 Abs. 1 | | | | 147 |
| Fahrtenbuch | 331980-331992 | | | 31a StVZO | | 188 |
| Fahrtrichtung, | | | | | | |
| - Fahren entgegen Zeichen 209 ff. | 141142-141144 | 41 Abs. 1 | | | | 138 |
| Fahrtrichtungsanzeiger | 354000 | | | 54 StVZO | | 210 |
| - nicht benutzt | 110154-110172 | 10 | | | | 64 |
| Fahrtschreiber, Prüfung abgelaufen | 357006 | | | 57b StVZO | | 210 |
| | 331066 | | | 31 Abs. 2 StVZO | | 185 |

| Tatbestand | TBNR | Rechtsgrundlage | | | | Seiten |
|---|---|---|---|---|---|---|
| | | StVO §§ | FeV §§ | StVZO/FZV/ eKFV/ GGVSEB §§ | StVG/ Ferienreise-verordnung | |
| Fahrstreifenbenutzung links<br>- bei extrem widrigen Wetterverhältnissen | 107112-107119<br>118712 | 7 Abs. 3c<br>18 | | | | 55/56<br>89 |
| Fahrzeug<br>- Mängel<br>- Abmessung -> Abmessung<br>- nicht vorschriftsmäßig | 123166<br>330000-330609<br>330618-330634 | 23 Abs. 2 | | 30 StVZO | | 106<br>170<br>171/172 |
| Fahrzeugerwerb nicht angezeigt | 813100 | | | 13 Abs. 1 FZV | | 232 |
| Fahrzeugverkauf -> Halterwechsel | | | | | | |
| Fahrzeugschein<br>-> Zulassungsbescheinigung | | | | | | |
| Fernlicht<br>- Überholen angekündigt u. Gegenverkehr geblendet | 117130-117132<br>105600 | 17 Abs. 2<br>5 Abs. 5 | | | | 82<br>48 |
| Feuerlöscher<br>- in Kraftomnibussen<br>- fristgerecht prüfen lassen<br>- nicht vorgezeigt | 331100<br>335112<br>335024<br>331332 | | | 31.Abs. 2 StVZO<br>35g Abs. 1 StVZO<br>35g Abs. 4 StVZO<br>31b StVZO | | 179<br>195<br>195<br>188 |
| Fracht und Begleitpapiere | 503006 | | | | 3,5 Ferienreise-verordnung | 221 |
| Freihändig Fahren | 123006<br>611006 | 23 Abs. 3 | | 11 Abs. 1 eKFV | | 106<br>226 |

| Tatbestand | TBNR | Rechtsgrundlage StVO §§ | FeV §§ | StVZO/FZV/ eKFV/ GGVSEB §§ | StVG/ Ferienreise-verordnung | Seiten |
|---|---|---|---|---|---|---|
| Führen eines verkehrswidrigen Fahrzeuges | 123100-123613 | 23 | | | | 103/104 |
| - ohne Auflagen zu beachten | 223100, | | 23 | | | 160 |
| | 371100,371606 | | | 71 StVZO | | 215 |
| - Anordnen/Zulassen | 371600 | | | | | 215 |
| Führer eines Fahrzeuges, ungeeignet | 331000 | | | 31 StVZO | | 173 |
| - Anordnen | 331600-331614 | | | 31 StVZO | | 173 |
| Führerschein | | | | | | |
| - nicht mitgeführt/ausgehändigt | 204100-204106 | | 4 Abs. 2 | | | 159 |
| - nicht abgeliefert | 225100 | | 25 Abs. 5 | | | 160 |
| - für Fahrgastbeförderung nicht mitgeführt | 248600-248606 | | 48 | | | 162 |
| - Verlustanzeige | 225106 | | 25 Abs. 4 | | | 160 |
| - abliefern bei Fahrerlaubnisentzug | 247100-247118 | | 47 Abs. 1 | | | 161 |
| | 248112, 248118 | | 48 Abs. 10 | | | 162 |
| Fußgänger | | | | | | |
| - trotz geistiger Mängel am Verkehr teilge - nommen/zulassen | 202006-202012 | | 2 Abs. 1 | | | 158 |
| - Autobahn/Kraftfahrstraße betreten | 118184-118190 | 18 Abs. 9 | | | | 89 |
| - falsches Verhalten von Fußgängern | 125100-125007 | 25 | | | | 107 |
| - Haltgebot/Zeichen eines Polizeibeamten nicht befolgt | 136000-136006 | 36 Abs 1 | | | | 117 |
| - Fahrverkehr behindert | 142000 | 42 Abs. 2 | | | | 154 |
| Fußgängerampel | | | | | | |
| - Rotlicht missachtet | 137100, 137101 | 37 Abs. 2 | | | | 119 |

| Tatbestand | TBNR | Rechtsgrundlage StVO §§ | FeV §§ | StVZO/FZV/ eKFV/ GGVSEB §§ | StVG/ Ferienreise-verordnung | Seiten |
|---|---|---|---|---|---|---|
| Fußgängerbereich | 141154-141172 | | | | | 139-141 |
| | 141603 | 41 Abs. 1 | | | | 141 |
| - Fußgängerbereich -> Parken | 142000-142601 | 42 Abs. 2 | | | | 154 |
| - ausfahren aus | 110106,110107 | 10 | | | | 63 |
| Fußgängerüberweg | | | | | | |
| - falsches Verhalten als Fahrzeugführer | 126600-126614 | 26 | | | | 108 |
| - halten/parken vor oder auf… | 141290-141305 | 41 Abs. 1 | | | | 127/128 |
| Fußgängerzone -> Fußgängerbereich | | | | | | |

G

| Tatbestand | TBNR | StVO §§ | FeV §§ | StVZO/FZV/ eKFV/ GGVSEB §§ | StVG/ Ferienreise-verordnung | Seiten |
|---|---|---|---|---|---|---|
| Gasse für Polizei- und Hilfsfahrzeuge | 111600-111603 | 11 Abs. 2 | | | | 65 |
| | 111606-111609 | | | | | 65 |
| Gefährdung | | | | | | |
| - anderer | 101112 | 1 Abs. 2 | | | | 27 |
| - durch Fahren auf dem Hinterrad | 101500 | 1 Abs. 2 | | | | 27 |
| - beim Überholen | 105607 | 5 Abs. 2 | | | | 48 |
| - beim Vorbeifahren an einem Hindernis | 106101 | 6 | | | | 54 |
| - durch Gerät | 132118 | 32 Abs. 2 | | | | 113 |
| - von Kindern, Hilfsbedürftigen, älteren Menschen | 103708,103709 | 3 Abs. 2a | | | | 36/37 |
| Gefahrgutbeförderung | 529500-529518 | | | 29 GGVSEB | | 222 |
| Gegenstände | | | | | | |
| - auf Fahrbahn | 132600 | 32 Abs. 1 | | | | 113 |
| - aus Fahrzeug herausragend | 122172 | 22 Abs. 5 | | | | 102 |
| - Aushändigen/Vorzeigen verweigert | 331332 | | | 31b StVZO | | 188 |

| Tatbestand | TBNR | Rechtsgrundlage | | | | Seiten |
|---|---|---|---|---|---|---|
| | | StVO §§ | FeV §§ | StVZO/FZV/ eKFV/ GGVSEB §§ | StVG/ Ferienreise-verordnung | |
| Gegenverkehr, bei Zeichen 208 | 141139-141141 | 41 Abs. 1 | | | | 138 |
| Gehör beeinträchtigt | 123106 | 23 Abs. 1 | | | | 103 |
| Gehweg als Kfz-Führer befahren<br><br>- als Radfahrer befahren<br>- parken über Schachtdeckel<br>- halten/parken | 102100-102714<br>141736-141163<br>141169-141172<br>112322-112325<br>112050-112659<br>112484-112689<br>112494-112699<br>141042-141045<br>141090-141799<br>141159-141737 | 2 Abs. 1<br>41 Abs.1<br>41 Abs.1<br>12 Abs. 3<br>12 Abs. 4<br>12 Abs. 4a<br><br>41 Abs. 1 | | | | 28<br>139/140<br>141<br>67<br>69<br>71<br>71/72<br>123<br>134<br>135 |
| Genehmigungsbescheid | 146100,146106 | 46 Abs. 3 | | | | 157 |
| geistige Mängel -> Mängel | | | | | | |
| Gelblicht missachtet | 137000-137006 | 37 Abs. 2 | | | | 118 |
| Gesamtgewicht, Gesamtmasse (734100-734105) | 334100-334617,<br>334136-334647,<br>334160-334674,<br>334196-334704,<br>334220-334731,<br>334244-334752<br>334268-334785,<br>334304-334815,<br>334328-334839 | | | (31d Abs. 1 StVZO)<br><br>34 Abs. 3 StVZO | | 190/191 |

| Tatbestand | TBNR | Rechtsgrundlage StVO §§ | FeV §§ | StVZO/FZV/ eKFV/ GGVSEB §§ | StVG/ Ferienreise-verordnung | Seiten |
|---|---|---|---|---|---|---|
| - Anordnen/Zulassen (731100-731102, 731104) | 331130-331800<br>331166-331830<br>331191-331854<br>331226-331876<br>331248-331902<br>331272-331924 | | | 31 Abs. 2 StVZO | | 177/178 |
| - Gesicht verdeckt oder verhüllt | 123636 | 23 Abs. 4 | | | | 106 |
| Geräusch -> Lärm | | | | | | |
| Geräuschentwicklung -> Auspuff | | | | | | |
| Geschwindigkeit | | | | | | |
| - Höchstgeschwindigkeit überschritten (703100-703113) | 103178-103780<br>103636-103701<br>103214-103852 | 3 Abs. 3<br>3 Abs. 2<br>3 Abs.4 | | | | 36-39 |
| - auf Autobahnen (718100) | 118160-118650 | 18 Abs. 5 | | | | 86 |
| - entgegen Zeichen 239, 242.1 (741100) | 141212-141660 | 41 Abs. 1 | | | | 142 |
| - entgegen Zeichen 244.1, 244,3 (741120) | 141200-141767 | 41 Abs.1 | | | | 142 |
| - entgegen Zeichen 274 (741111) | 141242-141727 | 41 Abs.1 | | | | 146 |
| - Zeichen 325.1, 325.2 (742100) | 142118-142636 | 42 Abs. 2 | | | | 155 |
| - an Fußgängerüberwegen | 126600, 126601 | 26 Abs.1 | | | | 108 |
| - keine Schrittgeschwindigkeit eingehalten | 120100-120601 | 20 Abs.2 | | | | 92 |
| an Haltestellen (720100-720101, 720110-720111) | 120106-120684<br>120154-120832 | 20 Abs.2<br>20 Abs. 4 | | | | 93-96 |
| - im verkehrsberuhigten Bereich | 142109 | 42 Abs. 2 | | | | 154 |
| - zu langsam gefahren | 103000 | 3 Abs. 2 | | | | 36 |

| Tatbestand | TBNR | Rechtsgrundlage | | | | Seiten |
|---|---|---|---|---|---|---|
| | | StVO §§ | FeV §§ | StVZO/FZV/ eKFV/ GGVSEB §§ | StVG/ Ferienreise-verordnung | |
| - als Überholter Geschwindigkeit erhöht<br>- nicht angepasste<br><br>- an Bahnübergängen | 105142<br>103600-103632<br>103854<br>119600 | 5 Abs. 6<br>3 Abs. 1<br>3 Abs. 1<br>19 Abs. 1 | | | | 53<br>35<br>35<br>90 |
| - Radweg/Gehweg<br>- auf Ausfädelungsstreifen | 141197, 141198<br>107012-107019 | 41 Abs- 1<br>7a Abs. 3 | | | | 144<br>56 |
| - Geschwindigkeitsbegrenzer | 331754-331768<br>357600-357617<br>357100-357618 | | | 31 Abs. 2 StVZO<br>57c Abs. 2 StVZO<br>57d Abs. 2 StVZO | | 185/187<br>210/212<br>213 |
| Geschwindigkeitsbeschränktes Kfz<br><br>Gespann ->Abmessungen<br>->Fahrzeug | 205000-205100 | | 5 | | | 159/160 |
| gesperrte Straße befahren | 141157-141178<br>141615-141619 | 41 Abs. 1<br>41 Abs. 1 | | | | 139/142<br>143/144 |
| Gleitschutzeinrichtungen | 337000,337006 | | | 37 StVZO | | 197 |
| Gurtanlegepflicht | 121172 | 21a Abs.1 | | | | 99 |
| Grenzmarkierung für Haltverbote<br>- Parkverbote | 141352-141355<br>141026-141029 | 41 Abs. 1<br>41 Abs. 1 | | | | 130<br>130 |

| Tatbestand | TBNR | Rechtsgrundlage | | | | |
|---|---|---|---|---|---|---|
| | | StVO §§ | FeV §§ | StVZO/FZV/ eKFV/ GGVSEB §§ | StVG/ Ferienreise-verordnung | Seiten |
| Grundstück | | | | | | |
| - Ausfahren | 110100,110101 | 10 | | | | 63 |
| | 110142 | | | | | 64 |
| - Einbiegen | 109636,109637 | 9 Abs. 5 | | | | 62 |
| Grünstreifen benutzt | 102118-102732 | 2 Abs. 1 | | | | 28 |
| Grünpfeil | 137106-137112 | 37 Abs. 2 | | | | 119 |
| | 137630-137638 | | | | | 121 |
| | | | | | | |

H

| | | | | | | |
|---|---|---|---|---|---|---|
| Haltlinie missachtet (Z. 294) | 141211 | 41 Abs. 1 | | | | 146 |
| | 141730,141731 | | | | | 146 |
| Halten | | | | | | |
| - Ein-/Ausfädelungsstreifen | 112120,112121 | 12 Abs. 1 | | | | 66 |
| - an enger Straßenstelle usw. | 112100,112101 | 12 Abs. 1 | | | | 66 |
| - scharfe Kurve | 112110,112111 | 12 Abs. 1 | | | | 66 |
| - auf Gehweg | 112050-112553 | 12 Abs. 4 | | | | 69 |
| - in zweiter Reihe | 112460-112663 | 12 Abs. 4 | | | | 70 |
| - auf Gehweg und Radweg | 141090-141593 | 41 Abs. 1 | | | | 134 |
| - rechten Fahrbahnrand nicht benutzt | 112060,112061 | 12 Abs. 4 | | | | 69 |
| - auf Radweg | 112070-112573 | 12 Abs. 4 | | | | 71 |
| | 141070-141573 | 41 Abs. 1 | | | | 133 |

| Tatbestand | TBNR | Rechtsgrundlage StVO §§ | FeV §§ | StVZO/FZV/ eKFV/ GGVSEB §§ | StVG/ Ferienreise- verordnung | Seiten |
|---|---|---|---|---|---|---|
| - auf dem Reitweg | 141030, 141031 | 41 Abs. 1 | | | | 136 |
| - auf/vor Fußgängerüberweg | 141290-141301 | 41 Abs. 1 | | | | 127/128 |
| - Fußgängerzone/auf gemeinsamen Geh- und Radweg | 141159-141737 | 41 Abs. 1 | | | | 37 |
| - auf Bussonderfahrstreifen | 141120-141827 | 41 Abs. 1 | | | | 124 |
| - Feuerwehrzufahrtszone | 141050-141051 | 41 Abs. 1 | | | | 123 |
| - in Feuerwehrzufahrt | 112210-112211 | 12 Abs. 1 | | | | 66 |
| - in zweiter Reihe usw. | 112460-112663 | 12 Abs. 4 | | | | 70 |
| - im Fahrraum von Schienenfahrzeugen | 112426-112427 | 12 Abs. 4 | | | | 70 |
| - nicht Platz sparend | 112456 | 12 Abs. 6 | | | | 72 |
| - auf Fahrradstraße | 141020,141523 | 41 Abs. 1 | | | | 135 |
| - verbotswidrig links | 112040-112041 | 12 Abs. 1 | | | | 69 |
| - auf Autobahn/Kraftfahrstraße | 118012-118178 | 18 Abs. 8 | | | | 88 |
| - vor Lichtzeichen/Andreaskreuz | 137010,137011 | 37 Abs. 1 | | | | 118 |
| - Haltverbot | 141360,141361 | 41 Abs. 1 | | | | 123 |
| - Grenzmarkierung f. Haltverbot | 141310,141311 | 41 Abs. 1 | | | | 135 |
| | 141350-141351 | 41 Abs. 1 | | | | 130 |
| - im Bereich eines Bussonderfahrstreifens | 141123-141624 | 41 Abs. 1 | | | | 124 |
| - links von Fahrbahn-, Fahrstreifenbegrenzung | 141330,141331 | 41 Abs. 1 | | | | 128 |
| - auf Fahrbahnteil mit Richtungspfeilen | 141340,141341 | 41 Abs. 1 | | | | 129 |
| - auf Sonderfahrstreifen | 141120-141827 | 41 Abs. 1 | | | | 124 |
| - an Taxenstand | 141380,141381 | 41 Abs. 1 | | | | 125 |
| - Nothalte-/Pannenbucht im Tunnel | 142154 | 42 Abs. 2 | | | | 155 |
| - im Kreisverkehr | 141430,141431 | 41 Abs.1 | | | | 132 |
| - Schutzstreifen für Radverkehr | 142170-142673 | 42 Abs. 2 | | | | 152 |

| Tatbestand | TBNR | Rechtsgrundlage | | | | Seiten |
|---|---|---|---|---|---|---|
| | | StVO §§ | FeV §§ | StVZO/FZV/ eKFV/ GGVSEB §§ | StVG/ Ferienreise- verordnung | |
| Haltestelle öffentlicher Verkehrsmittel | 120100-120198 | 20 | | | | 92-96 |
| Halterwechsel | 813100 | | | 13 Abs. 4 FZV | | 232 |
| Handfahrzeug unbeleuchtet abgestellt | 117178,117179 | 17 Abs. 4 | | | | 83 |
| Handy | 123172-123631 | 23 Abs. 1a | | | | 105 |
| Hauptuntersuchung, Terminüberschreitung | 329101-329610 | | | 29 Abs. 1 StVZO | | 167/168 |
| Hindernis, Vorbeifahrt<br>- nicht beseitigt | 106100-106112<br>132600-132606 | 6<br>32 Abs. 1 | | | | 54<br>113 |
| Höchstgeschwindigkeit -> Geschwindigkeit | | | | | | |
| Höhe -> Abmessung | | | | | | |
| Höhenkontrolle | 118500-118512 | 18 Abs. 1 | | | | 85/86 |

I

| | | | | | | |
|---|---|---|---|---|---|---|
| Inline-Skates | 131100 -13114 | 31 Abs.1, 2 | | | | 112 |
| Internetbasierte Zulassung | 815112-815624 | | | 15i Abs. 5 FZV | | 232/233 |

| Tatbestand | TBNR | Rechtsgrundlage StVO §§ | FeV §§ | StVZO/FZV/ eKFV/ GGVSEB §§ | StVG/ Ferienreise-verordnung | Seiten |
|---|---|---|---|---|---|---|

K

| Tatbestand | TBNR | StVO §§ | FeV §§ | StVZO/FZV/ eKFV/ GGVSEB §§ | StVG/ Ferienreise-verordnung | Seiten |
|---|---|---|---|---|---|---|
| Kennzeichen<br>-> Saisonkennzeichen<br>-> Versicherungskennzeichen<br>-> Wechselkennzeichen<br>-> diplomatischer/konsularischer Vertretungen | | | | 10 Abs. 11 FZV | | |
| - Lesbarkeit | 123130 | 23 Abs. 1 | | | | 103 |
| Stilllegung | 813112 | | | 13 FZV | | 232 |
| - rotes Kennzeichen | 816100-816612 | | | 16 FZV | | 233/234 |
| - Kurzzeitkennzeichen | 816130-816142 | | | 16a FZV | | 234/235 |
| - unvorschriftsmäßig | 810100-810600 | | | 10 FZV | | 230 |
| - fehlt | 810600-810612 | | | 10 Abs. 5, 8 FZV | | 230 |
| - abgedeckt | 810618,810619 | | | 10 Abs. 2, 8 FZV | | 231 |
| - Oldtimer | 817000-817006 | | | 17 Abs. 2 FZV | | 236 |
| - Ausfuhrkennzeichen | 819100,819600 | | | 19 Abs. 1 FZV | | 236 |
| - ausländische Kennzeichen | 821100,821600 | | | 21 Abs. 1 FZV | | 237 |
| - Unterscheidungszeichen | 821106,821112 | | | 21 Abs 2 FZV | | 237 |
| Kennzeichen für Körperbehinderung<br>- verbotswidrig benutzt | 202018 | | 2 Abs 3 | | | 158 |
| Kinderbeförderung | 121600-121606, 121166 | 21 | | | | 97/98 99 |
| Kinderrückhaltevorrichtung | 335100-335109 | | | 35a Abs. 8 StVZO | | 194 |
| Klinik-, Kurgebiet, parken | 112396-112397 | 12 Abs. 3a | | | | 68 |
| körperliche Mängel -> Mängel | | | | | | |

| Tatbestand | TBNR | Rechtsgrundlage StVO §§ | FeV §§ | StVZO/FZV/ eKFV/ GGVSEB §§ | StVG/ Ferienreise-verordnung | Seiten |
|---|---|---|---|---|---|---|
| Kraftfahrstraße | | | | | | |
| - verbotswidrig befahren | 118100,118124 | | | | | 84 |
| | 118136,118606 | 18 Abs. 1 | | | | 85 |
| - verbotswidrig eingefahren | 118148 | 18 Abs. 2 | | | | 86 |
| | 118618-118619 | | | | | 86 |
| - Wartepflicht verletzt | 118624-118626 | 18 Abs. 3 | | | | 86 |
| - betreten | 118190 | 18 Abs. 9 | | | | 89 |
| - verbotswidrig ausgefahren | 118202 | 18 Abs. 10 | | | | 89 |
| - zul. Maße überschritten | 118130-118136 | 18 Abs. 1 | | | | 85 |
| Kraftfahrzeugschein -> Fahrzeugschein | | | | | | |
| Kraftomnibus -> Omnibus | | | | | | |
| Kraftrad | | | | | | |
| - abgeschleppt | 115118 | 15a Abs. 4 | | | | 79 |
| - Personenbeförderung | 121100 | 21 Abs. 1 | | | | 97 |
| - Anhängen/freihändig fahren | 123000, 123006 | 23 Abs. 3 | | | | 106 |
| - Personenbeförderung ohne Halte-system | 361000 | | | 61 Abs. 1 StVZO | | 213 |
| - ohne Abblendlicht gefahren | 117136-117138 | 17 Abs. 2a | | | | 82 |
| - Schutzvorrichtung für Kinder | 335012 | | | 35a Abs. 9 StVZO | | 195 |
| Kreisverkehr | | | | | | |
| - Überfahren der Mittelinsel | 141153 | 41 Abs. 1 | | | | 139 |
| - entgegen vorgeschr. Fahrtrichtung | 141148-141152 | 41 Abs. 1 | | | | 138 |
| - Halten | 141430-141431 | 41 Abs. 1 | | | | 132 |
| - Parken | 141432-141435 | 41 Abs. 1 | | | | 132/133 |

| Tatbestand | TBNR | Rechtsgrundlage | | | | Seiten |
|---|---|---|---|---|---|---|
| | | StVO §§ | FeV §§ | StVZO/FZV/ eKFV/ GGVSEB §§ | StVG/ Ferienreise-verordnung | |
| Kreuzung,<br>- Einfahren trotz stockendem Verkeh-<br><br>- Parken vor/hinter… | <br>101042, 101043<br>111100, 111101<br>112262-112275 | <br>1 Abs. 2<br>11<br>12 Abs. 3 | | | | <br>26<br>65<br>67 |
| Kurzzeitkennzeichen -> Kennzeichen | | | | | | |
| Kurvenlaufeigenschaften<br><br>- Anordnen | 332606<br><br>331678 | | | 32d Abs. 1, 2 StVZO<br>31 Abs. 2 StVZO | | 189<br><br>176 |

L

| Tatbestand | TBNR | StVO §§ | FeV §§ | StVZO/FZV/ eKFV/ GGVSEB §§ | StVG/ Ferienreise-verordnung | Seiten |
|---|---|---|---|---|---|---|
| Ladefläche, Personenbeförderung | 121130-121154 | 21 Abs. 2 | | | | 98 |
| Ladung<br>(731100-731105) | 122600-122172,<br>331130-331976 | 22 | | <br>31 StVZO | | 100/102<br>177/178 |
| Länge -> Abmessung | | | | | | |
| Lärm<br>- Entwicklung<br><br>- Messung<br>- unnötiger Lärm<br>- durch Ladung | <br>331042<br>349000-349101<br>349106<br>130612<br>122106 | <br><br><br><br>30 Abs 1<br>22 Abs. 1 | | <br>31 StVZO<br>49 Abs.1 StVZO<br>49 Abs.4 StVZO | | <br>184<br>206<br>206<br>111<br>97 |
| Langsam Fahren | 103000 | 3 Abs. 2 | | | | 36 |
| Lautsprecher verbotswidrig betrieben | 133000 | 33 Abs. 1 | | | | 114 |

| Tatbestand | TBNR | Rechtsgrundlage | | | | |
|---|---|---|---|---|---|---|
| | | StVO §§ | FeV §§ | StVZO/FZV/ eKFV/ GGVSEB §§ §§ | StVG/ Ferienreise-verordnung | Seiten |
| Lenkung | 338000-338617 | | | 38 StVZO | | 198/199 |
| | 331012 | | | 31 StVZO | | 181 |
| - Anordnen | 331702-331716 | | | 31 StVZO | | 181 |
| Leitlinie -> Pfeile auf der Fahrbahn | | | | | | |
| Leuchtzeichen missbräuchlich gegeben | 116006,116106 | 16 Abs. 1 | | | | 80 |
| Licht | 117100-117602 | 17 | | | | 81/83 |
| Lichthupe -> Leuchtzeichen | | | | | | |
| Lichtbalken für Straßenbahn/Bus/Taxi | 137500-137506 | 37 Abs. 2 | | | | 119 |
| Lichttechnische Einrichtungen unzulässig | 331048,331054 | | | 31 Abs. 2 StVZO | | 184 |
| | 349130,349136 | | | 49a StVZO | | 207 |
| | 350100, | | | 50 StVZO | | 207 |
| | 351100,351106, | | | 51 StVZO | | 207 |
| | 351112 | | | 51a StVZO | | 207 |
| | 351118 | | | 51b StVZO | | 208 |
| | 351000 | | | 51c StVZO | | 208 |
| | 352112,352118 | | | 52 StVZO | | 208 |
| | 352000 | | | 52a StVZO | | 209 |
| | 353100 | | | 53 StVZO | | 209 |
| | 353106 | | | 53a StVZO | | 209 |
| | 353112 | | | 53b StVZO | | 209 |
| | 353118 | | | 53d StVZO | | 209 |
| | 354000 | | | 54 StVZO | | 210 |
| Lichtzeichenanlage | 137000-137650 | 37 | | | | 118/122 |

| Tatbestand | TBNR | Rechtsgrundlage StVO §§ | FeV §§ | StVZO/FZV/ eKFV/ GGVSEB §§ | StVG/ Ferienreise-verordnung | Seiten |
|---|---|---|---|---|---|---|
| Liegenbleiben<br>- Fahrzeug nicht kenntlich gemacht | 115000-115607 | 15 | | | | 78 |
| Linksfahren | 102006-102136 | 2 Abs. 2 | | | | 30 |
| Luftverunreinigung | 141621 | 41 Abs. 1 | | | | 145 |

M

| Tatbestand | TBNR | StVO §§ | FeV §§ | StVZO/FZV/ eKFV/ GGVSEB §§ | StVG/ Ferienreise-verordnung | Seiten |
|---|---|---|---|---|---|---|
| Mähmesser ungeschützt mitgeführt | 132118 | 32 Abs. 2 | | | | 113 |
| Mängel<br>- an Beleuchtung und Ladung<br>- sonstige Mängel am Fahrzeug<br>- körperl./geistige Mängel<br>- nicht fristgemäß beseitigt<br>- sonstige Mängel am Kfz | <br>122154-122172<br>123166<br>202000-202012<br>329000,329124<br>331006 | <br>22<br>23 Abs. 2 | <br><br><br>2 Abs. 1 | <br><br><br><br>29 Abs. 1 StVZO<br>31 StVZO | | <br>101/102<br>106<br>158<br>167/168<br>173 |
| Martinshorn | 138100<br>138600-138602 | 38 Abs.1 | | | | 122<br>122 |
| Mindestalter von Kfz-Führern | 210000-210006 | | 10 | | | 160 |
| Mobiltelefon -> Handy | | | | | | |

| Tatbestand | TBNR | Rechtsgrundlage StVO §§ | FeV §§ | StVZO/FZV/ eKFV/ GGVSEB §§ | StVG/ Ferienreise-verordnung | Seiten |
|---|---|---|---|---|---|---|
| **N** | | | | | | |
| Namensangabe -> Personalien | | | | | | |
| Nebelscheinwerfer | | | | | | |
| - missbräuchlich benutzt | 117142-117144 | 17 Abs. 3 | | | | 82 |
| - nicht vorschriftsmäßig angebracht | 352100 | | | 52 Abs. 1 StVZO | | 208 |
| Nebelschlussleuchte | 117148-117150 | 17 Abs. 3 | | | | 82 |
| | 353118 | | | 53d StVZO | | 209 |
| **O** | | | | | | |
| Öffentliche Verkehrsmittel | | | | | | |
| - Omnibus/Straßenbahn | 120100-120198 | 20 | | | | 92/96 |
| Omnibus | | | | | | |
| - beim Anfahren behindert | 120190-120198 | 20 Abs. 5 | | | | 96 |
| - Gepäckbeförderung | 334858 | | | 34a Abs. 1 StVZO | | 193 |
| - vorgeschriebene Feuerlöscher fehlen | 335112 | | | 35g Abs. 1 StVZO | | 195 |
| - vorgeschriebener Verbandskasten fehlt | 335118 | | | 35h StVZO | | 195 |
| **P** | | | | | | |
| Parken | | | | | | |
| - auf Gehweg/Radweg | 112322-112325 | 12 Abs. 3 | | | | 67 |
| | 112454-112659 | | | | | 69 |
| | 112484-112689 | 12 Abs. 4a | | | | 71 |
| | 112494-112699 | | | | | 71/72 |
| | 141174-141779 | 41 Abs. 1 | | | | 133 |
| - in Fußgängerzone/auf gemeinsamen Geh- und Radweg | 141184-141786 | 41 Abs. 1 | | | | 133/134 |

| Tatbestand | TBNR | Rechtsgrundlage | | | | Seiten |
|---|---|---|---|---|---|---|
| | | StVO §§ | FeV §§ | StVZO/FZV/ eKFV/ GGVSEB §§ | StVG/ Ferienreise-verordnung | |

P

| | | | | | | |
|---|---|---|---|---|---|---|
| - auf dem Reitweg | 141442-141445 | 41 Abs. 1 | | | | 136 |
| - auf Radweg | 112474-112679 | 12 Abs. 4 | | | | 71 |
| - auf Fußgängerfurt | 101048 | 1 Abs. 2 | | | | 27 |
| - Andere behindert | 101060 | 1 Abs. 2 | | | | 27 |
| - auf Verkehrsinsel | 102112-102726 | 2 Abs. 1 | | | | 28 |
| - auf enger/unübersichtlicher Straßenstelle | 112102-112105 | 12 Abs. 1 | | | | 66 |
| - Bussonderfahrstreifen | 141125-141834 | 41 Abs. 1 | | | | 125 |
| - Scharfe Kurve | 112112-112115 | 12 Abs. 1 | | | | 65 |
| - vor/hinter Kreuzungen/Einmündungen | 112262-112275 | 12 Abs. 3 | | | | 67 |
| - vor gekennzeichneten Parkflächen | 112282-112285 | 12 Abs. 3 | | | | 67 |
| - Wohn-, Sonder-, Kur-, Klinikgebiete | 112396-112397 | 12 Abs. 3a | | | | 69 |
| - Anhänger ohne Zugfahrzeug | 112398 | 12 Abs. 3b | | | | 69 |
| - auf Autobahn/Kraftfahrstraße | 118704-118706 | 18 Abs. 8 | | | | 88 |
| - an Lichtzeichenanlagen, Vorfahrtszeichen | 137012-137015 | 37 Abs. 1 | | | | 118 |
| | 141362-141365 | 41 Abs. 1 | | | | 123 |
| - auf/vor Fußgängerüberweg | 141292-141305 | 41 Abs. 1 | | | | 127/128 |
| - Feuerwehranfahrtszone | 141056-141518 | 41 Abs. 1 | | | | 126 |
| - vor/in Feuerwehrzufahrt | 112216,112612 | 12 Abs. 3 | | | | 66 |
| - Taxenstand | 141382-141385 | 41 Abs. 1 | | | | 125 |
| - entgegen Fahrtrichtung in Einbahnstr. | 112076 | 12 Abs. 4 | | | | 69 |
| - Grundstücksein-/ausfahrt | 112292-112305 | 12 Abs. 3 | | | | 67 |
| - Haltverbot | 141312-141325 | 41 Abs.1 | | | | 126/127 |
| | 141392-141395 | 41 Abs.1 | | | | 127 |
| - Grenzmarkierung f. Haltverbot | 141352-141355 | 41 Abs.1 | | | | 130 |
| f. Parkverbot | 141026-141029 | 41 Abs.1 | | | | 130 |
| - im Haltestellenbereich/Bussonder-fahrstreifen | 141421-141848 | 41 Abs. 1 | | | | 132 |
| - links von Fahrbahn-, | 141332-141335 | 41 Abs.1 | | | | 1280 |

| Tatbestand | TBNR | Rechtsgrundlage | | | | Seiten |
| --- | --- | --- | --- | --- | --- | --- |
| | | StVO §§ | FeV §§ | StVZO/FZV/ eKFV/ GGVSEB §§ | StVG/ Ferienreise-verordnung | |
| - Fahrstreifenbegrenzung | 141412-141415 | 41 Abs.1 | | | | 129 |
| - auf Fahrbahnteil mit Richtungspfeilen | 141342-141345 | 41 Abs.1 | | | | 129 |
| - Andreaskreuz | 141362-141365 | 41 Abs.1 | | | | 123 |
| - nicht dem Zeichen 315 entsprechend | 142212-142225 | 42 Abs. 2 | | | | 150/ |
| - auf dem Schachtdeckel | 112322-112325 | 12 Abs. 3 | | | | 67 |
| - auf Parkplatz (Z. 314) | 142252-142265 | 42 Abs. 2 | | | | 151/152 |
| - Fahrradstraße | 141124-141529 | 41 Abs. 1 | | | | 135/136 |
| - vor abgesenkten Bordsteinen | 112372-112375 | 12 Abs. 3 | | | | 67 |
| - auf Gehweg | 141042-141045 | 41 Abs. 1 | | | | 123 |
| | 142202-142235 | 42 Abs. 2 | | | | 150/151 |
| - nicht Platz sparend | 112456 | 12 Abs. 6 | | | | 72 |
| - an Parkuhr, -scheinautomat, -scheibe | 113100-113324 | 13 | | | | 74-76 |
| - auf Sonderfahrstreifen | 141123-141834 | 41 Abs. 1 | | | | 124/125 |
| - im gesperrten Verkehrsbereich | 141378 | 41 Abs. 1 | | | | 136 |
| | 141164-141866 | 41 Abs. 1 | | | | 136 |
| - auf Sperrfläche | 141245 | 41 Abs. 1 | | | | 129 |
| - außerhalb Parkflächenmarkierung | 141015-141018 | 41 Abs. 1 | | | | 136 |
| - im verkehrsberuhigten Bereich | 142103-142107 | 42 Abs. 2 | | | | 152 |
| - verbotswidrig links | 112042-112045 | 12 Abs. 4 | | | | 69 |
| - rechten Fahrbahnrand nicht benutzt | 112062-112065 | 12 Abs. 4 | | | | 69 |
| - in zweiter Reihe | 112464-112669 | 12 Abs. 4 | | | | 70 |
| - im Fahrraum v. Schienenfahrzeugen | 112428-112618 | 12 Abs. 4 | | | | 70 |
| - vor/hinter Haltestellenschild | 141402-141824 | 41 Abs. 1 | | | | 124 |
| - auf Vorfahrtsstraße | 142242-142245 | 42 Abs. 2 | | | | 151 |
| - innerhalb der Grenzmarkierung | 141421-141848 | 41 Abs. 1 | | | | 132 |
| - Nothalte-/Pannenbucht im Tunnel | 142160 | 42 Abs. 2 | | | | 155 |
| - Kreisverkehr | 141432 - 141435 | 41 Abs. 1 | | | | 132/133 |

| Tatbestand | TBNR | Rechtsgrundlage | | | | Seiten |
|---|---|---|---|---|---|---|
| | | StVO §§ | FeV §§ | StVZO/FZV/ eKFV/ GGVSEB §§ | StVG/ Ferienreise-verordnung | |
| Parklücke<br>- Vorrang beim Einparken<br>- Schädigung beim Fahren ein/aus | <br>112446<br>101136 | <br>12 Abs. 5<br>1 Abs. 2 | | | | <br>72<br>27 |
| Parkscheibe | 113160-113204 | 13 Abs. 2 | | | | 74 |
| Parkbewirtschaftungszone | 113330-113354 | 13 Abs.1, 2 | | | | 76 |
| Parksonderrechte für Bewohner<br><br>- Schwerbehinderte<br>- elektrisch betriebene Fahrzeuge<br>- Carsharingfahrzeuge | 141392 -141395<br>142252-142255<br>142278<br>142284<br>142290 | 41 Abs.1<br>42 Abs. 2 | | | | 127<br>149<br>153<br>153<br>153 |
| Parkuhr/Parkscheinautomat -> Parken | | | | | | |
| Park-Warntafel, Parkleuchten | 117160-117179<br>351000,351006 | 17 Abs. 4 | | <br>51c Abs. 5 StVZO | | 83<br>208 |
| Parkzeit überschritten -> Parken | | | | | | |
| Personalien | 134030 | 34 Abs. 1 | | | | 115 |
| Personenbeförderung<br><br>- Anordnen<br>- mehr Personen befördert<br>- Wohnwagen<br>- Zugmaschine | 121000-121186<br>121612-121618<br>331684<br>334852<br>121112<br>121106 | 21<br>21a<br><br><br>21<br>21 | | <br><br>31 Abs. 1 StVZO<br>34a Abs. 1 StVZO | | 98/99<br>99<br>179<br>193<br>97<br>97 |
| Pfeile auf Fahrbahn,<br>- Fahren entgegen Pfeile usw. | 141251,141252,<br>141262<br>141271,141272<br>141280,141281<br>141503 | 41 Abs. 1 | | | | 147<br>147<br>148<br>148<br>148 |

| Tatbestand | TBNR | Rechtsgrundlage StVO §§ | FeV §§ | StVZO/FZV/ eKFV/ GGVSEB §§ | StVG/ Ferienreise-verordnung | Seiten |
|---|---|---|---|---|---|---|
| Polizeibeamte,<br>- Zeichen/Weisungen missachtet | 136000-136624 | 36 | | | | 117/118 |
| Prüfbescheinigung für Mofa | 205000-205106 | | 5 | | | 159 |
| Prüfbuch/Prüfprotokoll | 329042, 329054 | | | 29 StVZO | | 169/170 |
| Prüfungs-/Probe-/Überführungsfahrt mit rotem Kennzeichen<br>Probe-/Überführungsfahrten mit Kurzzeit-kennzeichen | 816100-816612<br>816130-816142 | | | 16 FZV<br>16a FZV | | 233<br>234/235 |
| Prüfplakette | 329006-329018<br>329612,329030 | | | 29 StVZO | | 168<br>169 |
| Propaganda -> Werbung | | | | | | |

R

| | | | | | | |
|---|---|---|---|---|---|---|
| Radabdeckung | 336012 | | | 36a StVZO | | 197 |
| Radarwarngeräte | 123618, 123619 | 23 Abs. 1c | | | | 106 |
| Radfahrer<br>- anhängen an Fahrzeuge/freihändig fahren<br>- keine Rücksicht auf Fußgänger genommen<br>- gegen Rechtsfahrgebot verstoßen<br>nebeneinander gefahren<br>- Kreuzung/Einmündung überquert<br>- Fußgängerbreich/Verkehrsbereich benutzt<br>- unzulässige Fahrtrichtung<br>- Seitenstreifen unzulässig benutzt | <br>123000-123006<br>141606<br>102142-102145<br>102167-102169<br>109178-109186<br>141169-141178<br>102173-102176<br>102180-102182 | <br>23 Abs. 3<br>41 Abs. 1<br>2 Abs. 4<br>2 Abs. 4<br>9 Abs. 2<br>41 Abs. 1<br>2 Abs. 4<br>2 Abs. 4 | | | | <br>106<br>141<br>30<br>33<br>59/60<br>141/142<br>33<br>34 |

| Tatbestand | TBNR | Rechtsgrundlage | | | | Seiten |
|---|---|---|---|---|---|---|
| | | StVO §§ | FeV §§ | StVZO/FZV/ eKFV/ GGVSEB §§ | StVG/ Ferienreise-verordnung | |
| - vorgeschriebene Fahrtrichtung missachtet | 141142-141144 | 41 Abs. 1 | | | | 138 |
| - Verbot der Einfahrt missachtet | 141187-141190 | 41 Abs. 1 | | | | 143 |
| Radweg | | | | | | |
| - Halten/Parken auf Radweg | 112070-112679 | 12 Abs. 4 | | | | 71 |
| | 141070-141779 | 41 Abs- 1 | | | | 133 |
| - gemeinsamer Geh- und Radweg | 141184-141799 | 41 Abs. 1 | | | | 133/134 |
| linksseitiger, unzulässig benutzt | 102126-102738 | 2 Abs. 1 | | | | 29 |
| - nicht benutzt | 141446-141449 | 41 Abs. 1 | | | | 145 |
| unzulässig benutzt als Mofafahrer | 102018-102021 | 2 Abs. 4 | | | | 34 |
| als nichtberechtigter benutzt | 141154-141157 | 41 Abs. 1 | | | | 139 |
| Rechtsfahrgebot | 102624-102673 | 2 Abs. 2 | | | | 30/32 |
| - als Radfahrer | 102142-102145 | 2 Abs. 4 | | | | 30 |
| Rechtsüberholen -> Überholen | | | | | | |
| Reifen | 330612,330615 | | | 30 StVZO | | 171 |
| | 331506-331512 | | | 31 Abs. 2 StVZO | | 179/180 |
| | 331690,331696 | | | | | 180 |
| | 336000-336106 | | | 36 StVZO | | 194/197 |
| Reißverschlussverfahren | 101036 | 1 Abs. 2 | | | | 26 |
| Rettungsgasse | 111600-111603 | 11 Abs. 2 | | | | 65 |
| | 110606-111609 | | | | | 65 |

| Tatbestand | TBNR | Rechtsgrundlage | | | | Seiten |
|---|---|---|---|---|---|---|
| | | StVO §§ | FeV §§ | StVZO/FZV/ eKFV/ GGVSEB §§ | StVG/ Ferienreise-verordnung | |
| Rollschuhe -> Inline-Skates<br>Rollstuhl-Rückhalte-/<br>Rollstuhlnutzer-Rückhaltesystem<br><br>Rollstuhlstellplatz | 121175<br>331160-331164<br>335136-335142<br>331154<br>335130 | 21a Abs. 1 | | 31 Abs. 2 StVZO<br>35 Abs. 4a StVZO<br>31 Abs.2 StVZO<br>35 Abs. 4a StVZO | | 99<br>178/179<br>193/194<br>178<br>193 |
| Rotlicht missachtet<br>- nicht an der Haltlinie gehalten | 137000-137638<br>141730-141731 | 37<br>41 Abs. 1 | | | | 118/121<br>146 |
| Rückhalteeinrichtung für Kinder<br>-> Sicherheitsgurt<br>Rückspiegel | 356000 | | | 56 StVZO | | 210 |
| Rückscheinwerfer | 349130 | | | 49a StVZO | | 207 |
| Rückwärtsfahren | 109648,109649<br>118672-118674<br>118684-118686<br>118696-118698 | 9 Abs. 5<br>18 Abs. 7 | | | | 62<br>87<br>88<br>88 |
| Rettungsfahrzeuge durch Falschparken<br>- behindert | 112600; 112606<br>112216 -112612<br>141518 | 12 Abs. 1<br>12 Abs. 1<br>41 Abs. 1 | | | | 66<br>66<br>126 |

| Tatbestand | TBNR | Rechtsgrundlage StVO §§ | FeV §§ | StVZO/FZV/ eKFV/ GGVSEB §§ | StVG/ Ferienreise-verordnung | Seiten |
|---|---|---|---|---|---|---|
| **S** | | | | | | |
| Saisonkennzeichen | 809100-809106 | | | 9 Abs. 3 FZV | | 230 |
| Seitenstreifen | | | | | | |
| -auf Autobahnen | 118678-118686 | 18 Abs. 7 | | | | 87/88 |
| - verbotswidrig benutzt | 102106-102720 | 2 Abs. 1 | | | | 28 |
| - schnelleres Vorwärtskommen | 102600-102602 | 2 Abs. 1 | | | | 29 |
| - verbotswidrig geparkt -> Parken | | | | | | |
| Sicherheitsabstand | 104100 -104642 | 4 | | | | 41-47 |
| Sicherheitsgurte | 121172 | 21a Abs. 1 | | | | 99 |
| Ausstattung | 335000 | | | 35a StVZO | | 193 |
| Sicherheit | | | | | | |
| - Abstand zu gering | 104100-104642 | 4 | | | | 41-47 |
| - Sicherung des Fahrzeuges | 114112 | 14 Abs. 2 | | | | 77 |
| - Sicherungsmittel nicht angebracht | 115600-115607 | 15 | | | | 78 |
| - Sicherungseinrichtungen nicht vorhanden | 331018, | | | 31 Abs. StVZO | | 182 |
| | 338006 | | | 38a StVZO | | 199 |
| Sicht des Fahrzeugführers beeinträchtigt | 123100 | 23 Abs. 1 | | | | 103 |
| | 129612 | 29 Abs. 3 | | | | 110 |
| | 335018 | | | 35b Abs. 2 StVZO | | 195 |
| Smog -> Luftverunreinigung | | | | | | |
| Sonderrechte nicht ordnungsgemäß ausgeübt | 135000 | 35 Abs. 8 | | | | 116 |
| Sonderparkplatz für | | | | | | |
| - Schwerbehinderte | 142278 | 42 Abs. 2 | | | | 153 |
| - Bewohner | 142252-142255 | 42 Abs. 2 | | | | 151 |

| Tatbestand | TBNR | Rechtsgrundlage | | | | Seiten |
|---|---|---|---|---|---|---|
| | | StVO §§ | FeV §§ | StVZO/FZV/ eKFV/ GGVSEB §§ | StVG/ Ferienreise-verordnung | |
| Sonderwege | 141154-141157 | 41 Abs. 1 | | | | 139 |
| Sonderfahrstreifen<br><br>Halten/parken<br>Sondergebiet, parken | 109142- 109607<br>141202, 141203<br>141120-141834<br>112396, 112397 | 9 Abs. 3<br>41 Abs. 1<br>41 Abs. 1<br>12 Abs. 3a | | | | 60<br>142<br>124/125<br>68 |
| Sorgfaltspflichten | 114100-114112 | 14 Abs. 1 | | | | 77 |
| Sonntagsfahrverbot | 130600-130606 | 30 Abs. 3 | | | | 111 |
| Sperrfläche (Z. 298) | 141265<br>141274,141275<br>141283,141284,<br>141506,141515<br>141256,141257 | 41 Abs. 1 | | | | 148<br>148<br>148<br>148<br>148 |
| Straßenbahn -> öffentliche Verkehrsmittel | | | | | | |
| Suchscheinwerfer<br>- missbräuchlich benutzt<br>- nicht vorschriftsmäßig<br>- nicht vorschriftsmäßig angebracht | <br>117184-117186<br>349130<br>352106 | <br>17 Abs. 6 | | <br><br>49a StVZO<br>52 Abs. 2 StVZO | | <br>83<br>207<br>208 |

| Tatbestand | TBNR | Rechtsgrundlage | | | | Seiten |
|---|---|---|---|---|---|---|
| | | StVO §§ | FeV §§ | StVZO/FZV/ eKFV/ GGVSEB §§ | StVG/ Ferienreise-verordnung | |

SCH

| | | | | | | |
|---|---|---|---|---|---|---|
| Schädigung Anderer | 101118 | 1 Abs. 2 | | | | 27 |
| Schalldämpferanlage -> Auspuff | | | | | | |
| Schallzeichen | 116000,116100, 116142 | 16 | | | | 80<br>80 |
| Einrichtung für… | 355000, | | | 55 StVZO | | 210 |
| - am Fahrrad | 364100 | | | 64a StVZO | | 214 |
| - am Elektrokleinstfahrzeug | 602136<br>602036 | | | 2 Abs. 1 eKFV | | 37<br>37 |
| Scheibenwischer | 340000 | | | 40 Abs. 2 StVZO | | 20 |
| Schienenfahrzeug | | | | | | |
| - nicht durchfahren lassen | 102148 | 2 Abs. 3 | | | | 32 |
| - verbotswidrig links überholt | 105006 | 5 Abs. 7 | | | | 53 |
| - Vorrang an Bahnübergängen | 119606-119100<br>141732-141734 | 19<br>41 Abs. 1 | | | | 90/91<br>137 |
| - halten/parken im Fahrraum von | 112426-112618 | 12 Abs. 4 | | | | 70 |
| Schleppen | 333100 | | | 33 StVZO | | 190 |
| Schleudern | 101006 | 1 Abs. 2 | | | | 26 |
| Schlussleuchte -> Beleuchtung | | | | | | |
| Schneeketten | 337006 | | | 37 StVZO | | 197 |
| - ohne vorgeschriebene Schneekette gefahren | 141006 | 41 Abs. 1 | | | | 137 |

| Tatbestand | TBNR | Rechtsgrundlage StVO §§ | FeV §§ | StVZO/FZV/ eKFV/ GGVSEB §§ | StVG/ Ferienreise-verordnung | Seiten |
|---|---|---|---|---|---|---|
| Schrittgeschwindigkeit | | | | | | |
| - in Fußgängerbereichen (741100) | 141196 | 41 Abs. 1 | | | | 144 |
| (Z. 239/242.1, 242.2) | 141212-141260 | 41 Abs. 1 | | | | 142 |
| - in verkehrsberuhigten Bereichen (Z. 325.1, 325.2) | 142109 | 42 Abs. 2 | | | | 154 |
| - an Haltestellen (720100, 720101, 720110, 720111) | 120100-120832 | 20 Abs.2, 4 | | | | 92-96 |
| - Kfz > 3,5 Tonnen beim Rechtsab-biegen | 109660-109662 | 9 Abs. 6 | | | | 62 |
| Schulbus -> öffentliche Verkehrsmittel | | | | | | |
| Schutz der Infrastruktur | 141742 | 41 Abs. 1 | | | | 143 |
| Schutzhelm | 121178-121618 | 21a Abs. 2 | | | | 99 |
| Schutzstreifenmarkierung | 102142-102145<br>142202-142205 | 2 Abs. 2<br>42 Abs. 2 | | | | 30<br>150 |
| Schutzvorrichtung | 332000 | | | 32c Abs. 2 StVZO | | 189 |

| Tatbestand | TBNR | Rechtsgrundlage | | | | Seiten |
|---|---|---|---|---|---|---|
| | | StVO §§ | FeV §§ | StVZO/FZV/ eKFV/ GGVSEB §§ | StVG/ Ferienreise-verordnung | |
| **St** | | | | | | |
| Standlicht -> Beleuchtung | | | | | | |
| Standortwechsel | 813100 | | | 13 FZV | | 232 |
| Standstreifen -> Seitenstreifen | | | | | | |
| Stilllegung eines Fahrzeuges | 813006-813112 | | | 13 FZV | | 232 |
| Stopschild (Z. 206) missachtet | 141136,<br>141600-141601 | 41 Abs. 1 | | | | 137<br>137 |
| Streifen beim Vorbeifahren<br>- beim Überholen | 101012<br>105113 | 1 Abs. 2<br>5 Abs. 4 | | | | 26<br>52 |
| Stützlast | 344000-344606 | | | 44 StVZO | | 205 |
| **T** | | | | | | |
| Tagfahrleuchten | 117136-117138 | 17 Abs. 2a | | | | 82 |
| Teilnahme am Straßenverkehr<br>- trotz körperlicher/geistiger Mängel<br>- trotz Verbots/entgegen Beschränkung | <br>202000- 202012<br>805600 | | <br>2 Abs. 1 | <br><br>5 FZV Abs. 1 | | <br>158<br>229 |
| Tiere | 128000-128006<br>203012,203018 | 28 | <br>3 Abs. 1 | | | 109<br>159 |
| TÜV -> Hauptuntersuchung | | | | | | |
| Tunnel - Abblendlicht nicht benutzt<br>- Wendeverbot nicht beachtet<br>- Nothalte- und Pannenbucht | 142148-142150<br>142654-142656<br>142154-142160 | 42 Abs. 2 | | | | 155<br>155<br>155 |

| Tatbestand | TBNR | Rechtsgrundlage | | | | Seiten |
|---|---|---|---|---|---|---|
| | | StVO §§ | FeV §§ | StVZO/FZV/ eKFV/ GGVSEB §§ | StVG/ Ferienreise-verordnung | |

U

| Tatbestand | TBNR | StVO §§ | FeV §§ | StVZO/FZV/ eKFV/ GGVSEB §§ | StVG/ Ferienreise-verordnung | Seiten |
|---|---|---|---|---|---|---|
| Überführungsfahrt -> Prüfungsfahrt | | | | | | |
| Überholen | | | | | | |
| - Abstand nicht eingehalten | 104124-104642 | 4 Abs. 2, 3 | | | | 47 |
| - verbotswidrig rechts überholt | 105100-105602 | 5 Abs. 1 | | | | 48 |
| - ohne Überholstrecke übersehen zu können | 105606-105644 | 5 Abs. 2 | | | | 48 |
| - mit zu geringer Geschwindigkeit | 105604,105605 | 5 Abs. 2 | | | | 48 |
| - bei unklarer Verkehrslage | 105609-105650 | 5 Abs. 3 | | | | 49/51 |
| - am Bahnübergang | 119612-119614 | 19 Abs. 1 | | | | 90 |
| - durch Verkehrszeichen verboten | 141627-141629 | 41 Abs. 1 | | | | 145 |
| - ein -/mehrspuriges Fzg | 105621-105623 | 5 Abs. 2 | | | | 50 |
| | 105627-105629 | | | | | 51 |
| - Sichtweite unter 50 m | 105660-105668 | 5 Abs. 3a | | | | 51 |
| - ohne auf nachfolgenden Verkehr zu achten | 105672,105673 | 5 Abs. 4 | | | | 52 |
| - ohne ausreichenden Seitenabstand | 105112 | 5 Abs. 4 | | | | 52 |
| - Wiedereinordnen | 105118-105126 | 5 Abs. 4 | | | | 52 |
| - ohne rechtzeitige/deutliche Ankündigung | 105130-105137 | 5 Abs. 4a | | | | 53 |
| - Blenden bei Ankündigung durch Fernlicht | 105000 | 5 Abs. 5 | | | | 53 |
| - Geschwindigkeit erhöht bzw. nicht ermäßigt | 105142-105148 | 5 Abs. 6 | | | | 53 |
| - abbiegendes Fahrzeug überholt, links | 105154,105155 | 5 Abs. 7 | | | | 53 |
| - Schienenfahrzeug links überholt | 105006 | 5 Abs. 7 | | | | 53 |
| - bei 3-6 Fahrstreifen für beide Richtungen | 107124-107607 | 7 Abs. 3a | | | | 53 |
| - am Fußgängerüberweg | 126612-126614 | 26 Abs. 3 | | | | 108 |

| Tatbestand | TBNR | Rechtsgrundlage | | | | |
|---|---|---|---|---|---|---|
| | | StVO §§ | FeV §§ | StVZO/FZV/ eKFV/ GGVSEB §§ | StVG/ Ferienreise-verordnung | Seiten |
| Überprüfen von Fahrzeuggewichten | 331994, 331998 | | | 31 c StVZO | | 188 |
| Umherfahren, Lärm erzeugend<br>- unnützes Hin- und Herfahren | 130612<br>130624 | 30 | | | | 111<br>111 |
| Umweltzone -> Luftverunreinigung | | | | | | |
| Umriss des Fahrzeuges, vorstehende Teile | 330100 | | | 30 c StVZO | | 172 |
| Unfall -> Verkehrsunfall | | | | | | |
| Unterfahrschutz | 332100 | | | 32b Abs. 1, 2, 4 StVZO | | 189 |
| Unterlegkeile<br>- nicht vorgezeigt | 341006<br>331332 | | | 41 StVZO<br>31b StVZO | | 201<br>188 |
| Untersagung ein Fahrzeug/Tier zu führen | 203000, 203012 | | 3 Abs. 1 | | | 158/159 |
| Unterscheidungszeichen -> Kennzeichen | | | | | | |
| Untersuchungsbericht | 329036 | | | 29 Abs. 10 | | 169 |

| Tatbestand | TBNR | Rechtsgrundlage | | | | |
|---|---|---|---|---|---|---|
| | | StVO §§ | FeV §§ | StVZO/FZV/ eKFV/ GGVSEB §§ | StVG/ Ferienreise-verordnung | Seiten |

V

| | | | | | | |
|---|---|---|---|---|---|---|
| Verband/Gruppe | 127000-127012<br>129000 | 27 Abs. 1, 2, 5<br>29 Abs. 2 | | | | 109<br>110 |
| Verbandkasten | 335118-335124 | | | 35h | | 195 |
| Verbot der Einfahrt | 141185-141190 | 41 Abs. 1 | | | | 143 |
| Verengte Fahrbahn (Z. 208) | 141139-141141 | 41 Abs. 1 | | | | 138 |
| Verkauf des Kfz. nicht angezeigt<br>-> Halterwechsel | | | | | | |
| Verkehrsberuhigter Bereich (742100)<br>- Ausfahren aus | 142118-142636<br>110112,110113<br>110154 | 42 Abs. 2<br>10 | | | | 155<br>63<br>64 |
| Verkehrseinrichtungen, Befahren einer abge-sperrten Straßenfläche | 143100 | 43 Abs. 3 | | | | 156 |
| Verkehrshindernis auf der Straße | 132100-132118 | 32 | | | | 113 |
| Verkehrsinsel verbotswidrig benutzt<br>verbotswidrig geparkt -> Parken | 102112-102726 | 2 Abs. 1 | | | | 28 |
| Verkehrsunfall<br>- Verhalten nach Unfall | 134000-134112 | 34 | | | | 115/116 |
| Verkehrsunsicheres Fahrzeug | 123112-123613 | 23 Abs. 1 | | | | 103/104 |

| Tatbestand | TBNR | Rechtsgrundlage StVO §§ | FeV §§ | StVZO/FZV/ eKFV/ GGVSEB §§ | StVG/ Ferienreise-verordnung | Seiten |
|---|---|---|---|---|---|---|
| Verkehrsunterricht | 148000 | 48 | | | | 157 |
| Verkehrsverbot | 141742<br>141181<br>141160, 141167<br>141739 | 41 Abs. 1 | | | | 143<br>143<br>140<br>139 |
| - für Radfahrer, Elektrokleinstfahrzeuge | 141175-141178<br>501000-501606 | | | | 1, 5 Ferienrei-se-verordnung | 142<br>221 |
| Verschmutzen der Straße | 132100 | 32 Abs. 1 | | | | 113 |
| Versicherungsbescheinigung | 826100-826106 | | | 26 FZV | | 238 |
| Versicherungskennzeichen | 804612<br>827100 | | | 4 FZV<br>27 FZV | | 228<br>238 |
| Versicherungsschutz fehlt | 825000 | | | 25 FZV | | 237 |
| Verwertungsnachweis | 815106 | | | 15 Abs. 1 FZV | | 232 |
| Vorbeifahrt links<br>- Fahrbahnverengung<br>- Hindernis<br>- haltendem Fahrzeug | 106100-106112 | 6 | | | | 54 |
| - entgegen Zeichen 222 | 141145-141147 | 41 Abs. 1 | | | | 138 |
| Vorfahrt | 108100-108613<br>118624-118626 | 8 Abs. 2<br>18 Abs. 3 | | | | 57/58<br>86 |
| Vorführtermin zur Hauptuntersuchung | 329101-329054 | | | 29 StVZO | | 167-170 |
| Vorstehende Außenkanten | 330100 | | | 30 c StVZO | | 172 |

| Tatbestand | TBNR | Rechtsgrundlage StVO §§ | FeV §§ | StVZO/FZV/ eKFV/ GGVSEB §§ | StVG/ Ferienreise-verordnung | Seiten |
|---|---|---|---|---|---|---|

**W**

| | | | | | | |
|---|---|---|---|---|---|---|
| Waren auf der Straße angeboten | 133006 | 33 Abs. 1 | | | | 114 |
| Warnblinkanlage | | | | | | |
| - nicht sofort eingeschaltet | 115000-115607 | 15 | | | | 78 |
| - nicht eingeschaltet beim Abschleppen | 115112 | 15a | | | | 79 |
| - missbräuchlich eingeschaltet | 116136 | 16 Abs. 2 | | | | 80 |
| - an Schulbus nicht eingeschaltet | 116118,116130 | 16 Abs. 2 | | | | 80 |
| - an Omnibus des Linienverkehrs nicht eingeschaltet | 116112,116124 | 16 Abs. 2 | | | | 80 |
| Warnkleidung | 135100 | 35 Abs. 6 | | | | 116 |
| Warndreieck/Warnleuchte | | | | | | |
| - nicht vorhanden | 353106 | | | 53a StVZO | | 209 |
| - nicht vorgezeigt | 331332 | | | 31b StVZO | | 188 |
| - als Halter zugelassen | 331060 | | | 31 StVZO | | 184 |
| Warnweste | 353000 | | | 53a StVZO | | 209 |
| Warnzeichen -> Schallzeichen | | | | | | |
| Wartepflicht | | | | | | |
| - auf Feld- und Waldweg | 108612,108613 | 8 Abs. 2 | | | | 58 |
| - auf Autobahn -> Autobahn – außerhalb gekennzeichneter Anschlussstelle eingefahren | | | | | | |
| - an Bahnübergang | 119618-119629 | 19 Abs. 2 | | | | 90/91 |
| | 119100 | | | | | 91 |
| - an Haltestellen | 120612, 120613 | 20 Abs. 2 | | | | 93 |
| | 120744-120762 | 20 Abs. 4 | | | | 95 |
| - bei Zeichen 208 | 141139-141141 | 41 Abs. 1 | | | | 138 |

| Tatbestand | TBNR | Rechtsgrundlage StVO §§ | FeV §§ | StVZO/FZV/ eKFV/ GGVSEB §§ | StVG/ Ferienreise-verordnung | Seiten |
|---|---|---|---|---|---|---|
| Wechselkennzeichen | 808100,808106 | | | 8 Abs. 1a FZV | | 229 |
| Wechsellichtanlage nicht beachtet | 137000-137650 | 37 Abs. 2 | | | | 118/122 |
| Weisungen eines Polizeibeamten missachtet | 136000-136624 | 36 | | | | 117/118 |
| Wenden | 109642,109643 | 9 Abs. 5 | | | | 62 |
| | 118666-118668, | 18 Abs. 7 | | | | 87 |
| | 118678-118680, | | | | | 87 |
| | 118690-118692 | | | | | 88 |
| | 141205-141207 | 41 Abs. 1 | | | | 145 |
| - entgegen Zeichen 295, 296, 297 und 298 | 141515 | 41 Abs. 1 | | | | 148 |
| - im Tunnel | 141277-141515 | 41 Abs. 1 | | | | 147/148 |
| | 142654 -142656 | 42 Abs. 2 | | | | 155 |
| Werbung/ Propaganda | 133012 | 33 Abs. 1 | | | | 114 |
| Wiedereinordnen | | | | | | |
| - nach Überholen | 105118-105126 | 5 Abs. 4 | | | | 52 |
| - nach Vorbeifahren | 106112 | 6 | | | | 54 |
| Winterreifen | 102706-102709 | 2 Abs. 3a | | | | 32 |
| | 331638 | | | 31 Abs. 2 | | 180 |
| Wohnwagen, Personenbeförderung | 121112 | 21 Abs. 1 | | | | 97 |
| Wohngebiet, Parken | 112396-112397 | 12 Abs. 3a | | | | 68 |

| Tatbestand | TBNR | Rechtsgrundlage | | | | Seiten |
|---|---|---|---|---|---|---|
| | | StVO §§ | FeV §§ | StVZO/FZV/ eKFV/ GGVSEB §§ | StVG/ Ferienreise-verordnung | |

Z

| Tatbestand | TBNR | StVO §§ | FeV §§ | StVZO/FZV/ eKFV/ GGVSEB §§ | StVG/ Ferienreise-verordnung | Seiten |
|---|---|---|---|---|---|---|
| Zeichen eines Polizeibeamten missachtet | 136000-136624 | 36 Abs. 1 | | | | 117/118 |
| Zone, eingeschränktes Haltverbot | 113220-113264 | 13 | | | | 75 |
| Zug -> Abmessungen<br>-> Fahrzeug | | | | | | |
| Zugmaschine, Personenbeförderung | 121106 | 21 | | | | 97 |
| Zulassungspflicht, Verstöße<br>- zulassungsfreie Fahrzeuge,<br>- Voraussetzung f. Inbetriebsetzung | 803600,803500<br><br>804600-804518 | | | 3 FZV<br><br>4 FZV | | 228<br><br>228/229 |
| Zulassungsbescheinigung<br>- Änderungen nicht mitgeteilt<br>- nicht mitgeführt/ausgehändigt | 820106<br>813100<br>811100-811118 | | | 20 FZV<br>13 FZV<br>11 Abs. 5 FZV | | 237<br>232<br>231 |